U0141949

《荔鏡記》
音樂與語言之研究

施炳華 著

臺灣近百年研究叢刊
文史哲出版社印行

國家圖書館出版品預行編目資料

《荔鏡記》音樂與語文之研究 / 施炳華著. -- 初
版. --臺北市 :文史哲,民 89
　　面；　公分. -- (臺灣近百年研究叢刊；7)
參考書目：面
ISBN 957-549-261-7 (平裝)

1.荔鏡記 - 作品研究

853.6　　　　　　　　　　　　　　　　　　89000991

臺灣近百年研究叢刊 ⑦

《荔鏡記》音樂與語言之研究

著　　者：施　　　炳　　　華
出 版 者：文　史　哲　出　版　社
登記證字號：行政院新聞局版臺業字五三三七號
發 行 人：彭　　　正　　　雄
發 行 所：文　史　哲　出　版　社
印 刷 者：文　史　哲　出　版　社
　　　　　臺北市羅斯福路一段七十二巷四號
　　　　　郵政劃撥帳號：一六一八〇一七五
　　　　　電話 886-2-23511028・傳真 886-2-23965656

實價新臺幣 六〇〇元

中 華 民 國 八 十 九 年 元 月 初 版

序

　　《荔鏡記》出版於明嘉靖丙寅四十五年（西元1566年）。它雖然是四百多年前的一本夾雜泉、潮州方言的閩南南戲戲文，但其戲劇表演、語言、音樂，以及書寫劇本，卻在民間一直流傳著；因此我們能夠藉著紙上資料和活生生的表演藝術、語言與音樂來研究它。本文研究的重點，是《荔鏡記》的音樂、語言，以及音樂和語言的關係。

　　《荔鏡記》之前，已有泉州本與潮州本的《荔枝記》行世，《荔鏡記》的成書，是把泉、潮本重新剪輯，合印成一本；但主要是以泉本為主。因此，其中有泉、潮共通語（二者都是閩南語），有泉州話，有潮州話。它的音樂，以泉腔為主，有九處特別標明「潮腔」。筆者選擇這個題目研究，有個人與時代環境的特殊背景。

　　在語言方面：

　　1前台大退休教授吳守禮先生的《荔鏡記》校勘篇及吳氏其他有關《荔鏡記》的著作，使一本充滿俗字、錯字、簡體字、借音借義字的民間文學作品成為可讀、可再繼續研究的「文本」；其韻字篇更是分析韻腳字的現成資料。

　　2方言保存很多的古音。筆者自幼說的是保存大陸泉州音的鹿港腔，用泉州音或鹿港腔來讀《荔鏡記》，除了一些特殊潮州音、詞外，大概都能讀得通。

　　3南管音樂可能自唐宋時一直傳唱到現在，明、清時曾經非常盛行；梨園戲、南管戲是《荔鏡記》舞台表演的遺藝：其唱詞皆以泉州音為正音。而曲師授徒，大多經由口傳，要求嚴格，雖歷經數百年，猶能保存某些特殊的唱音。這是活生生的有聲資料，包括南管曲師的隨口教授、南管錄音帶、CD的聆聽，梨園戲、高甲戲錄影帶的觀摩。

　　4紙上資料除《荔鏡記》外，更可貴的是：從明朝到現在，中間出版

了一本純粹的泉州韻書——1800年黃謙的《彙音妙悟》；它所代表的方言時期，至少可以再推前一百年。那麼，《妙悟》所記錄的泉州音，就是研究《荔鏡記》語言的最佳橋樑，也可以和南管唱音互相印證。

在音樂方面：

1 南管音樂是一種典麗優雅的音樂，可以說南管音樂就是《荔鏡記》曲牌的音樂。南管音樂留下了數以千計的曲譜、曲詞——所謂「詞山曲海」，以及學者精闢的研究心得，足夠讓愛好音樂者沈浸其中，樂而忘憂。

2「知之者不如好之者，好之者不如樂之者。」只有實地學習，才有資格研究南管、闡釋南管。南管傳來臺灣已有三、四百年，鹿港、臺南是兩大重鎮與發源地。筆者有幸出生鹿港，現在是久居臺南，便於向兩地的有名曲師學習。臺南南聲社每年必舉行春秋二祭（郎君祭），全國南管曲師必蒞場聚會，切磋絃管，後學也可藉機請益。

在時代環境方面，自從解嚴以來，認識臺灣、重建臺灣文化的工作頗受重視。語言、音樂、文學都是文化中的重要項目，語言尤其重要。筆者對南管音樂既好之樂之，數年來又從事研究及推廣閩南語，耳目所及，師友互勉，一種維護、發揚傳統文化的使命感油然而生。

自1994年起，筆者與同事從事「鹿港、臺南及其周邊南管之調查研究」（國科會補助研究計劃），除田野調查外，並將所搜集到的南管曲簿、吳氏《荔鏡記》校勘篇、韻字篇、散見他篇的註釋，輸入電腦，由同事王三慶教授作成資料庫，全面整理南管與《荔鏡記》，寫成《荔鏡記匯釋》、《南管曲詞匯釋》、《南管唱音匯注》。以上成果，實已包含語言、音樂、白話文學諸項目，限於時間精力，先完成「《荔鏡記》音樂與語言之研究」一文；至於《荔鏡記》的用字與詞彙、語法的整理，對於現階段閩南話（或臺灣話）文學的寫作與發展，必有莫大的幫助，將俟諸異日。

所論跨越音樂與語言，力有未逮及疏陋之處，敬請方家不吝指正。

《荔鏡記》音樂與語言之研究

目　錄

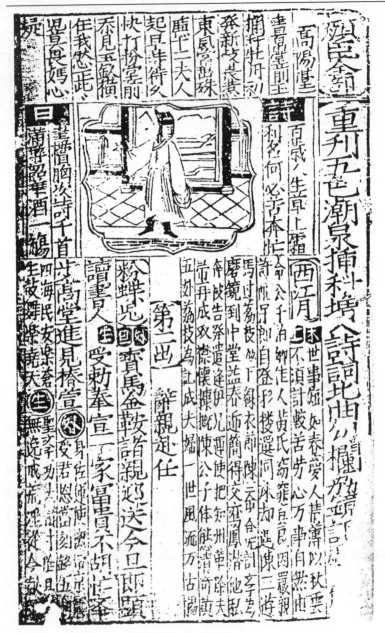

《荔鏡記》首葉書影

第一章　緒　論

第一節　研究荔鏡記的時代意義

臺灣在民國七十六年解除戒嚴以後，呈現多元化的發展趨勢，語言文學方面也是如此。臺灣話不再被禁止，說臺語不再是可恥的事，各地都有教學臺語的臺語班；學校教育方面，母語——也就是臺語——教學也正大力提倡；文學創作方面，臺語文學的寫作正逐漸受重視。

語言是一個族群的最大表徵。二十世紀末期的臺灣，呈現了令人驚懼的亂象，究其原因，政治、經濟、教育都出了問題，但最主要的還是臺灣人喪失了文化的根本。臺灣人不了解自己的過去（歷史）、不了解自己生長的地方，不認識我們祖先的優點，於是恣意破壞，導致人際關係、鄉土環境、自然資源等等，都是滿目瘡痍。欲拯救臺灣，必先重建臺灣文化；欲重建臺灣文化，必先從重視母語、尋回自己的根開始。

臺語，廣義是指早期（以民國三十八年為界限）就住在臺灣的住民的語言，包括原住民語、客語、閩南語；狹義指閩南語。本文所謂臺語，是指閩南語。《荔鏡記》是屬於閩南語白話文學。

臺語文學不是突然冒出來的，自有它的根源和曲曲折折的發展過程。想要提高臺語文學的水準，不能不顧傳統，不能不從傳統吸取營養。在這一點上，《荔鏡記》提供給我們豐富的養料。

陳三五娘故事是閩南、臺灣、東南亞僑社地區膾炙人口的戲劇。幾百年來，它以不同的形式——戲劇、電影、說唱、歌仔冊、小說——呈現並影響廣大的民眾，使民眾得到娛樂、獲得啟示。今日所見最早的劇本就是出版於明嘉靖四十五年（1566年）的《荔鏡記》，是一本以泉州話為主、夾雜潮州話的閩南南戲戲文。它在學術上及對當前社會的價值是多方面的，除了忠實記錄當時的閩南方言與表現閩南白話文學外，也提供我們中國戲劇發展史中南戲的面貌與實質上是南管音樂的資料；尤其現在還保存的南

管音樂,幾百年來,它一直是操閩南語地區——包括閩南、臺灣、東南亞僑社——人民高雅的休閒娛樂。在現今臺灣一切講求快速、功利主義盛行的氣氛中,南管音樂曲調優美,節奏徐緩,藝術風格古樸幽雅,感情表達委婉深情,正是怡情悅性的最好休閒活動。子曰:「興於詩,立於禮,成於樂。」在重建臺灣文化中,對於南管音樂的整理研究與推廣,更是刻不容緩的事。而對《荔鏡記》語言、詞彙的研究,正是研究南管曲詞「從根做起」的最好方法。

本書闡述《荔鏡記》的音樂與語言,並將二者緊密結合起來,期望可以獲致下列的成果:

一、運用方言、南管曲詞的唱音及閩南字書,描述《荔鏡記》的字音,並提供語音資料做爲構擬明朝中葉的泉州話、潮州話的參考;也爲漢語發展史中,明朝中葉的閩南方言提供研究成果。

二、通過南管音樂,呈現較爲清晰的《荔鏡記》曲牌音樂。

三、從南管的譜字、唱法,結合泉州特殊音韻,闡明泉州語言與南管音樂之關係的奧密。

從回溯過去中了解自己,從了解祖先留下來的文化遺產來肯定自己;從語言、文學、戲劇、音樂各種文化層面來充實我們的生活。筆者希望對《荔鏡記》的研究能收到上述的功效。

第二節　研究內容、方法、步驟與資料

一、研究內容

《荔鏡記》是明朝的南戲戲文。研究《荔鏡記》可分爲四個方面:戲劇、音樂、語言、文學。

在戲劇方面,林豔枝的《嘉靖本荔鏡記研究》是「專就《荔鏡記》劇本本身做一分析,分『劇本文學』和『劇場藝術』兩層面加以探討」(註

一）。而其所謂「劇本文學」是把文詞分曲文及賓白兩方面，雖說「皆具有方言之活潑生動的特色」，也只是舉例說明，並未就方言文學深入探討（註二）。它的重點是在戲劇與劇場藝術，故本文將略過這方面，而著力於音樂、語言方面發揮。

在音樂方面，南戲的曲牌（音樂）是兼容並包，有北曲、南曲、地方小曲，但產生於閩南泉州的南戲，已經泉腔化，是以南管音樂爲主的泉州聲腔。筆者將分析《荔鏡記》中的音樂，溯其源，衍其流，用南管音樂來印證，並以南管音樂及錄音帶試圖重現《荔鏡記》戲曲表演的聲情。

在語言方面，傳統語言學分爲語音、詞彙、語法三部分，本文只分析語音。用《荔鏡記》的曲牌韻腳分析其韻部及音素——包括泉州音與潮州音。泉州音方面，以1800年出版的泉州韻書《彙音妙悟》爲基礎，並用南管曲詞唱音來印證；潮州音則以1948年增訂版的《潮語十五音》爲根據。藉韻腳的分析，試圖呈現當時的語音實況，並整理出由明至清至今日的語音演變情況。

目前國內研究南管者不多，音樂研究所的學生大多從音樂的角度入手，很少從語音方面入手的——台語受禁錮久矣，臺灣人大多不了解自己說的話。南管的正音泉州腔，是臺灣閩南語中兩大腔調之一。南管是一種地方音樂，語言與音樂的關係非常密切，不了解語言而談地方音樂，恐不易得其精髓。由於筆者是保存較多泉州腔的鹿港人，先研究台語，再深入泉州音（註三）；又由於對音樂有興趣，再學習南管，於是將泉州話與南管音樂結合起來研究，應能對《荔鏡記》的音樂有所闡發，也對目前亟須推廣發揚的南管音樂有所助益。

二、研究方法

(一)語言：研究語言有兩種方法：

　1 前瞻的歷史法：以書面材料爲對象，排比不同時期的歷史文獻，找出

其間的差異，從中整理出不同時期的音系和語言發展的線索。這是一種由古到今沿著歷史的順序追蹤演變過程的「前瞻」的歷史法。

2 回顧的方法：從現實的語言材料出發，去探索語言發展的線索和規律，是一種以今證古的方法。

這兩種方法各有其適用範圍，分別處理語言史研究中的死材料和活材料。就總體來看，回顧的方法是歷史語言學的主要方法，因為「前瞻」的方法有很多局限性：沒有文字、文獻材料的語言不能應用；雖有文字、文獻材料，但不能具體地反映實際語言的變化狀態的（如漢字）也難以取得令人滿意的成效。（註四）

筆者將同時運用這兩種方法，以活的材料（泉州話、南管唱音）來印證書面材料（彙音妙悟、荔鏡記）。

(二)音樂

1 實地學習南管樂譜及奏（唱）法。

2 使用田野調查法，廣泛搜集南管音樂錄音帶、錄影帶，訪問南管曲師。

3 聆聽分析南管錄音帶、CD，及觀看南管表演錄影帶、高甲戲、梨園戲錄影帶等。

4 特殊音律、唱音、唱法，以史料及各地錄音帶（包括臺灣、大陸、東南亞僑社地區）互相印證，並請教南管曲師。

5 運用分析法，結合語音與音樂，分析南管骨譜（琵琶指法譜）與潤腔（裝飾音）的關係。

(三)語言與歌唱藝術：語言「體」與「用」的分際

一個字的語音，有其本身固定的生理基礎（如唇形的展、圓），也有其有條理的演變規律（如元音高化、低化），這是語言本身的「體」；但當使用語言——尤其用之於歌唱時，為了藝術「美」（聲音與表情）的表現，可能與語言的「體」微異，這是語言的「用」。南管音樂的歌唱與語言，即存在「用」與「體」的事實。

　　如「衰」字，音sue1（《彙音妙悟》杯韻），「栖」字音se1（《妙悟》西韻），但南管都唱sɯe1；這因為南管特別強調ɯ作為介音的拖腔作用，即sue→sɯe、se→sɯe。所以sɯe音是屬於「語用」，就「衰、栖」二字來說，sɯe可能是虛擬的音。但《妙悟》有雞韻，收ɯe音，今日某些泉音地區仍保存此音（如雞、街），這是語言的「體」——本來就有此音。

　　用南管唱音作為研究《荔鏡記》語言的參考，必須仔細分別其「體」與「用」，才不致於將可能是虛擬的音當作實際的音，混亂了語音演變的規律。

三、研究步驟

1整理荔鏡記、明刊絃管三種、南管曲詞，輸入電腦，作成資料庫。

2根據錄影帶、錄音帶聽寫記錄。

3根據泉州與潮州韻書，確定泉州音、潮州音的聲、韻、調系統。

4根據南管曲師的唱音及口述，校正字音及唱音。

5根據吳守禮《荔鏡記》韻字篇，分析《荔鏡記》曲牌韻腳，用南管唱音、鹿港腔、泉州音及《妙悟》韻母字、《泉州市方言志》印證韻腳字音：即以紙上資料與有聲資料互相印證。

6以泉州音的聲調，分析泉州音與南管音樂旋律的關係，提供唱奏南管的參考。

四、研究資料

　　主要書面材料：《荔鏡記・校勘篇》《荔鏡記・韻字篇》、《明刊閩南戲曲絃管選本三種》（1604年刊）、《彙音妙悟》（1800年刊）、《泉州市方言志》、《潮語十五音》、南管曲簿、南管研究資料，及其他閩南語韻書。

　　現實的語言材料：鹿港腔、泉州音、《潮州話口語》錄音帶、南管錄

音帶、CD，及大陸《陳三五娘》高甲戲、《李亞仙》梨園戲錄影帶等，及南管曲師、梨園老師訪問錄音。

第三節　音標說明

本書使用改良羅馬字語音，與國際音標之不同，列表如下：

聲母

本　　書	p	ph	t	th	tsh	j	k	kh	g	ng	h
國際音標	p	p'	t	t'	ts'	dz	k	k'	g	ŋ	ʔ

韻母

本　　書	aN	ng
國際音標	ã	ŋ

聲調對照表

類　別	調　　　　　　　　　　　　　　　　　　　號							
本　　書	a1	a2	a3	ak4	a5	a6	a7	ah8
國際音標	ˌa	ˤa	aˀ	akˌ	ˌan	ˤa	anˀ	ahˌ

國際音標作[-ing]，羅馬字音標作[-eng]。本書採寬式記音，二者收音相同。董同龢說：「在iŋ(k)中，[i]和韻尾之間總還有個[ə]」過渡音（註五）因此，ing與iə ng(eng)相同，本書皆作ing。ŋ本書作ng，ə本書作ɤ。董氏是就廈門方言而說，故曰「這個方言裡別無獨立的[ə]存在」，泉、潮方言是有「獨立的[ə]([ɤ])存在」的。

附註

一：林豔枝《嘉靖本荔鏡記研究》第一章緒論，中國文化大學中文研究所碩士論文，1989年。

二：同上註p662。

三：「腔」與「音」不同，張振興《臺灣閩南方言記略》p29.30：

　　泉州腔來源於福建的泉州話（簡稱泉州音），它們互相之間有一種淵源上極其密切的關係，但是又不完全一樣。就是說，不能把泉州腔和泉州音等同起來。

　　文史哲出版社，1989。

四：徐通鏘《歷史語言學》p6，大陸商務印書館，1996年二版。

五：董同龢<廈門方言的音韻>，中央研究院歷史語言研究所集刊第二十九本

第二章 《荔鏡記》的內容與相關著作

第一節 《荔鏡記》的版本

　　閩南地區最膾炙人口的戲劇是陳三五娘的故事。《荔鏡記》是今日所見最早的陳三五娘故事的戲劇版本，也是現存最早的閩南方言文獻，出版於明嘉靖丙寅四十五年（西元1566年）。

　　陳三五娘的故事流傳民間已久，從刊刻出版《荔枝記》、《荔鏡傳》及《荔鏡記》，都未著作者姓名。因為戲曲小說在古代的讀書人眼中，不是正業，只供休閒遣興，所以作者都不願意直署真姓正名。但我們從《荔鏡記》的書名中有「潮泉插科」——即混合泉州話和潮州話——猜測，作者是泉州人或潮州人——《荔鏡記》之前有泉州版、潮州版的《荔枝記》，才能寫出道地的閩南方言白話文學作品。

　　目前所能見到的《荔鏡記》的版本有二：一是倫敦牛津大學攝影藏本，一是日本天理大學攝影藏本，一百零五頁。二者應屬同一版本，乃余氏新安堂出版（註一）。全書共55出，有出名，分上下冊，自25出以後為下冊，共105 葉。每半葉（陽面與陰面）分上中下三欄，以佔紙面泰半的下欄《荔鏡記》為主，葉十一行，行十六字，賓白雙行小字書寫。中欄當中是插圖，兩側各有詩句二行，合為七言四句詩一首，或題畫或批評劇情，皆以《荔鏡記》為主。最上欄，依次共刊顏臣全部（1 至65葉上）、新增勾欄（65葉至79葉）、新增北曲（80葉至105 葉）；葉十四行，行五字。白口，四周單欄，版心雙魚尾，魚尾下刻葉碼。卷首首行標題《顏臣全部》（上欄）、《重刊五色潮泉插科增入詩詞北曲勾欄荔鏡記戲文全集》（中下欄），卷末上欄為刊行者告白。（附圖 p06 ）

　　天理本比牛津本完整。牛津本殘去數頁、編號七十六號以後盡是錯簡

，而且卷末的重刊告白所題刊年「嘉靖丙□年」，殘缺了一個字。而天理本均保存如故，並能確定是「丙寅年」的重刊；但天理本亦非完整無缺，只是不損大體而已。天理本模糊者，可據牛津本補正。即是說：兩本各有優劣，必須參校兩本互相湊合，方能產生一本比較完備的「荔鏡記戲文」。

經吳守禮教授「依據天理本攝影，將荔鏡記戲文抄寫兩遍，從事補殘訂誤；累月經年以赴之，全文已堪瀏覽。更以牛津本攝影參合校對，越加完備。」（註二）吳教授研究《荔鏡記》與相關的《荔枝記》，自四十六歲獲得天理本《荔鏡記》開始，至六十九歲，先後完成《荔鏡記戲文》校勘篇——即完整可讀的荔鏡記戲文、韻字篇、《荔枝記校理》（將《荔鏡記》及《荔枝記》的三種不同時期版本——明萬曆、清順治、光緒——匯集校勘），二十幾年之間，盡瘁於斯。使我們看到一部比較完備可讀的「荔鏡記戲文」。

附註

一：據英國劍橋大學Piet van der Loon（龍彼得） 教授考證，新安堂在閩北建陽。余氏是福建北部建陽縣的出版商人，「新安」不是地名，而是「新安堂」的簡稱。建陽為中國最重要的刊刻中心，這地方的出版家曾刊刻各種方言的書，余氏是那些書商中最有名的一家。可以提做參證的是日本「內閣文庫」所藏的一部「新刊徐氏家傳鍼灸捷法大全」刊於明萬曆十三年，刊家是「余氏新安堂」。

詳吳守禮<「荔鏡記戲文」之刊刻地點 >，《臺灣風物》16卷 3期。

二：吳守禮《荔鏡記戲文研究——校勘篇》合校荔鏡記戲文校後記。

第二節　《荔鏡記》解題

《荔鏡記》全名《重刊五色潮泉插科增入詩詞北曲勾欄荔鏡記戲文全

集》。說明如下：

[重刊]　本書卷末告白：「因前本荔枝記字多差訛、曲文減少，今將潮、泉二部增入顏臣、勾欄、詩詞、北曲校正重刊....」可知此書之前尚有《荔枝記》流行坊間，本書是合編校正重刊。

[五色]　吳守禮謂：「生旦淨末丑叫做五色。可是本書實有『生旦占外末丑淨』七色。查金元院本有五花之目，雜劇有九色之名，戲文則七色八色相間而出，未至定型；可知名目隨時代有所變易。實有七色而稱五色者，不過是內容蛻變、其名依舊而已。」（註一）色謂「腳色」。產生於宋朝的南戲《張協狀元》，已有七色「生旦貼外末丑淨」。《荔鏡記》「貼」作「占」，是把「貼」簡寫為「占」，占角扮演女婢。泉州梨園戲中的「七子班」則把「貼」稱為「貼頭貼尾」，視為角色的補充，主要扮演女婢（註二）。由宋金雜劇角色逐漸增加的發展史來看，或許《荔鏡記》之前的《荔枝記》都是「五色」的戲文，重刊的書名才冠以「五色」二字，而它的內容已是七個行當。（註三）

[潮泉]　「潮」即潮州，在粵之東北，但操閩南系方言。「泉」謂泉州，在閩之東南，是閩南話三大中心之一。潮泉並稱，正表示當時這二地不但在語言上、就是在人文上也有密切的關係。根據前引卷末告白，知「潮泉」指潮泉二部。據推測有兩種情形：一、可能因書坊據以翻刻的底本殘缺不全，乃取泉潮二地大致相同的《荔枝記》配搭起來，湊成重刊的；二、可能為著迎合兩地人的趣味，將「潮腔」的《荔枝記》配入泉州的《荔枝記》（註四）；同時本書的押韻有用潮州音、也有只能用泉州音讀的，顯示是「合璧」的。明萬曆年（1581）刊行的《新刻全像增補鄉談荔枝記》，卷首有「潮州東月李氏編集」字樣，可知是明代潮州人根據鄉談編集，是一種以潮州話為主體的戲文。它雖為晚出，但其所據之本，也有可能在《荔鏡記》之前。經筆者比對《荔鏡記》與萬曆本《荔枝記》的結果，確定本書雖夾雜潮州話，卻是以泉州話為主。（註五）

[插科]　「科」原謂動作，可是今南北戲曲多轉指「說的科」，如「

插科打諢」謂「以滑稽之語引人發笑」，閩南的「笑科（詼）」則指會令人發噱的言語。北曲曰科，南戲曰介；本書都稱「介」。詳查本書戲文，有動作的說明，有逗笑的場面，也有妙用諧音戲謔的戲，科、諢兼有，也許這才是「潮泉插科」的眞意！總是需懂潮泉方言才能欣賞。（註六）

[增入詩詞北曲勾欄] 古時刊物常有分上中下三欄刻成者（註七）。本書分上中下三欄，以佔紙面泰半的下欄《荔鏡記》爲主，故指刻在上中欄的副刊物爲「增入」——萬曆本《荔枝記》就是純粹的陳三五娘故事。中欄當中是插圖，兩側各有詩二句，仍以荔鏡記爲主。如第三出中欄插圖爲陳三牽白馬行於柳樹下，圖右之詩聯爲：

　　　風光駘蕩艷陽天，未知何日到廣南。

圖左爲：

　　　三年任滿歸故里，免教子母意懸懸。（附圖 p48 ）

最上欄，依次共刊顏臣全部、新增勾欄、新增北曲三種讀物。

　　顏臣最長，佔全書上欄的泰半（1 葉至65葉）。可能是略去了說白的戲文唱詞，情節的變化與《荔鏡記》相倣，故刻在一起。所謂「顏臣全部」，即有關陳顏臣與連靖娘的戀愛故事，是敘述福建小姐靖娘與鄰居秀才陳彥臣私會，經其母送官究辦，官府判二人成爲夫妻的愛情故事。顏臣乃彥臣的諧音。南宋羅燁《新編醉翁談錄》乙集卷一<煙粉歡合>部分有「靜女私通陳彥臣，憲台王綱中花判」二節，原爲末元戲文，已久佚而不爲人知。附載在《荔鏡記》中，是很難得的發現。顏臣用110 首詞組成，沒有道白科介，每詞前冠有曲牌名，共使用了61個曲牌，但未注明宮調。從其中使用[鎖南枝]、[傍妝台]（流行於明宣德、正統至成化、弘治年間）等曲牌的情況來看，此劇至遲應出現在正德年間，但由於內中不少曲牌係南北合腔（[小上樓]一曲更標明[北小上樓]）且有二十多處曲詞前不規則的「合」字出現，（個別曲詞還出現幕後幫合），這種保留了南戲早期「幫合」原始面貌的情況，說明顏臣可能就是亡佚已久連劇目都未著錄的早

期南戲。饒宗頤在< 《明本潮州戲文五種》說略 >一文中也明確指出：

> 連靜女與連靖妠（娘）正是一人。此本的「顏（彥）臣全部」雖不
> 能說是宋時< 煙粉歡合 >所記的陳彥臣的戲文原本，可能是經過多
> 次損益潤飾，改編而作，但本事同出一源，則毫無疑問。我們可以
> 從這本書恢復陳彥臣戲文全出的原貌，堪爲研究南宋戲曲以及它漸
> 變爲地方戲曲的歷史提供一無上資料。（註八）

《顏臣》的語言仍爲閩南白話，方言資料猶可隨翻而得，如第二曲[啄木
兒]：

> 听你說，心腸隱。全今且眉頭八字春。你莫是巧語無馮，你莫是花
> 口惡准。那畏柳花不受得東風滾。鸞聲攪起春心悶。鐵石打心腸，
> 也著軟幾分。（註九）——押 un韻

　　新增勾欄（66葉至79葉）描述逛妓院一幕中的對白兼唱詞。勾欄是宋
元時期說書、演戲、表演雜技的場所，後來也指說書、戲劇、雜耍等表演
藝術種類。這裡新增入的一折勾欄（戲曲），是演陳三送兄嫂廣南赴任後
，在返回泉州途中，經過惠州府，陳三旅途寂寞，到娼家飲酒取樂，與娼
家二姐對答，並鄙其爲人，贈銀子給她，回驛館的經過情形。這是一折生
旦戲，有白有唱，是陳三五娘故事的另一個演出本的一出（註十）。所用
的語言，是官話中夾雜閩南方言，茲舉一段如下：

> （生）在家只說在家好，出路方知出路難。（生下、淨上）三爹叫
> 我去請小娘，不免就去。轉長街，過短巷。這里便是小娘家。不免
> 叫一聲——有誰在？有誰在？

　　新增北曲（80葉至卷末105 葉），「曲」下小字「正音」並列，是當
時的讀書音，接近於北方官話。（註十一）

　　總括本書各欄，語言主要以閩南方言爲主，內容則爲南戲戲文，並包
含曲牌曲文。

附註

一：吳守禮<荔鏡記戲文全集解題>，中央日報「學人」第50期 1957.9.17

二：詳見吳捷秋《梨園戲藝術史論》下冊p441，民俗曲藝叢書，財團法人
施合鄭民俗文化基金會，1994。

三：同上註，pp558.559。 另有一說，林淳鈞<釋五色>謂：

「色」，不作「腳色」解，應作「種類」解。《辭源》：「色....
種類。教坊樂工分類也稱色。宋吳自牧《夢梁錄》妓樂：「散樂傳
學敎坊十三部，唯以雜劇爲正色....色有歌板色、琵琶色、參軍色
等。」直至今日，潮州話詞彙系統中，「色」仍有「種類」的意義
，如謂各種各樣爲「五色五號」。

五色，即五種，與刻本所刊刻的內容相符。該刻本共輯五種（色）
內容：1、《荔鏡記》正文（于板面下欄，共五十五出）。2、插
圖所配的詩詞，即中欄圖繪出荔鏡記情節進行的插圖，兩邊各有題
畫詩一聯。3、上欄刊刻的《顏臣全部》。4、上欄接《顏臣全部
》之後的《新增勾欄》。5、上欄《新增勾欄》之後的《新增北曲
》。

明朝戲曲選集的刻本，往往一本中兼載各種不同的內容。卷末告白所
言，註明五色，如指強調本書內容的豐富，應是書商促銷的手法。與
萬曆本出版的《新刻增補全像鄉談荔枝記大全》比較，後者只有荔枝
記本文及插圖，或許「五色」是指全書內容包含五種。（《潮學研究
》(一)pp235-237，汕頭大學出版社，1994。汕頭歷史文化研究中心、
汕頭大學潮汕文化中心編。）

四：同註一。

五：詳見施炳華<談荔鏡記與萬曆本荔枝記之潮州方言>，成大中文學報第
五期，1997.6。

六：同註一。

七：李平《海外孤本晚明戲曲選集》序：

晚明戲曲選集的刻本，主要版式有四種：第一種通頁為整版，不分欄，專收傳奇散出；第二種分上下兩欄，專收傳奇散曲；第三種亦上下兩欄，但上欄部位極小，刊刻酒令、燈謎與俗曲，下欄專輯戲曲；最後一種即最常見的版式，分上、中、下三欄，上下欄刊傳奇散出，中欄刊刻俗曲、酒令、江湖切口、全國地名、笑話之類，間有散出片段。（俄）李福清、（中）李平編《海外孤本晚明戲劇選集三種》，上海古籍出版社，1993.6。

八：顏臣本事見彭飛、朱建明編輯《戲文敘錄》p260。民俗曲藝叢書。1993.12。

《明本潮州戲文五種》，廣東人民出版社出版，1985。饒氏的結論是：《顏臣》之為戲文可以確定無疑，而且可能比《荔枝記》時代更早，就是它的最後修補增減期，亦在明正德年間（1506—1521）。

按：《荔鏡記》七頁上欄有[黑麻序]曲牌，曲文又見於明刊本《新刻增補戲隊錦曲大全滿天春》（版式屬註四李平說的第三種，1604年出版，收於龍彼得輯《明刊閩南戲曲絃管選本三種》，南天書局影印）12葉上欄，比對其曲文，修正其誤字，末二句為：

便那佐(做)是磚頭共石部(餔，石頭)掞(擲、打)伊，

伊了(會)創說，叫是荔枝共青梅。

提到「荔枝」的典故，可知此曲文是在《荔鏡傳》或《荔枝記》流行之後。饒氏說「《顏臣》戲文可能比《荔枝記》時代更早」，猶待斟酌。

九：「隱」當作「穩」。「全」當作「從」，二字同音tsng5。「春」音tshun1，伸展之意。「馮」當作「憑」。「慝」音oh4，困難之意。

十：同註三林文。文中主僕互稱「安童」、「三爹」，書生自謂姓陳。

十一：所謂「讀書音接近於北方官話」，因明初的《洪武正韻》是「如實記錄了自隋唐至明初變化了的讀書音。」（見葉寶奎<《洪武正韻》與明初官話音系>，廈門大學學報1994年第 1期）

第三節　《荔鏡記》的故事溯源與其内容
一、《荔鏡記》故事内容

荔鏡記是描寫陳三五娘的戀愛、幾經波折終於團圓的戲文。本書第一出有南戲形式的「家門」，交待創作意圖和劇情大意：

> 公子伯卿，佳人黃氏，窈窕眞娘，因嚴親許配呆郎，自登彩樓選東床。卻遇陳三遊馬過，荔枝拋下綠衣郎。陳三會合無計，學爲磨鏡到中堂。益春遞簡，得交鸞鳳。潛逃私奔，被告發遣。逢伊兄運使，把知州革除，夫婦再成雙。

> 襟懷慷慨陳公子，體態清奇黃五娘。荔枝爲記成夫婦，一世風流萬古揚。

茲分段敘述如下：

1 元宵賞燈，一見鍾情

泉州人陳必卿（排行第三，自稱陳三。萬曆本《荔枝記》自稱甘荔。）奉父母之命，送其兄必賢及嫂赴廣南運使任所。路過潮州，適逢元宵，上街觀燈時，邂逅潮州富家女黃碧琚（五娘），燈下相逢，一見傾心；但驚鴻一瞥，未遑通問。

2 投井未遂，期遇郎君

當地土財主林大（鼻子特大，人稱林大鼻），貌醜行惡，未婚，觀燈時，亦與五娘相遇，竟當街攔截，要求「答歌」（潮州民俗，元宵答歌，不分貴賤男女；意在避邪驅疾）。五娘雖不願，只好勉強應之。林大中意五娘，拜託李婆到黃家求婚。黃父聽信李婆誑言，貪圖林大家財，竟許婚，且接受聘禮。五娘聞知，怒斥李婆，並欲投井自盡，爲女婢益春所阻，並獻計將以荔枝爲媒，乞求與燈下郎君早日相見。

3 投荔訂緣，賣身爲奴

　　陳三送哥嫂至廣南，六月返泉州途中，又經過潮州。策馬遊街，途經五娘繡樓之下，爲五娘窺見，認定馬上郎君就是燈下郎君，即以手帕包荔枝投贈。

　　陳三拾到荔枝回旅店，思欲再見五娘，無計可施。遂求教於李公（泉州人，在潮州磨鏡爲生），李公告知黃家有祖傳寶鏡，自己按時到他家磨鏡。陳三遂以李公徒弟身分至黃家磨鏡，並故意打破寶鏡。黃父索賠，陳三賣身爲奴，住於黃家。

4 相思得病、鸞鳳和同

　　五娘不敢確定陳三身分，又礙於主、僕貴賤有別，故對陳三不假辭色。至秋天，陳三遂得相思病。益春並從陳三家童來訪的對答中，證實陳三的眞實身分，遂敎陳三寫信及詩，並乘機置於五娘針線箱篋內。五娘終於與陳三相約於半夜在花園幽會；學西廂記故事，成就男女私情。

5 私奔被捕，發配崖州

　　林大催親，黃家答應九月成婚。一日，陳三隨黃父九郎去赤水收租，佃客中有人呼其爲「三爹」。陳三恐事跡敗露，遂連夜回家，攜五娘、益春欲逃回泉州；爲林大察覺，告狀於知州。知州差人將陳三等人捉回審問，判陳三發配崖州（海南島）。

6 途遇兄長，重審團圓

　　陳三發配崖州途中，巧遇其兄升任都御史，專門查勘貪贓枉法的官吏。其兄乃攜之回潮城重審。問明林大確實賄賂知州，乃定知州、林大之罪，並蒙天子赦免陳三前罪，有情人終成眷屬。

　　以上故事情節，有才子佳人之巧遇，有繡樓投荔之奇緣，陳三爲求一親芳澤，不惜拋卻讀書人的高傲，學磨鏡、故意打破寶鏡賣身爲長工，表現出了青年追求愛情的執著。五娘爲追求人生幸福，不願嫁給林大，甚至欲投井自盡。而女婢益春，則如西廂記之紅娘，扮演慧黠、護主、充滿同情的角色。林大扮演丑角，令人覺得詼諧、可鄙復可憐。知州則糊塗貪贓

，陳三之兄代表主持正義的正面角色。

在劇情方面，從元宵賞燈的熱鬧場面，引出男女主角的邂逅，並以林大強邀答歌，伏下日後求婚、定婚，才子佳人互相思慕卻不能如願而逃婚的衝突。五娘欲相認而不敢相認、欲愛而不敢愛的矛盾心情，訂約又爽約，使兩人間的愛情一波三折，但終抵不過追求幸福、愛情的力量，遂有爆炸性的舉動——幽會、私奔。林大、知州是惡勢力的象徵，硬生生把一對熱戀的男女拆散了。愛情的苦果總是要嘗的。雖然經歷了離別的痛苦、相思的纏綿，最後，賴其兄的幫助，歷經煎熬的青年男女終於結成眷屬。

荔鏡記之所以膾炙人口深受閩區人民的歡迎，最重要的是：「它強調陳三與五娘爲改變幾千年的封建婚姻制度的惡劣，敢於沖破封建締結親誼的牢籠而奮鬥的思想深度，把五娘寫成一位蔑視媒妁之言，但又不斷遭受封建家庭的阻撓而鬥爭的婦女形象。還有其他眾多的次要人物，如李婆、黃家家僕小七、林大逛友卓二，以及驛役、都牢等等，它除了內容的需要外，也符合早期梨園戲打科插諢的丑戲要求，增添了濃烈的喜劇氣氛，渲染了劇情的情趣。」（註一）

二、《荔鏡記》故事溯源

陳三五娘的故事流傳於閩、粵、台一帶，幾乎是家喻戶曉。它並非全出於虛構，它可能是五代時閩南某歷史事件經過長期的演變而形成的。

故事的來源，似乎可以追溯到後五代跟陳洪進有關的歷史事件上。《宋史》列傳卷483 記載：陳洪進，泉州仙遊人，屢建軍功，後唐李煜以之爲清源軍（即泉州）節度。宋太宗太平興國(976—984)時，洪進歸宋，封爲武寧軍節度，封杞國公，進封岐國公，卒年七十二。宋端拱年（988—990 ）南安豐洲九日山雕有陳洪進造像一塑，有碑文提到「太師陳令公」稱呼。太師爲宋三公之一，官銜最尊。據說晉江陳埭鄉一水渠、陳翁橋均爲陳洪進興修。（註二）

那麼，陳洪進跟陳三五娘故事有何關係呢？原福建省梨園戲團在南安

發現一塊碑文《美山尊王記錄》，碑文提及陳洪進據興、泉、漳州，於雍
熙丙戌三年（986）死亡，「追封忠順王，世襲岐國公。公在泉時，二弟
洪銘字伯順，三弟洪鈷字伯卿，鎮漳州，俱封開國侯。」碑文爲公元1847
年立（註三）。內容基本符合陳洪進家族的演變，如今陳府遺址猶存。據
宋史，洪進弟鈷，初爲泉州都指揮史，開寶四年，授漳州刺史。洪鈷是否
字伯卿，史無明證，碑文爲後代所立；故洪鈷之爲伯卿，亦有附會之可能。

　　根據民間傳說故事形成的一般規律，特別與歷史人物有關的傳說故事
，宋初的陳洪進有可能演化爲故事中的陳伯賢（亦作必賢，閩音收-t 之字
潮音讀爲-k。故必、伯同音。）陳洪進爲宋皇室所重，跟陳伯賢不斷高升
官爵雷同。陳伯賢任廣南運使，宋初各路確實設有轉運使的官銜。碑文中
陳洪進三弟陳洪鈷字伯卿，可以說就是後來故事中的陳伯卿，俗稱陳三。
至于武官陳洪鈷傳訛爲官蔭書生，並且把時間推移到後代（註四），在民
間口頭文學創作上可以找到許多類似的例子。因此，可以初步推斷陳三五
娘故事是陳洪進某些歷史事跡經過長期演化形成的。

　　故事的發生地點，爲何是在泉州、潮州？自有它的社會經濟基礎。地
處海濱的泉州，自唐末起，即已成爲東方重要的商業大港。自宋室南遷，
以臨安爲都城，其近鄰泉州因對外交通發達，貿易繁榮，更促進閩南地區
經濟文化的發展，《泉州府志》記載泉州「地狹人稠，仰粟於外。百工技
藝，敏而善仿，北土緹縑，西番氍毹，莫不能成。鄉村婦女，芒履負擔，
與男人雜作。」加上中央封建集權束縛相對薄弱，市民階層力量壯大，廣
大群眾自發地擺脫封建禮教的條條框框，敢於提出一定程度的合理要求。
鄰近泉州、漳州的廣東潮州，其商人亦紛紛北上泉州經商，使兩地來往頻
繁，這就是故事形成的社會基礎。

　　再者，文化昌盛與歷史事件的影響，促使泉州一帶民間傳說故事跟歷
史人物、文物古蹟有著密切聯繫。南宋偏安江左之後，宋宗室的南外宗正
司移於泉州，宋紹宣五年（1231）住泉州的宗室權貴者達至三、四千人，
泉州府舉進士的人數眾多，也相繼出現了「韓國華」、「蔡襄洛陽橋」、

「王十朋」、「東西塔」、「宋帝昺」等一批傳說故事,並進入戲曲領域。陳三五娘故事也屬於類似情況。

附註

一:蔡鐵民<明傳奇《荔枝記》演變初探>p35。廈門大學學報第三期,1979。

二:陳萬里《閩南遊記》,引自註一。泉州之地名沿革及轄區,據《泉州市方言志》載:五代後漢乾祐二年(949)泉州稱清源軍。後周顯德二年(955)轄晉江、莆田、仙游、同安、德化、永春、清溪、長泰九縣。明初改爲泉州府。

三:原文存晉江地區梨園戲劇團。引自註一。據宋史,洪進死於雍熙二年

四:同註一,蔡氏原文是就荔枝記而說的,原文是「把時間推移到宋末」,爲何是「宋末」,可能因爲書中有「廣南」的地名。歷史上,只有宋朝有廣南東路、廣南西路的行政劃分。根據吳守禮的考證,故事是發生在明朝,詳見下文。

第四節 《荔鏡記》與《荔鏡傳》

戲曲小說的產生,往往是民間根據某些眞人眞事——即有那麼一個敷演故事的根據,再加以想像渲染,經過不同時間、空間的傳述,就發展成若有其事的故事了。在陳三五娘故事形成的過程中,戲曲的荔枝記(或荔鏡記),並不是最早形成的,之前還有不同文體的作品流傳民間,那就是古典小說《荔鏡傳》。

《荔鏡傳》全文長約二萬七千字,內含詩詞歌賦八十餘則,通篇以純熟文言寫成。茲根據陳益源的研究(註一)並參考他文,略述如下:

一、《荔鏡傳》的版本

關於《荔鏡傳》的書名及版本，從明代傳到清代，除了保留「荔鏡傳」原名外，又增添許多別名，如《荔鏡奇逢集》、《磨鏡奇逢集》、《奇逢全集》等，大概都是《荔鏡傳》的後世刊本，只是改頭換面而已。近人所見，清代以來有多種版本，其中較早的兩個版本是：

《新刻荔鏡奇逢集》二卷　嘉慶十九年尚友堂刊，牛津圖書館藏（偉烈亞力舊藏）

《二刻泉潮荔鏡奇逢集》二卷　道光二十七年刊，東京大學東亞文化研究所藏（雙紅堂文庫）、北京圖書館藏（註二）

上引道光本雖說「字體俗陋，白字累牘，紙墨俱劣，撫之污指，漶漫幾不可識。」（註三）但在原刻未見，「新刻」本難得的情況下，我們姑且以「二刻」本做爲討論的根據。此本書前有「荔鏡傳敘」，每葉版心署「荔鏡傳」，其原稱當以「荔鏡傳」爲是，以下討論，皆稱《荔鏡傳》。

《荔鏡傳》二卷二冊，首爲無名氏< 荔鏡傳敘 >，次爲< 郵亭觅致 >（署「于明起東父題」），卷一正文間插小標題，依序是：1 陳必卿實錄，2 王碧琚實錄，3 正月三日必卿往任，....35卿遺書于琚。其中「卿過丹霞驛」、「卿過黃崗驛」、「卿到惠州入謁蘇東坡廟」三目，有詩無文。卷二正文間插小標題，依序是：36卿執鼗，....69必迎王氏以歸。情節與《荔鏡記》大同小異。

二、《荔鏡傳》的作者及其成書年代

北調南腔一例俱，梨園鈔本手編摹，

沿村荔鏡流傳遍，誰識泉南李卓吾。

這是清末泉州人龔顯鶴的詩（註四）。詩中提到梨園戲的劇本《荔鏡記》和李贄（卓吾）有關係。

李贄，明晉江人，萬曆中爲姚安知府。三十三歲時（嘉靖39年）回泉

奔喪，正遇倭寇侵擾，他即登城樓「爲城守備」。嘉靖45年春，才由泉州回河南共城。巧的是《荔鏡記》也是嘉靖45年出版的。使人聯想到《荔鏡記》和李贄的關係。

李贄是一個離經叛道的大思想家、小說戲曲評點家。他在< 童心說 >倡言：

> 天下之至文，未有不出於童心焉者也。苟童心常存，則道理不行，聞見不立，無時不文，無人不文，無一樣創制體格文字而非文者。詩何必古選，文何必先秦？降而爲六朝，變而爲近體，又變而爲傳奇，爲院本，爲雜劇，爲《西廂曲》，爲《水滸傳》，爲今之舉子業，皆古今至文，不可得而時勢先後論也。（註五）

李氏素以評點才子小說作品著稱，他評點的戲文，在明代刊行傳世的有：

李卓吾批評琵琶記　明‧高明　明容與堂刊本

李卓吾批評幽閨記　元‧施惠　明容與堂刊本

李卓吾批評玉合記　明‧梅鼎祚　明容與堂刊本

李卓吾印西廂記　　　吳梅　奢摩他室藏曲待價目

元本出相北西廂記　李贄、王世貞評　明萬曆38年起鳳館刊本

三名家合作元本北西廂記　湯顯祖、李贄、人傑渭評

明崇禎間匯錦堂刊本

李卓吾先生巷評點西廂記眞本　明‧李贄評

表崇禎13年四陵天章閣刻本（註六）

以李贄的籍貫、仕官經歷、爲文主張，及評點小說戲曲的嗜好看來，李贄似乎有作《荔鏡記》的可能。但他和《荔鏡傳》又有怎樣的關係呢？

關於《荔鏡傳》的作者，據陳香《陳三五娘研究》，有：１宋張瀏作，２明王鴻飛作，３明李卓吾作。陳氏除駁前二者所作爲非外，並肯定爲李卓吾所作，引林以仁《閩事鉤沈》：「成於光宗年間，刻於天啓五年，

計十回，分四卷」，於是說「是一條正確的答案了。」（註七）但此說有
三大疑點：

1 李卓吾生於嘉靖六年(1527)，卒於萬曆三十年(1602)，絕無於光宗
年間（1620）寫成《荔鏡傳》之理。

2 民間傳說李贄寫到陳黃戀愛，私情敗露、林大逼婚時，不知如何下
筆，其女在旁獻計說「何不令兩人私奔？」李贄以他日敗壞家風爲慮，一
時氣急，竟把他的女兒躓死。又說李贄一夜行文三萬餘言，以證明陳三是
泉州人。這些傳說離奇荒誕，不足採信。

3 文風有別：《荔鏡傳》「文字晦澀，堆積典故」，與李贄針對復古
派的文學主張是不同的，特別跟李贄「文字潑辣瀟洒、痛快淋漓的風格，
以及語言淺近明白」有很大的差別。（註八）

所以蔡鐵民說：「可以肯定《荔鏡傳》決非李贄所作。」（註九）

以上的說法，皆以李卓吾爲李贄。然陳香卻認爲李卓吾有二人，所指
「卓吾」，並非指李贄。陳氏又引《閩事鉤沈》：

　　李卓吾嘗與陳亦言遊。亦言....洪武初，不樂仕進。....

　　晉江明有兩李卓吾：一爲李贄，字卓吾。萬曆舉人，授教官。....

　　一爲李景，字卓吾。世代書香，相傳爲李亨伯後裔。....

由「李卓吾嘗與陳亦言遊」一語，可推測李卓吾正是「明洪武時人」（
1337—1368）。最後，陳香說：「李景才可能是陳三五娘小說的作者，他
還有《三國志演義評本》、《水滸傳評本》等書。」（註十）

依上面二則，《閩事鉤沈》所提到的兩李卓吾，皆與「光宗朝」年代
不相及，似乎自相矛盾。陳香先說「已可斷定《荔鏡傳》當爲明李卓吾所
作」，而「成於光宗年間，刻於天啓五年，是一條正確的答案」，又說洪
武時的「李景才可能是陳三五娘小說的作者」。我們只有這樣理解：明初
的李卓吾(1337—)先寫了《荔鏡傳》小說，直到光宗(1620)才有這本書出
現，天啓五年(1625)才印成書。然而，從開始寫書到刻印成書，中間距離
兩百多年，是不太合理的。

　　總之，《荔鏡傳》或《荔鏡記》，由於年代久遠，且屬民間作品，其作者已無法考知。就《荔鏡記》來說，我們未見李贄有關閩南白話文學的作品，書中亦無評點的痕跡。就《荔鏡傳》來說，文體、年代都有矛盾之處，自不必強求答案；前人所說，聊作參考而已。但《荔鏡傳》的作者，應為閩南人，因書中一些慣用口語，如「阿娘」（或作呵，音a1）「死婢」為閩南人常用稱謂、呵叱語，與《荔鏡記》同。

　　《荔鏡傳》的成書年代，比較可信的說法是龔書輝《陳三五娘的演化》所說的。他據傳中數用元明以來戲曲，演唱《西廂》戲，內容與明人小說類似者甚多，以及關於荔枝的品種等，考證其約成書於永樂以後至明代中葉之間，乃「文人從野生的民間傳說，採擷了資料而潤色寫定的，陳三、五娘故事文學中最早的作品。」後人多承此說。蔡鐵民更進而發現傳中「琯卿論人物」一節有「愛卿者思伯而死」的用典，係出於明初瞿佑《剪燈新話》的＜愛卿傳＞，而「《剪燈新話》刊印盛行於世是明永樂初．....可見《荔鏡傳》的出現大約於明永樂末年以後的年代裡。」他又舉「《荔鏡傳》的結構、體例近乎明弘治前文言筆記小說」、「表現手法上受明前七子復古派文學風尚的影響」為證，主張《荔鏡傳》應該是「反復古派」出現（明中葉）之前一位不得志文人的作品。（註十一）
　　陳益源又據《荔鏡傳》明顯抄襲明代的傳奇小說《鍾情麗集》，推定《荔鏡傳》的確定年代。表列對照如下：（註十二）

鍾　情　麗　集	荔　鏡　傳
女曰：「兄欲歸矣？」生曰：「不然。」....女又曰：「春寒逼兄耶？」生曰：「非寒也，愁也。」女曰：「何不撥之乎？」生曰：「誰肯與我撥之乎？」	琚過，問之曰：「子倦乎？何不彈鋏歌之乎？」卿曰：「非倦也，愁也。」....琚曰：「志不得則愁。誠然也，何不撥之？」生曰：「誰與我撥之乎？」（卿倦掃）
	因口歎曰：「....淇園芳草水雲迷，如何借得一枝宿？」（卿左軒自寓）
生殆無以為懷，乃于軒之西壁畫一鶯，後題一絕于上云：「遷喬公子彙新衣，獨自飛來獨自啼。可惜上林如許樹，何緣借得一枝棲？」	因畫「鶯柳」一圖，鶯欲投柳而不可得之狀，併歌一韻，....重弄金衣，朝朝立向高枝。枝高枝高，不借一棲悲奈何？（卿求春）
正見女于月桂叢邊，焚香拜月，....吟云：「爐煙裊裊夜沈沈，獨立花間拜太陰。心事不須重跪訴，姮娥原是我知心。」	春....乃口占二句云：「鶯啼露滴滿珠林，說向嫦娥興不禁。」琚曰：「心事不須重祝訴，嫦娥與我是知心。（卿遺書于琚）
又作[望江南]詞以示之：「堪歎處，[空]到碧紗廚。一寸柔腸千寸斷，十迴密約九迴孤，夜夜相支吾。....。」	生喜歸，詩云：「....一寸柔腸手(千)寸伯(段)，十迴密約九迴遷。從此珍重御羅記，幾重鶯聲與未闌。」（卿與琚盟于春熙亭）

表中《鍾情麗集》男主角辜輅壁上畫鶯、題詩托意，女主角黎瑜娘焚香拜月、設祝誓心，以及彼此間的對話、酬唱，影響《荔鏡傳》各節，一經對照，一目了然，後者因襲前者，無可置疑。

《鍾情麗集》書前有成化丙午（二十二年，1486）、丁未（二十三年，1487）二序，而其刊刻盛行可能在弘治十六年（1503）以後。最後，陳

氏下結論說：配合前賢的說法，《荔鏡傳》既是「陳三五娘故事文學中最早的作品」，又當在「反復古派」出現（明中葉）之前問世，那麼《荔鏡傳》的成書年代應以弘治末至嘉靖初（1522，中有正德一朝）的可能性居大。（註十三）

三、《荔鏡記》與《荔鏡傳》

依上面的說法，應可確定《荔鏡傳》小說產生於《荔鏡記》戲文之前，而且在《荔鏡記》之前還有《荔枝記》。依其先後順序安排如下：

　　1503—　　　　　　　　　　　　　　1566—

　　《荔鏡傳》　─→　《荔枝記》　─→　《荔鏡記》

既然《荔鏡記》（或《荔枝記》）的成書時代在《荔鏡傳》之後，那麼，《荔鏡記》與《荔鏡傳》的關係如何？

比較《荔鏡記》和《荔鏡傳》的文詞，我們不能不說前者的作者應看過後者，而且有直接抄襲的痕跡，如《荔鏡傳》卷一、44葉陰面，記：

　　琚與春步啟西園玩花賞月。卿覺，乃佇立牆外，長吁短嘆。琚曰：「此閣深靜，何人聲之遠聞也？」春曰：「子規叫月耳！」頃之，生以丸[礫]擲入。琚怪之。春曰：「露滴花梢耳！」琚惑，將引去。春曰：「月白風清，如此良夜何！」乃口占二句云：「鶯啼露滴滿珠林，說向嫦娥具不禁。」琚曰：「心事不須重祝訴，嫦娥與我是知心。」

《荔鏡記》24出：

[梁州序]（旦）鶯啼鳥叫，焦我心憔怍。（占）移步抽身懶且到。

　　（占）啞娘，月上了。　　　　　　　　　　　　　按：懶，我們

[梁州序]（旦）擰目看擰目看，不覺見月上如梭。

　　　　．．．．

　　（生上）春色惱人眠不得，月移花影上琅玕。

　　（生介）原來是娘仔共益春在園內賞花，不免將心腹話說乞伊曉得。

[望吾鄉]（生）園內花開香蘭麝。想我在只牆外，礙手惡去拆。一
　　　　陣風送一陣香。著許花香來刈吊人。不見花形影。我強企起來
　　　　，在只月下行。待許賞花人聽見，即知阮貪花人有心情。

　　（占）只牆外都親像乜人做聲，啞娘來去聽。

　　（旦占行介）益春，是都親像人做聲。

　　（占）月皎星稀，正是杜鵑叫月。

[望吾鄉]（旦）叫月杜鵑啼苦切。聲聲叫是春歸時節。鳥雀悲春，
　　　　共恁人心一齊。

　　　‥‥

　　（占）啞娘，人說姻緣都是月老注定，近前去祝告月娘，豈不可怜
　　　　啞娘你！

[望吾鄉]（旦）正是心事不須重祝訴，嫦娥與我是知心。

二書都誤以「人聲」為「杜鵑叫月聲」；嫦娥句完全一樣。

　　因此，二書的關係有兩種可能：一是《荔鏡記》戲文根據《荔鏡傳》
小說改寫敷演而來，一是分別直接取材自民間傳說。若將兩者的分段小標
題和各出出目，依相關情節排列對照，則可發現彼此仍互有詳略，在情節
的發展上同多於異。由於二者的性質不同———一是戲劇，一是小說——所
以小說人物的詩詞歌賦、遊戲文字（如「卿示意于琚」的< 鳳竹詞 >、「
琚夢鏡圓」赤月娘子的拆字詩）與長篇議論（如「琚觀樂論人」、「琚論
荔」），以及書信、攻詞等文人色彩較重的部分，戲曲刪除了。反之，戲
曲雖沒有增添人物，但首尾增加了莊重的「外」角（陳伯延）戲，並襯以
反面的「淨」角（林大鼻）戲，還特別鋪敘了花園中事和私奔被捉的過程
。這樣的改變，應該說是為了因應戲曲搬演的實際需要，也為了吸引台下
觀眾，所做的合情合理的安排。（註十四）

附註

一：陳益源《元明中篇傳奇小說研究》第八章「荔鏡傳研究」，文化大學
中國文學研究所博士論文，1994。
筆者並承陳先生致贈道光本《新增磨鏡奇逢集》影本，深致謝意。

二：同註一，引大塚秀高著、謝碧霞譯< 明代後期文言小說刊行概況（上
）>註二著錄，載於臺灣學生書局《中國書目季刊》第十九卷第二期
，1985.9。

三：同註一，引自吳敢、鄧瑞瓊< 未見著錄之中國小說十種提要 >，瀋陽
春風文藝出版社《明清小說論叢》第三輯，1985.6 p220。

四：轉引自林鴻《泉南指譜重編》，1911年成稿，1921年上海文瑞樓石印
本。

五：李贄《焚書》卷三，四部刊要，漢京文化事業公司出版。

六：以上有關李贄的說法，見吳捷秋《梨園戲藝術史論》上冊pp32-36。
民俗曲藝叢書。

七：陳香《陳三五娘研究》，臺灣商務印書館，1985。

八：《荔鏡傳》作者文筆實不甚高明，茲舉詩、文之例證之：
（[]爲誤字或俗字，□爲字模糊難辨）

　1 詩：卿過黃崗駟（卷一、四葉）　卿閑潮城，風景[殊]異他處。
　　　　　至是時[遊]其地。喜歌一音：
　　　　　潮城一古道　□□擅淮名　潮水通溪水　長亭復[短]亭
　　　　　停舟橫野渡　策馬上蓬[瀛]　多少長安客　相逢只問津
　　　　　按：連續三個「亭」字之音，不妥。
　　　　　正月十四日卿在潮，寓于駟。因見長林可以舞風，清溪可以
　　　　　[棹]（掉?）月，有悠然自適□□。乃取瑟而歌曰：
　　　　　白駒過隙容易過，人生百歲不可多。[笑你]后生空忙，把歲月
　　　　　消磨。....（卷一、五葉）
　　　　　按：首句重複「過」字，不妥。

2 文：卿執盤（卷二、四葉）　五娘七月望夜於亭前祝天....卿因踵
　　其後。....卿進曰：「故人在此，何必便便然祝天也？」琚有
　　愧色，欲引去。春曰：「荔謂故人[在]此，此言□與分曉，勿
　　使放言，恐成慣狎。」琚乃詰之。卿曰：「馬上郎非而故人耶
　　？」琚曰：「馬上郎自郎耳，於我乎何與！」卿曰：「阿娘曾
　　以荔投馬上郎乎？」琚顧春曰：「曾參殺人，子信之乎？」春
　　曰：「無徵弗信。」生曰：「子[乃]相爲掩護耳。前荔吾尙藏
　　之以爲寶。」因出諸袖中以示琚。琚令春□視之，曰：「此臗
　　鼎也，出於魯。子何處得來？」生曰：「乃自馬上得之。」琚
　　曰：「噫嘻！我知之矣。前者有一少年，峨冠[博]帶，策輕駟
　　，揚揚而過閭里者，乃子耶？」因顧春曰：「彼時此人曾有此
　　荔投彼乎？」春曰：「忘之矣。」生曰：「如以此物相誣者，
　　天其厭之！」琚曰：「時者彩樓淸暑，剪荔相戲，遂不覺流落
　　人手。吾心猶如止水未浮者，子何以小人之心而[臆][度]人之
　　甚也？」生曰：「婦人女子，動履有常，訾笑不苟，如何於大
　　都白晝之中，而有丹荔[挨]馬之訟耶？向無羅巾于襲，則將以
　　之爲腐鼠矣。」琚曰：「子亦醯雞之見爾。昔潘安客出洛陽，
　　婦女連手投果滿車，必欲人人而[喚]之，則席不暇煖矣。」..
　　按：「彼時此人曾有此荔投彼乎？」文意不通。「時者彩樓淸暑
　　　」不通，或「時」爲「昔」之誤刻。「訾笑不苟」不通，訾，
　　　毀也。或「訾」爲「言」上多刻一「此」字。挨，投也；原文
　　　作「駾」。此則所用典故有：曾參殺人、《莊子》秋水篇鵷鶵
　　　腐鼠之故事（腐鼠喻庸流所珍輕賤之物）、潘安故事、醯（原
　　　文作醢）雞或亦有其典故，未詳。
九：1爲陳益源所提出。2、3見於爲蔡鐵民<明傳奇《荔枝記》演變初
　　探>，《廈門大學學報》1979年第三期。
　　2之傳說，陳氏引錄自龔書輝《陳三五娘的演化》，廈門大學學報，

　　　1936，第七本；林頌< 《陳三五娘》文獻初探 >，《福建戲劇》
　　　1960年八月號。

十：同註七，pp16.17。

十一：同註一，引（註十八）龔、蔡之說。陳氏又謂《剪燈新話》卷一<
　　　聯芳樓記 >薛氏蘭英、蕙英曾於樓上窗隙窺見鄭生，「以荔枝一雙投
　　　下」，事與《荔鏡傳》頗類；《荔鏡傳》「秋八月望夜卿私琚」一節
　　　，碧琚有「新花未慣風雨，分付東君，細爲護持」一語，實則爲< 聯
　　　芳樓記 >蘭英詩「嬌姿未慣風和雨，分付東君好護持」的轉化。

十二：同註一，四段引文，《明清善本小說叢刊初編》，臺北天一出版社
　　　，1985.5。影印林近陽編《新刻增補全相燕居筆記》，卷六上層pp4.
　　　5.8.11。

十三：陳益源又補述：陳香所說「鴻飛號一介，蘇州人，正德間，負笈晉
　　　江，就理學家陳紫峰讀，無成。唯嗜搜錄民間豔聞以編著傳奇，其後
　　　不知所終。」

　　　依《荔鏡記》的成書年代，王鴻飛倒有可能寫作此書。

十四：同註一。二者的異同，陳氏曾列表比較，茲從略。攻詞謂攻人隱私
　　　之詞，書中有「卿及春得攻詞」之題目。

第五節　《荔鏡記》與《荔枝記》

　　荔鏡記卷末告白：「因前本荔枝記字多差訛、曲文減少，今將潮、泉
二部增入顏臣、勾欄、詩詞、北曲校正重刊....」可知在本書出版之前，
有《荔枝記》的版本行世，而且有潮州本與泉州本兩種版本。荔鏡記出版
以後，陸續又有荔枝記在不同時代出版，根據吳守禮教授數十年來的搜集
研究，分別是：

　　明萬曆辛巳九年(1581)《新刻增補全像鄉談荔枝記大全》四卷，47出
　　　，只標出次，沒有出名，89葉，潮州東月李氏編集，閩建書林南陽

堂葉文橋繡梓，朱氏與畔堂梓行。奧地利維也納國立博物院收藏。

清順治辛卯八年(1651)《新刊時興泉潮雅調陳伯卿荔枝記大全》，不
　　分卷，卷首目錄57出，而內容正文併為35出，72葉，只標出名，不
　　標出次。不著撰人。書林人文居梓行。日本京都神田喜一郎博士收
　　藏。

清光緒甲申十年(1884)《陳伯卿新調繡像荔枝記真本》，不分卷，51
　　出，82葉，三益堂發兌本。法國施博爾博士收藏。不標曲牌名。

以上三種荔枝記雖然較荔鏡記後出，但與荔鏡記卷末告白：「因前本荔枝
記」的關係如何？則有待稽考。

　　三種刊本《荔枝記》的詳細情形，依吳教授的研究結晶，略述如下：
（如有己見或補充，則加「施按」二字）

　　「現存荔枝記，不會就是重刊荔鏡記戲文時所用的底本。」雖然如此
，留存在荔枝記裡的詞句、名稱有的比荔鏡記戲文保存得較為整齊近真。
這樣，現存荔枝記的優點，絕不是用「後出易優」一句話所能概括得了的
。因此，現存荔枝記直承「前本荔枝記」的可能性，仍然存在，我們未可
完全把它忽略。

　　嘉靖末年重刊的荔鏡記戲文可能是一種百衲本。詳細地將戲文全本點
讀一遍，我發現：情節有倒置的，數字有前後不一致的，有一人兩姓的；
誤刻的單字也不在少數….等，不可了解的舛錯甚多。分別簡述如下：

　　陳三還沒和來自廣南的差役相遇，就是說未知乃兄陞官，就在覆五娘
的信裡報說哥哥陞官來安慰她（49出）。在48出裡，五娘在家中只交給小
七（五娘家奴才）五兩銀子，可是到了49出裡，小七竟能交出二十兩遞給
在途的陳三。（施按：尚有一處矛盾：8出記陳三初見五娘，問其僕安童
，安童只回答是「後溝王九郎个諸娘仔」，此時陳三尚不知其名；隨後陳
三卻說「十箇九箇，不踏（值）五娘仔一倍」。到18出，陳三問李公，始
知五娘芳名。）五娘父親之姓，戲文裡有一段對白說：

（淨）親家高姓？（外）老拙姓黃。（淨）大肚黃也（抑）是三畫
王？（外）正是大肚黃。未知賢郎來只貴幹？（37出）

「外」是五娘父，「淨」是林大。這一段對話，明白地道出五娘父姓是「
黃」；可是，第8出裡有「王九郎」，第50出裡則有「王長者」，都是指
五娘的父親（註一）。此外，類似的問題尚不一而足；單字的錯誤，更無
須細述。結論是：明嘉靖丙寅年重刊的荔鏡記戲文，在文字上會發生如此
不一致的因由，絕不在於作者，也不在於手民；可能是惟利是營的書坊，
將兩種或兩種以上各有殘缺的荔枝記，只顧填滿板底，裁剪補釘，重刊出
來的——算是一種「百衲本」。下面所述的情形，似乎可以加強這種判斷
，就是：

　　陳三的本名，荔鏡傳裡作「必卿」，荔枝記裡作「伯卿」；

　　陳三之兄，荔鏡傳裡名「必賢」，荔枝記裡作「伯賢」；

　　五娘家姓，荔鏡傳用「王」，荔枝記用「黃」；

再查荔鏡記戲文攝影本，則竟是：陳三的本名——作必卿（施按：12. 24
. 26出），又作伯卿（1. 2. 12.16.18.19.21.23.24.29.37.42.44.49.51
.52.53出，而且在12出及24出，必卿、伯卿同時出現）；陳三的哥哥，名
必賢（47出）；又作伯延（2.44.51.52.53出 ）。五娘家姓，黃、王兩寫
。（註二）

　　施按：百衲本是多本合刊，泉、潮二本合刊可能比較省事。光是二本
合刊，就足夠造成矛盾之處，不必斷爲「百衲本」。

　　自嘉靖本至順治本之間，約有一百年；自順治本至光緒本之間則相去
約二百年，但只據出名已可看出順治、光緒二本之間相同之處較多。若再
讀內容情節之演變，曲、白之沿用或改動，亦屬嘉靖本與順治本之間演化
較大，順、光二本之間相同之處較多。

　　順治本在卷首目錄列有出目五十七，而內容正文併爲三十五出（內中
有一出戲並列二目者）。可知在現存順治本以前尚有分爲五十七出上演之
荔枝記。若就現存情形所見，在數目上雖比《荔鏡記》只增加二出，情節

上，「元宵奇逢」（有「失扇」一段），「戲探橋梭」「益春留傘」「益春送花」等目，均為新編增加之情節。

　　嘉靖本與現存順治本之間，至少該有一本與順治本卷首目錄完全一致之荔枝記。其內容，若許據現存目錄推之，必定是：情節、曲白皆由嘉靖本蛻變而出，而經過文人據舊本及傳說加以潤飾、翻新者（施按：亦可揣測順治本據「前本荔枝記」刪改）。因此，陳三五娘故事一再「演化」，同時保存一時一地之語料。

　　順治本與光緒本之間，曲與白雖時有整段相同者，但並非抄襲，而在刪削、分併之間，有意留下異文，俾合校文字者受益不少。即：有經順治本傳至光緒本者，有始見於順治本者，有光緒本直承嘉靖本者，情形不止一端。而順治本正介在其中，出於其中，猶如連串之環節，一度失之而復得，在現存文獻中佔有極重要意義。尤其重要者，順治本之出現將光緒本中之部分資料之時代意義，提高二百年以上。——因為筆者認為：光緒本雖含有直承嘉靖本之成分，但仍以由順治本以前——如順治本卷首目錄所見——之荔枝記蛻變而出之成分居多。（註三）

　　《清光緒間刊荔枝記校理》成書於1977年，其「緒說」大意如下：

　　據六底本(ABCDEF)校勘，BCD 三本屬同一版，AF 本簡體字特多，自成一種。B 本首尾俱全，C 本缺第十六頁，印墨之鮮明則為他本之所難比，封面完整題「光緒十年雋」「繡像荔枝記真本」，經施博爾細心印製適於影印之「全錄拷貝」，乃得據以付印刷。D 本之筆劃清楚，每可證他本之缺失。AEF 本皆只存後半冊。F 本右上角題「宣統辛亥年秋刊」，書中之簡體字大多與 A本一致，因而推知 A本亦宣統間刊本。

　　四種刊本因時地之不同，演出之更張，曲文時有翻新，情節更自由伸縮，遂產生同中有異，異中有同，均成為合校時之絕好資料。（諸如字音相同之誤、字形相似之誤，或可互證，乃至反證。）

　　此本校理以與嘉靖、順治二刊之對照取正為主，旁及萬曆刊荔枝記以及其他。校理此書之目的，在於理出早期閩南方言語料——方言詞彙、語

法特徵。因此著重於字句之校理。……以補苴殘闕,便於瀏覽為目標而已
。

　　光緒十年刊刻,於今未及百年,其傳本已少且垂湮滅,即使書傳,亦
已板壞葉脫,殘缺頗多,不殘缺者亦因魯豕處處,瀏覽成礙。如不及時理
董,後之欲從事於斯者,將多一層障蔽。此情在前三種亦相去無幾。以故
余二十餘年以來,寢饋不忘,遐顧年年同一題目之中傷。今十駕而達,樂
不可言喻。(註四)

　　茲總結吳教授之研究成果:《荔鏡記》出版於明嘉靖丙寅年(1566)
,之前已有《荔枝記》一書流行,《荔鏡記》乃就舊本刪創合刊(合泉本
與潮本,或再合他本)而成。之後有《荔枝記》三種版本分別於明萬曆辛
巳年((1581)、清順治辛卯年(1651)、清光緒甲申年(1884)年出版,
此三本或據《荔鏡記》前之《荔枝記》、或據《荔鏡記》刪創增補,出目
雖有所出入,但內容大體一致;而年代愈後者,隨時代觀念、地域觀念之
不同,在內容上亦據前本而隨時增補,例如增加了輕鬆趣味的「安童尋主
」、「益春留傘」等「小丑戲」(註五),使戲劇的表演達到高潮,更加
吸引觀眾。至於後來梨園戲、高甲戲演出的「抄家」、「投井情死」「益
春告御狀」等,《荔鏡記》與《荔枝記》原本並無此等情節。

附註

一:吳氏註:「王、黃二姓,今閩南方言裡讀音,一讀ong5,一讀ng5。
　　　但,今已廢用的一句話『作人王』的『王』讀ng5 ,則和讀『黃』
　　　姓的音同了。」
　　按:不分潮、泉音,當時「黃」「王」有皆讀ng5 之情形,故南管套
　　　曲<王五娘>,曲師「王」唱ng5 音。因二字同音,故《荔鏡記》之
　　　抄寫者有誤寫之情形。
二:吳氏<荔鏡記戲文研究序說>,1960.3

三：吳氏〈順治本荔枝記校研〉1966.3

四：吳氏《光緒本荔枝記校理》緒說

五：《荔鏡記》亦有安童尋主的情節，但不另立出目，在「陳三得病」出
　　中交待，至《荔枝記》則有「安童尋主」的出目。「益春留傘」的增
　　加，使劇情達到高潮，戲劇的演出更易激動人心。

第六節　《荔鏡記》的成書年代

　　陳三五娘故事的起源與流傳，可能在宋末到明初。根據《荔鏡記》的
內容，全書雖然沒有任何帶著時代色彩的現象或物名，但吳守禮教授根據
一個官名及幾個曲牌，推測它的年代應在十五世紀一百年間。其說如下：

　　1都堂。這個稱謂，在戲文中又作「都御史」或「都堂御史」，名異
而實同。第47出記陳三的哥哥接受聖旨升官的情形：

　　　　....陳必賢治事清廉，文武兼備，六藝精通。朕實加勉，轉陞都御
　　　　史，勅賜廣南，便宜行事；但文武官三品以下，貪贓枉法，聽從拿
　　　　問，免待奏請；聖旨了也。....

　　　　（外白）夫人啞！今朝廷陞都堂御史，委我查勘諸州，....

第49出記陳三發配崖州途中，遇其兄之家僕的一番對答：

　　　　（生）大人佐（做）官，拙時都好？（末）恁大人官陞都御史，勅
　　　　賜劍印隨身，欽差各府查勘官吏，比三品以下官員，不公不法者，
　　　　聽從拿問，不待奏請。..

第51出記驛丞之言：

　　　　小官便是北山驛丞，今旦馬上牌來報：泉州陳運使，今陞廣南都堂
　　　　，今旦只處經過，必須備辦夫馬聽候。

由「都御史」「都堂御史」的官名，及可拿問三品以下之官，則其官階必
在三品以上的二條線索，可以追尋其年代。查《明史》卷73職官志：

　　　　洪武十年七月，詔遣監察御史，巡按州縣。....十三年，專設左、
　　　　右中丞，左、右待御史，尋罷御史臺。十五年，更置都察院，設監

察都御史八人，秩正七品。.....十六年，陞都察院爲正三品。十七

年，陞都御史正二品，....

歷代官制，只有明朝有「都御史」的官名，洪武十五年，改御史臺爲都察

院，以都御史爲長官，其次有副都御史、僉都御史、監察御史等。十七年

，陞都御史正二品，所以可以拿問三品以下之官。「都堂」之制，唐朝已

有，唐制：尚書令有大廳，在尚書省之中，謂之都堂。但此都堂是官署名

，非官名，而且距陳三五娘故事發生的背影太遠。明制：都御史、副都御

史、僉都御史稱都堂；又差遣在外任總督、巡撫者亦稱都堂（註一）。都

御史是都堂的正式稱謂。由此可以做個推測：荔鏡記戲文的寫作年代，當

在洪武十七年以後「都堂」官的威名遍布民間的時期。尚待研究的是：在

洪武十七年以後不久，或遠在後代。

　　2曲牌名。可據以推測荔鏡記戲文寫作年代的幾個曲牌名是「瑣南枝

」「傍粧臺」「山坡羊」三曲。因爲這三枝曲子在明朝中葉曾盛行一時。

沈德潛曰：

> 元人小令行於燕趙，後浸淫日盛，自宣、正至化、治後，中原又行
>
> 瑣南枝、傍粧臺、山坡羊之屬。李崆峒先生初自慶陽徙居汴梁聞之
>
> ，以爲可繼國風之後；何大復繼之，亦酷愛之。.....自茲以後，又
>
> 有耍孩兒、駐雲飛、醉太平諸曲，然不如三曲之盛。
>
> 嘉隆間，乃興鬧五更、寄生草、羅江怨、哭皇天、乾荷葉、粉紅蓮
>
> 、桐城歌、銀絞絲之屬，自兩淮以至江南漸與詞曲相遠，不過寫淫
>
> 媟情態，略具抑揚而已。比年以來，又有打棗杆、掛枝兒二曲....
>
> 人人習之。又，山坡羊者，李、何二公所喜，今南北詞俱有此名。
>
> （顧曲雜言）（註二）

沈德潛所謂流行於宣正至化治後的瑣南枝、傍粧臺二曲，在荔鏡記戲文裡

，各出現了兩次。傍粧臺曲用在祝告嫦娥、梳粧意懶二出裡，瑣南枝曲用

在陳三得病、益春退約二出裡，都是劇情漸入佳境，而情緒上最爲纏綿悱

惻的段落。山坡羊則在新增勾欄裡：

（生）起動二姐唱一唱。（旦唱）勾欄[山坡羊]：見親親，我低聲偷聽，又恐怕我爹娘知道。見親親，奴又歡喜，哄得奴家先倍著。把話兒先丟開了。向前來，數把著奴腰。奴心中不愛你少鈔，我愛你青春年少，....（荔鏡記69葉下、上欄）

「勾欄」的原義是「闌干」，後來變指「劇場」，又轉而稱「妓院」。所以，這裡旦所唱的山坡羊曲牌名上，必須加「勾欄」二字。由此可以揣想山坡羊是當時——嘉靖中——妓院裡流行的名曲。

　　上面據御史制度的沿革，推測荔鏡記的寫作年代，當在洪武十七年以後。那麼，這本書的寫作年代，下既不得太接近嘉靖末年重刊之時，上也不能超出洪武以前了。再參合沈德潛所記元明間名曲流行變遷的實際情形，把它擬定在瑣南枝等三曲盛行於世的時期——即「宣正至化治後」之間（因為沈德潛所列舉的嘉隆間流行的名曲，戲文裡一個都沒有出現）；即荔鏡記的寫作年代是在十五世紀一百年間。

　　（施按：宣正、化治、嘉隆的確實年代為：

1426—　1436—　1465—　1488—　1506—　1522—　1567—

宣宗——英宗——憲宗——孝宗——武宗——世宗——穆宗

（宣德）（正統）（成化）（弘治）（正德）（嘉靖）（隆慶）

即約西元1426年到1522年的一百年間。）

　　當我們再記起陳三五娘故事文學的最早一部作品——《荔鏡傳》的寫作年代，既經前人斷定，說是必在「永樂以後」——明代中葉；可知這種推測雖然籠統，卻沒有什麼不妥。再說，如果從中國戲曲史上著眼，則十四、十五兩世紀是南戲的復興時期（參照青木正兒博士著《中國戲曲史》），就可以明白：《荔鏡記》戲文現在雖然變成一個無偶獨匹的存在，它的產生並不偶然，也並不孤立在中國文學的潮流以外。（註三）

　　吳教授以官名、曲名來確定其寫作年代是明朝中葉，證據確鑿。但蔡鐵民認為「陳三五娘故事，事件發生于南宋，交代陳三的哥哥陳伯賢任廣南運使。」（註四）蔡氏憑什麼證據說「事件發生于南宋」？我們似乎可

從其中的行政區劃與官名來考察。

以行政區劃名來說，唐分全國爲十道，其中有嶺南道，轄今廣東、廣西。唐以後未有以「道」爲名者。以行政區名來說，只有南北宋有廣南之名，分爲廣南東路、廣南西路（包括今廣東、廣西地區）。此後未有「廣南」之名者。而本書第二出卻有「小人正是廣南道承差」之語（萬曆本《荔枝記》第二出下場詩：「欽差勅賜廣南道」）。

以官名來說，自唐宋至明，並無「運使」的官職，惟有「轉運使」之官。宋代之轉運使號稱漕司，而實際上已帶有民政性質，由經濟專業之官變爲高級地方行政長官。明代有轉運使，僅主鹽政。（《文獻通考》六一職官十五轉運使）本書第二出謂「幸得一舉成名，除受廣南運使，勅賜劍印隨身。」亦非主鹽政之轉運使。然則，「運使」之官，乃因轉運使而杜撰之官職。

民間戲曲往往經過長期的口頭流傳，增添補綴，最後寫成定本。試看《荔鏡記》的地名、官名中的「廣南道」「運使」，事實上，並沒有這樣的地名、官職。這可能是輾轉口傳，在不同時期重疊湊合，但知有此行政區劃與官名，固不必考究當時是否眞有此官或此官之職掌爲何也。但也透露出故事開始流傳的時間，使蔡氏認爲是「事件發生于南宋」，成書則在明代中葉。

附註

一：都堂之稱，見清梁章鉅《稱謂錄》21都堂。又吳教授< 荔鏡記戲文研究序說 >註引錢大昕《恆言錄》。

二：掛枝兒一曲，在荔鏡記裡是「掛眞兒」，書中共出現七次：12.13.25.27.29.47.52出。不知二者是否同曲。

三：《荔鏡記戲文》研究序說，臺灣風物10卷2、3期。

四：蔡鐵民<明傳奇《荔枝記》演變初探>p35。廈門大學學報第三期，1979。

第七節　《荔鏡記》的價值

　　《荔鏡記》是一本出版於四百多年前的閩南白話南戲劇本。它在學術上的價值是多方面的：

一、南戲戲文及對後代戲劇、民間說唱文學的影響

㈠《荔鏡記》的戲文形式

　　南戲是宋元時期、在中國南方由各地興起的多種戲劇的總稱。《荔鏡記》是由宋元南戲過渡到明代傳奇的南戲戲文。

　　南戲的改良，雖然早在元末明初，高明的《琵琶記》問世，完成了改革南戲的大業；但因為《荔鏡記》是偏處閩地，連曲、詞都著上了濃厚的方言色彩，它問世的時代雖然較晚，並沒有受到文人廣泛的重視，所以不能像《琵琶記》那樣膾炙人口，在戲劇史上自然很少被提及。但是，它保存了篇幅相當完整的南戲的資料，是研究宋元明戲劇發展的珍貴資料，更為往後的福建戲劇提供發展的空間。而《荔枝記》體現在舞台上、至今還可觀賞到的是梨園戲和莆仙戲。

　　《荔鏡記》與南戲戲劇形式的關係，可以約略分幾點來說明：

1、題目與家門

　　南戲戲文前面有韻語四句，用來總括戲情的大綱，叫做「題目」，末句即戲名。到了明朝中葉，劇本的結構形式有所改變，題目的取消，是其中之一。題目雖不用，卻在副末念完開場白——交待創作意圖和劇情大意，明人稱為「家門」——之後，多了四句下場詩。這四句下場詩，就是由題目變化而來。

　　《荔鏡記》的第一出也沒有出目與出名，副末上場，交待劇情大意後，其下場詩為：「襟懷慷慨陳公子，體態清奇黃五娘。『荔枝為記』成夫婦，一世風流萬古揚。」

2、角色

開場之後，從第二出起才是正戲。一般戲文都在30出以上，場次的安排當然按照戲情的發展而定。《荔鏡記》共55出（家門算一出），其中腳色：

　　生：陳伯卿（陳三）　旦：黃碧琚（五娘）　占：益春（五娘之婢）
　　淨：林岱（林大）。

其他配角分別由外、末、淨、丑等扮演二十八人。生、旦分別扮演男女主角，是最重要的人物，皆分別由一人扮演。占的作用，早期南戲叫「貼」，即「『貼頭貼尾』，視爲腳色的補充，主要扮演女婢，　或簡寫爲『占』』。」（註一）淨、丑是南戲中的一對喜劇腳色；它和生、旦等正劇腳色，剛好形成鮮明的對比。淨角中的林大是促使劇情產生變化、達到高潮、屬於可笑的反派人物。

3、音樂

在音樂表現上，《荔鏡記》有完整的唱段並標明曲牌名，採用的曲牌跟《永樂大典戲文三種》及錢南揚《宋元戲文輯佚》所輯錄南戲的曲牌有許多是相同的。

南戲一出的音樂組織，往往有「引子」、「過曲」、「尾聲」三部分。「引子」是散曲，無一定的節拍；「過曲」有一定的節拍，是一齣戲中唱曲的主要部分。「尾聲」僅能用一曲，其作用是表示告一段落。「引子」和「尾聲」有時可以不用，但「過曲」是絕不可省去的。《荔鏡記》、傳奇也是一樣。

南戲有「滾調」——以詩的形式表示，不同於一般的賓白；有幫腔——幕前幕後合唱；有「合前」——在數曲連用時，其末尾一、二句，均採用相同或相似的曲調。以上各種特點，《荔鏡記》都具備。

雜劇要重複用調，往往寫作「么篇」或「么」；南戲則寫作「前腔」或「又」，《荔鏡記》、傳奇也是一樣。

在語言聲腔上，南戲本來就是用南方方言、南方歌謠所組成發展的一

種民間戲曲，《荔鏡記》的前身《荔枝記》，本就有泉本與潮本之分，即以泉腔（下南腔）、潮腔出現在舞台上；而《荔鏡記》的「潮泉」即兼有兩種地方腔調——有九支曲特別註明「潮腔」。

4動作

劇情中的動作，雜劇叫做「科」，南戲叫做「介」、「科介」。《荔鏡記》、傳奇作「介」。

除了以上各點之外，《荔鏡記》和南戲相同的還有插科打諢，劇中李婆、林大、老卓的噱頭對話，正是南戲繼承唐代參軍的傳統。

總之，《荔鏡記》是南戲戲文，具有南戲的形式和特點，是研究南戲的寶貴資料。

(二)對福建戲劇的影響

梨園戲的傳統劇本《陳三五娘》（以下簡稱《陳三》）是南戲在福建遺響的重要標幟之一。梨園戲分「上路」、「下南」和「小梨園」三個支流。（註二）《陳三》是小梨園傳統劇目，它直接繼承《荔枝記》的傳統，其原因有二：

1梨園戲有嚴格的師承關係。歷來梨園戲的戲文、曲調、表演，全靠老藝人口傳心授，代代相傳。小梨園吸收新藝人，一般為十歲左右，年紀小，無文化，習唱戲文，一句唱詞，一個科步，要求嚴格。而新藝人固定的開場戲有《陳三》、《呂蒙正》、《董永》、《朱弁》，演出時不可任意改動戲文，或作即興表演，特別是生旦戲更要遵照師傅的路子走。《陳三》就是蔡尤本從他的曾祖師劉林司傳給滿司、滿司傳給蔡傾司，直至蔡尤本本人。

2明中葉以後的泉腔即梨園戲，在城鄉不間斷地演出，提供它繼承《荔枝記》的另一重要條件。梨園戲是閩南、臺灣一帶深受群眾喜愛的地方劇種。自康熙至清末，官府屢次禁演《陳三》，但仍興盛不衰，《廈門志

》有史可查。

　　《陳三》把《荔枝記》的情節壓縮爲二十二出，集中鋪陳矛盾主線的情節，揭示人物性格的各個側面，更符合人物性格變化的邏輯。它既保留了《荔枝記》唱詞、念白又有所加工潤飾，用詞遣字更嚴密、優雅，語言節奏感強，韻腳整齊。還可以看出梨園戲吸收其他劇種的音樂素材。南戲本來就是融合宋詞及各種地方歌謠、小曲的音樂；明末以後，各地地方劇種相繼湧現，昆腔、弋陽腔一度到閩南演出，小梨園劇目和唱腔頗受它們的影響，如《陳三》的滾調，「一人啓口，眾人幫和」的演出形式，可能是脫胎于江西弋陽腔。「睇燈」一出，五娘同益春遊賞鰲山，內唱「高高山上一廟堂....」一段，是用泉州官音（即文讀）演唱的，近似昆曲腔調。還有，《陳三》的曲牌有長潮、中潮、短潮、潮陽春等調門，原是潮劇音樂，梨園戲加以「泉化」，旋律已聽不出潮劇的特點了。（註三）

　　再說莆仙戲，它是福建南戲各劇種之間交流劇目的例證。明、清年間，莆田、仙遊俗稱爲興化府。所以莆仙戲原名爲興化戲，相傳始于宋、興于明，是南戲在福建的另一支流。

　　莆仙戲傳統本《陳伯卿》是移植于《荔枝記》的，其理由有二：

　　1明以來，莆、仙一帶經濟、文化相當繁榮，戲曲活動非常活躍。清代，莆仙戲有幾十個戲班，由於戲班多，爲滿足演出的需求，便大量翻改、移植他劇種的劇目，經長期累積，莆仙戲傳統劇目有五千多個。泉、莆爲咫尺之地，莆仙戲與梨園戲同源于南戲，劇目交流密切，據不完全統計，梨園戲七十多個劇目中，莆仙戲有五十多個雷同，《荔枝記》就是其中之一。

　　2莆本《陳伯卿》（目前見到的最早的本子是清光緒二十二年(1897)仲春興化戲雙喜班重抄本）保留《荔枝記》重大的出目和唱段。它分上下兩本，共18出，《荔枝記》的「黃門求親」、「李公求藝」、「安童尋主」、「上庄收租」、「林大告狀」、「合家團圓」，在《陳三》本已被刪去，而《陳伯卿》本卻保留下來，情節大體一致。但又增加了一些情節，

如多了六娘。

　　莆本保留了南戲的曲牌和演唱特點。莆仙戲曲牌豐富，五十年代已發掘六百七十多個，其中有莆本保留南戲的曲牌。出自宋詞有[泣顏回]、[注馬聽]、[憶多嬌]；出自古詞曲有[大迓鼓]、[蠻牌令]；出自元雜劇有[步步嬌]；出自宋元南戲有[望吾鄉]、[下小樓]、[駐雲飛]、[風入松]、[一江風]；還有保留古南戲稀有的[小上樓]、[太師引]、[元卜算]，這些曲牌名爲元曲所少見或不見；具有抒情格調、旋律較強的「梁州序」牌曲爲唐宋大曲。足見莆仙戲與唐宋音樂、南戲的密切關係。（註四）

(三)對民間說唱文學的影響

　　才子佳人的的浪漫愛情，是民間文學裡亙古傳誦的主題；傳統社會青年男女爲謀感情婚姻自主不懈的努力，更是戲曲中屢演不輟的情節：相如情挑文君、鶯鶯私會張生、陳三五娘坎坷奔逃、山伯英台生死相守....。而其中獨以「陳三五娘具有強烈的地域特性（註五），是福建、臺灣、東南亞婦孺皆知的愛情故事。它不只搬演於舞台上，也在民間說唱文學中盛行不衰。

　　閩台地區流行一種「歌仔簿（冊）」，即七字一句，句句押韻，將歷史傳說、民間故事及日常生活聞見的事物寫成長篇、可以傳唱的歌謠。在舊社會「無電視、收音機、戲劇表演罕見」的時代，聽藝人手彈月琴（或再用胡琴伴奏），邊唱邊說地演述上述內容，是最大的娛樂。（註六）

　　據龔書輝搜集到的版本，有：

1 全歌系版本：

　　　(1)繡像荔枝記陳三歌，清刊木刻本

　　　(2)增廣最新陳三歌全集，廈門文德堂

　　　(3)最新陳三歌上下，上海開文書局

　　全歌系由自報身世開展，歷投荔、磨鏡、私奔之後，雖被公差擒捕發配，但在兄長協助下，終能娶妻回泉，圓滿收場。

2 四部系

　　所謂四部乃因其分爲四冊之故，內容依序是< 五娘採荔枝歌 >、< 五娘送寒衣歌 >、< 五娘跳古井歌 >及< 益春告御狀歌 >。雖有不同版本，其實都是自廈門會文堂翻印而得。前兩集大抵已可概括全歌系唱本主要情節，除卻結局安排的更動；而後二集的發展則是：

　　　　六娘自盡、林大受責、設計謀害、陳三受騙、御史誣陷、陳家被抄
　　　　、陳三五娘投井、益春奔逃、運使驚死、懸賞擒捕。——< 五娘跳
　　　　古井歌 >益春得神護、陷山賊手、投水獲救、益春生子、喬裝上京
　　　　、假娶秋香、五娘附魂、益春告御狀、王華招供、詔供陳冢、李公
　　　　擒犯、伏誅受刑、益春得二孫、陰司相會、轉世投胎。——< 益春
　　　　告御狀歌 >

　　另有

3 不完全系

　　現存有梁松林編< 陳必卿元宵夜作詩 >、< 王碧琚打荔枝 >、< 陳必卿改裝磨鏡 >三集。竹林書局出版的< 陳三五娘 >歌冊即自此承抄而來。

　　有聲說唱則有：

1 《臺灣民謠故事勸世歌陳三五娘》，徐鳳順編作，邱查某主唱，環球唱片出版，皇后唱片另有盜印版。

2 《臺灣民謠七世夫妻—陳三五娘》，黃秋田編唱，未出版。（註七）

3 歌仔戲《陳三五娘》錄音帶，月球唱片公司。

　　在以前收音機少、沒有電視機的時代，娛樂項目不多，傳統戲劇故事的欣賞，就是最好的娛樂。歌仔戲、說唱中，陳三五娘就是老少耳熟能詳的故事。

二、南戲曲牌與南管音樂

　　《荔鏡記》中的音樂，有唐宋元詞牌、曲牌，與地方小曲進入泉州後變成的「泉腔」。時隔久遠，除了用紙上資料研究之外，我們已不能了解

、聆聽當時音樂的實際表現。幸運的是，閩南地區以泉州爲中心，自唐宋以來，就已盛行一種南管——包含南管戲劇與南管音樂，它可以說是南戲的遺響；至今，南管戲仍有單出（齣）演出，南管音樂猶傳唱不絕。我們可以藉著南管音樂來重現《荔鏡記》的音樂實況；而《荔鏡記》的曲詞內容與意義，也成爲了解南管曲詞的最早資料，及研究南管曲詞的根據，對《荔鏡記》詞語的解釋，可以匯集成《南管曲詞匯釋》。筆者已完成此項工作（民國八十六年國科會研究報告）。本文所欲深究的，就是《荔鏡記》曲牌與南管音樂的關係。

三、《荔鏡記》的語言

　　《荔鏡記》是流行於閩南地區、大部分用泉州方言並夾雜潮州方言寫成的白話戲文，它除了作爲研究戲劇發展的珍貴資料以外，更是我們現在所發現的最早的的閩南方言文獻，是研究漢語發展史與泉州、潮州方言的寶貴資料。

　　目前研究閩南方言的有利條件是：

　　　1閩南方言保存在今日閩南人的口語中；

　　　2南管的唱音以泉州話爲正音，歷來的曲師教授學徒，嚴格要求字　　　　正腔圓，故能很好地保存閩南古音。

　　　3《荔鏡記》的韻語與曲詞韻腳，使我們能夠分析其韻部而重現當　　　　時的語音。

三方面的配合研究，使《荔鏡記》成爲漢語發展史上研究明代閩南語——泉州話與潮州話——的寶貴資料。

　　在古代中國社會裡，能夠掌握文字工具的是士大夫階層，他們一般是輕視人民大眾口語的，他們使用的文字，與當時的口語已有一定程度的距離。而民間文藝，是採用群眾生動的口語來書寫他們的作品。因此我們必須重視這部分極有價值的材料。（註八）

　　荔鏡記刊行於1566年，在它之前又有荔枝記流行於民間，可以說，它

完整地記錄了十五世紀的閩南地區泉州、潮州的方言，我們可以拿這個資料構擬出一個完整的十五世紀的閩南方言語音體系。雖然說，語言的變化是一個緩慢的過程——特別是語音方面；但經過三、五百年乃至上千年，語音的變化就很明顯了。

關於泉州話的文字資料，研究者每每舉南北朝的作品《世說新語》作泉州話保存古音的證據（註九）。但這到底只是個別的例子，不是完整的、有系統的。提到完整的、有系統的，要屬《荔鏡記》了。不只如此，還可以拿其他資料來輔助，如可能起源於唐宋直到今天仍傳唱不已的「以泉州話爲正音」的南管唱音；1800年黃謙的泉州話辭典《彙音妙悟》，是代表十七、八世紀有完整體系的泉州音；還有今日大陸還在演出的梨園戲。於是我們可以列出時間先後的一個表：

代表時期：十八、九世紀　十七、八世紀　　十一十九世紀　十五世紀

　　　　　梨園戲語言 —— 彙音妙悟 —— 南管——　　荔鏡記

以今泉州話爲起點，由梨園戲語言、辭典（彙音妙悟）、南管唱音上推十五世紀的《荔鏡記》，以研究泉州方言，應該可以得出一個不錯的成績來。

至於同屬閩南方言的潮州方言，現存所見研究古代潮州語言的資料較少。但新出土的資料，應可提供我們研究古代潮州語的依據，除《荔鏡記》、《荔枝記》外，其他如：

1 寫本新編全相南北插科忠孝正字《劉希必金釵記》抄於明宣德七年(1431)六月。1975年在潮安縣風塘後隴山的明初墓葬中發現。正字是當時的讀書音。

2 寫本《蔡伯皆》，據正文有「嘉靖」年號，可斷爲明嘉靖年間的抄本。1958年在揭陽縣漁湖西寨村的明代墓葬中發現。

3 重補摘錦潮調《金花女大全》及附刻《蘇六娘》，不書刊刻年月，當屬萬曆初期的刊本。是完全用潮州話演戲的戲文。吳守禮有《金花女大全》、《蘇六娘》手校。

　　以上幾種（包含《荔鏡記》《荔枝記》），包括寫本二種、刊本五種，先後寫刻於1431年至1581年之間，距今已有400—560年。從書名冠「新編、重刊、新刻、重補」等字樣，可知其所據本當有更早的淵源。饒宗頤教授推測它們「大半屬於徐渭所稱的『宋元舊本』，大致可信」。（註十）

　　就七種戲文與潮州方言的關係而言，大體上可以分爲三類：

　　1是正字戲文。正字又稱正音，是用當時的讀書音來演唱的。

　　2是潮、泉插科戲文。就是潮州話、與泉州話混雜的戲文。《荔鏡記》、《荔枝記》對於研究早期潮州、泉州二地的方言，無疑是難得的好材料。

　　3是潮調戲文。即完全用潮州話、潮腔演唱的戲文。其中潮州話的語言資料十分豐富。（註十一）

　　本文研究重點，即著重分析《荔鏡記》的語音，尤其是泉州音。並試圖將語音與南管音樂結合起來作研究。

四、《荔鏡記》與閩南白話文學

　　民間書面白話文學一向不受讀書人的重視，但在二十世紀末的臺灣，在臺灣人正努力重建臺灣文化、重視臺語並且大力地倡導臺語文學的當頭，《荔鏡記》的白話書面文學提供給臺語文學豐富的養料，因爲它一方面是方言的實錄，另一方面是閩南白話文學的表現。

　　臺灣人（指1946—1949年以前就一直住在臺灣的人）在長期被禁止說方言，教育政策不教授有關臺灣的事物的環境下，一直處在自卑、無根的文化氛圍中。自從1987年解嚴以來，臺灣意識高漲，臺灣話逐漸流行，臺語文學作品也逐年增多，水準也逐漸提昇。臺語包括原住民語、客話、閩南語。目前的臺語文學作品，大多是閩南語文。

　　臺語文學不是突然冒出來的，自有它的根源和曲曲折折的發展過程。想要提高臺語文學的水準，不能不顧傳統，不能不從傳統汲取營養。在這一點上，《荔鏡記》的用字、語詞提供給我們寶貴的參考。

附註

一：吳捷秋《梨園戲藝術史論》下冊p441。財團法人施合鄭民俗文化基金會，1994。

二：孕育於泉州、流行於福建各地的梨園戲，有大梨園和小梨園之分。大梨園又分「上路」和「下南」兩支。下南是漳、泉一帶當地發展形成的一種劇種。宋時，行省稱爲路，故「上路」戲系指由浙江傳入的戲曲。（中國大百科全書. 戲曲、曲藝）參見第三章第一節泉腔。

三：節錄蔡鐵民<明傳奇《荔枝記》演變初探>pp44.45 。另外，劉美芳《陳三五娘研究》，東吳大學中文研究所碩士論文，1993.6　劉氏謂：

　　大陸《陳三》戲經改編爲二十二場，再改爲『睇燈』至『私奔』的十場戲，使之可以在一個晚上搬演完畢。於1954年參加華東會演的定本，獲劇本一等獎等七個將項；次年上京匯報，又獲文化部優秀劇本獎；1957年更由上海電影製片廠開拍戲曲影片。....自此《陳三五娘》即成梨園戲的代表劇目，更廣泛地影響了潮劇、高甲戲、歌仔戲等其他劇種對一故事的整編處理。

　　在臺灣則有民族藝師李祥石先生在八十年代重抄的老劇本，共區分爲三十五場，由「送嫂」至「說親團圓」，與光緒本《荔枝記》安排十分接近。但臺灣已無專業劇團維持經常性的演出，也沒有全本搬演的能力。

四：同註三，蔡文。

五：同註三劉美芳《陳三五娘研究》。劉氏書，亦見於教育部八十五年度獎助鄉土語言研究著作得獎作品論文集。

六：目前在臺灣，碩果僅存的歌仔冊說唱者，是楊秀卿夫妻檔。楊氏現年

64歲，四歲時發高燒，從此失明。十歲時，靠金鳳姐口授她唸歌仔的腔調與唱本，及敎彈月琴，往後兩、三年，便帶她到處唸歌仔賺錢。後來與楊再興結婚，楊先生胡琴伴奏，夫妻即到處賣藥說唱，最後是在電台錄唱。1994.6　歌仔戲研究者王振義爲她出版「楊秀卿的唸歌藝術」（嘉映傳播事業股份有限公司）共錄十集。楊女士以一人扮演二、三人不同的口音，一搭一唱，各得分寸，維妙維肖；句句押韻，令人歎爲觀止。

七：以上資料見劉美芳《陳三五娘研究》。

八：黃典誠《漢語語音史》p3。安徽敎育出版社。

九：如王建設< 從口語代詞系統的比較看《世說新語》與閩南語話的一致性>，第二屆閩方言學術研討會論文集，暨南大學出版社。

十：《明本潮州戲文五種》說略，廣東人民出版社。

十一：曾憲通< 明本潮州戲文所見潮州方言述略 >，《方言》1991年第 1 期。

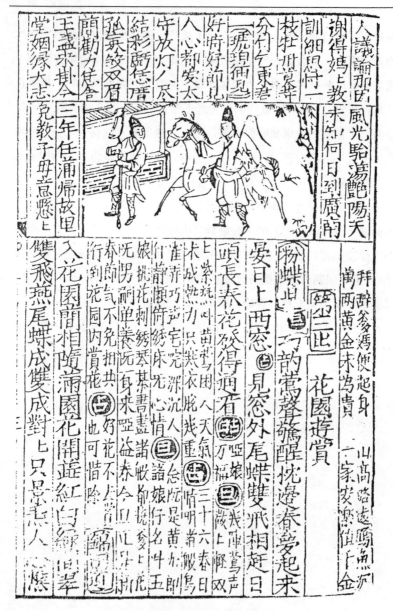

《荔鏡記》第三出書影

第三章　《荔鏡記》的音樂

第一節　《荔鏡記》的聲腔

通常說「泉州腔」「潮州腔」是指語言上的泉州腔調、潮州腔調。但用在戲曲中，所謂「腔」，是指音樂的性質、形式：「通常指有著淵源關係的某些劇種所具有的共同音樂特徵的腔調而言，包括與腔調密切相關的唱法、演唱形式、使用的樂器和伴奏手法等因素在內。」（註一）

「中國幅員遼闊，民族眾多，存在著語言及音樂的民族性和地域性區別，因而從戲曲形成之始，就有民族戲曲和地方戲曲之分。其中以演唱的腔調加以區別，稱『腔』或『調』的，如弋陽腔、梆子腔、徽調、拉魂腔等，謂之『戲曲聲腔』；以民族或地域的藝術特色相區別，稱『戲』或『劇』的，如傣劇、京劇、柳子戲等，謂之『戲曲劇種』。每個戲曲品種，無論稱『腔』或『調』，『戲』或『劇』，往往冠以民族的、地域的、樂器的或足以表示其特徵的詞彙，作為區別於其他聲腔、劇種的名稱。」（註二）

「聲腔是在不斷衍變中存在的。一方面，它們帶有地域性、特殊性；另一方面，在發展過程中，它們又相互影響，相交流和排斥，形成更多新的聲腔。南北交流，異源同化，並存爭勝，繼往開來。聲腔相互之間，相異相因，其極為複雜的關係，貫串在幾百年來戲曲音樂發展過程中。（註三）

地域聲腔的差別主要在於方言語言及其音樂。《荔鏡記》屬於地域聲腔中的泉腔與潮腔，此書的性質是「潮泉合刊」，全劇中有九處（曲牌）特別標明「潮腔」，意謂其他都是泉腔。清‧蔡奭《官音彙解釋義》卷上「戲耍音樂」云：「做正音，唱官腔。……做白字，唱泉腔，做潮腔，唱潮調。」（註四）可知當時的泉腔與潮腔不同。到底泉腔與潮腔的實質如何？是本節所要探討的。

一、泉　　腔

㈠南戲的起源

泉腔是以泉州方言爲標準語言，流布於閩南方言語系的地域聲腔。

《荔鏡記》屬於南戲。南戲起源於溫州雜劇，向來爲學者所公認（註四）；但最近幾十年又有另一種說法，謂南戲是在差不多同一時期中國南部各地方發展起來的戲劇，泉腔也是南方地戲之一，它一向不爲人所注意，載籍亦少提及。而溫州的戲劇流行較盛，作者輩出，如明代稱爲南戲之祖的《琵琶記》，它的作者高則誠，就是溫州人。

盛行於各地方的戲劇，因不同的方言而有不同的腔調。徐渭《南詞敘錄》敘述明代中葉南曲聲腔的情況說：

> 今唱家稱「弋陽腔」，則出于江西，兩京、湖南、閩、廣用之；稱「餘姚腔」者，出于會稽，常、潤、池、太、揚、徐用之；稱「海鹽腔」者，嘉、湖、溫、台用之。惟「昆山腔」止行于吳中，流麗悠遠，出乎三腔之上。……（註五）

其中談到弋陽腔「閩、廣用之」，研究者幾乎很少留意，以至於閩、廣的聲腔、劇種都被忽略了。劉念慈《南戲新證》提出了一種新的意見，認爲：

> 南戲發展的結果，出現各種各樣聲腔，在各地流傳，最主要的有二大系統：
>
> 1. 長江流域的聲腔系統，以海鹽、弋陽、餘姚、以及後來的昆山等聲腔爲主，在江、浙、徽、贛地區發展，以後逐漸影響到湖南、湖北、四川一帶。
>
> 2. 沿海的聲腔系統，如下南腔（或稱泉腔）、潮調，又有興化腔。這些劇種在福建、廣東沿海地區生根發展，至今仍保有特色，並流傳到海外地區。（註六）

「泉腔」的語言保存很多中原古漢語，是語言學家所公認的。在西晉戰亂、以及唐代的兩批移民中，中原人士輾轉來到福建南部，與當地少數越族混合，在語言上形成泉州話、（唐朝時又形成漳州話），然後擴展成爲閩南方言區。王愛群從語言的特殊性與音樂風格的不同分析泉腔不是來自弋陽腔：

> （泉州方言）結合兩晉、隋唐傳入中原的古樂（南音），而孕育形成爲「泉腔」的地域聲腔，它向北不能傳入莆田、仙遊，更不能及於閩東、閩北，江西屬於西南官話系統，與泉州方言是互不相通。明・陳戀仁尙「戲譯之而不存」。弋陽腔怎能有「流衍」的基礎呢？
>
> 梨園戲（指泉腔）唱腔的風格別說與弋陽大異其趣，至少「其調不喧」；它一開始即有伴奏，而且有工尺譜（據明・湯顯祖〈宜黃縣戲神清源師廟記〉、清・李調元《劇話》所云：當時弋陽腔的實際情況：一、沒有弦索和簫管伴奏；二、其調喧，一人唱而眾人和之；三、向無曲譜。）；套曲大都屬一個宮，有些則用二個宮，並非「不協宮調」。因此，認爲梨園戲是弋陽腔的流衍，從聲腔的角度分析，這種論點是毫無根據的。

然而，徐渭的說法，年代較早，應該可信。王氏反駁說：

> 徐渭只到閩北，他並未到過閩南一帶，怎會知道這一帶的劇種必然是受弋陽戲影響？至於魏良輔說「福建俱作弋陽腔」，雖然魏良輔是當時對劇曲很有研究而且造詣甚深的戲曲音樂家，但他並沒有到過福建，怎知道福建「俱」作弋陽腔？（註七）

王氏之說，似乎言之成理，遂有南戲是分別起於南方各地點的說法。

對於南戲的起源，溫州雜劇的發展是不是一個決定性的因素呢？曾永義教授提出「一源多派」現象來討論這個問題：

> 有關南戲淵源的問題，如果能分開小戲、大戲討論，以「鶻伶聲嗽」、「永嘉雜劇」（或溫州雜劇）爲小戲階段，就知道其與其他地

區諸如莆田、泉州、漳州等地，會有多源並起的現象；以「戲文」
、「戲曲」爲大戲階段，也易於探索其由永嘉雜劇壯大形成現象；
那麼同時的莆田、泉州、漳州等地就不一定會有相同條件將其「雜
劇」壯大形成爲大戲。若此，則作爲大戲的「戲文」，就應當是一
源多派了。（註八）

曾教授的意思是：地方小戲如溫州的「鶻伶聲嗽」、漳州、泉州的竹馬戲
、戲弄（如「士久弄」、「番婆弄」）等，是同時各地都有的土戲，因此
也是並起的。地方小戲吸收說唱文學以豐富其故事情節和音樂曲調乃至曲
調的聯綴方法，從而壯大爲「大戲」。在成爲「大戲」這一方面，是永嘉
雜劇先發展成熟的，其時間約爲宋光宗紹熙間（1190—1194）。徐渭《南
詞敍錄》：「南戲始於宋光宗朝，永嘉人所作《趙貞女》、《王魁》二種
實首之。故劉後村有『死後是非誰管得，滿村聽唱《蔡中郎》之句。」這
是由地方小戲吸收說唱文學和音樂、壯大成爲「大戲」的情形，其起源（
地方小戲）應在此之前的六、七十年，並非始於光宗朝。

「永嘉戲曲」之向外流播，有文獻可徵者，宋度宗咸淳間（1265—
1274）已流傳至杭州和江西南豐，江蘇吳中也約在其時。又從朱熹、陳淳
、眞德秀諸人在閩地做官、禁戲的資料推測，福建閩南地區的莆田、泉州
和漳州也應當在光宗朝就已流入戲文。

曾教授把握住南戲的名稱，從其淵源、形成與流播的歷史來探討，將
小戲與大戲分開，確是平允中肯之論。至於溫州戲文和泉腔的關係如何？
曾教授說：

宋代的福建已成爲「海濱鄒魯」，樂舞雜技戲劇非常發達，宋光宗
紹熙間，在浙江溫州發展完成的大戲劇種「戲曲」（或稱「戲文」
），「戲路隨商路」由海上傳入鄰近的泉州，有一支在泉州城中落
地生根，體製規律和表演風格保存「溫州戲文」較多的風貌，但其
語言腔調則逐漸被「下南泉腔化」，因爲它是由北方上面的「路」

（省分）傳來，所以稱作「上路」。另一支流到泉州的鄉村，和扎根於鄉土的小戲「漳泉雜劇」結合，其體製規律也發展爲大戲，但仍保存漳泉鄉土的質樸和粗獷，乃因其地而稱作「下南」。又一支則結合在南宋泉州已頗爲發達的「肉傀儡」──肉傀儡原是以小兒後生輩裝扮模擬「懸絲傀儡」身段動作的表演，與「溫州戲文」結合後，一變而成爲新型大戲。及至明宣德之後，由於朝廷禁止官員挾妓飲酒，於是產生「變童妝旦」的風氣；而在泉州的「小梨園」也同樣接受這種習染。（註九）

關於南戲在泉州的發展，將在下面詳細討論。

(二)泉腔的發展

南戲在南宋時已盛行，而泉州經濟的繁榮正符合戲劇發展的條件。

泉州在宋元時是國際性的大商港，尤其宋王室遷都臨安之後，就把泉州作爲陪都來經營，經濟的繁榮，使一大批中下層知識分子爬上政治舞台，在學術上也是人才濟濟，而多數落魄文人則走向社會，和民間藝人相結合，爲戲曲藝術的興起增添了大量人才和新生命。

「戲劇的傳入泉州，唐代已經如此，不始於宋戲文。如閩南梨園戲中有<士久弄>、<妙擇弄>、<番婆弄>等戲名，『弄』之一詞，乃唐人語，這是唐戲弄傳入泉州的明證。」（註十）南宋時，泉州已有百戲的演出，宋‧眞德秀（1228─1233）知泉州時，在<勸農文>中，勸人民「莫看百戲」可證。稍後，慶元年間(1195─1200)，龍溪人陳淳在給他的友人的「論淫戲」的信札（<上傅寺丞論淫戲書>）中，讓我們看到七百八十多年前閩南的演戲活動：

1. 閩南民間演戲已具有相當規模，不僅搭棚在人煙稠密的地方或交通要道，以吸引更多的觀眾，且已影響到城市，城市四郊也爭相仿效。

2. 這種民間小戲稱爲「乞冬戲」，不僅是農民業餘性的演出活動，

　　　　而且鄉間已有職業性優人。

　　　3.演出節目，已不是單純酬神娛鬼的宗教戲，而是搬演男女情愛爲
　　　　主要內容的所謂「淫戲」。（註十一）

乞冬戲在陳淳的老家漳州一帶還留有它的痕跡，現在叫做「白字戲」，是
由唐宋的跋馬→竹馬戲→弄仔戲演變而來。其表演風格與梨園戲近似，但
顯得粗糙多了。

　　　宋時泉州鄉村的民間小戲與泉州城裡的南管音樂相結合，優雅的南音
逐漸取代了粗糙的民間小戲原有的音樂，溫州戲文也從海上（福建、浙江
爲東南沿海緊鄰，溫、泉二州又是上下口岸，舟山海則是共同漁區）傳入
泉州，形成了一種新的戲曲聲腔──泉腔。

　　　宋室的貴族子弟，他們在河南時，聽歌舞、看雜劇；來到泉州，也不
會改變他們的生活方式，蓄優演戲就是他們生活的重要內容。由於民間小
戲融入了南管與溫州戲文的內容，提高了它的藝術水準，又有宗室貴族的
看重，和大量的宮廷、官僚、縉紳家班中流散的俳優加入，官紳商賈也爭
相仿效，使「泉腔」（語言用泉音、音樂以南管爲主的南戲）盛行，遺風
遞及明代。（註十二）

　　　泉腔的音樂是以本地的南管爲主，但在長期發展中，也吸收了外地的
音樂。宋元時期，在北方盛行雜劇。隨著政治勢力之南及，政治中心之南
移，戲劇音樂也往往受動推移，現出由北而南發展中心遷移的傾向。北曲
自然對泉腔有所影響。

　　　梨園戲的名稱來自唐「梨園子弟」，分爲大梨園與小梨園。小梨園七
子班（由七個腳色扮演）之進入泉州，是由「南外宗正司」（註十三）帶
來的家班。它在入泉之前，已有固定的演出排場和表演藝術風格，入泉以
後，欲求長期立足，勢必與當地的語言、風格相結合，在語言、音樂地方
化（與泉州南管融合）的過程中，又與入城後的閩南民間小戲發生交流，
互相滲透，久而久之，在表演藝術風格上也逐漸與「下南」融爲一體。

　　　促使泉腔盛行的另一因素是南宋紹興、隆興年間(1131—1164)的「罷

教坊」。當時朝廷為節約開支而罷教坊，遇大宴或迎使臣等大典都雇用市井藝人，郡縣官僚大家當然也只好仿效，裁減豢養的優人。這批藝術力量流入民間，對新興的民間小戲藝術上的提高自然會產生很大的影響。而新興的民間小戲，也有可能被官宦之家所雇用，從而促使它加速提高藝術質量。（註十四）

　　上路、下南、小梨園三者雖然各自保持不同的古南戲劇目（如下南大部分劇目，是全國罕有，既未見於宋元舊篇，又非明代傳奇。所以名稱各別），但在同一地方長期的融合中，已統一於「泉腔」中，奠定了梨園的獨立聲腔特色。即：

　　　1.只演文戲，沒有武行；

　　　2.以南管為主要音樂；

　　　3.以泉州音為正音。

　　　4.演出前，都先拜田都元帥，起動鑼鼓唱「囉哩嗹」，只是三派的
　　　　曲調有異。

　　關於泉腔流行的地域，並不只限於今泉州。宋初，泉州轄晉江、南安、同安、德化、永春、安溪、惠安七縣。明初改為泉州府，仍轄七縣。

　　到了明代，泉腔盛行的狀況與其特色，可由下列記載窺知。明萬曆年曾作泉州府經歷的嘉興人陳懋仁，在《泉南雜志》中說：

　　　優童媚趣者，不吝高價，豪家攘而有之。蟬鬢傅粉，日以為常，然
　　　皆土腔。不曉所謂。

以前「迌南管」（迌即迌迌thit4 tho5，遊戲之謂）者皆高雅之士或富人，他們收買幼童加以教唱，故唱者皆男人；最近幾十年才有女角唱。明晉江人何喬遠（萬曆進士）《閩書》說：

　　　龍溪(屬漳州府)地近于泉....雖至俳優之戲，必使操泉音，一韻不
　　　諧，若以為楚語。（註十五）

可知所謂「泉腔」，不只流行於泉州，其他地區搬演時，也必須以泉音為正音。亦可知萬曆年間，梨園戲已經是一個很成熟的劇種聲腔了。而在此

之前的《荔鏡記》是以「前本荔枝記....潮、泉二部....校正重刊」，那麼當時《荔枝記》中的泉本（腔）勢必也非常流行。《荔枝記》歷代又有多種翻刻版本，亦可見其盛行的程度。

清代道光年間，林楓《聽秋山館詩鈔》：

> 梨園稱七子，嘲謔雜淫哇；咿啞不可辨，宮商亦自諧。

清·施鴻保《閩雜記》：

> 福州以下，興(化)、泉、漳諸處，有七子班，....皆操土音。（註
> 十六）

閩南人移民到臺灣，也把梨園戲帶來，浙江仁和人郁永和於康熙三十六年因采硫磺至臺灣，居半載，所著《稗海遊記》< 臺灣竹枝詞 >有：

> 肩披鬒髮耳垂瑲，粉面朱唇似女郎。

> 媽祖宮前鑼鼓鬧，侏離唱出下南腔。

原注：「閩以漳泉二郡為下南，下南腔即閩中聲律之一種。」（註十七）

《臺灣省通志》載：

> 里巷靡日不演戲，鼓樂喧闐，相續於道。演唱多土班小部....名曰
> 下南腔。（註十八）

土班小部也就是七子班，晚近叫做「南管戲」。現在已無劇團，偶而在演奏南管大會上表演一出，如1995年 2月25日在清水的南管大會，由南管世家曲師吳素霞指導，演出梨園戲< 招商店 >。臺北漢唐樂府曾在1996年 8月29、30日出國表演前表演南管戲。

在泉州，有全世界惟一的福建藝術學校泉州戲曲班（梨園班），培養出的成員組成梨園戲實驗劇團。該團於1997年 8月17日在臺北國家劇院演出「陳三五娘」。（註十九）

可證泉腔自宋以來，興盛不絕，以迄於今。

二、潮　　腔

　　潮腔即潮調，就是潮州戲，用潮州方言演唱，流布於廣東東部、福建南部、臺灣、香港以及東南亞各國。從《荔鏡記》前的《荔枝記》和稍後（萬曆年間）在潮州刊刻的《新刻增補全像鄉談荔枝記》、《摘錦潮調金花女大全》（附潮劇《蘇六娘》劇本），可知潮劇在明代中葉以前已經形成。又據1975年潮安縣出土宣德七年(1432)的《正字劉希必金釵記》和1958年揭陽縣出土的嘉靖年間手抄本南戲《蔡伯皆》，不僅體裁結構、曲牌名目、腳色行當與潮劇《荔》、《金》、《蘇》戲文基本相同，而且其中已有「痴歌」、「乜」等當地土語，可見早期的潮劇與南戲有歷史淵源關係，是逐漸地方化了的南戲。（註二十）

　　南戲是何時傳入潮州的？從《金釵記》、《蔡伯皆》的出土，可約略考知其年代。《金釵記》標明「正字」，正字即正音，是與本地語言（潮音）相對的雅言，亦即官話。正音戲可以說是流傳廣佈的「大戲」。雖然《金釵記》的賓白仍不免滲雜一些土音，但從曲牌和文辭看來，應算是南戲的支流，則南戲至在明初已經傳入潮州了。《潮陽縣志》莆田宋元翰傳云：「其治人以禮教，椎結戲劇之俗，一時爲之丕變。」元翰做潮陽令在正德九年，可見弘治、正德之際，潮州一帶，南戲已甚盛行。《金釵記》、《蔡伯皆》之出土，正足以說明此事實。（註二一）

　　潮調的音樂是怎樣的？《重補摘錦潮調金花女大全》是明代萬曆（1573—1628）的刻本（註二二），是迄今所發現的潮地最古老的劇本，劇中曲文有七次標明爲[平調]，其句式長短變化極其靈活，五、六、七、八言句互爲參差，又常見七言句，每句末三字重複。這種調在嘉靖本《荔鏡記》沒有出現過。

　　《明本潮州戲文五種》，除《金花女》（附潮劇《蘇六娘》）外，又有《金釵記》、《蔡伯喈》、《荔鏡記》（附《顏臣》）、《萬曆本荔枝記》。「將此七個劇本的曲牌進行梳理，除去重複的曲牌，有230個。明

確爲潮調的《金花女》14個曲牌也在其它戲文中出現,可見這14個曲牌並
非《金花女》專用;也就是說,明確爲潮調的《金花女》14個曲牌也存在
于不明確爲潮調的其它六個劇本之中。」(註二三)《金花女》中的14個
曲牌,見于南曲曲目者:

　　　　金錢花、大聖樂、山坡羊、駐雲飛、望吾鄉、錦堂月。

不見于南曲曲目者:

　　　　四朝歌、倒拔四朝元、平調、桂枝香、公乍乍、半插玉芙蓉、

　　　　宿轎科。一封書慢。

南曲有「風雲會四朝元」,《金花女》加「倒拔」二字,可能是前者的變
體;而「四朝歌」與「倒拔四朝元」是否爲同一曲的變體,亦不可知。南
曲有「玉芙蓉」,「半插玉芙蓉」可能是「玉芙蓉」的變體;南曲有「光
光乍」,「公乍乍」應是傳寫致誤;南曲有「一封書」,《金花女》加「
慢」字,可能是前者的變體。「桂枝香」又見於潮劇《蘇六娘》,「四朝
元」又見於《萬曆本荔枝記》、《荔鏡記》49出開場生唱[四朝元]特別注
明「潮腔」;「大聖樂」特別註明「鄉談」。因此,可以確定爲眞正潮調
的有八曲:

　　　　四朝歌、倒拔四朝元、平調、桂枝香、半插玉芙蓉、宿轎科、大聖
　　　　樂。一封書慢。

　　《荔鏡記》55出中計採用76支曲牌(有一支曲牌名因印刷模糊,難以
辨認,不計入。)注明潮腔的有八支:

　　　　13出[風入松][駐雲飛],17出[大河蟹],22出[黃鶯兒],24出[梁
　　　　州序],26出[望吾鄉],28出[醉扶歸],44出[四朝元]。

另有 6出[一封書],「潮腔」二字,牛津本全失,天理本存「腔」字,原
文應是「潮腔」。這九支曲牌應是採自潮腔本《荔枝記》,潮腔自有它特
殊的旋律、唱法。

　　今日在潮地流傳的戲劇稱爲潮劇。潮劇與南戲有著歷史的淵源關係，它是南戲流傳入潮州的正音戲，在潮地經過一系列的融變，俗稱「正字母生白字仔」的過程中發展形成的。溯其源，就是清代李調元在《南越筆記》中寫到的：「潮人以土音唱南北曲，曰潮州戲。」潮調就在今天的潮劇之中（註二四），以土音唱南北曲就形成潮調、潮腔。

　　梨園戲的音樂以南管爲主。在南管樂曲的滾門（註二五）中，有許多明顯的標上一「潮」字，如潮陽春、潮相思、潮迓鼓、三腳潮、潮疊、緊潮等，極有可能吸收自潮州民歌的樂曲。屬於「潮陽春」類的曲名包括有「七撩潮陽春」、「長潮陽春」、「潮陽春·五開花」「潮陽春·望吾鄉」、「三腳潮」、「潮疊」、「緊潮」等。而「潮陽春」的曲名並不見於《荔鏡記》。但在本書第19出「打破寶鏡」中有一首「皂羅袍」曲，屬旦（五娘）唱。今南管樂曲標爲<長潮陽春>，節奏爲從三撩拍轉入一二拍，以倍思管演唱（註二六）。試比較如下：

　　《荔鏡記》[皂羅袍]　　　　　今本南管[長潮陽春]

《荔鏡記》[皂羅袍]	今本南管[長潮陽春]
早起日上花弄影。	早起日上花弄影，
卜做針線無心情。	欲做針黹無心情。
聽見乜人叫磨鏡，	聽見外頭叫磨鏡，
聲聲叫得是好聽。	聲聲叫出甚分明。
好一風流人物，	好一位風流人物，
生得各樣齊整。	生得有只十分端正。
疑是許馬上官人，	嫿即認是馬上官人，
想伊不來磨鏡。	想伊俩肯假學做磨鏡。
人有相似，恐畏認揆。	人有相似，益春汝著仔細認定。
	人有只相似，益春汝著仔細仔細認定。

可知[皂羅袍]可能也是潮腔。在大陸《陳三五娘系列》南音錄音帶中，很多曲都與「潮陽春」有關。潮陽春的管門（調性）是倍思管，大陸梨園戲把倍

思管的大部分曲牌均列爲潮腔，這些曲牌成爲《陳三五娘》一劇的專用曲牌。（註二七）

潮劇《蘇六娘》裡有[孝順歌]，賴伯疆說這是「村坊小曲和里巷歌謠」（註二八）。本書27出及南曲也有此曲，試比較如下：（註二九）

《荔鏡記》[孝順歌]	《蘇六娘》[孝順歌]	南曲[孝順歌]
我心神被情牽絆。	哎(笑)切子兒，哎切子兒。	情難盡，念怎忘。
進退不得，有千般艱難。	正是花紅葉綠時。	西風蕭瑟起洞房。
算見伊爲阮萬樣苦痛。	撥貧佐(做)富，安排嫁札，	明月照空廊，梧桐清影。
又畏伊後去負心，	一身因已皮包骨。	涼人孤夜長。
莫到許時，乞人傳說阮。	因已冤家死少年。	鞋折金蓮，鏡破菱(花)樣。
		香冷黃囊，被捲芙蓉帳。

蘇書顯得比較質樸。荔書爲五娘唱，須押潮州韻。但南曲本有「孝順歌」，如非同名異調，就是南曲進入潮州後已潮腔化。

潮腔是什麼？它的音樂「是指一種風格，指潮人用土音唱的一種特殊的樂調，包含地方小調和南北曲。」（註三十）；「潮劇唱腔是聯曲體和板腔體的綜合體式，並有一唱眾和的幫腔形式。」（註三一）

潮劇傳統劇目可分爲兩大類：一類來自南戲、傳奇，如《琵琶記》、《荊釵記》、《白兔記》等；一類取材於當地傳說或時事，如《荔鏡記》、《金花女》、《蘇六娘》等。（註三二）

三、結　語

語言決定一個地方戲曲的音樂。泉州話與潮州話都是屬於閩南方言，大部分相同——所以可以將二本混雜爲一本；李調元《南越筆記》說：

潮人以土音唱南北曲者曰潮州戲。潮音似閩，多有聲無字，而一字則演爲二三字者，其歌輕婉，閩廣相半。（註三三）

但爲了表示五娘與陳三並非同地人，在某些特殊音則分開使用，明白標明，如：

陳三用「說」，五娘用「呾」(taN3)；

陳三用「看」，五娘用「睇」。「看」是通語，其他潮州人也說「
看」；但只有潮州人同時說「睇」。（本書用「体」字，体睇今
潮音同音thoiN2）

在曲詞的押韻上，也可以明白看出是屬於泉州話，還是潮州話，因爲
本書的押韻有只能用潮州音、也有只能用泉州音讀，或二者皆可押韻的。
（詳見本書第六章）

在聲腔方面，既然在賓白、曲詞押韻中注意到採取一些不同用詞與韻
腳來區分兩者的不同籍貫，唱腔上不可能不採用這一方法。《荔鏡記》之
前的《荔枝記》有泉州本與潮州本；《荔鏡記》之後有萬曆本《新刻增補
全像鄉談荔枝記》，潮州東月李氏編集，云「鄉談」，又是潮州人編，當
爲潮本；云「新刻增補」，則其所據舊本可能亦爲潮本。但《荔鏡記》所
根據的二本，泉腔比較多（註三四），因泉腔是泉州南戲的發源地，唱腔
（語言、音樂）以泉腔爲主；而故事發生地點在潮州，配合劇中人物（潮
州人）的需要，自然要用一些潮腔（潮腔也有「其歌輕婉」的特色）。把
「潮」字列在「泉」字之前，並非表示即以潮腔爲主，因其中潮腔曲牌只
占曲牌總數1/9 弱，其餘均採用泉腔。可能只是因爲五娘是潮州人，故事
又發生在潮州，故以「潮」字列前。就南管而言，潮腔音樂的最大特色，
可能就是[潮陽春]（倍思管，相當於西樂的D調）。

附註

一：《中國音樂詞典》p445，丹靑圖書有限公司，1986。

二：《中國大百科全書·戲曲曲藝》，中國大百科全書出版社，1983。
戲曲中的「腔」必是指音樂的腔調，由梨園戲中的音樂「南音」可得
到證明，王愛群< 泉腔論 >（《南戲論集》p368。中國戲劇出版社，
1988）：

南音或梨園戲吸收其他劇種的唱腔，均特別標明什麼「腔」，如《
鄭元和》的< 鵝毛雪 >標明爲昆腔；《朱弁》的< 舉起金杯 >標明

爲弋陽腔。

三：楊蔭瀏《中國古代音樂史稿》第四冊p112。

四：如錢南揚《戲文概論》p21：「戲文發生的地點，當在溫州，毫無疑問。」木鐸出版社，1988。

五：徐渭《南詞敘錄》，見楊家駱主編《歷代詩史長編二輯》三，p242。

六：劉念茲《南戲新證》pp49-57。大陸中華書局，1997。

七：同註二王愛群< 泉腔論 >。

八：曾永義<梨園戲之淵源形成與所蘊含之古劇古樂成分>，海峽兩岸梨園戲學術研討會論文，1997.8。小戲與大戲的區別：

所謂「小戲」，就是演員少至一個或三兩個，情節極爲簡單，藝術形式尙未脫離鄉土歌舞的戲曲之總稱。………劇種初起時女腳大抵皆由「男扮」；妝扮皆「土服土裝而踏謠」，意思是穿著當地人的常服，用土風舞的步法唱當地的歌謠。因爲是「除地爲場」來演出，所以叫做「落地掃」或「落地索」；而其「本事」不過是極簡單的鄉土瑣事，用以傳達鄉土情懷，往往出以滑稽笑鬧，保持唐戲「踏謠娘」和宋金雜劇「雜扮」的傳統。

所謂「大戲」，即對「小戲」而言，也就是演員足以充任各門腳色扮飾各種人物，情節複雜曲折足以反映社會人生，藝術形式已屬綜合完整的戲曲之總稱。其定義是「搬演故事，以詩歌爲本質，密切融合音樂和舞蹈，加上雜技，而以講唱文學的敘述方式，通過俳優妝扮，運用代言體，在狹隘的劇場上所表現出來的綜合文學和藝術。」

如果將「小戲」看做「戲曲」的雛形，那麼「大戲」就是戲曲藝術完成的形式。（見曾永義《論說戲曲》pp247.248，聯經出版公司）

九：同上註。永嘉戲文的壯大與流播，見註四錢書pp21—24、pp29—31。

十：同註四 p29.30。大陸泉州梨園劇團於1997年 8月14—17日在臺北國家劇院演出，第一晚即是<士久弄>。

十一：原文見陳淳《北溪文集》卷二十七：

　　某竊以此邦陋俗，當秋收之後，優人互湊諸鄉保作淫戲，號「乞冬

　　」。....築棚於居民叢萃之地，四通八達之郊，以廣會觀者。至市

　　廛近地四門之外，亦爭爲之不顧忌。....

　　原文又見乾隆《龍溪縣志》卷十「風俗」條；清光緒《漳州府志》卷

　　38「民風」引。

十二：參考含英< 梨園戲探源 >，《泉州歷史文化中心》，泉州歷史文化

　　中心籌備委員會辦公室編印，1984。

十三：南外宗正司，官名，宗正司，掌管王室親族屬籍。宋徽宗崇寧三年

　　（1103），置南外宗正司於南京，掌宗室疏屬。

十四：含英<梨園戲探源>，泉州歷史文化中心工作通訊，1984。

十五：以上二則，轉引自吳捷秋《梨園戲藝術史論》p73，（財團法人施合

　　鄭民俗文化基金會，1994.5）《泉南雜志》見寶顏堂祕笈，藝文印書館

　　。吳氏又說：「唐開元29年（741 ），割泉州的龍溪縣屬漳州（見舊唐

　　書卷40，<志>第20‧地理三）但龍溪人至明代，仍堅持說泉州音。」

十六：同註十五吳書。

十七：引自陳香《臺灣竹枝詞選集》，臺灣商務印書館，1983。侏離，狀

　　蠻夷之語聲。《後漢書‧南蠻傳》：「語言侏離。」

十八：引自註吳捷秋<南戲源流話梨園>，《南戲論集》p183。

十九：<招商店>演出的角色共三人：男、女主角、店婆。1604年出版的《

　　新刻增補戲隊錦曲大全滿天春》中有< 招商店 >劇本，包括曲詞道白

　　。見《明刊本閩南戲曲絃管選本三種》，龍彼得輯，南天書局影印出

　　版，1992。吳素霞之父吳再全爲南管曲師。吳氏自六、七歲起即習南

　　管、南管戲。

　　漢唐樂府由陳美娥主持。吳、陳二女士皆出自臺南南聲社。

　　目前梨園劇團旦角老師潘愛治應臺北江仔翠劇團之聘請，來台教授牛

年（1997年 4月到 9月）。

二十：《明本潮州戲文五種》，廣東人民出版社出版，1985。

二一：同上註，饒宗頤〈《明本潮州戲文五種》說略〉。

《中國大百科全書·戲曲曲藝》，p32。

二二：見蘇巧箏〈潮州二四譜探源〉，音樂研究，1994，第三期。蘇文說：

1956年，梅蘭芳、歐陽予倩將原藏于日本東京大學東洋文化研究所

的《重補潮調金花女大全》的戲文攝影本帶回國。

吳守禮據東京大學東洋文化研究所《金花女》的抄件和龍彼得教授所

送該書的微捲，寫成《潮調金花女大全》手校。其序言中，引日本雜

誌《書誌學》第十三卷第一號，傅芸子〈東京觀書記〉云：

《重補潮調金花女二卷》，明末刊本，序目缺。....全書雖未題刊

年，自其書之格式、字體，及所題之「大全」字樣觀之，均足爲晚

明刊本之證。

金、蘇二書原文見《明本潮州戲文五種》，廣東人民出版社，1985。

二三：同註二二，蘇文。原文作「13曲」，筆者增多「一封書慢」一曲。

二四：同註二二。潮調是什麼？用什麼譜？蘇文說：

流傳在潮州的二四譜，是屬於地方性的弦索樂譜。二四譜用七個中

國數字爲符號，以潮音爲唱名，其排列如下：

譜字	二	三	四	五	六	七	八
拼音音標	zi	sŋa	si	ŋəu	IΛ	tsi	bbi
潮音反切	而衣7	思噯1	思衣3	俄鳥6	羅安8	徐因4	波挨4

二四譜七個譜字用自己獨特的方式，表現各樂音之間的邏輯關係，

它配有板的符號，有節奏表現能力。但是，二四譜還必須配合一些

彈奏的手法，如輕（輕三六）、重（重三六）、活（活五）、反（

反線）等加以變化，才算完整。這種樂（弦）譜的符號，用潮音唱

（歌）出，經過語言韻律（詩韻）的潤飾，每個譜字都有弦歌詩韻

，所以潮人這種能奏、能唱的樂譜爲弦詩。

二四譜既是唱腔的用譜，也是伴奏樂器的用譜，一譜多用。潮劇逐漸發展成形，隨伴著它的樂器也逐漸配備完善、成套，形成以二弦爲主奏，還有提胡（也叫南胡）、椰胡、大冇等弓弦樂，再配三弦、琵琶、古箏、瑤琴（揚琴）、梅花琴等彈撥樂器等，形成潮劇文畔——弦索伴奏樂隊，這弦索伴奏樂隊與潮劇的唱腔，共同使用二四譜。

二五：所謂滾門，是把宮調、節拍相同，旋律節奏較相似的曲調（即曲牌），其調式不一定相同的，歸納爲一門類。見註二，王愛群文。

二六：以上潮陽春之介紹與比較，摘錄自李國俊《千載清音——南管》p43-45。彰化縣立文化中心編印。本曲有錄音帶。

倍思管相當於西樂的D 大調，以工爲主音，士(思)、Ⅹ降半音。南管「貝（倍）」即降半音之意。

二七：同註二王文<論泉腔>，《南戲論集》p405。

二八：賴伯疆< 南戲的本色特徵和流播的廣泛性——從明本潮州戲文談起>，南戲論集p110。

二九：曲文見吳氏《潮調蘇六娘重刊手校》。南曲見汪經昌《南北曲小令譜》下卷P12，臺灣中華書局。

三十：同註二二。

三一：《中國戲曲劇種大辭典》p1314，上海辭書出版社，1995。

三二：同註二，p32。

三四：引自蔡鐵民<閩南南戲發展脈絡新探>，《南戲論集》p165。

三五：詳見施炳華<談《荔鏡記》與萬曆本《荔枝記》之潮州方言>，成大學報第五期，1997。

第二節 《荔鏡記》的音樂結構

一、南戲的音樂結構

《永樂大典戲文三種》是早期的南戲，根據《張協狀元》、《小孫屠

》戲文的形式及同一出中很多曲子換宮四、五次的情況看來：

　　早期南戲的音樂結構，按（引子）——（過曲）——（尾聲）型態
　　構成，「引子」與「過曲」、「尾聲」非屬同一宮調。並大多以「
　　尾白」、「餘文」代「尾聲」。現存的莆仙戲中的「尾聲」有六種
　　型態，「尾白」、「餘文」即其中之二種。（註一）

(一)引　　子

　　「引子為劇中人登場，對於眼中景物，或心中意念，不宜脫口而出，
但必有幾句緊要說話，先以數語概括盡之，勿晦勿泛，方能引起下文。」
（註二）。以下根據錢南揚《戲文概論》及其他文獻說明與引子有關的問
題：

1引子的演唱方式：

　　凡引子一般都是乾唱，不用笛和。因為不用笛和，所以可以不拘宮
調。....和過曲宮調不同。因為乾唱，所以字句可以簡省，不必全填。
　　蓋引子不但因為乾唱，不容易見長；而且都是散板，即僅在句盡處用一
底板，即「但有音名（指「工尺」而言），而無節拍（板眼），用自由
節奏，可稱為『散板曲』。每一角色出場，如歌唱一、二段散板，似可
安定觀眾情緒。」（註三）如《琵琶記》第二十三出<喜遷鶯>云：

　　終朝思想｜，但恨在眉頭，人在心上｜。鳳侶添愁，魚書絕寄，空勞
　　兩處相望｜。青鏡瘦顏羞照，寶瑟清音絕響｜。歸夢杳，遠屏山煙樹
　　，那是家鄉｜。

腔調比較緩慢；所以不宜過長，過長則聽之令人生厭。

2引子的長短：

　　由於引子不宜過長，所以往往截取一曲的前二、三句，或後二、三
句。惟男女主角初次上場的引子必須全填，不但表示鄭重，而且因為初
次登場，要交代的話較多，也符合實際需要。

3與引子同性質的代替方式：

　　　腳色上場，不一定用引子，在某些情況下，可以不用引子：

1　用過曲代替引子，稱爲「衝場曲」。衝場曲大半都是粗曲，不用笛和
　　；甚至有板無腔。不入套數，故也可不拘宮調、不論南北。

2　上場詩代替引子。如《張協》19出：

　　　（末出白）久雨初晴隴麥肥，大公新洗白麻衣。梧桐角響炊煙起，桑
　　　　　柘芽長戴勝飛。

3　某些過曲習慣在它前面可以不用引子。如《張協》第二十出，且一上
　　場即唱[懶畫眉]，又如《琵琶記》第二十出，且一上場即唱[山坡羊]
　　；前面都不用引子。或者有人要問，[懶畫眉]、[山坡羊]爲什麼不是
　　衝場曲呢？因爲這類曲子都是細曲，性質與衝場粗曲不同，是不能作
　　爲衝場用的。

　　凡上述種種規律，明清傳奇仍都沿襲不變。（註四）

(二)過　　曲

　　引子和尾聲之間的數曲叫做「過曲」，「係從引子過脈而至正曲，實
爲傳奇聲歌之主體，劇作家心血結晶，皆表現於此，其重要不言而喻。」
（註五）

　　過曲性質有粗細，粗曲專供淨丑用，不入套數，又稱非套數曲；細曲
專供生旦訴情之用；可粗可細之曲一般都可用，二者都入套數，又稱套數
曲。在實際運用中，戲文比明清傳奇寬。如[福馬郎]、[四邊靜]、[光光
乍]、[吳小四]、[金錢花]、[水底魚兒]、[鏵鍬兒]等，在傳奇中都是粗
曲；而在戲文中，往往把它用之於生旦。凡過曲節奏有緩急，粗曲往往乾
念，有板無眼，故最急。

　　過曲的搭配，有聯套、專用和兼用、宜疊用和不宜疊用的區別。

　　所謂「聯套」，就是說某一曲牌必須與其他曲牌相聯成套者。如[紅

衫兒]必須與[醉太平]之類聯合成套，不能單獨運用。聯套以過曲爲主，引子、尾聲可有可無。聯套可短可長，早期短套多而長套少。《荔鏡記》都是短套，和一般南戲不同，大概還保持著早期戲文的面目。聯套和曲牌的節奏、性質都有關係。一般套數（包括北曲），總是緩曲在前，急曲在後，這是聯套的基本規律。然遇到戲情先匆遽而後舒緩，則曲牌的排列自應先急後緩。細曲不能與粗曲聯套，這也是聯套的基本規律。然遇到生、旦戲中忽然有淨、丑登場，就不妨在細曲中插入幾支粗曲，也不可墨守成法。而尤其主要的，須分別曲牌聲情的喜怒哀樂，使與戲情的悲歡離合相適應。（註六）

所謂「專用」，就是說某一曲牌即由其本身疊用若干支，不能與其他曲牌聯合成套，恰與上述聯套相反。宜疊用，即某一曲牌在應用時，可疊用二支或二支以上。不宜疊用，即一曲只用一次。（註七）

(三)尾　　聲

「尾聲爲結束一出之曲。....南曲率多取其完結而已，有時亦不用尾聲，只將過曲最末尾辭曲，腔速逐漸緩慢（Ritardando），搖曳其聲，悠然收場。」（註八）

尾聲的格式雖多，然實際運用並不繁雜。一本戲文，過場短戲約占半數，凡過場短戲概不用尾聲；就是長套正戲，凡遇專用的曲牌及某些聯套曲牌之後，往往習慣可以不用尾聲；所以一本戲文段落雖多，而用尾聲的並不多。（註九）

二、《荔鏡記》的音樂結構
——引子、過曲、尾聲

《荔鏡記》是南戲與傳奇的過渡時期的作品，保留南戲的很多特徵。在表演時，音樂的外部形式方面，應同於南戲；《荔鏡記》有二處曲牌有「

「引」字，即 7出、26出的[長生道引]、48出的[越護引]。[長生道引]既是引子，也是過曲（註十）；但在本書都當過曲用。至於48出的[越護引]，亦不當「引子」用。

《荔鏡記》中以曲牌做引子者，計有[七娘子]（正宮，20出）、[粉蝶兒]（中呂宮，2、3、42出）、[菊花新]（中呂宮，11、31、55出）、[夜行船]（雙調，20出）、[風入松]（雙調，13、18、23出）、[五供養]（雙調，54出）、[臨江仙]（南呂宮，50出）、[掛眞兒]（南呂宮，25、27、29、47、52出）、[西地錦]（黃鐘宮，33、38出）、[虞美人]（南呂宮，46出）（註十一）。

《荔鏡記》中標明「尾聲」者有12處——2.4.8.15.20.25.29.42.48.50.54.55等出。標明「余（餘）文」者有 5處—— 3.24.26.46.53等出。尾聲與余文同意。而尾聲是「只將過曲最末尾辭曲，腔速逐漸緩慢，搖曳其聲，悠然收場。」如現存南管散曲的演唱形式（詳見本章第五節二）；並未如北曲專用一曲，如「煞」、「賺煞尾」、「啄木兒煞」做尾聲者。

全劇有2.3.20.25.29.42.50.54.55等九出，皆有引子、過曲、尾聲（余文），是南戲音樂一出的基本組織。

以下演示《荔鏡記》引子、過曲、尾聲的應用情形。

1 引子、過曲、尾聲俱備（引子、過曲之標示，為筆者所加）

2 出（標明尾聲）：

[粉蝶兒]（外生）寶馬金鞍，諸親迎送；今旦即顯讀書人。

　　　　受勅奉宣，一家富貴不胡忙。舉步高堂，進見椿萱。（引子）

（外）身做運使離帝京，寵受君恩當刻銘。五湖四海民安樂，蒼生鼓舞樂堯天。

（生）聖學功夫惜寸陰，且將無逸戒荒淫。從今獻策龍門去，不信無媒魏闕深。

　　....

[菊花新]（末丑）今旦仔兒卜起里，未知值日返鄉里？夫妻二人老年

紀，仔兒卜去，焄我心悲。

[菊花新]（丑）都是前世因緣湊合著伊，隨夫赴任廣南，真箇榮華無
　　　　比。

....

[一封書]（末丑）我分付二　兒，只去路上著細二。去做官管百姓。
　　　　莫得貪酷不順理。做官須著辨忠義。留卜名聲乞人上史記。

[一封書]（合唱）今旦相辭去，值日得相見？三年任滿返鄉里。

[大河蟹]（外占生唱）拜辭爹媽便起程。叮嚀拙話　須聽。三年任滿
　　　　轉鄉里，合家團圓，合家團圓，許時返來即相慶。

[大河蟹]（末丑）仔兒分開我心痛。只去隔斷在千山萬嶺。

　　　　（外生占）勸爹勸媽，莫得發業費心情。

　　　　（合）三年任滿，三年任滿，許時返來即相慶。

　　　　　　　　　　　　　　　　　　　　　　　（以上過曲）

　　　　（尾聲）就拜辭媽共爹，安排轎馬便行程，值日得到廣南城
　　　　，值日得到廣南城。

3 出（標明余文）：

[粉蝶兒]（旦）巧韻鶯聲，驚醒枕邊春夢。起來晏，日上西窗。

　　　　（占）見窗外尾蝶，雙飛相趕。日頭長，香花發得通看。

....　　　　　　　　　　　　　　　　　　　　　　　（引子）

[錦田道]（旦唱）入花園，簡相隨。滿園花開蕊。紅白綠間翠。雙飛
　　　　燕，尾蝶成雙成對。對只景，焄人心憔悴。

　　　　（占）娘身是牡丹花正開。生長在深閨。好時節，空虛費。
　　　　怨殺窗外啼子規。枝上鶯聲沸。一點春心，今來交付乞誰。

[撲燈蛾]（旦）整日坐繡房。閑行出紗窗。牡丹花正開，尾蝶同飛來
　　　　相弄。上下翩翻。阮春心著伊惹動。

　　　　（占）拆一枝，挽一枝，插入金瓶。

　　　　（旦）畏引惹黃蜂尾蝶，尋香入繡房。　　　（以上過曲）

（余文）牡丹花開玉欄干，管乜尾蝶共黃蜂。須待鳳凰來穿
花叢。

42出：

[粉蝶兒]（末判淨鬼）親領娘娘勅旨。不敢違遲。神通變化無比。威
風顯聖無偏。金爐內香煙不離。　　　　　　　　　（引子）

....

[婁婁金]（(生旦占上)）行來到靈山廟口。判官小鬼把在門兜。廟前
生草。無人行到。君恁先行，阮隨後。三人入廟內，燒香告投。
燒香告投。

（生）弟子是泉州人氏，在此潮州經過。恐畏前去路途不平，善願投
娘娘保庇。

[蠻牌令]（生旦占拜）一齊告神祇。燒香獻紙錢。保庇阮三人走卜身
離。乞靈聖暗相扶持。到泉州心即歡喜。許時特來謝神祇。娘娘
爾聖廟，阮來全新更起。

（生）燒香了，做緊起身。

[蠻牌令]（旦）「官人」姻緣說卜盡，恁丈夫人口說無憑。莫待去到
你厝虧心。「益春」到只處誰人是親。

....

[蠻牌令]（生）有神明在阮做證明。到我厝若虧心。娘娘你報應譴責
伯卿。　　　　　　　　　　　　　　　（以上過曲）

　　　（尾聲）（旦）君恁有心阮有情。到其段說無盡。三人一齊
　　　行做緊。「全望娘娘相推排，夫妻一對早和諧。」（下）

50出：

[臨江仙]（旦）憶著情人俰奈何。鴛鴦拆散討無伴。

　　　（占上）障般苦，冥日割橫在心頭，俰得花。　　　（引子）

（旦）憶著情人隔值方。四壁虫蝏畏聽聞。小七只去未見返，枉屈冥
日割心腸。

....

[雙鳳飛]（旦）忽然聽見小七叫聲。卜是我君有書信返，連忙趕去看
　　。有一孤雁飛過一影。伊是無伴，即叫慘聲。憶著伊人，腸肝寸
　　痛。早知相見障惡，不如共伊去行程。

[雙鳳飛]（淨末）盤山過嶺。路途粗涉實惡行。今旦且喜官人只去遇
　　伊兄。封書寄返再三上覆阮娘仔。小七返來，雙腳變做四腳行。
　　四腳行。　　　　　　　　　　　　　　　　　　　（以上過曲）

[雙鳳飛]（尾聲）一路恰是風送箭。正是回馬不用鞭。二人趕到那霎
　　時。

2衝場曲：不用引子，用過曲代替引子。如[縷縷金]（本書作屢或婁）是
6、9 出的首支曲牌，又是21、22、26、30、42、51等出的過曲。[大迓
鼓]是 7、 8、35出的首支曲牌，又是 6、14出的過曲。[賞宮花]是 5
、30出的首支曲牌，又是5、6、9 出的過曲。《荔鏡記》所用的曲牌，
屬於衝場曲者往往間作「引子」，且往往是粗曲。有：

[婁婁金]、[大迓鼓]、[卒錦富]（10出）[卒地當]（[窣地錦襠]40出
　）、[金錢花]（39、43出）[風儉才]（37、51出）、[秋夜月]（41出
　）、[水底魚兒]（45出）。

茲以 6出為例：

[婁婁金]（旦占）元宵景，好天時。人物好，打扮金釵十二。滿城王孫
　　士女，都來遊嬉。今冥燈光月團圓。琴絃笙簫，鬧滿街市。

　　　　　　　　　　　　　　　　　　　　　　　　　　（衝場曲）

元宵好景巧安排。鑼鼓鬧咳咳。千金一刻元宵景，雖那各財也不吝財。
（占）元宵好景家家樂，簫鼓喧天處處聞。
（丑上、三合）樓臺上下火照火，車馬來去人看人。

....

[大迓鼓]（旦唱）正月十五冥。厝厝人點燈，是實可吝，三街六巷好燈
　　棚。又兼月光風又靜。來去得桃到五更。

....

[皂羅袍]（旦）幸得三陽開泰。....

....

[水車歌]（（旦））今冥是好天時。上元景致。正是在只。....

....

[一封書]（（末淨））好諸娘是親淺。....

....

[賞宮花]（淨）暫且分開做二位。若還鬧一著，莫得拆開。

　　　　　　投告天地共神祇。保庇我共伊。成雙成對。（並下）

3 用上場詩代替引子

　　《荔鏡記》全書用上場詩代替引子的有14、15、54、26等出。

14出：

　　（丑）手捧檳榔入後廳。聽見啞娘嘆氣聲。閑言野語相怪及，那卜有
　　　　　情也無情。

　　（旦上介、丑）啞娘，萬福。

　　....

[德勝令]（旦）障般虔婆，可見無道理。

　　（丑）婆仔共啞娘做媒人，也是好事，罵婆仔乜事？

[德勝令]（旦）罵乞你去共林大現。

　　（丑）林大官伊也是有錢个人。

[德勝令]（旦）任伊有錢我不願嫁乞伊。

26出：

　　（占上）捧卜繡篋出繡房。金刀金剪盡成雙。畫花粉筆盡都有，五色
　　　　　絨線綠間紅。

[銷金帳]（占）安排繡床閨房東。掛起羅帳腦麝香。針線箱繡篋，益
　　　　　春常捧。內有五色絨線綠間紅。銅箱交剪對金針。伊人琴棋書畫

　　　盡都曉通。那是阮娘仔無心去弄。盡日懨懨不知憶著乜人。別人
　　私情，益春俩伊人苦痛勞堪。逢著一好清秀郎君。共伊人合歡。
　　恰親像十五月光光降。

以兩句詩句作引子，21出：

　（生）深潭若卜無金鯉，誰肯只處下釣鉤。

　　　　伯卿當初錦襖換鏡擔，誰知今旦鏡擔換掃箒。只是自作自當，
　　　　通說乜。

　[一封書]（生）秋風起。雁南飛。手攑掃箒珠淚垂。到今旦也受虧
　　　　。致惹一身乜受累。我是官員有蔭仔，今到只處卜看誰。娘仔
　　　　你在繡房內，我在只廳邊身無歸。死到陰司共恁相隨。

以兩句詩句作引子，標明尾聲，54出：

　（末）富貴必從勤苦得，男兒須讀五車書。

　　　　今旦大人合家返來厝。說都未了，大人到。

　[步步嬌]（末生旦占）恁今返去本州城。乞人傳名共說聲。恰是光業
　　　　鏡。十分光彩十分明。籌馬相趨力。遠處官員等接迎。

　[江兒水]享福不那障。口食俸祿，雙馬符驗返家鄉。合家富貴不如常
　　　　。腰頭金帶綠袞裳。今旦相共轉家鄉。拜見爹媽歡喜一場。

　[五供養]五舖一驛。水路站船馬共車。官員軍民遠接迎。祖宗積德好
　　　　名聲。乞人傳說滿州城。恁今同妳卜相痛。賽過姊妹弟共兄。

　　　　（尾聲）富貴若不返故里，恰是衣錦冥時行。大家慶賀太平。慶
　　　　賀太平。

4 過曲之粗細：南戲已不太注意曲子之粗細，但筆者仍根據載籍區分如下
　：（註十二）

　粗曲：[一封書]—— 6出為丑角林大唱，符合唱者身份；但21出為生（
　　　　陳三）唱，48出為旦（五娘）唱，卻不符合身份。以下不再說明。
　　　　[四邊靜]、[皂羅袍]。

可粗可細：[撲燈娥]、[滴溜子]、[婁婁金]、[大迓鼓]、[催拍]、[風

入松]、[駐雲飛]、[五更子]、[剔銀燈]、[黃鶯兒]、[蠻牌令]、[

雙鸂鶒]、[鎖南枝]、[勝葫蘆]、[香柳娘]。

5 一出中曲牌的宮調

《荔鏡記》如情節較簡單的，往往只用一曲牌（即「專用一曲」，參

見本章第五節二 p127 鼓子詞體）如 28 出的[醉扶歸]、34 出的[四邊靜]、

39 出的[金錢花]等。一出戲如用很多曲牌，可視爲聯套，則「引子

」與「過曲」、「尾聲」非屬同一宮調。茲舉二出爲例說明之。

15 出：

　　　四朝元→　玉交枝→　五更子→　望吾鄉→　水車歌（帶尾聲）

　　五空管緊三撩　五六四仅管三撩　　倍思管緊三撩　四空管緊三撩

（旦）暗靜開門輕聲啼。苦在心頭誰知機。五娘若還嫁林大，死去陰司

再出世。

阮爹媽無所見，力阮刈林大，親爹媽生死不准阮，今不如將身投

落古井中去死除，也得一身清氣。不知門樓上鼓打幾更了？

[四朝元]（旦）三更起來憶著那好啼。

　　（介）見許井水悠悠，焄我心悲。無奈何來到只。

（旦白）....

　　（旦）脫落弓鞋下覓井邊。也准爲記。懊恨阮爹媽不從人意。

姑得即來投井死。（白）「天啞！」對天重發願，王氏五娘若嫁

林厝，死去再出世。無狀林大枉屈費心機。苦苦痛痛，但得拚去

可平宜。

[玉交枝]（占上）聽勸聽勸無奈何。驚得我神魂都散。尌耐丁古賊林大

。枉屈打破你心肝。娘仔你心頭且放寬。天地報應賊林大。

　　（旦）枉我枉我出世。逆父逆母是乜道理。但得投水身死。不願共

林大結親誼。是我命怯通說乜。去到黃泉地下可平宜。

（旦投介、占抱）（旦白）益春放手。....

[五更子]（旦）我爹媽無所見。李婆搬挑說三四。我自拙日頭擎不起。
　　　　做俑解得冤家身離。我看伊我看伊一形狀，恰是猴精。說著起來
　　　　，焉我心悲。成就只姻緣，著再出世。

（占白）....

　　　　　　（占）簡自有一个道理。古人說也有只體例。
　　　　　　　　盧少春錦桃李情。力青梅做表記。恁今不免來學伊。

（旦白）....向說，益春你去討香案來。

[望吾鄉]（旦）開向花陰。深拜祝太陰。盡將心事含哀告稟。乞賜好人
　　　　來結親。免得冤家來相陣。燈下郎君早來見面。愛結姻親，必須
　　　　投告恁。卜脫林大姻親。必須著投告恁。

（旦白）....

[水車歌]（旦）只姻緣都是天時註定。阮爹媽朦昧做只親情。
　　　　（占）勸娘仔把定心情。不信月老推排無定。但願天地推遷靈聖
　　　　。乞許林大促命。姻緣不成。
　　　　（旦）自燈下見有情。惹我思想腸肝寸痛。伊去在值不見形影。
　　　　枉割吊費我心情。
　　　　（尾聲）簡勸娘仔心把定。終久對著好人情。同床同枕即相慶。

　　15出總共用了五支曲牌，四個不同的宮調（五更子，不知其宮調
），最後是[水車歌]帶尾聲。

46出：駐雲飛→　　　玉交枝　→　　　生地獄　→　　　一江風
　　五空管緊三撩　　五六四仪管三撩　　五空管七撩　　中倍五空管七撩

[駐雲飛]（生）今旦起程。值時得到崖州城。
　　（丑）快行，免得發業。

（旦）首領。我說乞恁聽。帶著阮人情。{嗦}

（丑）須著趕路程。

（生）乞阮說幾聲。

（丑）你有錢銀先提來乞我。（白）「放緊行。」

（旦）拜復首領。待伊慢慢行。

（丑）緊行。

[玉交枝]（旦）都牢聽說起。恁也曾做過後生。誰無私情事志。人情
　　　　　　通做些兒。面皮莫放變。金釵一雙送你做茶錢。

　　　　　‥‥

（淨）向說，放緊說話，我店內去點心，就來。（淨下）

[生地獄]（旦）阮人情深都如海。膠漆不如阮堅佃。今旦障受苦，你
　　　　　　今為阮受磨擡。我今千口說不來。說不來。

（生唱）分開去淚哀哀。未得知值日得返來。

（旦）風颱天做寒。君你衣裳薄成紙。脫落衣裳共君幔。

　　　　　‥‥

[一江風]（旦）曾記得當初高樓上，荔枝揆你時。共你情深我歡喜。
　　　　　　曾記得共你銷金帳內恩義。不料你共我拆散分離。

（旦指介）冤家那怨林大鼻。

（生）想起來我心頭悲。誤了你青春年紀。

（旦）虧得我只處孤單獨自。懶今那拜天。那拜天。恁夫妻
　　　值時會團圓。會團圓。　　　　　（懶=咱　恁→咱？）

（余文）（生）娘仔你憶著我言語。千萬記得莫放除。

　　　　　（旦）夫妻今旦分開去。心頭俪會不尋思。

（生、丑下）

（旦啼、占上）

[虞美人]（旦）〔我〕心頭苦切值時滿。恨狂風力我鴛鴦拆散。想
　　　　　　三哥有乜快活。一身隔斷千鄉萬里外。一無親二無火

伴。伊怙誰早晚相叫孝。割吊我頭眩目暗，憂憂悶悶
，心如刀割。一腹恨氣值時會花。

   ....

通常「余文（尾聲）」都在一出的末了。46出「余文」之前共用四支曲
牌，二個不同宮調。「余文」之後是（生、丑下）（旦啼、占上）可以
算做是另一場景，故多一曲[虞美人]，其管門爲五空管緊三撩，與開場
的[駐雲飛]同。本曲有二個管門（調性）：五空管與五六四仅管。事實
上，五空管已包含兩個「宮」：以黃鐘爲主的五六四仅管（相當於西樂
的C 調）、以林鐘爲主的五空管（相當於西樂的G 調）。詳見本章第五
節p134。

附註

一：楊振良< 由音樂結構試論諸宮調對南戲的影響 >，見張高評主編《
  宋代文學研究叢刊》2 期p520，麗文文化事業有限公司，1996。

二：陳萬鼐《中國古劇樂曲之研究》P79 ，史學出版社，1974。又錢南揚
  《戲文概論》p187：「凡腳色上場，一般先唱引子。如《張協》第三
  出王貧女上場，先唱引子[大聖樂]然後唱過曲[叨叨令]。又如《錯立身
  》第二出完顏壽馬上場，先唱引子[粉蝶兒]，然後唱過曲[一封書]。

三：同註二陳書。

四：錢南揚《戲文概論》pp187-193。 木鐸出版社，1988。

五：同註二陳書。

六：同註四pp194、208、211。

七：同註四pp194-196。

八：同註二陳書。

九：同註四p201。

十：明、徐子室《九宮正始》P125.128。見王秋桂主編《善本戲曲叢刊》

十一：確定引子曲之資料，根據註二陳書pp69-79 ，陳書引王季烈《螾盧
  曲談》、吳梅《南北詞簡譜》二書所載南曲，及明毛晉輯刊《六十種

曲》（汲古閣本）各劇常用曲調。

十二：據許守白《曲律易知》pp91-95。樂府叢書之三，台北郁氏印獎會印

行，1979。 許氏係以沈璟《增定南九宮曲譜》爲依據，並參考伶工習

尚，分別粗細曲。

第三節 《荔鏡記》的歌唱形式

南北戲曲的不同：北曲雜劇必以賓白爲一折之開演，南戲則大多以唱
曲開演；戲中，北曲是單唱式（一人獨唱），南曲是複唱或合唱式，顯現
其錯雜成章的妙趣。何元朗評《拜月亭》中兄妹、母女雨中避難數出：

> 彼此問答，皆不須賓白，而敘事情，宛轉詳盡，全不費辭，可謂妙
> 絕。（註一）

用多樣形式的歌唱來代替賓白，美化賓白，南戲顯現了歌劇的美妙。
陳萬鼐謂：「南戲歌唱方法與元人雜劇不同，亦與明清傳奇不同，實爲一
種極爲特殊的唱法，與西洋歌劇（Opera） 相似。」陳氏拿西洋歌劇作比
擬，認爲南戲的唱法可分爲下列幾種：

1 獨唱（Solo）： 指一隻樂曲，由一個角色單獨歌唱。

2 齊唱（Unison）：指許多角色歌唱同音的一個旋律，或保持一個音
的關係的一種唱法，當時稱爲「同唱」。（按本
書稱爲「合（唱）」）

3 輪唱（Round）：指一隻樂曲，由兩個或兩個以上角色分成數段歌
唱，即上承下啓歌唱一隻樂曲。

4 混聲（Mixed Chorus）：乃結合「獨唱」、「輪唱」、「同唱」。
（註二）茲據上述分類，探究《荔鏡記》的歌唱表現。

一、獨　　唱

獨唱是最常見的歌唱形式，一出戲如果只是一人先上場，都採獨唱形
式。如第 5出，林大上場，唱：

[賞宮花]今冥今冥元宵，滿街人吵鬧。門前火照火，結彩樓。

人人成雙都成對，虧我無厶共誰愁。

一段獨白之後，又唱：

[四邊靜]拙年無厶守孤單。青青冷冷無人相伴。日來獨自食，冥來
獨自宿。行盡暗曠路，踏盡狗屎乾。盤盡人後牆，屎肚都蹼破。乞
人力一著，鬏仔去一半。丈夫人無厶，親像衣裳討無帶。諸娘人無
婿，恰是舡無舵。拙東又拙西，拙了無依倚。人說一厶強十被，十
被甲也寒。

12出，生（陳三）上場，唱：

[望吾鄉]花酒迷人不知醒。夢斷巫山去路迷。韓壽偷香有情意。君
瑞相見在琴邊。看古人有只例。姻緣願乞早團圓。

另一人接著上場，亦採獨唱形式。如13出，淨（小七）上場，說了一
段詼諧的獨白後，唱：

[風入松]（潮腔）安排桌，掃併廳。停待阮啞公出來行。（淨介）
歡喜阮啞娘收入聘定。對著林厝，又是富家人仔。（白）「是乜整
齊」。金釵成對，白銀成錠。表裡盡成雙，都是親戚來相慶。（白
）「都值處鼓鳴，是般戲，也是做功德。」鑼鼓聲響。（白）「都
親像值處人吹乜非非年」哨角又鳴。障好姻緣，都是前世注定。

這是歌唱中夾雜說白，目的在增加戲劇的詼諧趣味。接著占（益春）上場
，唱：

[駐雲飛]（潮腔）清晨早起。大人分付安排桌共椅。今旦亦好日子
。亦是好事志。{嗏}阮娘仔領人茶，我心即歡喜。

接著是二人輪唱：

[駐雲飛]（淨）恨我一身在別人厝做奴婢。

（占）苦桃共澀李。終有好食時。

表現獨唱最突出的一出是48出「憶情自歎」，是陳三發配崖州後，五
娘在家思念陳三的一段訴情，五娘上場，唱：

[齊雲陣]恩愛果然生煩惱。好物從來不條勞。人去崖州值日到。恰
　　　是風箏斷除索。悶來憶著心憔燥。切得我相思病倒。

一段獨白後，唱：

[四朝元]憶著情郎，相思病損。幾番思量，腸肝寸斷。空房障青荒
　　　。秋月分外光。又逢障般光景，怨殺冥昏。鴛鴦枕上，目淬千行。
　　　長冥不得到天光。起來細尋思，君配崖州，路頭又長。聽見孤雁聲
　　　憔悴，引惹人心痠。坐來越心悲，拙時瘦怯，平坦梳粧。

接著幕後唱「囉嗹曲」，以沖淡獨自訴情的沈悶。然後又唱[傷春令]：

　　　春天萬紫千紅，粧成富貴新氣。看許開箇含箇畢目箇謝箇，都是東
　　　君擺布生意。黃鶯飛來在只綠柳嫩枝。調舌弄出好聲音，黃蜂尾蝶
　　　，雙雙對對。飛來在只花前。探花遊戲。記得去年共君行遍。只滿
　　　園收拾，盡春光景致。手摘海棠花一枝。輕輕倒插君鬢邊。君伊半
　　　醉又半醒。相扶相挨，去到太湖石邊。見許牡丹花含笑，牡丹花含
　　　笑，羅列在只前前後後，親像我共君相挨不相離。今旦日雖有障般
　　　光景，空落得我賞春人獨自。恨東君可見薄情，伊知我心悲。故意
　　　做出障般天時。又使得杜鵑燕仔一个聲聲許處啼。怨一時雙雙飛入
　　　真珠簾。惹起春心春愁，一時盡都擾起。又兼長冥惡過，聽見鼓角
　　　聲悲悲慘慘，鐵馬聲玎玎璫璫，越噪人耳。對只情景，撩我傷心邢
　　　好啼。

此曲甚長，可顯出唱者的功力，但聽者的耐力也有限，故接下來雖然也是
五娘訴情，卻改由幕後代五娘唱[生地獄]：

　　　（內唱）城樓鼓打初更。自君出去，眠房清冷。是我前世欠君債。
　　　今旦收來孤過冥。殘燈挑盡，且力羅帳放下。障般煩惱，切人成病
　　　。二更三點鐘嗎，繡出牡丹，無心去整。且力針線收拾去宿。看見
　　　孤床枕不端正。仔細思量，腸肝寸痛。更深寂靜。月落西斜。三更
　　　月，暗西廂。後花園內露滴芭蕉，分明聽見我君叫。心頭恍惚，好
　　　親像。開窗看不見。正是風吹葉。搖擺柳梢。凄慘心焦。拔破紅羅

帳。聽見四更鼓鳴。夢見我君入到眠房。牽著君手不甘放。翻身一轉，力君來攬。鴛鴦枕上，一般情重。驚惶醒來，是我狂夢。五更靈雞又啼。七夕欹斜，珠星又起。西風一陣，撩人疑。孤單帳內，邢我獨自。仔細思量那好啼。君你莫做虧心行止，莫乞外人敎議。

幕後又唱「囉嗹曲」：

（內唱、旦介）嗹柳哴哴柳嗹嗹啞柳嗹哴柳嗹哴柳嗹啞柳柳哴嗹。

五娘又開始獨唱：

[越護引](旦)紗窗外，月正光。我今思君心越痠。記得當原初時，共伊同枕同床。到今旦分開去障遠。伊是鐵打心腸。料想伊未學王魁負除桂英，一去不返。待我只處目瞝成穿。長冥清冷，無人通借問。懶身起倒，冥日夭飢失頓。無意起梳粧。爲君割吊，顏色瘦靑黃。

（又唱）三更鼓，翻身一返。鴛鴦枕上，目滓流千行。誰思疑到只其段。一枝燭火暗又光。更深什靜，冥頭又長。聽見孤雁長冥飛，不見我君寄書返。記得當原初時，恩義停當。共伊人相惜，如蜜調糖。恨著丁古林大，力阮情人阻隔在別方。值人放得三哥返。千兩黃金答謝伊不算。投告天地，保庇乞阮兒壻返。共伊人同入花園。

（尾聲）舊債鴛鴦必須還。鐵毬落井終到底，有緣分相見願即還。

這眞是著意表現南管音樂的一出戲，傾訴出五娘對陳三的刻骨相思之情。南管有<三更鼓>（長滾　越護引　四空管），曲詞大同小異，唱曲時間約十五分鐘。戲劇的演出通常唱得較快，但連續幾曲[齊雲陣]、[四朝元]、[傷春令]、[生地獄]、[越護引]唱下來，未免沈悶，故中間夾雜「囉嗹曲」，以舒緩觀眾的情緒。

二、輪　　唱

多人緊接著上場而相繼唱同一支曲子時，便形成輪唱。如10出，外（

陳三之兄）上場，唱：

> [卒錦富]今旦出路逢春天。花紅柳綠眞可齊。猿啼鳥叫，焉人心悲
> 。去到廣南即歡喜。

接著生上場，唱：

> [卒錦富]跋涉崎嶇來到只。一路那是人迎接。見說廣南遠如天。一
> 里過了又一里。

接著丑（扮驛丞）上場，唱：

> [卒地當]我做驛官甚艱難。點閘大馬掃驛房。緊緊來去接大人，
> 走得我辛苦氣都喘。走得我辛苦氣都喘。

又如11出，外（五娘之父）上場，唱：

> [菊花新]光陰相催緊如箭。一年一度也易見。添得我老人白鬢邊。
> 並無男嗣。卜怙誰人奉侍。

一段獨白後，丑（媒婆）上場，唱：

> [菊花新]當初十七八歲。頭上縛二个鬢袋。都（多）少人問我乞生月
> 。我揀選卜著處。今老來無理會。人見我一面，親像西瓜皮。

三、合　唱

㈠合

　　現代西洋的合唱，是多聲部合唱，此處所謂合唱，是指齊唱，亦即清人王正祥《新定十二律京腔譜》所謂「一人成聲而眾人相和者曰唱。」，這種一人啓口、眾人接腔，是一種十分古老的民間歌曲演唱形式。以齊唱（眾人接腔）與獨唱的結合交替，豐富了演唱形式的變化，使得獨唱中所表達的情緒，由和歌來繼續加以引伸渲染。（註三）

　　接腔齊唱的形式，又可分爲台前合唱與幕後合唱，後者也叫做「幫腔」。「幫腔」是南戲的特色，它的作用是：

　　1 利用幫腔接唱，把在場人物心理作更深入的刻劃，把獨唱中所表現

出來的情緒作更進一步的宣泄。

2 有時還以第三者的口吻出現，來描述劇中情景及人物心情。

3 人聲幫腔又具有器樂伴奏所不及的長處，器樂伴奏的優點是可以借助於音樂所表現的情感情緒來加強藝術氣氛的烘托渲染，但人聲幫腔卻可以借歌唱來表達語言，使得戲劇的情節、氣氛表現得更爲具體、明確，更加容易理解（註四）。如 7出，場上唱出「不知值方？」（不知是在何處？），幫腔回答「元來正是廣濟橋門。」是利用幫腔交待劇中景物背景。

接腔齊唱或幫腔，《荔鏡記》用「合」標示，總共出現在十二曲中：

[一封書](2)、[八聲甘州](4)、[大迓鼓](7)、[滴留子](8)、[川撥棹](12)、[漿水令](20)、[皂羅袍](29)、[四邊靜](34)、[金錢花](43)、[撲燈娥](53)、[排歌](55)、[撲燈娥](59)。

茲舉數曲說明如下：

1 2出[一封書]：

　（末丑）我分付二仔兒，只去路上著細二。去做官管百姓。莫得貪酷
　　　　　不順理。做官須著辨忠義。留卜名聲乞人上史記。

　（合唱）今旦相辭去，值日得相見？三年任滿返鄉里。

末、丑是陳三的父母，本出同時在場的還有陳三、陳三之兄、陳三之兄嫂，故所謂「合唱」應是指眾人一齊合唱。本出是全書的首出，特別標明「合唱」，且全書只有此例，可作爲全書「合」體例的樣式。

2 8出[滴留子]：

　（旦）好天時。好月色，實是清氣。好人物，好打扮，宮娥無二。
　　　　鰲山上神仙景致。香車寶馬來往都佃。王孫士女都同遊嬉。
　　　　可惜今冥燈光，月員，人未團圓。

　（合）琉璃燈，牡丹燈，諸般可咎，金爐內寶鴨香煙微微。

旦獨唱，幕後幫腔唱出鰲山上的諸般擺設：琉璃燈....

3 12出[川撥棹]：

（外）我小弟，我小弟，你聽我說起理。爹媽老，爹媽老，恬你相奉
　　　待（侍）。

（占）路上去，路上去，須著辨細二。

（生）就拜辭。因世便起里。

（合）今旦分開去。兄弟乜心悲。目渾滴。未得知值日再相見。

外（陳三之兄）、占（陳三兄嫂）、生（陳三）先分別獨唱，其後的「
合」，可視爲在場三人之合唱，亦可看做幕後幫腔。

4 20出[漿水令]：

（旦）告嫦娥，乞聽說起。恨阮命運行來不是。對怯緣分心頭悲。算
　　　來都是前生前世。

（合）但願得但願得林大早脫身離。許時節蓮花再生。

（占）元宵灯下見。一位郎君標致。又來樓前。拔落手帕荔枝。

（合）但願得但願得早來相見。許時節許時節拜謝月姊。

（尾聲）二人專心又得意。但願月娘相保庇。枯樹逢春再發枝。

「合」、「尾聲」皆爲祝願之詞，應是幕後幫腔。

5 29出[皂羅袍]：

（生）見說洛陽花似錦。果然娘仔有只眞心。

（旦）江水雖深。無恁人情深。　　　　　　　　　「旦」原脫，酌補

（合）雙人做卜如花似錦。思想起來，悶刈人心。「合」原脫，酌補

（旦）爹媽若卜得知了。爲君喪身。勸君千萬莫得忘情。阮今生死那
　　　卜爲恁。　　　　　　　　　那=都　　「旦」原脫，酌補

以上酌補之字，爲吳守禮校勘。補上唱角，文義才解得通。

6 34出描述陳三等三人欲夜奔泉州，在花園外邊之情景。[四邊靜]：

　　....

（旦）又聽見城樓上，喝噉返更牌。驚得我腳痠，步行不進前。

（占）伊當初爲你，辛苦萬千般。懶今旦爲伊。腳痛也著行。

（旦）爲君你辛苦不敢喏。目渾流落不敢做聲。憶著我厝爹媽心頭痛

。寸步惡起受盡驚惶。　　　　　淬音tsai2　唲音taN3，說也

（合）值時得到泉州城。

……

「合」應是三人合唱。

7　4出[八聲甘州]：

（外生占上）東風微微。正是新春景致。憶著在厝，好酒慶賀新年。

　　　　　　雙親堂上老年紀。功名牽絆覓除伊。

（合）心悲值日得返鄉里。

（又）富貴是無比。五花頭踏馬前。噪人耳。白馬金鞍，等接官員都

　　　佃。

（又）金印銀簇帶金牌。算來讀書強別事。

（合）金榜掛名，天下都知。

（尾聲）看日落在天邊。打緊驛內去安置。憶著家鄉在千里。憶著家

　　　　鄉在千里。

台前外占生先合唱，「心悲值日得返鄉里。」「金榜掛名，天下都知。

」及尾聲應是幕後幫腔。「又」是指「重複用前調」，即「富貴…」

「金印…」等句，仍用[八聲甘州]的曲調。

8　7出[大迓鼓]：

（旦占丑上）自細不出門。上元景致，今旦冥昏。娘仔恁且返。

　　　　　　　行來到只，不知值方。　　　值方＝底方，即何方

（合）元來正是廣濟橋門。

場上唱者問「不知值方」？如亦占丑唱，則不須標一「合」字，故應是

幕後幫腔，回答：「元來正是廣濟橋門。」

9 43出[金錢花]：

（生旦占上）乜人喝噭聲起。喝噭聲起。腳痠手軟提不起。

（淨末上力）恁只三人走去值？　　　　　噭＝喊

（合）告將軍可憐見。卜錢銀無半釐。饒阮性命返鄉里。

「合」為生旦占三人合唱。亦可視為幕後幫腔。

10 53出[撲燈蛾]：

（旦）殷勤致意拜姆姆，准做親仔成治。念阮出世荊布寒微。

（占）只姻親都是前世。

（丑）感恩德重如天。

（占）結草含環報恁恩義。　　　　　　　「占」疑應作「旦」

（合）花謝再開，月缺再圓。

「占」為陳三之母，「丑」為五娘之母。「合」是三人合唱，亦可視為幕後幫腔。

11 55出[排歌]：

祖宗富貴是無比。一家都團圓。算來都是天注定，一分無由人排比。

（合）花再開月再圓。滿廳彩色乜標致。相慶賀笑微微。一家安樂拜
　　　謝天。

首行未標唱者。場上有外末生旦丑，「合」是合唱，也有可能同時幕
後幫腔。

12 55出 [撲燈蛾]：

（末丑）筵席安排起。大家醉微微。酒淋衫袖濕。花插帽簷攲。合家
　　　團圓。修陰隲，留傳後世。一家大小都在只。兄弟和順值萬錢。

（尾聲）悲歡離合有四字。頭著分開尾團圓。乞人編做一場戲。合家
　　　安樂拜謝天。

（末）一家富貴感上天，

（丑）衣錦回鄉再團圓。

（外）林大發配崖州去，

（占）知州貪贓罷職還。

（生）寶鏡重圓今日會，

（旦）荔枝為記兩意傳。

（淨）潮陽隔別千山外，

（合）閩泉會合舊姻緣。

本出在場者有「丑」（陳三之父）、陳三之母、陳三之兄、陳三、五娘、益春等，劇中主要人物皆在場。且為最後一出，故必是全體合唱，或許還有幕後幫腔。

(二)內　　唱

與「幫腔」有同樣作用，但註記不同的是「內唱」。《荔鏡記》標明「內唱」之處共有八處，分別在6、7、17、26、48各出中。又有「內調」（26出），實與內唱同意。

1　6出敘述五娘與益春、李婆遊鰲山（元宵張燈時，模仿古代傳說中巨鰲背負神山的形狀，用燈彩扎縛而成的山棚），益春等唱歌後：

　　　（內划船唱歌介）（丑白）唆阿唆，唆阿唆，唆恁婆。

　　[皂羅袍]（旦）幸得三陽開泰。　（內唱）

　　（占）李婆，許處正是乜事？　（丑）許正人打千秋。

　　....

　　[皂羅袍]（旦）輕輕閃覓只街邊。　（占）前頭人來惡逃避。

　　[皂羅袍]（旦）緊緊來去又畏人疑。尋春愛月，不是孜娘體例。

　　（內唱介）清明時節雨紛紛，冷丁冷打丁，打个冷愛个冷打丁。

　　（內唱介）路上行人欲斷魂。冷丁冷打丁，打个冷愛个冷打丁。

　　（內唱介）借問酒家何處有，冷丁冷打丁，打个冷愛个冷打丁。

　　（內唱介）牧童遙指杏花村。冷丁冷打丁，打个冷愛个冷打丁。

7　出[長生道引]（旦占）天斷雲霓。月光風靜。幾陣歌童舞妓。

　　（內唱）情人彈出雉朝飛。有意佳人去復歸。夜夢相思〔睡〕難曉，只怕光陰似箭催。

（旦唱）笙簫和起入人耳。眞箇稱人心意。恨織女牛郎，伊都不得
　　　相見。

17出[大河蟹]（占）簡勸娘仔莫心悲。且來消遣食荔枝。對景傷情卜做
　　　乜。夫唱婦隨將有時。荔枝淸香甜如蜜甜如蜜。娘仔輕輕
　　　拆一枝。壓一枝。眞箇焉人心歡喜。

　　（內唱）嗹柳哴，哴柳嗹，嗹啞柳嗹哴，柳嗹啞柳嗹哴。

26出[望吾鄉]（潮腔）（旦）盡日無事整針線。逍遙閑悶心無掛。針穿
　　　五色絨共線。繡出鱗毛千萬般。線共針穿，步步相焉。引
　　　動人心情。切我守孤單。

　　[內調]一更鼓打北風颺。裡打燈另打燈打丁，
　　　　　娘仔思君心居安。裡打燈另打燈、裡打丁打丁，
　　　　　值時共君成火伴。裡打丁另打丁、裡打丁打丁，
　　　　　即便得被燒枕不單。裡打丁另打丁、裡打丁打丁，裡打丁
　　　　　打丁。

　　[望吾鄉]（旦）繡成孤鸞戲牡丹。又繡鸚鵡枝上宿。孤鸞共鸚鵡不
　　　是伴。親像我對著許（白）「丁古林大」無好頭對，實無奈何。

　　[內調]（白）「不免再繡一叢綠竹。」

　　[望吾鄉]再繡一叢綠竹。須等鳳凰來宿。

　　（內唱）哴嗹哴柳嗹，嗹呵柳嗹哴嗹，柳嗹柳嗹哴嗹，柳嗹柳嗹。

　　[望吾鄉]（旦）繡成犀牛望月圓。又繡烏雲閉月墘。雲遮月暗，犀
　　　牛無意。也親像我對著丁古林大鼻。雲會消散，月會團圓。（白
　　　）「不免再繡一輪光月」再繡一輪光月，須待唐明皇來遊戲。

48出[四朝元]（旦）憶著情郎，相思病損。幾番思量，腸肝寸斷。空房
　　　障靑荒。……瘦。坐來越心悲，拙時瘦怯，平坦梳粧。

　　（內唱）嗹柳哴　哴柳嗹　嗹啞柳嗹　哴柳嗹啞柳　柳哴嗹。

　　　……

[生地獄]（內唱）城樓鼓打初更。自君出去，眠房清冷。是我前世
　　　　欠君債。．．．．君你莫做虧心行止，莫乞外人敎議。

　　（內唱、且介）嗹柳哴　哴柳嗹　嗹哑柳嗹哴　柳嗹哴柳嗹哑柳　柳哴
　　　　嗹。

從以上諸例，可得如下結論：

　　1「內調」與「內唱」的表達方式與作用相同，都是先唱一句詩句，
後面接以詼諧、響亮的擬聲詞「打个冷愛个冷打丁」、「裡打燈另打燈打
丁」（「个」潮音kai5）。26出第二次出現的[內調]，是前面「[內調]一
更鼓打北風颺．．．．」的省寫。

　　2內唱也是人聲幫腔，借歌唱來表達語言，使得戲劇的情節、氣氛表
現得更爲具體、明確，更加容易理解。

　　3「（內唱）嗹柳哴　哴柳嗹．．．．」是在幕後唱嗹囉曲，嗹囉曲是梨
園戲的標幟，在演出前，都先拜田都元帥，起動鑼鼓唱「囉哩嗹」。戲曲
中亦有各種形式的唱法：接散板的嗹尾，如繡孤鸞曲末；插在曲中，如翁
姨疊；每句曲后即和以「囉哩嗹」；配以舞的，如留傘。「囉哩嗹」的作
用在于起著加強各種不同感情，如喜、怒、哀、樂、詼諧。有時還配上鑼
鼓點，或小打擊樂器，使氣氛更加濃烈（參見第一節　泉腔）。26出「內
調」、「內唱」唱「囉哩嗹」音樂的作用，是在五娘刺繡的緩慢動作中，
起著烘托、不致於單調的作用。「囉哩嗹」在南管中，有不同的旋律（註
五），茲舉<荔枝滿樹紅>（五空管　漿水疊）曲末爲例，以見一斑：

$\underline{3\,2}\,\underline{5\,2}$　｜$\underline{2\,6}\,\underline{6\,6}\,1$　｜　2　　⊙　｜5 $\underline{3\,3}\,\underline{3\,2}$　｜

嗹弄柳　　柳弄　　嗹　　柳嗹　弄

$\underline{3\,3}\,\underline{3\,3}$　｜$\underline{2\,3}\,\underline{2\,1}$　｜$\underline{6\,6\,6}\,\underline{6\,1}$　｜　2　　　　‖

嗹　　　柳　柳嗹弄　　　嗹

⊙代表琵琶指法的撢指，連續彈其後之音(5)，時值佔一拍。

48出爲五娘連續幾曲很長的獨唱，爲避免沈悶，故中間亦穿插「嗹囉曲」。

當我們確定「內唱」、「內調」是幕後合唱，而甲、「合」也是幕後幫腔（合唱），那麼，二者又有何分別？詳細考察以上「內唱」各則，其表達的性質是不同的：

內唱除 7出是有意義的七言四句詩外，其他都是偏重於音樂趣味性的陪襯；而勿論台前合唱、或幕後幫腔的「合」，與劇情發展的關係比較密切，是利用幫腔接唱，把在場人物心理作更深入的刻劃，把獨唱中所表現出來的情緒作更進一步的宣泄。

四、合　前

除了「合」以外，《荔鏡記》亦有「合前」的標示。關於「合前」，林豔枝《荔鏡記研究》謂：

> 第九出林郎托媒，淨、丑所唱的「四邊靜」曲：
>
> （淨）我今央你去求親。我拙年無厶受艱辛。姻緣都是天注定，媒姨捍斗秤。（合）再三央求卜伊肯。若得姻緣成就，大雙金釵答謝恁。
>
> （丑）林郎聽我說來因。你今央我去求親。五娘伊是天仙女，不是頭對不相陣。（合前）
>
> 此時場上僅有淨、丑二人，由內容看來，此合唱當非淨、丑二人合唱，而是由淨與後臺或邊場幫腔合唱的。（註六）

所謂「合」、「合前」到底是「合唱（齊唱）」還是「合頭同前」？應當分別清楚。林氏的說法有待斟酌。如 4出[八聲甘州]：

（外生占上）東風微微。正是新春景致。憶著在厝，好酒慶賀新年。

　　　　雙親堂上老年紀。功名牽絆覓除伊。

　　（合）心悲值日得返鄉里。

此「合」是合唱。而第九出則「合」之後又有「合前」，二者有何不同？
《荔鏡記》戲曲的曲牌中，有五處標明「合前」，其前必有「合」字，有
必要深究。

　　首先說明「合頭」。「傳統套數中，在數曲連用時，其末尾一、二句
均採用相同或相似的曲調，劇本中有時寫作『合』，或『合前』。」（註
七）「合前」是「合頭從前」的簡稱。錢南揚《元本琵琶記校注》說：

　　戲文中的過曲，一般連用二支以上，而最後幾句相同的，稱爲「合
　　頭」。在上曲合頭上注一「合」字，下曲不再重出曲文，僅注「合
　　前」二字，意即謂「合頭同前」。合頭往往同唱時多，然也有獨唱
　　的。（註八）

錢氏所舉「合頭同前」之例如下：

[寶鼎兒]小門深巷里，春到芳草，人閑清晝。人老去星星非故，春
　　又來年年依舊。最喜得今朝新酒熱，滿目花開似繡。願歲歲年年人
　　在，花下常斟春酒。

[錦堂月]簾幕風柔，庭幃晝永，朝來峭寒輕透。人在高堂，一喜又
　　還一憂。惟願取百歲椿萱，長似他三春花柳。（合）酌春酒，看取
　　花下高歌，共祝眉壽。

[前腔換頭]輻輳，獲配鸞儔。深慚燕爾，持杯自覺嬌羞。怕難主蘋
　　蘩，不堪侍奉箕箒。惟願取偕老夫妻，長侍奉暮年姑舅。（合前）

「重複用前調，戲文和傳奇可依習慣標明『前腔』，但也有時寫作『又』
。」（註九）「換頭者，如『輻輳』爲兩字句，與上曲（[錦堂月]）之頭
爲四字句者不同。故云。」（註十）[錦堂月]的曲末是：

　　（合）酌春酒，看取花下高歌，共祝眉壽。

「前腔」指用[錦堂月]曲，此曲末有（合前），即指重複唱「酌春酒，看
取花下高歌，共祝眉壽。」，用（合前）標明，不再重出曲文。這樣的音

樂形式，有「合前」之前，必先有「合」的標記。

以下一一檢視《荔鏡記》「合前」的表現。

1 9出[四邊靜]（曲文見上林豔枝所引）

此處「合前」不可能是丑（媒婆）唱，應是指幕後幫腔唱「再三央求卜
伊肯。若得姻緣就，大雙金釵答謝恁。 」

2 22出黃母（丑）責怪益春（占）小七（淨），[剔銀燈]：

（丑）㪗耐恁做可不是。敢障做不合人較議。辱薄我門風，乜體例。
都是恁一火奴婢。

（合）全今改了心性。再後若卜障做，定是討死。

（占）告啞婆聽簡說起。小七做人未貴氣。

（淨）烏賊莫得笑猴染。你也自細乞人飼。（合前）（入）

（火＝伙　全＝從　染＝獮：諸字皆同音）

「合前」是指三人同唱或幕後幫腔「全今改了心性。再後若卜障做，定
是討死。」（以下說明同此）

3 45出[玉交枝]：

（旦）值處說起。所望共你結托卜一世。誰知今旦那只年。鴛鴦拆散
分離。

（合）懶今恰似舡到江中補漏遲。一擔挑雞二頭啼。　懶＝咱　舡＝船

（生）你莫啼切。我只官司將會伶俐。那恨㪗耐林大鼻。力我共你拆
分離。（合前）　　　　　　　　　　　力：拿、將

4 48出[四邊靜]：

（淨）拜辭啞娘便起理。一路恰是風送箭。

（旦）得見恁官人，共伊說就裡。　　　　　就裡＝原由

（合）崖州一路遠如天邊。願得早返來，燒香投告天。

（旦）你去路上著細二。用心尋卜伊見。上覆恁官人，千萬惜身己。

（合前）　　　　　二＝膩

5 52出[剔銀燈]：

（外）亘耐你做可不是。力姦做爲盜問擬。貪贓官吏卜做乜。你性命
　　　合該凌遲。　　　　　　　　　　　　亘耐即叵耐，罵人語

（合）得〔罪大人个〕名字。貪贓今旦便見。

（末）是知州做〔可不〕是。全不知三爹是機宜。今旦有口通說乜。
　　　望大人乞救殘生。（合前）

（淨）恨我命乖通說乜。送錢禮現厶不識厶味。今旦落泊受凌遲。望
　　　相公乞救殘生。（合前）

　　依以上五曲的表現，《荔鏡記》所標（合前），是同一曲曲詞的重複
，與錢氏所謂「戲文中的過曲，一般連用二支以上，而最後幾句相同。」
的（合前）不同。這可能是由宋元南戲發展到明代的南戲，音樂表現形式
的改變。

五、重　　唱

　　重唱是重複唱的意思，非如西洋音樂「二重唱、三重唱」（二人二聲
部、三人三聲部）的意思。

　　在《荔鏡記》的書寫符號方面，常常出現「匕」的符號，是一種重複
前面字句的簡寫。我們先提出一個必須澄清的問題作爲討論的開頭。林豔
枝《嘉靖本荔鏡記研究》在介紹「幫合唱」之後，說：

　　　《荔鏡記》中「重唱」者亦甚多，俱以「匕匕」符號代之。如重唱
　　　兩句或兩次則以「匕匕　匕匕」符號代之。
　　　一句重唱兩次者，如第七出「長生道引」曲，唱云：
　　　　　（旦占）花燈可咨，匕匕　匕匕，看許鰲山上神仙景致。
　　　　　　　　　天斷雲霓。月光風靜。幾陣歌童舞妓。
　　以上所舉的例子，都是二人以上合唱的，一人獨唱時之重唱的情況
亦有，如第八出陳三看到五娘後所唱的「大迓鼓」曲。唱道：

潮州好街市。又兼逢著上元冥。來去看景致。一位娘仔乜親淺。
恰是仙女下瑤池。匕匕　匕匕。

由上所舉的例子看來，重唱的部分並不一定是「幫腔」。（註十一）

上面的敘述，有幾點待澄清：

1「匕匕」符號是文字書寫——重複——的問題，不是音樂——重唱
——的問題。中國民間俗寫，往往用「匕」作重複記號，在明代是普遍的
現象。「匕」或「匕匕」或「匕匕　匕匕」只是重複前面的字句而已。雖
然在曲中，「匕匕」可代表重唱，但在對白中，就絕不是重唱。如本書12
出，陳三之兄說：

古人說：「盡忠不去盡孝，匕匕不去盡忠。」

「匕匕」是「盡孝」的重複。

2以「匕」做重複符號，所重複的是幾字，雖然一書有一書的慣例，
（註十二）但並沒有一致的標準，端看上下文來決定；一句重說（唱），
可能作「匕匕」，也可能作「匕匕　匕匕」。如本書13出，小七說：

小七匕匕，做人骨直。

「匕匕」是重複「小七」二字。15出[五更子]旦唱：

我爹媽無所見。李婆搬挑說三四。我自拙日頭擎不起。做俪解得冤
家身離。我看伊匕匕匕一形狀，恰是猴精。....

「匕匕匕」是重複「我看伊」三字。　6出[大迓鼓]

（占丑）丁蘭刻母，盡都會活。張拱鴛鴦，圍棋宛然，真正障般景致
，實是惡拚。恁今相隨，再來去看，匕匕匕。

「匕匕匕」可能是重複「來去看」三字。5出[賞宮花]淨唱：

今冥匕匕元宵，滿街人炒鬧，門前火照火。....

「匕匕」是重複「今冥」二字。但12出[川撥棹]：

（外）我小弟，匕匕，你聽我說起理。爹媽老，匕匕，怙你相奉待。

（占）路上去，匕匕，須著辨細二。

「匕匕」，卻重複前面三字「我小弟」、「爹媽老」、「路上去」。（前例固可認爲是重複「小弟」二字，但後二例不可能是重複「媽老」、「上去」）。故「花燈可睿，匕匕　匕匕，」只是「花燈可睿」四字重複一次，不可解爲「重唱兩句」。 2出[大河蟹]亦同，外占生唱：

　　拜辭爹媽便起程。叮嚀拙話仔須聽。三年任滿轉鄉里，合家團圓，
　　匕匕　匕匕，許時返來即相慶。
　　‥‥
　　勸爹勸媽，莫得發業費心情。
　　（合）三年任滿，匕匕，許時返來即相慶。

「匕匕　匕匕」是重複「合家團圓」四字。（合）下文字，句法與「合家團圓」下之文字句法相同，故「匕匕」應作「匕匕　匕匕」，是「三年任滿」的重複；作「匕匕」可能是漏刻。

　　茲以今南管的唱法作旁證。南管散曲，往往在開頭重複歌詞一次，如
<心頭傷悲>（中滾　四空管）：

　　心頭傷悲，心頭傷悲，滿朝文武官員誰人敢保本。‥‥
滾門[玉交猴]、五六四仪管，這類曲子的開頭字句一定重複：

　　<到今久未來>：到今到今久未來。
　　<娘子且把定>：娘子娘子且把定。
　　<君去有拙時>：君去君去有拙時。
　　<心頭悶憔憔>：心頭心頭悶憔憔。

　　在曲末的「匕匕　匕匕」（或「匕　匕」）是重複前面一句還是二句（一個停頓算一句），當就曲牌之詞格比較來判斷。先以南管爲例。
　　南管每曲的末二句大多重複，茲舉不同滾門爲例：

　　<荼蘼架>（雙閨）：‥‥親像牛郎織女，銀河阻隔在東西。恰親像牛
　　　郎織女，銀河阻隔在許天台。
　　<感謝公主>（福馬郎）：‥‥愛卜相見，除非著南柯夢裡。愛卜相見

　　　　　　　，除非著南柯夢裡。

　　<娘子且把定>（玉交枝）：....許陳三伊是藥內甘草，通來救命。正
　　　　　　是只藥，汝莫得做聲。正是只藥，益春莫得做聲。

　　<從伊去>（北青陽）：....父同名姓，共子同年紀。暗想沈吟，今心
　　　　　　裡歡喜。暗想沈吟，今心裡歡喜。

　　<昨冥一夢>（相思引）：....賊冤家汝眞個害人。千怨萬恨，阮亦恨
　　　　　　許負義人。千怨萬恨，阮亦恨許負義人。

也有只重複一句的，例子較少，如：

　　<恍惚殘春>（潮陽春）：....想陳三伊人人物果然標緻。譬做天仙玉
　　　　　　女，見伊人亦著留意。要見伊人亦著留意。

　　<孤栖悶>（潮陽春）：....除非著見君一面，訴出眞情，說拙眞情，
　　　　　　即會解得阮只心意，即會解得阮只心意。

重複三句的更少：

　　<魚水相逢>（潮疊）：....思思想想悶障重。憔憔� 忪忪，噯喲眞個害
　　　　　　人可慘，許處哢呵哢叮噹。憔憔忪忪，噯喲眞個害人可慘，
　　　　　　許處哢呵哢叮噹。

總之，南管以曲末重複二句爲常例。《荔鏡記》亦有此例，如15出

　　[望吾鄉]：開向花陰。深拜祝太陰。

　　　　　　　盡將心事含哀告稟。

　　　　　　　乞賜好人來結親。

　　　　　　　免得冤家來相陣。

　　　　　　　燈下郎君早來見面。

　　　　　　　愛結姻親，必須投告恁。

　　　　　　　卜脫林大姻親。必須著投告恁。

　　比較《荔鏡記》曲牌與南管曲詞大同小異的幾曲，發現南管都在曲末
重複二句，但《荔鏡記》並未重複，其曲有：

　　17出[大河蟹]<高樓上>，南管<高樓上>；

17出[金錢花]<今旦騎馬>，南管<今旦騎馬>；

19出[皀羅袍]<早起日上>，南管<早起日上>；

24出[望吾鄉]<園內花開>，南管<園內花開>；

24出[望吾鄉]<人聲鳥叫>，南管<人聲共鳥聲>；

26出[望吾鄉]<繡成孤鸞>，南管<繡成孤鸞>；

48出[越護引]<三更鼓>，南管<三更鼓>；

　　由上述現象可證明：《荔鏡記》的曲牌末尾，如有「ㄴ　ㄴ」（原文直書，分二行、小字書寫）記號者，應視爲重唱一句。試以南曲或本書的其他同曲牌相比較：

　17出[駿甲馬]　　　　　　　18出[駿甲馬]

　　高樓托起碧紗窗。　　　　　寶鏡拙時上塵埃。

　　風送蓮花分外香。　　　　　阮娘仔畏去傍粧臺。

　　牽開樓門倚窗望。　　　　　迢遞專意使我來請。

　　不見灯下賞燈人。　　　　　請卜李公到厝來ㄴ　ㄴ。

　「ㄴ　ㄴ」應是重唱「請卜李公到厝來」。

　6 出[縷縷金]　　　　　　　22出[縷縷金]

　　元宵景，好天時。　　　　　捧盆水，上繡廳。

　　人物好，打扮金釵十二。　　心內半歡喜，一半著驚。

　　滿城王孫士女，都來遊嬉。　辛苦在心內，都不敢唸。

　　今冥燈光月團圓。　　　　　人情有千般，

　　琴絃笙簫，鬧滿街市。　　　伊都不念半聲，ㄴ　ㄴ。

　　　　　　　　　　　　　　42出[縷縷金]

　　　　　　　　　　　　　行來到靈山廟口。

　　　　　　　　　　　　　判官小鬼把在門兜。

　　　　　　　　　　　　　廟前生草。無人行到。

　　　　　　　　　　　　　君恁先行，阮隨後。

　　　　　　　　　　　　　三人入廟內，燒香告投，ㄴ　ㄴ。

22出如只重複半句，似難從中間截斷；應是重唱「伊都不念半聲」。

42出重唱「燒香投告」。

45出[水底魚兒]

我是都牢頭。做人愛歐留。有人落牢門，定是落我圖。騙得錢銀諸般都齊到。返去還我都牢娘，叫我實是爻，匕　匕。

45出[金錢花]	17出[金錢花]
㪉耐林大無道理，匕　匕。	樓上娘仔有眞意，匕　匕。
力阮三哥送官司，匕　匕。	見阮官人生得中，匕　匕。
姻緣事志實受氣。	心內發興挍荔枝。
送碗飯去乞伊，匕　匕。	未知伊人是佋年。
未知尾梢是佋年。	將只收做表記。
清早沿路來到只，匕　匕。	恁且來去設一計智，匕　匕。
憶著三哥那好啼，匕　匕。	(又唱)今旦騎馬過只樓西。
虧得伊身〔受〕凌遲。	伊力荔枝備挍落來。
鴛鴦伴拆兩邊，匕　匕。	不是鳥啄枝拆，風打落來。
未知尾梢是佋年，匕　匕。	伊今關門落樓去，
	惹得我悶如江海。
	恨不生翼飛入伊房內。
	結托恩愛。
	許時節，即趁我心懷。

曲中「無道理，匕　匕。」「匕　匕」應是「無道理」之重複。但曲末之「匕　匕」，則是整句的重複，才能表現戲曲餘韻（意）悠揚、情思不盡的情趣。又「虧得伊身〔受〕凌遲。」後，原文有「古」記號，應是兩「匕」的殘筆。

54出[五供養]

五舖一驛。水路站船馬共車。

官員軍民遠接迎。祖宗積德好名聲。

乞人傳說滿州城。恁今同姒卜相痛。

賽過姊妹弟共兄。

（尾聲）富貴若不返故里，

恰是衣錦冥時行。

大家慶賀太平，匕 匕。

有「匕匕　匕匕」記號者，有二種情形：

1 視爲重唱二句：

4 出[八聲甘州]（外生占上）　　　　南曲甘州歌

東風微微。正是新春景致。　　　心慵意懶。歎雲霄回首。

憶著在厝，好酒慶賀新年。　　　夢破邯鄲。功成名遂(更)遲留。

雙親堂上老年紀。　　　　　　誰免憂患。青山揮灑孤血。

功名牽絆覓除伊。　　　　　　寶劍摧殘壯士顏。

....

金榜掛名，天下都知。

（尾聲）看日落在天邊。

打緊驛內去安置，憶著家鄉在千里。匕匕　匕匕。

本曲主旋律重唱三次。第三次自「金榜掛名」起唱。對照南曲詞格，

「匕匕　匕匕」應重唱末二句。

2 視爲重唱一句：

8 出[大迓鼓]生唱：　　　　　6 出[大迓鼓]

潮州好街市。又兼逢著上元冥。　正月十五冥。厝厝人點燈，

來去看景致。一位娘仔㑩親淺。　是實可看。三街六巷好燈棚。

恰是仙女下瑤池，匕匕　匕匕。　又兼月光風又靜。

　　　　　　　　　　　　　來去得桃到五更。

2 出[大河蟹]：　　　　　17出[大河蟹]

拜辭爹媽便起程。　　　　　高樓上，南冷微微。

叮嚀拙話仔須聽。　　　　　不用撥紗扇。

三年任滿轉鄉里，　　　　　手倚琅玕無熱氣。

合家團圓，匕匕匕匕。　　　　風送百花，自有清香味。

許時返來即相慶。　　　　　到晚來，新月上，掛在許天邊。

　　　　　　　　　　　　　眞箇趁人心，焄人心歡喜。

(末丑)仔兒分開我心痛。　　(占)簡勸娘仔莫心悲。

只去隔斷在千山萬嶺。　　　且來消遣食荔枝。

勸爹勸媽，莫得發業費心情。　對景傷情卜做乜。

三年任滿，匕匕，　　　　　夫唱婦隨將有時。

許時返來即相慶。　　　　　荔枝清香甜如蜜甜如蜜。

（尾聲）就拜辭媽共爹，　　娘仔輕輕拆一枝。壓一枝。

安排轎馬便行程，　　　　　眞箇焄人心歡喜。

值日得到廣南城，匕匕 匕匕。

2 出曲中「合家團圓，匕匕匕匕。」是重唱「合家團圓」。尾聲的「匕匕 匕匕」可能是重唱一句「值日得到廣南城」。

　　以上就《荔鏡記》使用簡寫「匕」的符號分析結果，似無規則可循。曲中的「匕」較可確定其重複字數；曲末的「匕」，並無一定的規則：通常作「匕匕」，應是重唱一句；但有時作「匕匕 匕匕」，或重唱一句，或重唱二句；可能是在輾轉抄寫、刻板的過程中有所遺漏。

　　關於曲中的重唱，據泉州梨園劇校潘愛治所說，曲詞該重唱的，劇本上可能只有一句，不一定重複寫出。因爲教的人知道那裡應該重唱，不必寫出來——重複寫一次，太麻煩了。我們比較48出<紗窗外>（越護引）和南管套曲<紗窗外>，後者很多句重複，但前者都未重複（詳見本章第四節p170）；雖說戲劇和南管音樂的表現有些微差異，但透過比較，多少能得到一些啓示。

（附）滾唱、南北合套

（一）滾　　唱

　　南戲是分別在南方各地發展出來的，因著語言的不同而各有自己的聲腔特色，但在發展的過程中，也不可免地受其他聲腔的影響，徐渭《南詞敘錄》云：「今唱家稱弋陽腔，則出於江西，兩京、湖南、閩、廣用之。」李國俊謂：「至嘉靖而弋陽之調絕，變爲樂平、爲徽、青陽。（《玉銘堂文集》卷七）明代萬曆以來刊刻的青陽腔選本有《玉谷新簧》、《摘錦奇音》、《詞林一枝》、《八能奏錦》、《大明春》、《徽池雅調》、《堯天樂》、《時調青崑》、《歌林拾翠》等，其中有許多是福建書林所刻，可知青陽腔確曾傳到福建來，其唱腔特色被閩南的戲劇吸收，也是甚有可能的。」（註十三）今南管曲有<聽見機房>、<記得共君>、<重臺別>、<從伊去>等皆爲北青陽調。

　　滾調和幫腔都是弋陽腔的特色。「滾唱」突破了曲牌聯套固有格式的局限，從中穿插進一段或多段整齊、上下對稱的四、五、七言詩句，或吟誦、或以流水板的形式唱出，使得原有的曲牌在形式上變化，變得十分活潑，也體現了音樂情緒上的變化（註十四）。要求曲詞通俗易懂，解脫曲牌、套曲格律的束縛，是一種自然的趨勢。《荔鏡記》有曲中或二曲之間穿插詩句的例子，是不是滾調的唱法，無法測知，試整理如下：

1、以七言四句、五言四句出現的「暢滾」——在曲牌之外加上詩句。

　　18出[風入松]（生）來到潮州看景致。樓上娘仔掞荔枝。撩我心內歡喜。願姻緣共伊相見。投告天地相保庇。願姻緣早早團圓。

　　　　（生）著伊割吊暗沈吟。樂毅未得逢知音。

　　　　恰是人破燈心草，力伊有心做無心。

　　[北上小樓]（生唱）私情事志掛人心。眠邊夢內思想。....

　　22出[黃鶯兒]（潮腔占唱）早起落床。盡日那在內頭轉。安排掃厝，點茶湯。終日聽候，不敢去遠。聽見叫簡心都眠忙。捧檢妝。

安排待便，請阮娘仔梳妝。

（占）菱花鏡抱來，乞娘照面眉。世間人怨配，一鏡備都知。
　　　請娘梳妝。

（旦）樓前人去隔仙舟。鳳去臺空淚自流。
　　　雲鬢欹斜無心整，一日不見如三秋。

[傍妝臺]（旦）鏡在臺中。頭鬢欹斜懶梳妝。照見我雙目瞘。照見
　　　我顏色瘦青黃。憶著馬上郎。未知伊今值一方。我只處長目
　　　瞘。拙時爲伊刈吊，菱花鏡無心去瞘。

23出[風入松]（生）一段姻緣不到頭。有話莫說共誰愁。俏得紅葉到
　　　御溝。無媒人不得入頭。千般萬樣計較。不知到底乜尾梢。

（生）悶如長江水，江水不斷流。一點相思怨，長掛在心頭。
　　　伯卿今旦落盡頭面，望卜見五娘，誰知到只其段，不得入頭
　　　。今卜做俏得好？

　[風入松]（占）算見只一場乜嶢崎。因貪邪色嬌媚。分明眞箇是
　　　陷人坑。阮娘仔使阮來到只。說只繡廳掃不伶俐。不肯沃花
　　　，看你眞故意。　　　　　（此爲一曲中的「加滾」）

24出[夜行船]（旦）行出屏前，四邊嗏花味。聽許鳥叫哀怨，恁人心悲
　　　。□針線無心整理。

　　　（占唱）日頭長，撓人無意。不免輕步慢慢移。

（旦）宅院清幽日頭長，恁人平坦倚繡床。

（占）聽見柳上鶯聲叫，又見鴛鴦在池中。

（旦）益春，我拙日心頭悶虞，針線停歇幾時，實是傷情畏見。

[駐雲飛]（旦）悶慒心情。恨我命乖運未行。畏看雙飛燕，畏看孤
　　　鸞影。{嗏}烏鵲相叫聲，悶來無意聽。

　　　（占）鷓鴣雖乖，俏曉得阮娘仔心情。

（旦）手倚琅玕，獨自無意聽。倚偏琅玕，獨自無意行。

（旦）海棠花開滿樹兜，紅杏綠柳總堪眸。

（占）諸禽無計留春住，恨殺東風寫樣頭。

（旦）看許花開，是實巧吝。　（占）是亦巧吝。

[梁州序]（潮腔）（旦）春天景早，花開成朵。園內富貴實是好。

26出（旦上）[長生道引]早起梳妝正了時。抹粉畫眉點胭脂。行出珠簾
　　　　看寶鏡，怨殺孤單空過冥。

（旦）獨坐繡房日漸昏。停針無語欲銷魂。山風故意度庭竹，欹耳
　　　頻疑人扣門。

　　　拙時針線停歇，不免繡一光景解悶。

[望吾鄉]（潮腔）（旦）盡日無事整針線。逍遙閑悶心無掛。針穿
　　　　五色絨共線。繡出鱗毛千萬般。線共針穿，步步相焉。引動
　　　　人心情。切我守孤單。

48出[齊雲陣]（旦）恩愛果然生煩惱。好物從來不條勞。人去崖州值日
　　　　到。恰是風箏斷除索。悶來憶著心憔燥。切得我相思病倒。

　　（旦）空房寂靜恨夜長。花向窗前豔色粧。

　　　　不是妒嫌花粉少，邪因憶著有情郎。

　　　　自三哥分開去後，夜日掛懷，不知伊路上偌樣？書不通，撽
　　　　人乜計心悶。

[四朝元]（旦）憶著情郎，相思病損。幾番思量，腸肝寸斷。....
　　　　坐來越心悲，拙時瘦怯，平坦梳粧。

2、以二句出現的「加滾」——在曲牌之內穿插詩句。

26出[水車歌]（旦）你障說我只心肝都痛。阮俪甘負恁人情。你俪曉得
　　　　我心頭思想。

　　（生白）娘仔你今想到了。

[水車歌]（旦）為君發業心悶惆悵。

　　（生）娘仔共阮斷約一聲。

[水車歌]（旦）咀不出口，八死不少。

（生）人情意好，畏乜八死？ （旦）人情初相識，終無怨恨心。

[水車歌]（旦）咱今相惜。在只心內，何用卜斷約。

28出[醉扶歸]（潮腔）相思病怨切身命。只苦痛不敢做聲。聽見城樓上
　　　　鼓角摻三四蹬。紗窗外月光都成鏡。卜睏又不成。強企起來
　　　　閑[行]。看見牆外花弄影。....共伊斷約，更深受盡驚惶。
　　　　恐畏人負了不來，話咀無定。誤我今冥只處有意討無情。

（生）娘仔因乜不來？正是「有約不來過夜半，閑敲棋子落燈花。
　　　」且力只門掩上。

[醉扶歸]（占上）閑來閑去，爲伊二人通消息。別人私情累阮生受
　　　。管取今旦會成就。正是「窈窕淑女，君子好逑。」（白）
　　　「三哥門都關。」

以上諸例與弋陽腔的滾調形式相近。當時實際演出情形不知如何。筆
者嘗問諸泉州梨園藝校旦角老師潘愛治，她說：「穿插詩句只是吟誦而已
。」則近代梨園戲並無滾調形式。聊錄之以供參考。

（二）南北合套

在南戲的演變發展中，受到北雜劇的影響是自然的現象，因此也採用
北曲；南曲北曲混用，叫做「南北合套」。南北合套的規律是一南一北相
間使用。《荔鏡記》的曲牌是南北曲都用，以南曲爲多；但並沒有一南一
北相間使用的現象。

六、結　語

唱歌是南戲的主體，所謂「無曲可唱，便無戲可搬。」且角唱得最多
。唱不是清唱，而是「邊歌邊舞，尤其生旦，更須有美麗舞姿，能歌善舞
，盡情舒暢，曲詞含意。....樂作舞起，歌隨聲發，曲罷舞止，劇情因之
不落低潮。」」（註十五）不只要有舞容，還要有聲情；聲情就是感情藉
聲音、表情來表達。泉州劇校旦角老師潘愛治示範唱「共君斷約」一出，
其中五娘唱「若還不來，頭上是天，天地責罰」，第一個「天」字本來只

有二拍——5 —，她卻延長拍子，餘音婉轉，表情虔敬。（不依固定拍子奏唱，南管叫做長短撩，是不容許的。）表現悲傷時，不能流淚——淚水會沖亂臉上的化妝品，完全靠歌者如何用臉部表情及身體動作來表達。

在歌唱的形式方面，相繼接唱同一支曲子的「輪唱」有代替賓白的作用；「合唱」分台上合唱與台後合唱，後者就是幕後幫腔，總爲烘托氣氛，避免單調；「嗹囉曲」是一種很特別的歌唱形式，有它特殊的音樂，通常用「內唱」（幕後幫腔）表現；曲中有時重複唱一句，是爲了感情表達的需要，曲末複唱一句或二句，似乎是泉腔的定式，今南管皆如此。至於「滾唱」，泉腔不一定有此表現，「南北合套」亦看不出痕跡。

總之，《荔鏡記》是在繼承南戲的傳統上，有所改變——不那麼規律化，譬如「合前」，是用在同一支曲子中；採用北曲，但不用「南北合套」。

附註

一：引自靑木正兒著、江俠庵譯《南北戲曲源流考》p67，臺灣商務印書館，1970。

二：陳萬鼐《中國古劇樂曲之研究》pp261-266，史學出版社。

三：郭漢城、張庚著《中國戲曲通史》二冊PP361-362。王說亦引自該書

四：同上註，PP363-365。

五：詳見王愛群<論泉腔>，《南戲論集》pp351-354。

六：林豔枝《嘉靖本荔鏡記研究》p66。

七：《中國古代戲劇辭典》，黑龍江人民出版社，1993。

八：錢南揚《元本琵琶記校注》p11，上海古籍出版社，1985年二版。

九：羅錦堂< 從宋元南戲說到明代的傳奇 >，大陸雜誌第28卷第四期。

十：同註八，p12。

十一：同註六，p64.65。

十二：以《精選時尙新錦曲摘隊》（1604年出版。見龍彼得輯《明刊閩南

戲曲絃管選本三種》，南天書局，1992）和今日南管版本加以比對，可知「匕匕」的用法和《荔鏡記》不同：

明刊本　滾北	套曲<心肝跋碎>三章青陽北
朱郎卜返員	朱郎卜返圓
咱今緊推車匕匕	咱今緊推車　咱今緊推車
....	....
那畏落花流水匕匕	那畏落花流水　流水落花無定期
無定期匕匕	流水落花無定期

（據吳明輝本，劉鴻溝本作「錦板北」）

「匕匕」是前一句的重複，而末尾的「匕匕」是「流水落花無定期」的重複。又如：

明刊本　北(背雙)	今南管　倍思三角潮
精神頓　匕匕 正卜困	精神頓　正卜困
	听見雞聲忽听見許雞聲
聽見雞聲報曉鬧紛紛	報曉鬧紛紛
風弄竹聲　匕匕	風弄竹聲
親像我君早日叩門	真像我君伊人早日扣門
兜緊弓鞋　匕匕	兜緊弓鞋　咱來兜緊繡弓鞋
輕牽羅裙	輕牽羅裙
....	....
掀開鏡匣 匕匕	掀開鏡匣　咱來掀開寶鏡匣
見我顏色漸匕衰瘦	照見阮顏容漸漸衰損
....	....
共君結托	共君結托
賽過相如配著文君	賽過相如對文君

今來折散　ヒヒ	今來拆散　今來拆分散
恰是鸞鳳失伴	如是鸞鳳失伴
……	……
恁今有雙ヒ對ヒ	恁有成雙成對　天恁有雙雙對對
俩曉得我孤恓惡困	怎曉得阮孤栖無伴
冥值房中思ヒ想ヒ	冥值房中哀怨　冥值房中空思想
日值樓上觀山望雲	日在樓上　日在樓上
肌膚瘦小　不堪愁悶	那是觀山望雲　那是觀山與望雲
	（據張再興《南樂曲集》）

明刊本凡有「ヒ」的記號，是字句的重複，如「益春尓去**俩**阮回說ヒ阮身上都不安穩」、「見我顏色漸ヒ衰瘦」、「冥值房中思ヒ想ヒ」、「相思病節ヒ入方寸」、「恁今有雙ヒ對ヒ」。再與今南管版本對比之下，更爲明顯，上例中：「精神頓　ヒヒ」，「ヒヒ」是重複「精神頓」三字；「風弄竹聲　ヒヒ」，「ヒヒ」是重複「風弄竹聲」四字。

十三：李國俊<南管樂曲中的北曲試析——以「北青陽」及「崑寡北」爲例>，《民俗曲藝》57期。

十四：同註三，二冊pp365-371。

十五：余承堯<泉州南戲>，福建文獻，1969年 7期。

第四節 《荔鏡記》曲牌與北曲、南曲的關係

　　《荔鏡記》屬於南戲，南戲所用的音樂主要是南曲。由於南戲是從民間歌舞的基礎上發展起來的，而且發展過程緩慢而慢長，所以早期「南戲的樂曲，應該是純粹的南曲，但是偶然也間有用北曲的。發展到明代，已經南北曲兼用了。」（註一）

一、南戲曲牌的來源

南戲的戲曲音樂包含了：

1 民間小調：比如[金錢花]、[櫻桃花]、[玩仙燈]、[倒拖船]之類的曲牌，從名稱上看，與歷來在各地流行的民歌標題有相似的特徵。

2 宋詞：徐渭《南詞敘錄》論永嘉雜劇，謂：

其曲，則宋人詞而益以里巷歌謠。

「宋人詞」即宋代流行的詞體歌曲。據王國維統計，南戲曲調來源於宋詞的有一百八十首，幾佔總數五百四十三首的三分之一。其中包括有像[虞美人]、[滿江紅]、[浪淘沙]、[沁園春]、[浣溪沙]、[念奴嬌]等常見的曲牌，也有像[風入松]、[點絳唇]、[泣顏回]、[駐馬聽]、[畫眉序]等至今仍廣泛流行於戲曲舞台的曲牌。

3 唐宋的大曲、諸宮調、唱賺等傳統音樂成分。

所謂「大曲」，「是由若干小曲連綴而成，如：散序、靸、排遍、攧、正攧、入破、虛催、袞遍、歇拍、殺袞而成，實為套曲之祖。」（註二）大曲的曲調早就被宋詞、諸宮調、唱賺等各種傳統音樂，以「摘遍」（註三）的方式採用，而後，又經過這些傳統音樂形式影響到南戲。因此，南戲音樂中出自大曲的曲牌往往只是其中的個別片段。如[八聲甘州]、[梁州令]、[大聖樂]、[薄媚袞]、[催拍]、[新水令]等，都屬於這一類，它們都是以「隻曲」的形式出現的。另一種情況，是宋雜劇裡有不少用大曲演唱的故事，這部分節目往往是把一首完整的大曲裁截使用的，因而也還部分地保存著不完整的大曲結構。這種影響在南戲中也有表現。

至於諸宮調、唱賺，其曲調也有被採入南戲的，如[勝葫蘆]、[出隊子]、[美中美]、[石榴花]、[刮地風]等，係出自金諸宮調的曲牌。還有[薄媚賺]、[黃鍾賺]等曲牌，是出於唱賺。

4 取自北雜劇及其他少數民族的曲調。

　　總之，南戲音樂的形成發展，是經歷了一個博攬眾採的時期，它的取材範圍甚廣，幾乎當時所有的各種音樂成分，它莫不兼收並蓄（註四）。《荔鏡記》是一種南戲戲文，它自然有南戲中的部分曲牌，但也有在泉州地方的發展中所形成的特殊音樂。

二、《荔鏡記》曲牌與北曲、南曲

　　中國戲劇史上，因戲劇形成的地域與時代，分北雜劇與南戲（演變為後來的傳奇）；在音樂表現上也有北曲與南曲之分。雜劇所用之曲為北曲，南戲（傳奇）所用之曲大多為南曲：兩者譜式（指曲辭的格律）不同，聲調旋律亦各有其特殊風格與韻味。（註五）

　　南曲由於兼收並蓄，其中自然有北曲的成分，但是否曲名相同調亦相同，或名同而調不同？由於年代久遠，無法復現當時的演藝聲腔，暫時擱下此問題。茲先探究《荔鏡記》中南、北曲的實際情形。

　　《荔鏡記》76支曲牌中（另一支未標曲牌名），明顯知其為南曲者計66曲：（宮調後括號內英文字為相當於西洋音樂的調名，曲牌後括號內數字為《荔鏡記》出次）

正宮（C　）：七娘子(20)、錦纏道(3)、四邊靜(9)、雙鸂鶒(24)、
　　　　　　長生道引(7)

大石調（D　）：摧拍(12)。

中呂宮（♭E）：粉蝶兒(2)、菊花新(2)、耍孩兒(17) 、駐雲飛(13)、
　　　　　　撲燈娥(3)、縷縷金(6)、剔銀燈(19)、水車歌(6)。

雙調：（F　）夜行船(24)、風入松(13)、五供養(54)、鎖南枝(27)、
　　　　　　江兒水(40)、漿水令(14)、窣地錦襠(10)、好姐姐(7)、
　　　　　　步步嬌(31)、玉交枝(15)、川撥棹(12)、孝順歌(27)。

南呂宮（G　）：臨江仙(50)、虞美人(46)、掛真兒(27)、梁州序(24)、
　　　　　　紅衲襖(14)、一江風(46)、香柳娘(45)、大迓鼓(6)、
　　　　　　香羅帶(45)、金錢花(16)、秋夜月(41)、風儉才(51)、

西江月(首出)。

仙呂宮（♭A）：望吾鄉(12)、皀羅袍(6)、傍妝臺(19)、醉扶歸(24)、

　　　　八聲甘州(4)、一封書(2)、光光乍(13)、勝葫蘆(29)、

　　　　大河蟹(17)、誤佳期(21)。

商調（♭B）：黃鶯兒(22)。

黃鐘宮（♭B）：滴溜子(8)、賞宮花(5)、西地錦(33)、刮地風(41)。

越調（ C ）：蠻牌令(42)、鬥黑麻(47)、水底魚（本書作「水底魚兒」

　　　45）、鑔鍬兒(35)、梨花兒(32)、繡停針(36)、排歌(55)。

仙呂入雙調：五供養(54)、江兒水(40)、四朝元(15)、銷金帳(26)。

（註六）

未著宮調名：駿甲馬(17)（註七）

　　上列66曲南曲中，與北曲的關係如何？茲據明・朱權《太和正音譜》
列出其中的北曲（註八）：

　　　　四邊靜、耍孩兒、粉蝶兒、剔銀燈、夜行船、風入松、五供養、步

　　　　步嬌、玉交枝、川撥棹、醉扶歸、八聲甘州、勝葫蘆、黃鶯兒、刮

　　　　地風、德勝令、上小樓（本書作「北上小樓」，多一「北」字，可

　　　　能與北曲有關，南管應用於婚慶壽誕方面，有「上小樓」曲）。

計17曲。北曲另有「摧拍子」，本書作「摧拍」，皆為大石調。我們假設
這18曲與北曲有關，則純粹的南曲共48曲。但其中[八聲甘州]、[四邊靜]
、[川撥棹]、[玉交枝]、[耍孩兒]、[剔銀燈]、[黃鶯兒]、[勝葫蘆]、[
步步嬌]、[刮地風]、[五供養]等曲，南北曲兼用。

　　　尚有[五更子]、[歌蛾]、[生地獄]、[四句慢]、[傷春令]、[越護引]
、[雙鳳飛]、齊雲陣、[慢]、[地錦出]等10曲不在南曲曲目中，亦不見
於北曲曲目中。但我們可從南管滾門中找到部分曲子，如生地獄（二調
五空管，或潮陽春倍思管）、齊雲陣（大倍　五六四仅管）、越護引（長
滾　四空管，套曲< 自來生長 >三出< 紗窗外 >）、得勝令（吹打曲牌常
用）等 4曲。（註九）

三、《荔鏡記》曲牌與北曲曲詞分析

　　《荔鏡記》的曲牌有採用北曲者，由北曲變成南曲、變成泉腔，或由北曲直接變成泉腔，其間的改變到底有多少？我們不妨比較一下字句的異同，找尋出一些蛛絲馬跡。

　　曲牌的字數、句法都有基本定式，叫做詞格。茲選擇幾首朱權《太和正音譜》所載北曲詞格，與《荔鏡記》的曲牌作比較。（括號內文字爲襯字）

1 [粉蝶兒]

　　北曲：中呂宮，李致遠散套。不計襯字，共41字

　　　　歸去來兮，笑人生苦貪名利。(我豈肯)蹈迷途惆悵獨悲。(假若)做公卿，居宰輔，(鑭□)心勞形役。(量這)些來小去官職，(枉)消磨了浩然之氣。

　　　　荔鏡記

　　　　寶馬金鞍，諸親迎送；今旦即顯讀書人。

　　　　受勅奉宣，一家富貴不胡忙。舉步高堂，進見椿萱。　(2)

　　　　巧韻鶯聲，驚醒枕邊春夢。起來晏，日上西窗。

　　　　見窗外尾蝶，雙飛相趕。日頭長，香花發得通看。　　(3)

　　　　親領娘娘勅旨。不敢違遲。神通變化無比。威風顯聖無偏。

　　　　金爐內香煙不離。(42)

　　《荔鏡記》2 出全曲31字、3 出35字、42出29字，北曲是41字。

2 [刮地風]

　　北曲：黃中宮，劉東生散套

　　　　(疏刺刺)一弄兒秋聲不斷續，真乃是萬籟笙竽。一年中好景休辜負，漸看他柳減荷枯。畫屏般碧雲紅樹，錦機似綵鴛白鷺。炎氣浮，日影晡。送長天落霞孤鶩。掃纖塵淨太虛。見冰輪飛出雲衢。

　　　　荔鏡記：

腳痠手軟行不起。依倚步步啼。腹內又驚又飢。卜力著做俉得變。恁今強企行一里，前去店內歇一冥。

北曲共60字，《荔鏡記》共39字。

3 [醉扶歸]

北曲：仙呂宮，鄭德輝王粲登樓頭折

(論文呵)筆掃雲煙散。(論武呵)劍射斗牛寒。掃蕩妖氛不足難。(折末待)掌帥府居文翰。(不消我)羽扇綸巾坐間，破強虜三千萬。

荔鏡記：

人說人說，有緣千里終相見。設計設計，即來到只。誰料儌心無倖止。我自怨一場無依倚。冥日怨切，頭攑不起。(24)

陳三陳三，你不是所行。寫詩寫詩戲弄我。乜大膽。　你常說富貴人厝仔，因乜卜學只所行。不去勤讀書詩。不去應舉求名。　你厝住泉州，因乜來阮潮州城。(26)

(潮腔)相思病怨切身命。只苦痛不敢做聲。聽見城樓上鼓角摻三四聲。紗窗外月光都成鏡。卜睏又不成。強企起來閑[行]。看見牆外花弄影。莫是乜人在只月下行。輕輕子細去聽。望面見，心著驚。共是為人情。我共伊斷約，更深受盡驚惶。恐畏人負心了不來，話咀無定。誤我今冥只處有意討無情。(28)

北曲35字，《荔鏡記》24出42字、26出58字、28出111字。

4 [勝葫蘆]

北曲：仙呂宮，無名氏散套

淺碧粼，露遠洲，紅葉一林秋。明日黃花蝶也愁。

孟嘉宅上，淵明籬畔，醒後再扶頭。

荔鏡記

你因乜不肯說分明。簡知啞娘你是為人情。益春，我今力拙話說乞你聽。看伊真簡無人情。誤我一身險送性命。說起前日心都痛。益春，邀你輕步蹑腳行。(29)

娘仔拙時都無意。坐繡房畏八死。且喜官人無事志。聽見叫,因勢行到廳邊。**(48)**

北曲共31字,《荔鏡記》48出共29字、29出共59字。

上面比較四曲的字數,想要看出北曲與《荔鏡記》曲牌的關係,字數相差太多,其中的襯字亦難辨明,這樣的比較,似乎沒有多大意義,原因是:

1 曲有襯字,北曲可加襯字,《荔鏡記》曲牌亦可加,故字數的多少,看不出彼此的關係。如同一曲[醉扶歸],有24出42字、26出58字、28出111字 的不同(詳見下「曲詞分析」)。28出註明「潮腔」,增加到111 字,顯然是聲腔不一樣,字數也跟著不同。

2 北曲音樂與南曲音樂有根本的不同,王世貞《藝苑巵言》說:

凡曲:北字多而調促,促處見筋;南字少而調緩,緩處見眼。北則辭情多而聲情少;南則辭情少而聲情多。北力在弦,南力在板。北宜和歌,南宜獨奏。北氣易粗,南氣易弱。

語言與音樂的關係非常密切,「北字多而調促,南字少而調緩」,則詞格、音樂必有不同;何況由北曲變為泉腔或潮腔,語言改變,聲腔必定也跟著改變。

四、《荔鏡記》曲牌與南曲曲詞分析

再就南曲與《荔鏡記》同牌名者比較其詞格。

1 [四朝元]曲詞(生唱):

《荔鏡記》49出	《荔枝記》44出	南曲風雲會四朝元 雙調
腳瘃袂行。	腳瘃袂行。(差白)快行!	春光明媚。
首領莫做聲。	收領莫做聲。	榮歸故里期。
為著私情拆散,千里斷形影。	阮為私情拆散,千里斷形影。	還鄉衣錦。送別千里。
伊許處被雲遮。	伊許處被雲遮。	把驪歌暫止。
我只處隔山嶺。隔山嶺。	我只處隔山嶺。隔山嶺。	開筵列席,

樹林烏暗禿人驚。	樹林烏暗，擧人心驚。	(無奈)離思縈懷，去意徘徊
猿啼共鳥叫，哀怨做野聲。	猿啼共鳥叫，哀怨做野聲。	欲縮長條，長條難繫。
越添我心頭痛。	越添人心痛。	不盡慇勤意。
{嗏}那爲五娘仔乞人屈斷。	{嗏}歷盡了偏僻，受盡風邪。	{嗏}(歎)別後漫相思，
配送崖州城。	又兼腳手痛。	(正是)渭北江東。
腹飢飯又袂食。	腹飢飯袂食。	雲暮春天樹。
無處通可歇。	無處通可歇。	公歸樂有餘，親朋共欣喜。
怨切身命。怨切身命。	障般怯命。障般法命。	公還念予忠言論，
目澤流落，無時休歇。	目汁流落，無時休歇。	也須頻寄，也須頻寄。

今南管[四朝元]爲北調，五空管（G 調）。南曲雙調爲F 調。汪經昌云：

> 此曲（風雲會四朝元）以五馬江兒水爲主，別犯桂枝香、柳搖金、駐
> 雲飛、一江風、朝元令，故曰風雲會四朝元。．．．．本創自琵琶。長洲
> 吳先生霜崖云：「『此行萬里』句，應作六字。琵琶作『早已成間阻
> 』，用五字語。於是作家效之，然是誤也。『長長短短』非句，亦用
> 琵琶『迢迢遠遠』式。按格祇有三字。玉簪琴挑云：「望恕卻少年心
> 性。此『望恕卻』三字，即『長長短短』『迢迢遠遠』之原格。」
> 又按《欽定》及《詞隱》兩譜所註犯調，互有異同，而《詞隱》、所
> 列末句，並少一疊句。．．．．蓋集曲原無定式，祇以板協爲安耳。．．．．
> 明人據本調作詞，率題爲「四朝元」，蓋簡稱已久，特辨明之。

可知依做前曲的寫作中，字句常有不同。那麼上面的比較，字句不同是平
常的事。「四朝元」雖是南曲，進入閩南以後，其音樂當已不大相同，純
粹潮州劇本的萬曆本《荔枝記》常用此曲，並已有所改變，故在《金花女
》（亦爲純粹潮州劇本）中有[倒拔四朝元]、[四朝歌]。至於調性之不同
，汪氏謂：

> 南北宮調，名稱皆同而笛色間異。雖本唐宋大樂舊規，其實零落已多
> ，而又混替俗名，舊譜所列宮調，遂致紛歧不一。（註十）

可知《荔鏡記》之曲名與南曲之曲名雖同，音樂不必全同——基本旋律可

能保存，但細節及音樂特性已不大相同——即已地方化。

2步步嬌

《荔鏡記》31出	《荔鏡記》54出	南曲　雙調
出只郊外天漸光。	恁今返去本州城。	眼底雲山皆愁緒。
蕭蕭西風返。	乞人傳名共說聲。	慘淡花深處。
赤水路頭長。	恰是光業鏡。	春光有似無。入夜狂飆。
馬轎相倚去上庄。	十分光彩十分明。	雨又朝和暮。
田租收卜全。	簑馬相趕力。	雨雨更風風。
明旦因勢返。	遠處官員等接迎。	不惜離人苦。（註十一）

上曲之曲詞，《荔鏡記》與南曲之句法：前者爲六句（7　5　5　7　5　5）
，後者爲(7　5　5　4　5　5　5)，前者第四句(7)與後者第四、五句(4 5)
稍微不同，其他都一樣。32出[步步嬌]句法與本出相同：

　　出只郊外天漸光，蕭蕭西風返。赤水路頭長。馬驕相倚去上庄。

　　田租收卜全，明旦因勢返。

今南管<薰風南來>（[步步嬌]二調　四空管），與南曲皆屬F 調。《荔鏡記
》曲牌與南曲句法、詞格之比較研究，本書無法詳究，留待以後進一步研究。

　　由上面二曲之比較，似可看出南曲與《荔鏡記》之曲牌比較相近，且
與今南管調性比較，亦相差不遠。

　　呂錘寬曾比較數曲南曲與南管曲名相同者，結論是：

　　　　泉州絃管（南管）中，其牌名與南曲相同者，其音樂形式多爲一段
　　　　體，且其格律、板式與南曲甚爲接近，如果不是與南曲有密切的關
　　　　係，吾人認爲必是受其影響下的產物。（註十二）

　　《荔鏡記》曲牌與南曲同名者，亦可作如是觀。單就曲牌名相同的曲
詞而論，由北曲到南曲到《荔鏡記》之曲牌，是北曲與《荔鏡記》相差較
大，南曲與《荔鏡記》相差較少。但實際的音樂表現如何，則有待進一步
探索。

　　茲取南管與《荔鏡記》同曲牌而曲調不同者數曲說明之：

1 南管有[雙七娘子]，雙是雙調的省文，雙調乃倍工之又稱。曲牌名是[
　七娘子]。此牌名於南曲中乃屬正宮引子曲，本曲則爲七撩拍之正曲，
　故僅名同而調異。

《荔鏡記》20出[七娘子]	南管[七娘子]　倍工　五空管
六月天氣困迍。	毒恨賊婢，因乜卜來害我身己，
春卜返去越自心悶。	題詩改換了反詩。
迍好花因著風雨滾。	想你侢孝得道理。
月光風靜天色無雲。	中書坐刑堂辦情由，
	共冤枉不提起，將我凌遲。
	一身即到只獄中。
	心哀怨，忘我恩情雖易過，
	侢通誤夫妻拆散分開。
	到只處，今且受禁凌遲。
	我哀哀怨怨，今有誰人只處相尋
	燕青，你值去，冤枉有誰人知。
	除非著見燕青面，力拙舊恨新愁
	我全頭共伊人細說。
	想著起來，恨沖天，
	未知冤枉今卜值時過。

　　　南管之音樂組織，爲一主腔之複奏。本曲主腔反復五次。

2 南管散曲有[一封書]，南曲屬仙呂宮，然南管唱詞之句法與南曲迥異，
　且音樂結構短小，拍法屬一二拍，形式都是小段體，以一主腔反復疊唱
　。比較如下：

《荔鏡記》2 出	南管 <恨王魁> 四空管	南曲（註十三）
我分付二仔兒，	恨王魁不仁義，	青溪畔小園。
只去路上著細二。	專用花言語，	任荒蕪，種幾年。
去做官管百姓。	那是欺騙阮姿娘人。	黃庭畔小箋，

莫得貪酷不順理。	自從一去無書返。	任生疏,寫半篇。
做官須著辨忠義。	**倔咛會**不、**倔咛會**不	分來紅藥春前好,
留卜名聲乞人上史記。	教阮怨恨伊。	摘去青葵雨後鮮。
(合唱)今且相辭去,	**倔咛會**不、**倔咛會**不	又不顛,又不仙。
值日得相見?	教阮怨恨伊。	拾得榆錢當酒錢。
三年任滿返鄉里。（註十四）		

以上光作詞格的比較,亦顯示不出什麼訊息。對於《荔鏡記》的唱詞,根據上面的比較,筆者提出幾點假設:

1 《荔鏡記》是戲劇劇本,不是音樂清唱。戲劇演出時,隨劇情的發展,在唱詞方面有長有短,或是任意加襯字,或是用曲前面的幾句,或是唱整曲,或是一曲的重複。

2 曲在演唱時,有單純一曲的音樂,一曲有主腔——指形成一支曲牌所需的最小、且樂念完整的單位,約等於西方音樂術語之「主題」——各曲皆由主腔反復二遍以上,南管多者甚至有十四遍者,如[序滾]之<值年六月>（註十五）。上列三曲,南管[七娘子]主腔反復五次、[望吾鄉]反復二次。有集曲——集合數曲的曲調而成一曲;有犯曲——本曲調曲辭,其首尾仍在,而在曲之中段嵌他曲之曲辭數句。（註十六）《荔鏡記》只標曲牌名,其中主腔反復多少遍則不可知,亦應有集曲與犯曲（可由明刊本如[排歌犯]、[二犯朝天子]、[二犯醉扶歸]例之）。

因此,一曲的音樂實質如何,雖無法由單純的詞格窺知,但經由比較,可知《荔鏡記》與南曲、南管的詞格比較相近,亦可判斷其音樂相差不遠。

五、結　語

　　《荔鏡記》中的曲牌，它的實際音樂如何？它與南管的關係如何？比較合理的說法是：南管音樂早在唐宋時已在泉州本地萌芽滋生，元明時期是其輝煌時期。故吳捷秋謂：

　　　考劇種者，必先論聲腔；談聲腔者，須先明方言；方言爲聲腔之所本，南音乃泉腔之由始；而泉腔戲文之傳唱，復納於南音而成爲名曲。泉州南戲資南音以萌生，泉腔南音因南戲而富麗，相輔相成，....先誕南音而後生南戲....。

　　　綜上「上路」收入南音指套和散曲者計十一個劇目，一百一十四支曲。其所以首列「上路」，因爲它從外地帶入曲牌、唱腔，溶入「泉腔」，是在南音和本地南戲的梨園「下南」，共同促進與影響下，把原來的曲牌唱腔，作易語改調，成功地改造，爲群衆所喜聞樂唱，從而爲南音吸收爲清唱曲，一方面南音也爲「上路」創造新腔，來豐富它，如《蘇英》就是如此。這是歷宋、元、明的不斷演進，才堆積成今天的「詞山曲海」。（註十七）

泉州南戲的音樂是以本地音樂——南管爲基礎，吸收外來的音樂，作易語改調，成爲有「泉腔」特色的音樂。再由戲劇的廣泛傳唱，南管加以吸收成爲清唱曲。故《荔鏡記》中的曲牌音樂，有它自己「泉腔」的特色，或許曲牌名與北曲、南曲同名，某些曲的主腔與北曲、南曲略同，但在不同語言聲腔的演變下，不管是來源於北曲、或南曲，聲腔已改變爲適合泉腔的唱法了。

附註

一：孟瑤《中國戲曲史》第一冊p149，傳記文學出版社。

二：陳萬鼐《中國古劇樂曲之研究》P66，史學出版社。

三：《中國音樂詞典》P56：(丹青圖書公司)

　　摘遍：宋人從大曲的許多「遍」內，摘取其中音樂優美而又能自爲

起迄的一遍或多遍，填詞譜唱。

四：以上南戲的音樂來源，節錄郭漢城、張庚《中國戲曲通史》一冊、南戲的音樂，PP397-400。丹青圖書公司

五：同註二，P54。

六：同註二，Pp69-79，陳書引王季烈《螾廬曲談》、吳梅《南北詞簡譜》二書所載南曲，及明毛晉輯刊《六十種曲》（汲古閣本）各劇常用曲調。各曲牌之曲調對照，參考陳書崑曲五宮四調p178。

[錦纏道]，《荔鏡記》作[錦田道]，閩南語「纏、田」皆音tiN5，（《荔鏡記》「佃」音tiN7，滿也。當時「田」可能有tiN5的白讀音）

[縷縷金]，《荔鏡記》作[屢屢金] [婁婁金]。

[光光乍]，《荔鏡記》作[公公乍]。光、公文讀同音kong1。

[滴溜子]，《荔鏡記》作[滴留子]。

七：筆者再檢閱明·徐子室編《九宮正始》，增加六曲。明·沈璟編《增定南九宮曲譜》有[風檢才]，[俊甲馬]爲新增曲。俱見王秋桂主編《善本戲曲叢刊》，學生書局。

八：註三陳書著錄《太和正音譜》的曲調，但有遺漏，茲據其原本，盧元駿校訂，1965，臺灣版線裝。

九：[生地獄]、[疊字四朝元]等曲見吳明輝《南音錦曲選集》。[齊雲陣]見呂錘寬《泉州絃管（南管）指譜叢編》上編，引鹿港郭炳南曲薄。[越護引]見劉鴻溝《閩南音樂指譜全集》。又[疊字四朝元]、[繡停針]最早見於明刊本（1604年出版）《新增錦曲戲隊大全滿天春》上欄（見龍彼得輯《明刊閩南戲曲絃管選本三種》，南天書局，1992）。[生地獄]爲民間小曲。得勝令見王愛群< 泉腔論──梨園戲獨立聲腔探微>，《南戲論集》p372。

十：[風雲會四朝元]及其說明，見汪經昌《南北曲小令譜》下卷P13.14。

十一：同上註P5。

十二：呂錘寬《泉州絃管研究》P181。

十三：引自汪經昌《南北曲小令譜》下卷p3。汪氏注：

　　明人有減句格，即將第三、第四句刪去，不可從。此曲係單用，例

　　不入套。

十四：以上南管二曲，見呂錘寬《泉州絃管（南管）指譜叢編》下編pp

　　369、332、342。

十五：同上註p34。

十六：註二陳書P81：

　　大凡精於曲譜與音律之學者，不堪舊制曲調約束，視曲譜板式不相

　　衝突，且於可斷之處斷之，連接時又天衣無縫，歷經演唱而有情趣

　　，遂開「集曲」之源，故賡續發明，釐訂曲譜，以廣曲調之流。..

　　..「犯曲」亦集曲體例之一，不過其凌犯之幅度，無集曲範圍廣闊

　　耳。

　　南管「十三腔」如<山險峻>即集曲，集十三曲為一曲。

十七：吳捷秋《梨園戲藝術史論》上冊p88.107。

　　南管早於南戲，而且可能保存古代音樂，余承堯<泉州古樂>說：

　　泉州各屬居民，都從東晉、唐季北方遷移，尤以河南固始縣人民從

　　王緒入閩者多，來者多為中原人士，....自東晉而來的中原人士，

　　自然必有絲竹帶來，晉代音樂的名稱，五音弦管，南音依舊....。

　　（臺北福建文獻第三期p51）

第五節　《荔鏡記》與南管音樂

一、南管的淵源與流傳

(一)南管的淵源

　　廣義的南管包括南管戲劇和音樂，由於時代背景的改變，南管戲已很

少演出，所以，一般所說的南管是指南管音樂。

　　泉州南戲的音樂以南管（臺灣叫做南管，大陸叫做南音）爲主。南管起源並保存於泉州，其淵源與形成、發展，可大略分爲四個時期：

　　1 樂制之奠基期：南北朝至隋、唐。

　　2 樂曲之形成期：唐、宋大曲音樂。

　　3 唱唸法之形成期：元北曲。南管唱法特性與元代之「中原音韻」或「芝庵唱論」中所述之北曲之唱法極爲近似。

　　4 曲調、曲目之吸收發展期：明清以後。（註一）

其樂曲在唐、宋即已形成，明、清兩代曾經蓬勃發展，遍及閩南各城鄉，包括泉州、漳州兩屬各縣及廈門等地。明代以後隨移民傳入臺灣，並由僑胞傳播至東南亞閩南語系僑社。

　　南管歷史悠久，唱唸法、樂制、名稱猶存古風。其源可溯至漢魏的清商樂，至唐五代又溶合大曲、法曲及教坊燕樂，形成了用泉州音演唱，具有閩南地方色彩的演唱藝術。從它的保存古制，可以看出與各朝代的關係：

　　1 演奏方式保存唐代大曲坐部演奏遺制，上四管演奏，套曲或散曲的詠唱，執拍板者居中而坐，以拍板調節節奏，可能保有漢代相和歌：「絲竹更相和，執節者歌。」（《晉書·樂志》）的遺風。

　　2 南管有所謂「滾門」（例如長滾、中滾、短滾），「是將一些宮、調式和節拍相同，樂曲結構（包括旋律、節奏型）相類似的曲牌歸爲同一門類。」（註二）應與唐宋大曲中的「滾遍」有密切關係。但「滾門」一詞，元明以後已無存，更無這種作曲技巧。

　　3 上四管（琵琶、三絃、洞簫、二絃）中琵琶、洞簫的樂制保存唐制。

　　1.琵琶：形制爲曲項梨型、四絃、四相九品或十品（註三）、雙開鳳眼、頸窄腹扁、複手大、山口開的唐代規格。橫抱彈奏的姿勢，與出土的唐代樂俑有頗多類同之處。

　　2.洞簫：保留唐代六孔、一尺八寸（故叫尺八）、十目九節、一目

兩孔、從第三節開孔的規制。

  3.二絃：琴軸的裝置與二胡相反，把手一頭朝向琴筒板這邊，琴弦纏繞在把手上；琴弓的馬尾極爲鬆弛，演奏時須用古手中指扣住馬尾，或鬆或緊地自如運用。這種二絃與古代的奚琴有一定的關係。奚琴又名嵇琴，是我國古代北方胡人的一友部族——奚人在馬上彈奏的樂器，在宋代很流行，其地位已進入教坊而登上了「宮宴」。

  4 南管樂曲分指（套曲）、曲（散曲）、譜三種。譜亦稱清奏譜，由多樂章組成，每套都有一個標題，用以概括各套曲的內容，屬於一種「標題音樂」。從演奏程序來看，南管保存唐代大曲的「大遍」，亦即南管每場演奏皆由三大部分構成：

  1.第一部分爲樂器合奏「套曲」，皆由七撩拍開始，節奏緩慢，猶如大曲之第一段「散序」；

  2.第二部分爲演唱散曲。散曲曲調之結構，須爲同一宮調，板速由慢至快，猶如大曲之第二段「歌遍」或「排遍」；

  3.第三部分爲器樂曲，合奏一套「譜」，俗謂「煞譜」，猶如大曲之第三段「滾遍」。

  5 套曲的音樂組織，採宋代鼓子詞、賺詞、諸宮調、大曲的形式：以同一曲牌反覆歌詠故事的鼓子詞方式，如< 五更段 >、< 聽見杜鵑 >等；選用同一宮調的曲子連綴成套的賺詞體有< 自來生長 >、< 因爲歡喜 >等；以不同宮調的曲牌敘述故事的諸宮調體有< 忍下得 >、< 爲人情 >等；以具有辭、聲、豔、趨、亂的大曲方式（註四）吟詠之套曲有< 趁賞花燈 >、< 颯颯西風 >等。

  6 南管曲調有來自唐古曲的< 摩訶兜勒 >、< 子夜歌 >、< 後庭花 >、< 陽關曲 >、< 折柳吟 >、< 三台令 >；來自唐五代佛曲的< 太子遊四門 >、< 涅盤引>、< 普庵咒 >；來自六朝、唐宋流行的詞曲的< 浪淘沙 >、< 沁園春 >、< 蝶戀花 >、< 菩薩蠻 >等。（註五）

(二)南管的流傳

元明時期是南管的輝煌時期。南管一方面繼承唐宋音樂的遺風，一方面吸收元曲散曲方面的成就——它立基於固定的曲牌上，創作出無數的佳作；曲式增多，歌詞內容也受散曲的影響。進入明朝，由於傳奇的盛行，產生了很多名家與佳作，南管套曲也從中吸收創作題材，如四大傳奇（荊、劉、拜、殺）、西廂記、玉簪記、留鞋記、破窯記等。

十六世紀初期，《荔鏡記》或《荔枝記》的刊行與演出，南管套曲與散曲中歌詠陳三五娘的故事佔極多的數量，《荔鏡記》中被收入成為套曲者有「紗窗外、園內花開、共君斷約」三出，散曲中有「早起日上、人聲共鳥聲、繡成孤鸞、三更鼓、當天下咒」等五曲，曲牌、曲文皆與今存之南管套曲、散曲同。再比對南管與《荔鏡記》、《荔枝記》（包括光緒十年刊本）曲調及歌詞相同者有十八支。而南管四十八套套曲中，與陳三五娘故事有關的有八套；散曲則有一百多曲。這一現象說明了南管直接摘取戲文的唱腔以豐富本身的內容。另一方面，則仍繼續吸收各地方的聲腔，例如昆腔寡中< 滿空飛 >一曲，採用了《繡襦記》< 蓮花 >一齣中三轉雁兒落以及鬧蓮花的曲文，譯為泉州鄉音被之管絃；套曲< 舉起金杯 >的首齣吸收弋陽腔的旋律；< 春今卜返 >採用了青陽腔的曲調。

清初是南管音樂的發揚期，大部分是舊曲填新詞的工作，以原來的曲牌填製更多的散曲，從清代刊行的《荔枝記》可以得到證明。順治、光緒刊行的《荔枝記》中的曲子，與南管散曲中陳三五娘的曲子相同者甚多，皆依[潮陽春·望吾鄉]的曲牌填入新詞，嘉靖刊《荔鏡記》中的「園內花開、人聲共鳥聲、繡成孤鸞」都是以[望吾鄉]的曲牌歌唱的。清奏譜本來只有十三套，後來曲師又創三套，俗稱「外套」。又將四十二套曲之曲名編組成曲，入於「中滾十三腔」的曲調，而成< 輕輕行 >一曲；將十三套

清奏譜名編成< 梅花開透 >一曲，入於[長潮陽春]的曲調；[短滾]中的<
管絃整起 >一曲，係將十八支牌調名編成曲。（註六）

南管除了在閩南地區流行外，也隨著人口外移而傳播於外，流行於臺
灣及東南亞僑社地區。泉州人從港外的蚶江口直航到臺灣，直接在鹿港登
岸。所以至日據昭和元年(1926)，泉籍人士已達鹿港總人口31.400人的
99.3％以上（註七），鹿港的南管也特別興盛。而臺南是明鄭時期所經營
最早的文化古都，南管也特別興盛；現今「南聲社」不只人才眾多，國際
聞名，且其「曲腳」（唱奏南管者）吳素霞到臺中清水領導「清雅樂府」
，陳美娥在臺北創立「漢唐樂府」，都赫赫有名。

二、南管的音樂結構

南管音樂與《荔鏡記》曲牌有很密切的關係（詳本章第四節）。茲先
介紹南管音樂的結構。

南管的演奏形式分爲三種：套曲、散曲、清奏譜。

南管的套曲音樂——由二至七曲合成，鋪演一個故事。「每套套曲皆
由數段組成，各段的單位，林霽秋本、劉鴻溝本均作『齣』（以下皆作「
出」），但此處『出』的意義，就其組織與長度來說，都不如南戲之『出
』。」因南戲屬戲劇，南管套曲只是音樂而已。例如<自來生長>第三出<
紗窗外>一曲，是《荔鏡記》48出「憶情自歎」的套數：

　　　齊雲陣、四朝元、傷春令、生地獄、越護引、前腔、尾聲、勝葫蘆
　　　、一封書、四邊靜。

十曲中[越護引]一曲而已，音樂結構上較爲簡單，篇幅上亦小了許多。又
如<我只心>之第三出<園內花開>，是《荔鏡記》24出「園內花開」的套數
：

　　　夜行船、駐雲飛、梁州序、望吾鄉、前腔、駐雲飛、醉扶歸、剔銀
　　　燈、雙鸂鶒。

十曲中之[望吾鄉]一曲。由此兩例，知套曲之「出」並非南戲中之「出」
，只是樂段的計算單位。（註八）

　　如南戲一出戲中有「引子、過曲、尾聲」，南管套曲亦有「慢頭、過
曲、尾聲」，慢頭、尾聲都是散板。48套中有「慢頭、過曲、尾聲」的共
有四套：颯颯西風、父母望子、記相逢、繡閣羅幃。其他或只有慢頭，或
只有尾聲，或慢頭、尾聲俱無。如<父母望子>：

　　　　　　　首出　倍工　馱環著　五空管

（慢頭）父母望子，上京享富貴。

誰知溫金賊賤婢起得有只嫉妒心意。....

　　　　　　　次出　竹馬兒　五空管

恨文舉，你是無義漢，既然成器，俪通卜來掠阮輕慢。....

　　　　　　　三出　貓捕鼠　帶尾聲　五空管

文舉文舉，你是無義漢，做官棄舊人。當初貧寒，流落西東，一身
無依。....得中狀元，共溫金許處低唱淺斟，掠阮禁落冷房。

（尾聲）一身跋落虎狼陷，冥日抬汲無時空。千辛萬苦氣煞人。

王愛群認為最具有代表性的套曲是《郭華買胭脂·入山門》的<趁賞花燈>：

　　　　　　　首出　中倍　外對攤破石榴花

（慢頭）散板頭七撩：趁賞花燈　五空管

端的是為著私情來到只山門....

　　　　　　　次出　中倍　白芍藥　五空管　七撩

跬步近前，掠身障扶起....

　　　　　　　三出　越恁好　五空管　慢三

脫落腳下繡弓鞋....

　　　　　　　四出　舞霓裳　帶尾聲　五空管　一二(拍)

娘子有心相意愛....

（最後兩句七言散板未收入，上面明標「帶尾聲」，知是缺文）

（註九）

　　南管套曲與《荔鏡記》有關的共九出：自來生長、鎖寒窗、惰梳粧、金井梧桐、共君斷約、聽見杜鵑、我只處、花園外。其中有曲詞全部相同，或大同小異的（詳見本節，四），由此可看出南管與《荔鏡記》的密切關係。

　　每一套曲各出之間的宮調關係，可分為以下數種：

　　　　鼓子詞體：取一個曲牌從頭至尾反復歌唱，如「五更段」四出都是柳搖金，四空管，歌詠《西廂記》故事。

　　　　賺詞體：用同一宮調的不同曲牌，除正曲外，有引子或尾聲。如「自來生長」：首出二調，皂羅袍；次出二調，一封書；三出長滾，越護引。曲牌不同，但都是四空管。

　　　　諸宮調體：用不同宮調的相異曲牌，如「為人情」：首出大倍憶王孫、過（轉調之意）二調二郎神，即由五六四仅管轉入四空管；次出長滾、過陽春　七巧圖，是四空管；三出寡疊，五六四仅管。全曲以五六四仅管始，中間轉調，再以原調結束。

　　　　大曲體：用一基本旋律而變化前後的拍法。曲中有辭、聲、豔、趨、亂者為大曲。南管套曲的形式與大曲類似：歌詠為「辭」，套曲亦有歌詞；羊吾夷伊那何為「聲」，套曲有「於」「不女」等襯音；曲前為「豔」，套曲有引子；將結束前有「趨、亂」，套曲有尾聲。亦即套曲中有引子、正曲、尾聲者，即歸於大曲體，如上所舉例<父母望子>。（註十）

散曲為單曲，亦有「慢頭、過曲、尾聲」兼具者，如< 無意起來 >：

　　　望吾鄉　帶慢頭　有尾聲　倍思管

　　無意起來倚欄杆，月朗星稀花又香。阮身看見（慢頭）

　　中秋月照如碧紗窗，那見阮孤栖獨自，來屈守只空房。....

　　萬想共千思，我三哥著返來（於），解阮心頭鬆。（過曲）

　　坐臥無意在繡房，暗自沈吟只下項，　　　　　（尾聲）

　　鸞鳳繡枕排成雙，虧阮獨自守情人。（註十一）

與南戲的音樂結構相同。因此，南管套曲的演奏形式，可以作爲重現《荔
鏡記》音樂的重要參考。

　　清奏曲只是樂器演奏，沒有歌詞，與《荔鏡記》無關，故不論列。

三、《荔鏡記》曲牌與南管音樂的關係

(一)明刊本曲簿與南管的比較

　　廣義的南管包括南管戲劇和音樂，南管戲以演陳三五娘故事爲最盛；
而《荔鏡記》的音樂主要是以南管爲主：則南管音樂和《荔鏡記》的曲牌
音樂關係之密切可知。南管戲在明代非常盛行，明萬曆年曾作泉州府經歷
的嘉興人陳懋仁，在《泉南雜志》中說：

　　優童媚趣者，不吝高價，豪家攘而有之。蟬鬢傅粉，日以爲常，然
　　皆土腔。不曉所謂。

明萬曆進士晉江人何喬遠的《閩書》說：

　　龍溪(屬漳州府)地近于泉....雖至俳優之戲，必使操泉音，一韻不
　　諧，若以爲楚語。

可知所謂「泉腔」，不只流行於泉州，其他地區搬演時，也必須以泉音爲
正音。而在此之前的《荔鏡記》是以「前本荔枝記....潮、泉二部....校
正重刊」，那麼當時《荔枝記》泉本（泉腔）勢必也非常流行。

　　南管音樂自明代到今天仍傳唱不絕，更由於曲館先生教唱的嚴格，使
南管音樂的各種特色都能很好地保存下來，並有很多寶貴的曲譜做參證。
南管可謂泉州音樂的「活化石」。我們可藉著南管來研究四百多年前的《
荔鏡記》的音樂。

　　南管界演唱的南管曲簿，除各曲館的手抄本不知其年代——久者有一
、二百年——外，已出版、最早的是編於清咸豐七年（1857）、刊於同治
十二年（1873）的《文煥堂初刻指譜》，有『指』三十六套、『譜』十二

套。其次是始刻於1911年、竣工於1921年的林霽秋《泉南指譜重編》，有
『指』四十五套、『譜』十三套；1914年印於臺灣的林祥玉《南音指譜》
，除『指』三十六套、『譜』十三套外，還有外指八套、外譜四套；劉鴻
溝的《閩南音樂指譜全集》，1953年出版、1982年增訂，有『指』四十八
套、『譜』十六套。散曲方面，以吳明輝的《南音錦曲選集》、《南音錦
曲續集》搜集最多，約一千三百首；而呂錘寬的《泉州絃管（南管）指譜
叢編》上中下編，除「指」、「譜」、散曲外，又選錄民間罕見的手抄本
曲子、散套，並有說明，是資料經過考訂且有理論研究的集大成的南管專
書。

　　泉州市文化局於1962年收集到一本清代康熙年間（1662-1721）的《南
曲指譜》抄本。經過王愛群的鑑定，認爲與《泉南指譜重編》、許啓章《
南樂指譜重集》（1931）和其他老藝人的南曲抄本基本上相同。（註十二
）則現存曲簿的年代可上推至三百多年前。

　　慶幸的是，我們又發現了與《荔鏡記》年代相近、1604年出版的南管
音樂資料，可以拿它來和今日的南管做比較，看看二者的相似性有多高；
如果非常相似，那麼，就可以以明刊本爲橋樑，用南管來印證《荔鏡記》
的曲牌音樂。

　　今日所見最早的南管曲簿是英國人龍彼得輯《明刊閩南戲曲絃管選本
三種》，包括《新刻增補戲隊錦曲大全滿天春》、《精選時尙新錦曲摘隊
一卷》、《新刊絃管時尙摘要集三卷》三書，約於1604年在福建海澄（滿
天春）、漳州（後二書）印行。據書前龍氏序：這三本書大約在三百年前
被帶至歐洲，在十七世紀初出版，是紀錄福建南部的方言。其中有些內容
，現今已不存在，而被保留在南管曲簿裡。目前所見惟一的版本是自1715
年起就保存在劍橋大學圖書館。（註十三）

　　《新刻增補戲隊錦曲大全滿天春二卷》名爲「新刻增補」，表示在那
之前已有此類的書。本書內容分爲兩部分：下欄佔三分之二篇幅是十八出
南戲戲文，有賓白、曲牌、曲文：

　　1 深林邊　2 招商店　　3 戲上戲劉圭 4 翠環拆窗 5 　劉圭會雲英

　　6 尋三官娘 7 蒙正冒雪歸窯　8 　賽花公主送行（缺內容）

　　9 朱弁別公主 10郭華買胭脂　11相國寺不諧 12山伯訪英臺

　　13一捻金點灺丁 14朱文走鬼　15粹玉奉湯藥　16楊管粹玉分別

　　17尼姑下山　　18和尙弄尼姑

除最後二出「尼姑下山」、「和尙弄尼姑」是用官音（正音）寫成外，其餘均用閩南方音寫成。

　　上欄是南管曲詞，共有66個曲牌，如紅納襖、下山虎北調、滿池嬌、相思引、大牙古等；142 首曲詞。（附圖p162）

　　《精選時尙新錦曲摘隊一卷》別題《精選新曲鈺妍麗錦》，「精選新曲」表示就原有曲目中精選出，甚至有新創作、改編之曲，共52首南管曲詞。《新刊絃管時尙摘要集三卷》別題《新刊時尙雅調百花賽錦》，亦選南管曲詞，以段爲單位，如<冷宮怨>（故事）一段、<相思引落滾>二段——「落」爲轉調之意，意謂由相思引調轉滾調。分爲三部分：背雙調38段，相思引調18段，北調24段。

　　上述南管曲目，不只標滾門（如北調、相思引），還有曲牌（如紅納襖、錦田道）、曲名（目錄標曲名，南管以每曲的開頭一句爲曲名），與今南管曲目一樣。《摘要集》還保留拍位「o」的記號（見p412附圖。但沒有撩位，拍撩如昆曲之板眼。南管樂器「拍板」輕敲，如西樂小節的第一拍）。如：

　　　《新刻增補戲隊錦曲大全滿天春二卷》：

　　　　　大迓鼓

　　　正更深，天邊月上，怨殺雁報聲....

　　　《精選新曲鈺妍麗錦》：

　　　　　相思引

　　　子細想伊匕匕，不孝魏吳起、王魁行止。....（附圖p155）

　　　《新刊絃管時尙摘要集三卷》目錄：

背雙調錦

　　○冷宮怨　　　　　　一段

　　○拙時無意　　　　　　一段

　　茲根據今南管的滾門、管門（調性），把明刊本三種南管曲（包括《滿天春》中上下欄的曲牌）塡入表中：（曲牌後之阿拉伯數字爲下欄戲出之次序。註十四）

五　空　管

滾門	曲　　　　　　　牌
中倍	石榴花　漁父第一　薔薇花 一江風(18)　九串珠　傾杯(5)① 長生道引(5)　古輪臺(1) 駐馬听　朝天子　石榴花　黑麻序
倍工	七犯子　山坡羊　疊字山坡羊 大環著犯　大環著(8) 八寶粧　三台令　疊字帶花回
	剔銀燈　雙圭勒(雙鷓鴣5)② 駐雲飛(7)　北調駐雲飛(2) 疊字四朝元　北調(10)③ 撲燈蛾　相思引　哭相思

註：1　呂錘寬《泉州絃管指譜叢編》（以下簡稱「呂書」）下編書作「傾杯」，《滿天春》作「傾杯序」。

　　2　呂書下編P277：<喜今宵>雙閨，牌名應作「雙鷓鴣」。

　　　　按：圭(kui1)、鴣(khue1)音相近。

　　3　北調：套曲<金井梧桐>第一曲題「北調桐城歌」，第二曲題「北調幽閨怨」。錦板曲亦通稱爲北調。錦板曲包括八調，詳見註十呂書。

四　空　管

滾門	曲　　　　　牌
二 調	下山虎北調　滿池嬌 太師引　二犯傍粧臺　宜春令 北調昭君噪　二郎神　集賢賓 哭春歸　二犯醉扶歸　步步嬌(18)
長滾	大牙古　鵲踏枝
中滾	薄眉袞　杜韋娘　疊字四遇反
	北青陽(滾門)　一封書 水車歌(6)　　柳搖金(8)

五空四仪管

滾門	曲　　　　　牌
大倍	十段錦　九曲洞仙歌　水底月 不孝男　長相思
小倍	紅衲襖　靑衲襖　節節高 紅繡鞋(3)
中寡	金錢花(3)

倍思管

滾門	曲　　牌
	四邊靜　望吾鄉

在《滿天春》上欄66個曲牌（爲說明方便，將滾門、曲牌混稱曲牌）和下欄劇本、及其他二書中，有54個可以和今南管相對照，找出它的滾門、管門（調性），可見其關係之密切。

　　再選幾曲曲詞與今南管雷同者做比較：（今南管用劉鴻溝《閩南音樂指譜全集》、吳明輝《南音錦曲選集》，簡稱劉本、吳本）

明刊本	今南管（劉本）
（一）　越調	五空管　錦板　大四愛　桐城歌
金井梧桐一葉秋	金井梧桐一葉秋
自全別君	自從別君
素減了風流	瘦減風流
空望斷山明水秀	空等望斷山明兼水秀
聽見雁叫	又聽見雁叫
秋雁你在許處孤單飛	秋雁汝在許處孤單飛
我只處孤單守	阮在只處孤單守
共阮都是一狀情由	你共阮都是一般樣情由
我今在只	阮今在只
君隔別州	君隔在別州
枉我銷金帳內數盡更籌、、	枉阮銷金帳內數盡更籌
	數盡更籌
一卜寫書去度伊	一卜寫書寄度伊
未寫淚先流　くく	書今未寫
	淚淚盡先流　淚盡先流
你都袂記得臨行時	你都亦袂記得臨別時
長亭送別　只歸期	長亭送別　指歸期
共阮約定是中秋	共阮約定是中秋
到今不來	到今句未來

　　枉我只處空守梧桐樹　　　　　　　枉阮空守只梧桐樹

　　　　　　　　　　　　　　　　　　到今夭句未來

　　　　　　　　　　　　　　　　　　枉我只處空守只梧桐樹

分析：

1 今南管套曲以劉鴻溝本爲主，以其較近於明刊本用字。林霽秋本雖較
　早，卻多與明刊本不同的民間俗字，如明刊本「一卜寫書去度伊」，
　林本作「一慔寫書去付伊」；「袂記得」，林本作「忘記得」。語詞
　亦稍有不同，如「秋雁你在許處」，「秋雁」林本作「中洲雁」；「
　未寫淚先流」，林本作「未寫淚滴難收」。林祥玉本(1914)俗字更多。

2 明刊本末句後疑漏寫「くく」。南管之結尾往往是「煞尾複唱」，曲
　詞、指法皆與前句同。

3 據陳萬鼐《中國古樂劇曲之研究》（以下簡稱陳書）P178，以崑曲言
　，越調相當於西樂C 調。

4 錦板是滾門——就是將管門（調性）、撩拍（節拍）、腔韻（主旋律
　）、調式相似的曲牌歸納爲一個門類，五空管是管門——管者尺八、
　門者門類，意爲南管的管門分屬於尺八的不同孔序之音，管門即調性
　之謂。今南管五空管的基本譜字是：

　　　4　　5　　　6　　1　　　2　　　3　　　5　　　6

　　×(c1) 工(d1) 六(e1) 甲(g1)　乙(a1) 仦(b1) 仜(d2) 伏(e2)

　若以五聲音階對它進行考察，可以理解爲，這實際上是一種下面是一
　個以C 爲「宮」的五聲音階，與上面一個以G 爲「宮」的五聲音階的
　綜合。但占主導地位的是G 「宮」系統，因爲還有「五空四仅管」屬
　C 「宮」系統。（註十五）

*明刊本的越調（C 調）與今南管的五空管（下面以C 爲宮）相合。

　曲詞大致相同。

(二) 滿池嬌　　　　　　　　　　　　二調滿地嬌（吳本）

萬紫千紅是春天	萬紫千紅是春天
花灼灼柳依稀	百花弄影柳隨絲
我也無心拆一枝	阮亦無心摘一枝
看許雙ㄑ尾蝶無心意	看許雙雙螞蝶麼生意
ㄑㄑ	看許雙雙螞蝶麼生意
兼是我君不在厝	兼逢著君不在厝
共誰人對酒吟詩	阮共誰人對酒吟詩
抱只菱花鏡來對花照、、	抱起菱花鏡
照見我顏色青空黃瘦成乜	對花照見阮顏色　瘦都成麼
兼是春風夏熱氣	兼又薰風暫暖氣
黃鶯在柳上啼	黃鶯在柳上啼
刈得我腸肝佐寸裂	教阮怎得挨過五更

分析：

1 呂書有「滿地嬌」的曲牌體。今南管曲選自吳本。

2「拆一枝」：拆音thiah4，摘音tiah4，以摘為正。《荔鏡記》亦作
　　　　　　拆。

3 乜音mih4，什麼。成乜，成什麼樣子。

4 二調是滾門，二調的管門是四空管。「滿池（地）嬌」是曲牌。明刊
　本與今南管相印證，知此曲是四空管。

(三)　疊字山波洋　　　　　　　　山坡里（吳本）

強企行上幾里	強企行上幾里
值曾出只宅院	值曾識出只宅院
見許崎、嶇、个山嶺	見許崎嶇重疊山嶺
又兼悲、慘、个坑水焄阮心越悲	又兼坑水悲慘聲噪人耳
听見竹籬內鷓鴣伊聲聲	竹林內鷓鴣聲聲

替阮出路人許處啼	爲阮出路人許處啼
恨著無義个禽鳥	障般負義的禽鳥
恰親像我君行宜	眞像我君恁一般行儀
伊許處心貪富貴覓阮弃	伊許處心貪富貴掠阮棄
恰親像殺妻求將魏吳起	又學許殺妻求將魏吳起
又只望卜共伊到百年	阮所望惵共君到百年
誰知半路力阮弃	誰知到今旦爾掠阮棄
見許鳥雀遇暗卜投林	見許鳥鵲遇暗惵投吁林
我只一身	未知阮今冥
未知今卜值處通去安身已	今惵值處安身已
兼我腳酸行都不進步	兼阮腳痛行不進步
弓鞋倒拖	弓鞋倒拖
我只裙裾都是草莉	阮羅裙盡帶草莉
	況兼阮腳酸腰軟行袂進步
	弓鞋倒拖
	阮裙裾盡帶草莉

分析：

1 曲詞大致相同，故知「山波（坡）洋（羊）」即「山坡里」。

2 呂書「山坡羊」、「山坡里」皆倍工調、五空管。

陳書「山坡羊」屬南曲商調，西樂是降B調，與五空管「下面以C爲「宮」，調差一「大二度」。

3 明刊本末句後疑漏寫「くく」，系「煞尾複唱」。

(四) 大牙古	長滾 鵲踏枝（吳本）
尾蝶飛過粉牆東	蜆蝶飛過粉牆東
歡歡喜喜來宿花叢	歡歡興興來宿只花欉
花今有主不管蝶採	花今有主不管蝶採

阮守孤單	阮爲著孤單
即會想著我情人	即會想著阮情人
愿君佐一貪花尾蝶	愿君做一貪花蜦蝶
乞阮佐一無主花叢	乞阮做一無志花欉
任蜂來探	任待那是黃蜂飛來
隨蝶胡忙	探蜦蝶可胡忙
雖然相邀無咲呾	雖然相邀無笑談
想伊相惜	看伊惜花雅趣
共人都一同	共人都一同
子細思量起	仔細思量起
君爾眞誤人	君恁可誤人
枝頭梅花開三遍	枝頭梅花開三遍
阮守只三春單	阮守只三春單
有十月空房	有十月空房
又兼逢著障㦉光景くく	又兼逢著障般光景
你是鐵打心肝	任待那是鐵打心肝
惡忍只處佐人	只處惡忍做人
くく	只處惡忍做人

分析：

1 「大牙古」即「大迓鼓」，屬南呂宮，G 調。南管鵲踏枝、大迓鼓同
　屬「長滾」之滾門，是四空官，F 調。

2 呂書錄吳再全先生曲簿結尾作「任待那是鐵打心肝，只處惡忍做人。
　任待那是鐵打心肝，只處惡忍做人。」應以呂書爲正。

3 「尾蝶」即「蝴蝶」，尾，泉音bɤ2。
　明刊本「咲呾」即「笑說」之意。呾音taN3，當時可能是潮、泉共通
　語，今日潮州人仍普遍使用，泉州人則罕用，偶而有「七呾八呾」之
　語。

(五)　太師引	短滾　四空管（南聲社曲簿）
冬天寒	冬天寒
雪滿山	雪滿山
拙時懨懨	恁人掩扉
獨自見寒	只處獨自更寒
力只房門半掩	
繡簾來放落一半	
梅香你來聽我分付	梅香你來聽阮吩咐
圍爐內再添獸炭	圍爐裡加添息炭
人情人情	阮情人
說是雪凍冰寒	兼逢雪露冰寒
衣裳薄	衣裳薄
有誰人通顧捍	誰看顧汝
不免再剪幾件寒衣	阮有幾件寒衣
送去度我君替換	送去度我君替換
梅香　我叫梅香	梅香　叫梅香
你那卜去	你那卜去
也著走來再各分付	亦著走來阮再擱吩咐
你去再三共伊人說	你去再三共伊人說
叫阮孤單人為伊割吊	阮孤單人為伊割吊
得我相思病重	得我相思病重
只處懨懨世命惡捍	只處懨懨性命惡捍
、、、、	你去再三共伊人說
	阮孤單人為伊割吊
	得我相思病重
	只處懨懨性命惡捍

分析：

1 太師引屬南呂宮，G 調；今南管短滾・四空管，F 調。

2 呂書註：南聲社曲簿「息炭」之息乃記其音siek4，據吳再全先生曲
　　簿，加註爲「獸炭」。

3 「叫阮孤單人....」「叫」，引他人之言，爲潮州方言。

4 惡捍，音oh4 huaN7，難支持得住。

（六）　十八嬌　　　　　　　　　四空管二調十八飛花（劉本）

　　妾身受禁在冷宮　　　　　　　　妾身受禁在冷宮

　　仔細思量氣上心　　　　　　　　仔細思量氣上升

　　恨殺延壽故寫丹青　　　　　　　恨殺延壽巧寫丹青

　　力我一身只處苦无盡　　　　　　掠阮一身只處苦無盡

　　兼逢中秋佳景　　　　　　　　　兼逢是中秋美景

　　枉屈對只月朗星稀　　　　　　　枉屈阮對只月朗共星稀

　　想我君主惡見面　　　　　　　　想君王惡見面

　　不免力只琵琶來再整　　　　　　不免掠只琵琶來和整

　　將拙冤枉交付幾條絃綠調　　　　將拙冤枉交付幾條絃線

　　聲音彈出哀哀怨怨　　　　　　　調出聲音彈出哀怨

　　又彈出冷冷青青　　　　　　　　又彈出許冷清清

　　聲聲訴乞敗國毛延壽賊奸臣　　　聲聲訴出許敗國毛延壽賊奸臣

　　你今害我有海樣深　　　　　　　你今害阮有海樣深

　　眞個无處伸　涙淋淋　　　　　　眞個無處伸　涙淋漓

　　今望天你俩我一陣好風　　　　　望天助我一陣好風

　　便力我心事吹送乞君王聽　　　　俾掠拙心事吹送度君王聽

　　莫力我惺惺生鬱抑　　　　　　　莫掠阮生性生鬱抑

　　便做鐵石打成心肝　　　　　　　譬做那是鐵石打成個心肝

　　見我守望　　　　　　　　　　　見阮冤枉

　　想伊亦著替阮苦傷情　　　　　　想伊亦著替阮苦傷情

　　　　　　　　　　　　　　　　　譬做那是鐵石打成個心肝

見阮冤枉

想伊亦著替阮苦傷情

分析：

1 呂書註：「十八飛花」乃一支集曲，由二調中的十八支曲牌組成，其
　管色皆爲四空管，拍法爲七撩拍。

2 此爲套曲<妾身受禁>之首出。

3 俪我，替我。

(七)　宜春令　　　　　　　　　　　二調　宜春令（吳本）

客鳥叫透　　　　　　　　　　　客鳥叫

入我深宅　　　　　　　　　　　透入阮深宅

梅香報說　　　　　　　　　　　梅香來報說

說阮官人在咱門前落馬　　　　　叫官人在咱門前落馬

待我慌忙去看　　　　　　　　　待阮打扮慌忙走來看

是許促命賊冤家　　　　　　　　認得伊是促命冤家

力衣裳共伊抽扠　　　　　　　　掠衣裳共伊抽把

問你　　　　　　　　　　　　　我今問爾

拙時必定有乜私情外意　　　　　拙時共別人有麼私情情弊

本當卜打你　　　　　　　　　　我今本當慏打爾

三千三百三十六下脥胶　　　　　三十六下腮頰

今那見君恁面　　　　　　　　　今那見我君面

我實袂割捨　　　　　　　　　　阮寔袂割捨

彈君一下指頭　　　　　　　　　彈君一下指頭

分析：

1 滾門二調，曲牌宜春令，四空管。

　　筆者自研究南管以來，所搜集的各曲館曲簿中，有一個特殊的現象是
：某些曲簿只抄錄同一滾門的曲。如鹿港邊雲齋有一本：

《泉音南管曲簿》（二調）　施性虎贈送遏雲齋萬良　黃順治抄寫
民國四十六年端月吉置

所抄錄之曲都是「二調」四空管的曲牌，如[二郎神]<過嶺盤>、[宜春令]<西樓上>、[一封書]<恨阮命法>、[太師引]<思量起>、[滿地嬌]< 自全鸞鳳>等。又如南聲社陳珍收藏的曲簿，都是五空管，其曲牌如：

　　[疊韻悲]<睢陽>、[北相思]<我爲你>、[沙陶金]<孤燈獨對>、[竹馬兒]<羨君瑞>、滾門錦板：<輾轉亂方寸>、<遠望鄉里>....

這樣的抄本性質，可以印證四百年前的南管曲本：

　　《精選時尙新錦曲摘隊一卷》所收的都是四空管、五空管：

二調：四空管，如[二調滿地嬌]<萬紫千紅>，

北（北調）：一作「錦板」，五空管（註十六）。但<精神頓>是北調，而今南管<精神頓>是潮陽春，倍思管。

背（北?）：疑即北調，如<我只處心>，今南管套曲<我只處心>，五空管。

雙（雙調）：五空管，如<拙時無意>，今南管套曲<拙時無意>，中倍，五空管。<盤山過嶺>，今南管散曲<盤山過嶺>，倍工，八寶粧，五空管。（註十七）

背雙：如<向許般人>、<孤栖人平怛>，依《時尙摘要》，爲五空管或五六四仅管。

相思引：五空管，如<再送君返>、<枉發業只>。

山坡羊：五空管，如<月焰芙蓉>。

步步高：五空管，如<停針覓繡>，今南管作倍工四孤（或云七犯子），五空管。

　　《新刊絃管時尙摘要集三卷》所收爲背（北?）雙調13段，下面副題或是故事內容、或是曲牌名，曲牌名如：哭相思犯、北紅繡鞋、錦（錦板之簡稱）、水底月。雙調25段，曲牌名如：靑衲襖、風雲會水仙子、五犯

子、玉樓春、山坡洋、錦、七犯子、三台令、九串珠。相思引調 9段，其中有短筒滾子九段，北調12段，最後是十相思引滾仔12段——同一曲牌，分十二段表現，開頭皆「障般相思」依次爲「障般相思苦」「障般相思病」....曲詞與今南管郭炳南曲簿·御前清客戊部同（註十八）。除已標明曲牌可確定其管門外，未標明曲牌者，與今南管比對，曲詞相同者，如：

「冷宮怨」<我只處>爲[湯瓶兒]五空管、

「寒冰寫書」<一紙相思>爲大倍　五六四仪管、

<清早起>與套曲<清早起>首出　中倍　一江風同，五空管、

<相邀未有幾時>與今南管同，五六四仪管、

....

即本書所收之曲，不是五空管，就是五六四仪管。二種管門「實際上是一種下面是一個以C 爲「宮」的五聲音階，與上面一個以G 爲「宮」的五聲音階的綜合。」

至於《新刻增補戲隊錦曲大全滿天春二卷》則任何滾門、曲牌都有。如果我們能再發現明刊本的其他曲簿，也許又能見到今南管所有的滾門、滾調，如[潮陽春]的倍思管或[玉交枝]的五六四仪管。

明刊本的發現，使我們對南管起於何時，有確實的證據與立論基礎。即至遲在1600年前後幾十年的時期，有南管曲簿的刊行及演唱，且已具有如今南管的音樂術語，如滾門——二調、北調、相思引；曲牌——山坡羊、宜春令；撩拍等。可惜未註明管門——四空管、五空管等；而且是南管曲簿與劇本並行。經由比對的結果，也證實曲詞內容與今南管大部分相同；字句偶而不同，是自然的現象。筆者學習南管，常發現臺南南聲社的曲譜、唱法，與鹿港雅正齋、聚英社、遏雲齋或其他曲簿有些微不同，這是因爲曲師的教學大多是口傳耳授。經過多次的傳授，或用俗字、或用同音、近音字，或詞句有些參差，寫下來的曲詞，自然有些不同。

在音樂術語方面，明刊本與今南管的最大差異是：前者看不到五空管

、四空管等術語。「看不到」並不等於「沒有」，只是所能看到的當時資料太少的緣故。就像我們看不到明刊本的工尺譜——琵琶指骨，並不等於當時沒有曲譜；沒有曲譜，如何唱？師徒如何傳授？今日很多的南管曲簿也是沒有工尺譜。

(二)明刊本曲簿與《荔鏡記》曲牌的關係

《荔鏡記》與南管音樂的關係如何？透過明刊本與《荔鏡記》曲牌曲詞的比較，從彼此的相似性，或可確定《荔鏡記》與南管有密切關係。

《新刻增補戲隊錦曲大全滿天春》的上半欄是南管曲詞，三十六頁有大字標題「摘潮調陳伯卿」，以下有好幾首南管曲詞。由於是「潮調」，曲詞與1871年出版的《新刻增補全像鄉談荔枝記》（以潮州話為主，以下簡稱《荔枝記》註十九）非常相近，尤其是第18出。除潮調外，其他曲也有與《荔鏡記》雷同者。茲就三者比對如下：

（省略《荔枝記》、《荔鏡記》曲中的對白）

明刊[一封書]	《荔鏡記》[一封書]	《荔枝記》[一封書]
（下p15）	48出	42出(旦唱)
薄行妾黃五娘	薄行妾黃五娘	心情事，告三哥。
一封書信專拜上	一封書信專拜上	你受苦痛，我受煩惱。
自別後減顏容	自別後減顏容	夜共日，望你到。
朝思暮想陪悽涼	朝思暮想倍悽涼	只去超超，隔盡山共河。
思情總在不言中	恩情總在不言中	未知路上是好是惡(惡)。
海枯石爛情意无窮	海枯石爛情意無窮	倘有差池，誰人通救你好。
生不相從死亦從	生不相從死亦從	你許處憫憫受苦痛，
		我只處溶溶目汁流落。
		料想情郎隔斷，阮心再無想各。
		君你若迎新來棄舊，

我只處乞人笑夭咬囉。

字解：

1 明刊本錯字較多，如「陪」悽涼、「思」情、无窮的「无」是俗字。

2 同是曲牌[一封書]，《荔枝記》是另一種表達方式。

咬囉：距離目標尚遠。

明刊p39下　　　　　　　《荔鏡記》26出

[望吾鄉](旦唱)

明刊本	《荔鏡記》
想著人情，切我魂魄散	想起人情，切我魂魄散。
心頭焦悴如刀割	心頭憔悴如刀刈。
	（白）「想許三哥」
伊百獣苦痛，都是爲著我	伊百般苦痛，都是爲我。
我著伊來割吊	著伊刈吊，冥日心不安。
冥眠心不安	（白）「莫是無緣」
便做在生無緣	便做無緣隔遠，
死去冤魂卜去相掛	死去冤魂相毛。
	（白）「我想來想去，無一人親像伊」
障好清秀郎君	障好清秀郎君，
甲人心頭卜佾會灰	甲人心頭佾年肯花。

字解：

1 刀割：割是本字，《荔鏡記》皆做「刈」。刈吊，傷心之意。

2 相毛：相帶領。　　3 甲人：教人、使得人....。

4 卜佾會灰：怎會如死灰般。《荔鏡記》作「花」，叶韻，但意義則如「灰」。

上例明刊本與《荔鏡記》幾乎相同，但後者加上獨白。

摘潮調陳伯卿	《荔枝記》18出	《荔鏡記》21出
	[駐雲飛](生唱)	[駐雲飛](潮腔)(生唱)
繡廳清采無塵埃	繡廳洒綵，	繡廳清趣，
	四邊粉白無塵埃。	四邊粉白無塵埃。
丹青描畫二邊排	好畫掛二畔。	好畫掛二畔。
一陣風送花香得人愛	花香學人愛。	花香禾人愛。{嗏}
珠簾半捲錦屏在廳前	錦屏對廳前。	珠簾五色彩。錦屏在繡廳前。
叔做太守兄運使		
阮厝門風強過恁厝个	阮厝門風更強恁厝个。	阮處門風更強恁所在。
我那不呾	我若不實說，	我那不實說，
妚子你內頭總不知	娘子總不知。	娘仔總不知。....
		我厝威儀，我兄做運使。
		今旦不說，娘仔總不知。
		（緊接上文）(旦唱)
		[誤佳期]賊奴你閑做聲。
		攪得我無心對菱花鏡。
		㑩耐賊陳三。
	（緊接上文）(春唱)	敢來我只繡房口閑行。....
耐㑩障**欥**三兄	頗耐障般三哥，	㑩耐淹潛三哥。
佐人**俚**年立不端正	做人在年不識進退？....	人前背後，說盡零落。
厝無心掃，繡廳閑行	厝無心掃，腌䐶滿處....	厝夭不掃，淹潛滿處。
六月荔枝有乜眞正	又牽絆荔枝，說盡零落。	又牽連乜荔枝，說盡零落。
白賊說謊	白賊說謊，	將身賠阮有乜財寶。
運使你兄	兄有官做，	白賊咭，哄兄有官做。
說恁是官家人子	磨鏡工藝有乜向好！	
俚肯賣身賠阮厝	將身賠鏡，有乜財寶！	益春見你模樣，

青銅鏡青銅鏡	....益春見你毛樣，	曉得有共無？
夭說你是官蔭人仔。{嗺}		
	曉得你家有無？	26出[醉扶歸](旦唱)
阮厝祖代有名聲	(生唱)阮厝祖代有名聲，	你厝住泉州，
我是官員有蔭子	都是官員有蔭人子。	因乜來阮潮州城。
那因送兄赴任回程	那因荔枝即打破鏡。	[皂羅袍](生唱)
不料樓下	全顧小妹成就人情。	娘仔你且聽說起。
遇著娘子荔枝拨	....	因送我歌嫂廣南城市。....
我收做私期約定	障般言語，在敢去呾伊听	無端燈下見娘仔。
故意打破寶鏡	....	(白)送我歌嫂到任，
棄馬賣身來恁厝行	娘是月裡桂花樹，	冤家冥日著你刈吊。
幸逢小妹扶持恁兄	任待狂風打伊袂斜。	就返來，便是六月。
人情		一日騎馬上街市。....
		你拨落荔枝。乞阮爲記。
		我怙你有眞心，即來做恁厝奴

	(緊接上文)(生唱)	《荔鏡記》24出[剔銀燈]
○伯卿返前央求托	伯卿近前央求托。	(生)陳伯卿專心拜托。
煩動小妹話說待好	煩動小妹障說待好。	望小妹做一月下老。
人說：	....	....
蛇那無頭亦袂俊	蛇今無頭亦袂疏。	蛇那無頭值處會梭。
再三勸諫恁妚子	再三勸諫恁娘子，	勸恁娘仔，
共伊匹配亦無挫	共阮匹配未爲剉。	共我匹配不操。
	....	....
若是姻緣成就	若是姻緣成就，	25出[水車歌](生)
結草御環著報	結草啣環恩報。	煩你只去話說卜盡。
		姻緣成就，

結草含環卜報答恁。

字解：

1 畔：潮音phaiN2，二畔即二邊。

2 孧：潮字；泉字作焦，，皆音chhua7，孧(焦)人，令人、使人之意。

3 呾：潮音taN3，說也。

4 耐尀：應作「尀耐」，尀、頗之本字是叵，叵耐，可恨之意。

5 障狀(般)：如此這般。　　6 腌臢、淹潛：骯髒。

7 在敢：字應作「僆敢」，怎麼敢之意。

8 蛇那無頭亦袂俊：那＝若，梭是借音字，音so5，爬行之意。潮州話第五聲讀高平調55，梭音是第一聲33，二字皆平調，故借「梭」字表「爬行」之意。泉州話作「趖」，音so5（泉志）。「俊」是誤字，「疏」是音近借字。

9 挫、剉、操皆同音借字，本字為「錯」。

　　以上明刊本與潮調《荔枝記》18出曲詞幾乎一樣，《荔鏡記》是合潮、泉本的重刊本，故曲詞略為改動，但與《荔枝記》亦大同小異。

明刊　大迓鼓益春

莫說富豪嬌氣

阮厝外子姿容無比

樓上形影共恁相見

尔夭未知伊人清秀爽利

況有天然嬌媚

恍惚親像許昭君貴妃

烏鴉雲鬢　胭脂唇齒

三寸弓鞋步輕移

桃花面貌

《荔枝記》24出	《荔鏡記》26出
[石竹花](春唱)	[銷金帳](占)
安(排)繡床閨房中。	安排繡床閨房東。
掛起羅帳腦麝香。	掛起羅帳腦麝香。

遍身蘭射香味	針線箱粉匣，益春常捧。	針線箱繡篋，益春常捧。
一會莫絨桃繡	內有五色絨線綠間紅。	內有五色絨線綠間紅。
二會業畫琴棋	銅觸交剪對金針。	銅箱交剪對金針。
閑時捲簾對鏡	卜繡出戲綵鸞。	
親像貴妃共許嫦娥相見	琴棋書畫亦盡通。	伊人琴棋書畫盡都曉通。
恨伊緣分可淺	那是怨阮娘仔無心弄。	那是阮娘仔無心去弄。
冤家對許大鼻不鄙	盡日懨懨不知憶著乜人。	盡日懨懨不知憶著乜人。
有貌無才	別人私情，益春贈伊苦痛。	別人私情，益春俉伊人苦痛勞堪。
伊人聰明達義	那甘逢著一好清秀郎君。	逢著一好清秀郎君。
若要共伊匹配	共伊人合歡。	共伊人合歡。
亦著一好聽俊兒婿	恰親像十五月光光降。	親像十五月光光降。

明刊　五娘梳粧　　　　《荔枝記》19出[黃鶯兒]　《荔鏡記》22出[黃鶯兒]
　　　　　　　　　　　　　　　　　　　　　　　　　　　(潮腔占唱)

凄涼秋景天	(占)听見人叫簡，心都眠忙。	聽見叫簡心都眠忙，捧檢妝。
閨房思想	捧出梳粧，請阮娘子梳粧	安排待便，請阮娘仔梳妝。
坐來無意	(旦上唱)西風天做寒，	....
枝上子規為乜聲悲	日夜思量千萬般。	[傍妝臺](旦唱)
簾前燕子實噪人耳	恨我一身守只孤單。	鏡在臺中。頭髻欹斜懶梳妝。
對景傷情 懨懨無意	頭今又茹，髻今又散。	照見我雙目瞤。
誰人留得許春秋不去	胡忙梳粧，無奈身命何。	照見我顏色瘦青黃。
待咱一世少年	....	憶著馬上郎。
對鏡朱顏改		未知伊今值一方。....
臨粧云鬂欹	(春唱)梳粧正單正，	(占)檢妝待簡移卜正。
胡忙梳粧抹粉	請阮娘子看寶鏡。	娘仔強企捍身命。

無情緒見花空八死	胡忙梳粧，看卜有十成。	看起來有十成。
忽然想著許短命冤家	夭故欠一點胭脂，	句少一人共娘仔你畫眉額。
甲人俪不嘆氣	乞阮娘子點額。	簡勸娘心把定。
怨許林大痴呆八死		緣分終久有日成。
任伊錢艮成山	(旦唱)无意點胭脂，	[望吾鄉](旦)困屯無意點胭脂。
亦袂得改我心意	夜日思量那好啼。	仔細思量那好啼。
見許陳三人物秀氣	怨爹爹主嫁大鼻。	恨爹媽力阮主對林大鼻。
便做天仙玉女	任伊人有田地，人物生八恥；	任伊錢銀平半天。
見伊人亦會留意	便有，好做乜！	卜許田地卜做乜？
	(春唱)見許陳三人物爽利，	(占)林大卜比陳三，
	討許大鼻，不值一鈔錢。	林大不值一文錢。

南管有<恍忽殘春　潮陽春　五開花>，與明刊本大同小異，比較如下：

　　恍忽殘春天，閨房坐來無意。忽聽見枝頭杜宇聲悲，又見許簷前紫燕食草含泥。對景傷情緒，憫憫無意。誰人留得許春不去，通來伴阮少年人過一世。一卜對鏡，阮珠顏減，臨粧雲鬢欹；一卜胡忙梳粧，無阮畫眉郎，通來共阮比美點胭(脂)。阮無情緒，帶花阮即空羞恥。忽然想著許丁古賊冤家，教人俪呢會不恨伊。想陳三伊人，人物果標緻。譬做天仙玉女，見伊人亦著留意；要見伊人亦著留意（註二十）

　　以上二則，內容相近，曲詞有詳略之不同。首則，《荔枝記》、《荔鏡記》「琴棋書畫亦盡通。」明刊本則敷演為對五娘各部分的詳細描寫讚美，這是因為南管作為一支獨立的樂曲，呈現五娘完整的美麗形象。次則，則互有詳略。

　　《荔鏡記》24出敘述五娘晚上在花園內賞花，陳三寫一封信丟入園內

，讓五娘撿到：

（旦白）才自陳三慌忙走，失落一塊紙。(介)我看一看，元來是一封書。

[醉扶歸]（旦讀）人說人說，有緣千里終相見。設計設計，即來到只。誰料僥心無倖止。我自怨一場無依倚。冥日怨切，頭擧不起。（介、白）「冤家冤家，因乜障苦！」死到陰司，冤魂卜來共你相纏。

明刊本錄陳三書的內容，可補《荔鏡記》之不足：

〇陳伯卿百拜
伏乞尊裁五娘知
當初騎馬過樓西
荔枝掞我
都是⿰女卜子你心內相愛
設計磨鏡在恁厝來
捧盆掃厝　受盡磨刣
誰知娘你僥倖
力我不采
我那不著娘你來刈吊
今旦只病值路來

南管有<有緣千里>，曲詞與《荔鏡記》相近：長潮陽春　倍思管

有緣千里終相見
無緣放早拆散分離
莫得三心共二意
耽誤我一身無依倚
爲汝相思病沈重
我頭擧不起
若還割吊
我身那卜先死
我陰魂卜來共恁相籐纏
若還那割吊
我身那卜先死
我陰魂定卜共汝相交纏（註二一）

陳三五娘的故事，在閩南地區膾炙人口，明清時期隨時在上演、改編，劇情、曲詞亦迭有增加。清順治本（1651年）、光緒本（1884年）《荔枝記》在《荔鏡記》48出「憶情自歎」中增加了一曲<精神頓>，此曲明刊本已有著錄。可見南管曲詞與《荔鏡記》（包含之後的各本《荔枝記》）的曲牌曲詞是隨時在互補中。茲比較明刊本與順治本之<精神頓>曲詞：

北(背雙)　明刊本	順治本　「五娘思君」（註二二）
精神頓　ヒヒ　正卜困	精神頓　〃〃　正卜困
聽見雞聲報曉鬧紛紛	聽見雞聲報曉鬧紛　〃
風弄竹聲　ヒヒ	風弄竹聲　〃〃
親像我君早日叩門	親像我君早日叩門
兜緊弓鞋　ヒヒ	兜緊弓鞋　〃〃
輕牽羅裙	輕牽羅裙
起來值只窗前無依倚	起來窗前無依倚
見許紅日一輪	見許紅日一輪
恐畏爹媽叫緊	(白)「日都上了，恐畏爹媽叫緊」
	恐畏爹媽叫緊
但得著點打益春	但得著點打益春
尔去俋阮回說	你去俋阮回說
ヒ阮身上都不安穩	〃阮身上都不安樂
	(白)「只處說話，日都上若高，
	不免抱檢粧來梳頭。」
掀開鏡匣　ヒヒ	掀開鏡匣　〃〃
見我顏色漸ヒ衰瘦	見我顏色漸〃衰瘦
	(白)「我三哥那卜在厝是年，
	齊來對鏡，卜若見好！」
共君對鏡	共君對鏡
炤見君才妾貌	照見君才妾貌
都是一樣青春	都是一樣青春
	(白)「我只處想來想去，無一
	人親像我三哥年。」
伊是官蔭人子	伊是官蔭人仔
玉貌朱唇　錦心繡口	玉貌朱唇　錦心繡口

又兼筆下經綸	人兼筆下經綸
	(白)「我三哥不在厝，我亦
	乜心抹粉。」
胭粉不抹　匕匕	胭粉不抹　""
憶著我畫眉郎君	憶著我畫眉郎君
共君結托	共君結托
賽過相如配著文君	賽過相如配文君
今來折散　匕匕	今來折散　""
恰是鸞鳳失伴	恰是鸞鳳失伴
又是鴛鴦離群	又是鴛鴦離群
寧可佐黃泉地下鬼	寧可佐黃泉地下鬼
	(「地」字以下，原本缺，據光緒本補入)
今世勿得乞我一日離君	今世勿得乞我一日離君
相思病節匕入方寸	相思病節"入方寸
隱匕啼聲怕人聞	隱"啼聲畏人聞
恐畏上人口唇	恐畏二人相君
又恐畏涉人議論	又恐畏涉人議論
	(白)「阮厝邊落妮妹豈不說笑。又一說
	，伊那听見，再曉得阮心內事。」
恁今有雙匕對匕	恁今雙"對"
俪曉得我孤恓悤困	俪曉得我孤栖思想
冥值房中思匕想匕	冥在房中思"想"
日值樓上觀山望雲	日在樓上觀山望雲
肌膚瘦小　不堪愁悶	肌膚瘦小　不堪愁悶
	那畏阮身病成冤魂
	煩惱我君返來　不見阮
	又煩惱我魂魄散

無處通尋君。

除少數幾字不一樣外，其他完全一樣；順治本是在原來曲詞上加獨白。

總之，明刊本曲簿是南管音樂的曲詞，其曲詞與《荔鏡記》、《荔枝記》，有些是完全一樣——只是錯字、俗字的不同，有些是大同小異，而三者出版的年代差不多：明刊本是約1604年。《荔枝記》是1581年，《荔鏡記》是1566年。明刊本和《荔枝記》都是「新刻增補」，其底本的時期應更早：或與《荔鏡記》同時，或早於《荔鏡記》。吳捷秋謂：

> 先誕南音而後生南戲。泉州南戲資南音以萌生，泉腔南音因南戲而富麗，相輔相成。（註二三）

由明刊本的南管曲詞，可證《荔鏡記》的曲牌是南管音樂，而二者是互相影響的。

四、由南管音樂呈現荔鏡記的曲牌音樂

《荔鏡記》曲牌的音樂無法複現於今，但我們可從現存的南管音樂推知其實際情形。

南管的曲牌有兩種：一是納入滾門的曲牌，如[倍工・玳環著]、[中潮・望吾鄉]、[錦板・四朝元]等；一是不納入滾門的曲牌，如[福馬郎]、[雙閨女]、[將水令]等。納入滾門的曲牌有雙重韻，即滾門韻與曲牌特韻；不納入滾門的曲牌一般只有單韻。每個滾門和曲牌都有固定格式，只要在曲首標明所屬的滾門和牌名，就基本上懂得該曲的「管門」、「撩拍」、腔韻、曲式，唱語和詞格（註二四）。韻，指曲牌的特殊音調。依王愛群所列四個管門的滾門、曲牌表（註二五），和《荔鏡記》曲牌、明刊本曲牌對照，可得出南管、明刊本、荔鏡記的三角關係：

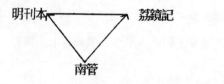

茲將《荔鏡記》、明刊本曲牌與南管滾門、曲牌同名者列表示之：

　　　　　荔鏡記　　　　　　　　　　　　　　　　明刊本
　　五　空　管
（括號數字爲荔鏡記出次，以首見爲主）　　　　　　　　　　五　空　管

撩拍	滾門	曲　　　　　牌
七	中	錦纏道(3) ①
	倍	催拍(12) ② 風入松(13)
		梁州序(24)　一江風(46)
		長生道引(7)
	倍工	七娘子(15)　滴留子(8) ③
撩		耍孩兒(17)　傍粧臺(20)
		生地獄(46)　誤佳期(21) ④
三撩		剔銀燈(19)　雙鸂鶒(24)
		金錢花(16)西地錦(33)
		水底魚兒(45)卒地當(10) ⑤
緊		駐雲飛(13)　將水令(14) ⑥
三		虞美人(46) ⑦
撩	錦板	四朝元(15)
疊拍		撲燈蛾(3)

滾門	曲　　　　　牌
中	石榴花　漁父第一　薔薇花
	一江風(18)　九串珠　傾杯(5)
倍	長生道引(5)　古輪臺(1)
	駐馬听　朝天子　石榴花　黑麻序
倍	七犯子　山坡羊　疊字山坡羊
	大環著犯　大環著(8)
工	八寶粧　三台令　疊字帶花回
	剔銀燈　雙圭勑(雙鸂鶒5)
	駐雲飛(7)　北調駐雲飛(2)
	疊字四朝元　北調(10)
	撲燈蛾　相思引　哭相思

尫錦

相思引

（曲簿書影 右半）
子細想伊ㄴ不孝魏起王魁行止章念
恩義恨阮參ㄴ尓可輕資重富力阮一對
冤央遏散隔別池快記得ㄴ當初共尓值
只花前月下携手並肩阮亦不㚅放慈离
伊今（一去ㄴ恰是傷弓鳥宿別枝做運
不念阮旧門閂下火今末㚅发做運苑
知我只鬼門閂下火落落輪迎付遭生
得ㄴ張千末收阮免

（曲簿書影 左半）
荔ㄴ你為夫妻拆散扣亦快可專員朝天
双鯉ㄴ快得可未一處遊戲那亏我ㄴ阎
守孤幃如醉似痴恢ㄴ病損ㄴ任待那是
蒼光扁雀阮亦实恶医治又恨我ㄴ無翌
可飛ㄴ去到君身迲共伊人亂出只插耳
苦事志我但得有拆命去枭伊ㄴ脊也亏

十五

明刊本曲簿書影（相思引）

註

①：荔書作「錦田道」，吳氏校勘：「田應作纏。」田、纏同音tiN5。荔
　　書有「佃」，音tiN7，滿也。「田」在當時應有白讀音tiN5。

②：荔書作「推拍」，推音chhui1，同催。見套曲<小姐聽起>次出曲牌名
　　及散曲<做人子>。

③：套曲<一路行>次出<夏天過了>，劉本作「長綿搭絮落一番身」下小字
　　「滴溜子」。振聲社本作「長綿搭絮入野風餐」本出屬集曲，「落」
　　為轉入其他曲牌之意，滴溜子為五空管。

④：呂錘寬《泉州絃管指譜叢編》下編p173：
　　　此兩支曲牌（五節樽、悞佳期）只有片段保存於指套<對菱花>首出
　　　之「巫山十二峰」，該調乃集十二支曲子而來，....第十二支為<

惧佳期 >(曲末疊唱之段:「說阮當初曾發海誓山盟。....」)

<對菱花>首出爲五空管,<惧佳期>亦五空管。

⑤:荔書作「窣地錦襠」。

⑥:荔書作「漿水令」。

⑦:呂書p279作「雙閨虞美人」,云:

錄自鹿港郭炳南曲簿。因本調之曲目甚少,排場(整絃)演唱時乃
併於「雙閨」,故民間樂人多認其係屬「雙閨」;然而不僅它的唱
詞格律與「雙閨」不同,旋律的差別更大,實爲一支獨立的曲調。

荔鏡記　四　空　管　　　　　　　　　明刊本　四　空　管

撩拍	滾門	曲　　　　　牌
七 撩	二 調	西江月(1)　①　一封書(2) 皂羅袍(6)　耍孩兒(17)　② 傍粧臺(20)　③　醉扶歸(24) 步步嬌(32)　繡停針(36) 八聲甘州(3)　剔銀燈(19)
三	長 滾	大迓鼓(6)　越護引(48) 大河蟹(17)　虞美人(46)
撩		長水車(6)　④
緊	中滾	
三	短滾	
撩		短水車(6)

滾門	曲　　　　　牌
二 調	下山虎北調　滿池嬌 太師引　二犯傍粧臺　宜春令 北調昭君噪　二郎神　集賢賓 哭春歸　二犯醉扶歸　步步嬌(18)
長滾	大牙古　鵲踏枝
中滾	薄眉衰　杜韋孃　疊字四遇反
	北青陽(滾門)　一封書 水車歌(6)　柳搖金(8)

<西江月>指、譜書影

(錄自劉鴻溝《閩南音樂指譜全集》)

註

①：<西江月>是詞牌，南管有<西江月>曲牌，揭示之以備考。呂錘寬《泉
　　州絃管指譜叢編》下編p173：

　　　<西江月>見於指套<輕輕行>之第二出<等君>，疑只為半闋，有些指
　　　集將其與下出<那恐畏>併為一出。……詞律中有<西江月>與< 西江
　　　月慢>，據輯者謂兩調無涉；而清奏譜之「三、五、八面」中亦有<
　　　西江月引>，只有宮譜而無辭，亦有二種<西江月>。

②：此為散套（48套曲以外，成套之演唱曲，在實際的音樂生活中已失傳

）中之曲牌，見於第一套<十三腔序>之第五曲，呂鍾寬《泉州絃管指譜叢編》上編p317收錄。王愛群列於五空管。

③：<傍桩臺犯>見於聚英社抄本，收錄於呂著(同註一)p175。原曲未標管門，呂氏謂相當於吳再全或南聲社本<恨蕭郎>套之<憶雙嬌>，則爲「二調」，再據南聲社張鴻明老師定調。王愛群列於五空管。

④：荔書作「水車歌」。

荔鏡記　五　空　四　伬　管　　　　　　　　明刊本　五空四伬管

撩拍	滾門	曲　　　　　　牌
七	大倍	江兒水(41)　撲燈蛾 梁州序(24)　刮地風(41) 催拍(12)　齊雲陣(48)①
撩	小倍	紅衲襖(14)
三		長、中玉交枝(15)② 刮地風(41)　五供養(54)
	長寡	③
	中寡	金錢花(16)④
撩	寡北	四邊靜　　地錦襠(10)

滾門	曲　　　　　　牌
大倍	十段錦　九曲洞仙歌　水底月 不孝男　長相思
小倍	紅衲襖　青衲襖　節節高 紅繡鞋(3)
中寡	金錢花(3)

註

①：齊雲陣見呂書上編p359。又見王愛群表中。

②：荔書作「玉交枝」。呂書下編P63：

　　曲牌體….每一支曲調皆爲一滾門，例如「玉交枝」一調，即有「
　　長玉交枝」、「玉交枝」、「玉交枝疊」等三種拍法。

③：呂書上編P210套曲<舉起金杯>長寡弋陽腔　　註：

　　長寡、寡北係其滾門，兩者所指皆同，惟「長寡」描述較爲完整，係
　　指「長、寡北」。至於「弋陽腔」，應係指此套中唱詞的來源。例如
　　散曲「鵝毛雪」（或稱滿空飛）一曲，其曲文乃摘自崑腔「繡襦記「
　　中的「蓮花」一出，其曲詞則爲「寡北」，而爲區別此曲與其他的寡
　　北曲，乃特稱「寡北、崑腔」，或直稱爲「崑腔、寡」。准此以觀本
　　出之牌名「寡北、弋陽腔」，「弋陽腔」應僅指曲詞之來源，因爲其
　　曲調仍與其他的「寡北」相同。

④：本管門曲牌多與五空管重複，因五空管包含兩個宮：黃鐘(C)、林鐘
　　(G)。以黃鐘爲主，即是五空四仅管；以林鐘爲主，即是五空管。

荔鏡記　倍思管

撩拍	滾門	曲　　　　牌
七撩	七倍撩思	生地獄(46) ①
三撩	長潮	
緊三撩	中潮	望吾鄉(12)
疊拍	潮疊	四邊靜(5)

明刊本　倍思管

滾門	曲　　　　牌
	四邊靜　望吾鄉

註

①：生地獄有二調，一爲五空管<春天時>、一爲倍思管<君去後>，見呂
　　書下編。

以上54個曲牌，去掉重複見於不同管門者，共43個曲牌，是據南管可
確定其管門（調性）者，亦見於《荔鏡記》中。由於泉腔有其特殊的聲腔
，其調性或與南曲不太一樣，自應以南管爲準。

　　再以五空管爲例，就其曲詞比較三者的實際情形：

1 [一江風]

荔鏡記　46出	明刊本　和尙弄尼姑
(旦)曾記得當初高樓上，荔枝揉你時。	(旦)恁輕狂敢把春心動。[眞個是]色膽如天樣。
共你情深我歡喜。	尔是個人面獸心腸。不怕三光。不畏四知五戒。
曾記得共你銷金帳內恩義。	何曾講笑伊家不量料，此事焉能強。
不料你共我拆散分離。	可不羞殺尔這騷和尙。
(旦指介)冤家那怨林大鼻。	(爭跪唱)見嬌外，頓使我神魂喪。
	論神仙自古多情況。那巫山神女夢會襄王。
(生)想起來我心頭悲。誤了你青春年紀。	暮暮朝朝，爲雲爲雨在陽台上。
(旦)虜得我只處孤單獨自。懶今那拜天。	他到今名顯揚，他到今名揚顯。尔何須苦自
那拜天。恁夫妻値時會團圓。會團圓。	那菩薩也都是爹外養。
(余文)娘仔你憶著我言語。千萬記得莫放除。	(旦)尔向廟前過水，我往廟后過山，
(旦)夫妻今旦分開去。心頭俰會不尋思。	待夕陽西，尔來此廟中相會便了。
	(旦)男有心女有心，何怕山高水又深。
	(合)約定夕陽西下處，有心人會有心人。

2 長生道引

荔鏡記　7出	明刊本　劉圭會雲英
(旦占)天斷雲霓。月光風靜。	(生)所見可淺。恨阮行得不是。
幾陣歌童舞妓。	(旦)因爲冤家拚捨不離。
(旦)笙簫和起入人耳。	(生)也畏隔壁有耳。
眞箇稱人心意。	說阮行止歹，
恨織女牛郎，	也是咱姻緣，
伊都不得相見。	俰通說已。

以上二支曲牌，長生道引比較相近，一江風的詞格，明刊本比較複雜。由於是戲劇，歌詞的長短隨劇情而變化，故不能一致。這也表現出戲劇表現的靈活性。以下舉例皆如此，不再說明。

3［剔銀灯］

	明刊本　滿天春上欄南管	今南管　呂書下編
荔鏡記19出	撲流螢　剔銀灯	<勸哥哥>　剔銀灯
(生)心迷亂，憂憂著驚。	羅衣寬，難消黃昏。	勸哥哥，掠心放回。
只事志思量都未惰。	薛陶箋倆寄淂回文。	海枯石爛(不女)
將錯力鏡來打破。	葉落秋聲不忍聞。	任待那是海枯石爛，
細思量，獨自著驚。	雨打梨花，盡日深閉門	小妹堅心句在。
投告天地有靈聖。	人在天涯，枉我只處望斷魂。	今被犯(患)難分開去，
保庇我姻緣早早完成。	心心念念，	日後相逢，咱日後那卜相逢，
....	盡日障思君又不見君。	各有只憑記。
(占)你力寶鏡那做戲要。		勸哥我今勸我哥，
故意力鏡打破。	荔鏡記22出	尔只恍(慌)心且竟除。
想你不是磨鏡腳手是定。	討耐恁做可不是。	值只犯難中，
專打口鼓弄牙說通聽。	敢障做不合人較議。	莫怪叫是小妹無開處。
(生執占、占唱)鏡未分明。	辱薄我門風，乜體例。	值只犯難中，
你且立定。	都是恁一火奴婢。	莫怪叫是小妹無一開處。
不帶著你好頭好面，	(合)全今改了心性。	（以下爲散板之尾聲）
打死你是定。	再後若卜障做，定是討死。	接著聘釵心都如(茹)，
(生)打死我是恁罪過。	(占)告啞婆聽簡說起。	一場恩愛總是虛。
馬有四腳也會著跋。	小七做人未貴氣。	一別觀(關)山兩處思。
二邊也都准落蝕，	(淨)烏賊莫得笑猴染。	
一人著蝕一半。	你也自細乞人飼。(合前)(入)	
陳三工夫錢不討，		
也准在娘仔恁空磨。		
....		

荔鏡記19出

....

(外上)障吵鬧正是爲乜。

磨一鏡值一乜錢。

三錢二錢算還伊。

何卜討小輩人平宜。

....

(外)賊畜生，好生無理，

打破了做俪得變！

荔鏡記24出

(生)陳伯卿專心拜托。

望小妹做一月下老。

(占)做媒人著老人，

小妹做乜都會做媒人。

(生)蛇那無頭值處會梭。

勸恁娘仔共我匹配不錯。

我到只，不成去到，

思想起來，惹得相思病倒。

明刊本曲簿書影

26出　　（連續旦、占唱，表示其間有口白，此處省略）

(旦)死賊婢，你走去值？

(占)說伊讀書，有好文章無志氣。

(旦)早使你力繡篋整理。

(占)說伊卜求官都容易。

(旦)我只處有乜人來到只？

　　　邢貪共娘仔愛結成連理。

(旦)飼你拙大，因乜不同人心意。

(占)伊即甘心捧盆水，掃廳邊。

(旦)只繡篋內因乜有一紙字。

　　　忍除志氣。受恁一口苦氣。

(旦)你不實說，定著討死。

(占)勸娘仔你莫怨伊。

(占)告啞娘，聽簡說起。

　　　伊怨恁辜負伊人青春年紀。

　　　許陳三一身受氣。

(占)也耽擱恁獨自。

(占)再三分付，

....

　　　甲簡共娘仔說出即情意。

(占)只姻緣學卜崔氏鶯鶯

(占)說娘仔袂記得當元初時。

　　　共張拱西廂記。

(占)高樓上食荔枝。

(旦)你障說也是理。

　　　撬乞伊，引惹伊人做乜。

　　　我共你在只心頭，且莫露機。

(占)深懊恨無所見。

(旦)是我當初親看見。

　　　叫恁恣娘人話說無定期。

　　　我一心恐畏只人不是。

(占)空騙伊人，張盡計。

(旦)恐畏世上人相親像，

　　　費盡機。做恁厝奴婢。

　　　又畏人乘機來假意。

(占)罵娘仔，

(旦)不免再叫來問伊。

(占)罵娘仔，揹心懷行止。

　　　試探伊人話刺。

　　　全無半點可憐伊。

(旦)成就只姻緣也未遲。

比較剔銀燈，可知此曲牌的基本旋律應以明刊本爲主，荔鏡記的22、24出是基本旋律；19、26出的長曲，應是基本旋律的一再重唱。正如今南管的[短相思]，< 輕輕看見 >通曲五十拍（板），係以[短相思引]之主腔反復四遍；< 因送歌嫂 >計八十六拍（板），主腔反復八遍，各遍反復時，主腔有時作些微的變奏（註二六）。戲曲的演唱，只要決定採用某曲，即可

隨劇情之長短，以主腔做重複多次的唱奏。南管<勸哥哥>為主腔反復一遍，其曲詞為明刊本的二倍，至「分開去」為前半段。

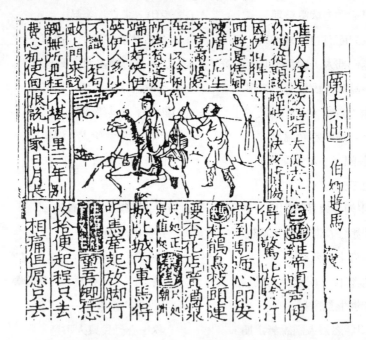

四、《荔鏡記》與南管曲詞對照表

茲再參合荔鏡記與南管曲詞相同者，製成下表，以比對其滾門、調性：（南管依吳明輝本，如依其他版本，則另外註明）

| 16 伯卿遊馬 | [？](生)(淨外)雞啼頭聲便起程，便起程。
(淨)「馬來」猿啼鳥叫得人驚叫得人驚。做緊打馬過，前程相隨伴。莫拆散，到驛遞心即 | 潮陽疊　倍思管
雞啼頭聲備起程
听見夏蟬在許枝頭連叫聲
薰風吹送過山嶺
杏花村掛酒帘 |

安。	進前去快逍遙
(又)溪水流過只西橋只西橋。	進前去　咱今快逍遙
杜鵑鳥枝頭連聲叫連聲叫。早	哩嗦嗹嗦哩嗹
風送我過山腰。杜鵑花店賣酒	嗹嗦哩嗦嗦哩嗦嗹
漿。前頭去也著各思量。	
	潮陽疊
(生)且喜得到潮州城潮州城。	且喜淂到潮州城
城內軍馬得人驚得人驚。	城內景緻都有十成
彈瑟吹簫實好聽。	伊人彈琴吹簫是實好听
馬牽起、放腳行，別處好，	馬牽帶放慢行別處好
不如潮州城潮州城。	潮州城遍處好
	潮州城哩嗦嗹嗦哩嗹嗹
(此出漏標曲牌名)	嗦哩嗦嗦哩嗦嗹

17	[大河蟹]	長滾　四空管
登	高樓上，南冷微微。	高樓上輕風微微
樓	不用撥紗扇。	不用搖紗扇
拋	手倚琅玕無熱氣。	手倚欄杆無熱氣
荔	風送百花，自有清香味。	風送蓮花清香味
	到晚來，	到晚來
	新月上，掛在許天邊。	有只星月掛在許天邊
	眞箇趁人心，焄人心歡喜。	試問阮姻緣是偌哖
		有緣千里終相見
		無緣無緣放早拆散分離
	(占)簡勸娘仔莫心悲。	勸娘仔莫得心悲
		勸阮阿娘汝亦莫得若傷悲

且來消遣食荔枝。	來去上樓賞夏天
對景傷情卜做乜。	對景傷情卜做乜
夫唱婦隨將有時。	夫唱婦隨總有時
荔枝清香甜如蜜甜如蜜。	荔枝向清香都甜如蜜
娘仔輕輕拆一枝、壓一枝。	想荔枝障清香都甘成蜜
眞箇焄人心歡喜。	待嫻伸手去摘一枝折一枝
	稱人心眞個動人心意
	眞個是動人心意

南管曲詞較長，可視爲主腔多反復一次。曲末反復爲「煞尾複唱」。

17	[金錢花](生唱)	序滾　五空管
	今旦騎馬過只樓西。	今旦騎馬過只樓西
	伊力荔枝備掞落來。	樓上娘子伊掞只荔枝掞落來
	不是鳥啄枝拆，	不是風打枝折
	風打落來。	又不是鳥鵲啄落來
		只是只是錦桃娘子
		掞落青梅故事
		得只荔枝　我今旦得只荔枝
		總有日好恩愛
	伊今關門落樓去，	伊今關門落樓去
	惹得我悶如江海。	越添得我悶深如海
	恨不生翼	那恨我恨獪生翅飛
	飛入伊房內	飛去伊房內
	結托恩愛。	共伊人成雙成對
	許時節，即趁我心懷。	許時即稱我心懷
		到許時即稱得我心懷

南管再加上「青梅故事」，主腔多反復一次。

19	[皂羅袍](旦唱)	長潮陽春　倍思管
陳	早起日上花弄影。	早起日上花弄影
三	卜做針線無心情。	提起針線無心情
	聽見乜人叫磨鏡。	聽見外頭叫磨鏡
學	(生白)「磨鏡磨鏡。」	
磨	(旦)聲聲叫得是好聽。	聲聲叫出甚分明
鏡	(生見旦介)「娘仔拜揖。」	
	(旦)好一風流人物，	好一位風流人物
	生得各樣齊整。	生得有只十分端正
	疑是許馬上官人，	嫺即認是馬上官人
	想伊不來磨鏡。	想伊倆肯假學做磨鏡
	人有相似，恐畏認捒。	人有相似
		益春汝著仔細認定
		人有只相似
		益春汝著仔細仔細認定

24	[望吾鄉](生唱)	套曲「我只處」3 出
		三章培思望吾鄉看花迴
園	園內花開香蘭麝。	園內花開香蘭麝
內	想我在只牆外，	想阮在只牆外
花	礙手惡去拆。	礙手惡去摘
開	一陣風送一陣香。	一陣風送過一陣香
	著許花香來刈吊人	著許花香即會障刈吊人

	不見花形影	不見花形影
	我強企起來，在只月下行。	強歧起來月下行
	待許賞花人聽見，	待許賞花人那聽見
	即知阮貪花人有心情	即知阮是貪花愛花人無心情
	(白)「冤家好悶殺人！」	待許賞花人那卜聽見
		即知阮是貪花愛花無心情
24	[望吾鄉](生唱)	潮陽春
	人聲鳥叫，因乜聽無定。	人聲共鳥聲
	(白)「我曉得了」	聽見不定
	伊都是假意叫做鳥聲。	想伊是假意
	(白)「陳三因何只處行？」	人聲即會聽做鳥聲
	陳三總是爲人情。	伯卿總是爲著恁人情
	無因不來只月下行。	無因我來月下行
	將我心腹話，暗呾幾聲。	將只心腹話
	我叔西川做太守。	對月來訴出拙分明
	廣南運使是我親兄。	權借一陣好風
	今來恁曆差使著行。	吹送度阿娘聽
	(白)「天若可怜陳三。」	
	借請一陣好風	權借一陣好風
	吹送乞啞娘聽。	吹送度阿娘聽

曲牌相同。

26 繡成	[望吾鄉](旦唱)	倍思望吾鄉
	繡成孤鸞戲牡丹。	繡成只孤鸞繡牡丹
	又繡鸚鵡枝上宿。	又繡一个鸚鵡

孤鸞	孤鸞共鸚鵡不是伴。	飛來在只枝上宿
	親像我對著許(白)	孤鸞共鸚鵡不是伴
	「丁古林大」無好頭對,	親像阮對著
	實無奈何。	對著許丁古賊林大無好緣份
	再繡一叢綠竹。	切人只心內無奈何
	須等鳳凰來宿。	又繡一欉綠竹
		須待許鳳凰飛來宿
		再繡一欉綠竹
		等待許鳳凰飛來宿
		(用張再興本)
26	[水車歌](旦唱)	四空管水車歌　　套曲
	君你言語句句卜記。	共君斷約
	共君斷約。	共我三哥恁今斷約
	須等待今冥三更時	須待今冥人眠靜
	若還不來,頭上是天。	若還不來　頭上是天
	若還負君,	若還邪卜負君　天地責罰
	促命早先死。	黃氏五娘早早先死
	(生)感謝娘仔真有人情。	感謝阿娘果有真心
	(旦)阮明知恁假意學磨鏡	阮明知恁是假學做一磨鏡
	來阮厝行。	來阮厝行
	我罵你是瞞阮媽共爹。	罵君幾句　都是瞞過媽共爹
	君你今障說,我只心肝越痛。	見君恁今障說
	(生白)林厝親情今佲樣?	怎阮心頭軟成綿
	(旦)懊恨丁古林大,	丁古林大　恨著丁古賊林大
	早死無命。	汝著早死無命
	每日催親,	每日催親迫緊

我幾轉爲伊險送命。	阮今幾遭險送性命
(余文)我勸你心把定。	心神把定
一世不負君人情。	莫得著驚
心神把定莫著驚。	怎甘刈捨辜負三哥恁人情
	怎甘來刈捨辜負我君恁人情

曲牌相同。

48	[越護引](旦唱)	三章長滾越護引　四空管
	紗窗外，月正光。	紗窗外　月正光
	我今思君心越瘦。	阮今思憶君心越酸
	記得當元初時，	記得當原初時記得當原初時
	共伊同枕同床。	阮究共伊人同枕又都同床
	到今旦分開去障遠。	誰疑到今旦　誰疑到今旦
		阮兩人分開去到向遠
	伊是鐵打心腸。	伊不是鐵打心腸
		想伊不是鐵打心肝腸
	料想伊未學王魁負除桂英，	伊肯學許王魁負除桂英
	一去不返。	一去不返
	待我只處目瞵成穿。	害阮只處映得阮目都成穿
	長冥清冷，	阮長冥那障清清
	無人通借問。	有誰人通借問
	懶身起倒，	阮今懶身起倒
	冥日夭飢失頓。	要究冥日餓成枵饑失頓
	無意起梳粧。	阮無意去梳粧
	爲君割吊，顏色瘦青黃。	阮爲君恁刈吊　顏色瘦青黃
		阮今乞君恁障刈乞君恁障刈

		刈吊得阮腸肝做寸斷
	(又唱)	[越護引]　　長滾
	三更鼓　翻身一返。	三更鼓　阮今翻身一返
	鴛鴦枕上	鴛鴦枕上
	目滓流千行。	阮目滓淚滴千行
	誰思疑到只其段。	誰思疑阮會行到只機頓
	一枝燭火暗又光。	一枝燭火暗又光
		對只孤燈阮心越酸
	更深什靜，冥頭又長。	更深寂靜兼冥長
	聽見孤雁長冥飛，	聽見孤雁　忽聽見孤雁
		長冥那障悲
	不見我君寄書返。	不見我君伊寄有封書返
	記得當原初時，	記得當原初時
	恩義停當。	阮共伊人恩愛情長
	共伊人相惜，如蜜調糖。	相愛相惜　情意如蜜調落糖
	恨著丁古林大，	恨著登徒許林大
		深惱恨著登徒賊林大
	力阮情人阻隔在別方。	汝掠阮情人阻隔去外方
	值人放得三哥返。	誰人會放得我三哥返
	千兩黃金答謝伊不算。	愿辦千兩黃金
		就來答謝恁　阮都不算
	投告天地，	投告天地
		阮今著來再拜嫦娥
	保庇乞阮兒壻返。	保庇阮膩婿返來
	共伊人同入花園。	共伊人同入賞花園
		推遷乞我三哥伊早返來

		阮共伊人同入遊賞花園	

曲牌相同。

以上計十曲，為《荔鏡記》與今南管曲詞大同小異，應是同一曲子。不管是《荔鏡記》影響南管，還是南管影響《荔鏡記》，二者的關係總是非常密切的。其中有二曲的宮調有出入，即[皂羅袍]與[醉扶歸]，依本節**三**屬四空管，F調。但南管則為倍思管，D調。張再興謂：「長滾和長潮陽春之韻相通，只是前者用四空管，後者用倍思管，所以四空管作倍思管用亦可。」（註二七）亦即二種管門的部分旋律有相同之處，只是調高不同而已。

以下則為曲詞意思略同，但先後順序不同、詳略不同者，於曲調的比對上，聊作據南管推測《荔鏡記》曲牌的參考：

| 6

五娘賞燈 | [婆婆金](旦占)元宵景，好天時。人物好，打扮金釵十二。滿城王孫士女，都來遊嬉。今冥燈光月團圓。琴絃笙簫，鬧滿街市。
[大迓鼓](旦唱)正月十五冥。厝厝人點燈，是實可各，三街六巷好燈棚。又兼月光風又靜。來去得桃到五更。
(占丑)元宵景有十成。賞灯人都齊整。辦出鰲山景致，抽出王祥臥冰。
(占丑)丁蘭刻母，盡都會活。張珙鶯鶯，圍棋宛然，真正障般景致，實是惡拵。恁今相隨 | 元宵時好景　潮雲悲
元宵時好景緻
王孫共士女伊人同遊戲
月光風又靜好天時
阿娘卜去体燈賞元宵
阮阿娘卜去体燈賞鰲山
阮特請李姐來去相伴
聽見外頭人叫聲
待阮開門都出來看
嗳唷都是益春
汝來為乜因端
咱今久久都未識相見
要益春咱今好久
久都未識相見
阮特來請嘮請嘮 |

，再來去看，再來去看。	請卜李姐汝今來去遊賞
	做一伴滿街共滿巷
[皂羅袍](旦)滿街鑼鼓鬧咳咳	點出花燈
。各處人聽知。盡都來。	排出都是人物故事
(占)簡今隨娘到只蓬萊。	阿公阿媽稟過得知機
(旦)看許百樣花燈盡巧安排。	李妲汝著伴阮去迏迌
遊賞好元宵，人人心愛。(占)	阮阿娘愛卜体燈
娘仔相隨到只。(旦介)鞋緊履	李姐汝著伴阮去迏迌
短步難移。(旦)輕輕閃覓只街	(註)

註：本曲詞有三曲雷同，長潮韻悲、潮雲悲、三角潮疊。潮雲悲為四空
　　管，三角潮為倍思管。[大迓鼓]、[皂羅袍]為四空管，[婁婁金]為
　　五空管。

21	[婁婁金](生唱)	套曲<共君斷約>次出<黃五娘>
	我為你受盡氣。	柳搖金　四空管
	黃五娘你可無行止。	黃五娘黃五娘汝只心行歹
	袂記得　袂記得高樓上，	袂記得袂記得在許高樓上
	是你親手捔落荔枝。	掠只荔枝彈落來
		我怙(姑)叫汝有真心
		卜來共我結恩愛
	今旦反面不提起。	誰知到今旦
	我死到陰司。	我為汝有只千般苦
	冤家　卜共尒相纏。	今卜有誰知
		我一心望卜共汝結做鸞鳳儔
		鴛鴦群成雙對永和諧
		誰知到今旦著分開

		恁東我西
		從今共汝離別去
		路隔天涯
		愛卜相見
		除非著南柯夢裡
		五娘汝卻虧心汝卻行歹
		天罰汝一世只處受盡磨刣
		天責罰汝一世只處受盡磨刣

| 24 | [醉扶歸](旦讀陳三之信)
人說人說，有緣千里終相見。

設計設計，即來到只。
誰料儂心無倖止。
我自怨一場無依倚。
冥日怨切，頭攑不起。
　(介、白)「冤家冤家，因乜
　障苦！」
死到陰司，冤魂卜來共你相纏 | 長潮陽春　倍思管
有緣千里終相見
無緣放早拆散分離
莫得三心共二意
耽誤我一身無依倚
爲汝相思病沈重
我頭舉不起
若還割吊　我身那卜先死
我陰魂卜來共恁相籐纏
若還那割吊　我身那卜先死
我陰魂定卜共汝相交纏 |

| 26 | (生白)「娘仔有乜鈞旨？」
[醉扶歸](旦唱)
你常說富貴人厝仔，因乜....
不去應舉求名。你厝住泉州， | (陳三答)短相思　五空管

因送哥嫂卜去廣南城 |

因乜來阮潮州城。

[皂羅袍](生)娘仔你且聽說起。因送我歌嫂廣南城市。

(白)「送我兄來到娘仔貴城，幸遇元宵，小人出街看燈。」

無端燈下見娘仔。

(白)「送我歌嫂到任，冤家冥日著你刈吊。就返來，便是六月。」

一日騎馬上街市。

(白)「娘仔你可記得樓上食荔枝時？」

你抌落荔枝。乞阮爲記。

我恬你有眞心，即來做恁厝奴婢。你既然那卜虧心，荔枝我現收在只。

[皂羅袍](旦)六月六月值處人無荔枝。未知只物是不是？..前日有一人騎馬遊街市。

是我錯手抌荔枝。

過去事志誰人卜記。

(白)「娘仔你不記，小人眷眷記在心頭。」

(旦)既然那卜你。馬今值在？

(生)是我是我有馬袂做得主。

送乞送乞磨鏡師父。

才到潮州　喜遇上元燈月明

偶然燈下

遇見阿娘有只絕群娉婷

見恁嬌姿絕色女

即會惹動我只一點相思

勉強送兄嫂　次早起程

一身爲恁割吊

即會離別我胞兄

轉回潮州

駿馬雕鞍　遊遍街市

對恁樓前經過

往往來來

眞個難解　意馬心猿

幸逢六月

恁在樓上適興

汝掠荔枝抌落

卜來共我眼裡偷情

我誤叫　誤叫汝有眞心

即故意打破寶鏡

願甘心捧盆水

共恁掃廳堂

我一心

望卜共汝喜會荔枝緣盟

誰知今旦　說是措手無定

既然那是措手

羅帕夙世前緣

都是阿娘汝今親手繡成

學伊手藝來見你。	汝今日　今日那卜虧心
（旦白）「你向苦見卜阮做乜？」	汝騙我恁厝空行
	相思一病了會送幽冥
（生）只望卜共娘仔你結成夫婦	相思一病
	大半了會送南幽冥

[醉扶歸]爲四空管

23	[風入松]（生）	短相思過野風餐
	恁娘仔可見無行止。	恁厝娘子伊人話說無定期
	當初因乜起只意。	荔枝揆落全然不提起
	到今旦辜恩負義。	伊既然既然那虧心
	[蠻牌令]（生）我爲伊來到只。	何卜荔枝做爲記
	受盡人苦氣。	尋思起來我尋思起來
	誰知恁娘仔障無行止。	須著問伊拙就理
	暗苦切，腸肝如刀剃。	煩小妹爲致意
	煩小妹你去說就裡。	勸甲伊莫負佳期

29		[大河蟹]（旦）	中潮望吾鄉
	鸞	暗靜開門踮腳行。	暗靜開門
	鳳	姮娥知阮爲人情。	爹媽總都不知
	和	心神迷亂都不定。	誰人知阮此心內事
	同	思量低頭獨自驚。	聽見窗外風送竹聲來
		得知都無命。	莫非是我三哥
		未知緣分成不成。	伊僻在許竹叢下
		你因乜障貪眠貪眠。	待阮輕輕障挨開出去

[勝葫蘆](占)	又恐畏大小人知
三哥因乜障貪眠。	偷身就來
姮娥偷出廣寒宮。	暗靜我定卜共我三哥
今冥在恁成就只姻親。	結做蟇婿
	偷身就來
	暗靜我定卜來共我三哥
	恁今結做蟇婿

33 計議歸寧	[西地錦](生)我今共你走返圓。去路上我自有主意。任伊林大富貴有錢。伊敢共我打乜官司。叫益春收拾行李。	
	就今冥走離只鄉里。	三角潮　倍思管
	(旦)君你百般那為阮。受盡辛苦受盡磨。生死不甘割捨。共君出外乞人做罵名，阮無奈何。但願當天燒香下紙。路上去畏乜林大。	當天下誓
		咱來當天燒香下誓
		出門去休管林家知機
		休管鄰家旁議
		七月十四三更時
	(占)七月十四三更時。三人同走出只鄉里。	月光風靜　是實好天時
		君恁有心三哥恁有心
	(旦)君恁有意阮也有意。	阮即共恁有意
	月光風靜，是好天時。	即著同恁走
	(占)打併錢銀卜(下)簡身邊。	就在今冥　便是三更時
	路上去做盤纏。	收拾錢銀在嫺身邊
	(生)捻起只衣裳，打扮卜齊整。	路上去亦通買果子
	懶今三人因勢卜行程。	亦通做盤纏

娘仔你頭上釵	捎起繡羅衣抄起繡羅衣
插卜端正。	整理青絲雲鬢
十四冥月光，	伊掠只金蓮步步輕移
照見懶三人形影。	呵娘頭上釵　呵娘頭上釵
恁今三人惡割捨。	插卜端正莫倒欹
(占)有心到泉州,,	十四冥月光　十四冥月光
畏乜山共嶺。	照見咱形影　共君相隨
打緊走來去，又畏人趕力。	咱今三人只處惡分惡離
	有心到泉州有心到泉州
	不管許山高路嶺崎
	披星戴月去　恐畏人知機
	披星戴月去　又恐人知機

西地錦屬黃鐘宮（♩B）調

		套曲<花園外邊>次章
34	[四邊靜](旦)	右調醉蓬萊落緊潮
走	又聽見城樓上，喝噉返更牌。	忽聽見城樓上鼓催更
到	驚得我腳疲，步行不進前。	驚驚噯驚得我只魂消魄裂
花	(占)伊當初爲你，辛苦萬千般	(落疊)
園	。懶今旦爲伊。腳痛也著行。	一身愛到我君鄉里
	(旦)爲君你辛苦不敢唸。目渾	全然僥險阮亦寔惡避
	流落不敢做聲。憶著我厝爹媽	山岡高　總亦沒接得天
	心頭痛。寸步惡起受盡驚惶。	腳罔痛　著放鬆放鬆腳纏
	(合)值時得到泉州城。	走出外鄉里
	(占)益春說乞官人聽。阮厝娘	
	仔不曾識出來行。行來腳又痛	

```
┌─────────────────────────┬──────────────┐
│ 。山巔崎如壁。           │              │
│                         │              │
│ ....                    │              │
└─────────────────────────┴──────────────┘
```

〔四邊靜〕、<花園外邊>皆倍思管。

　　以上曲詞內容相同，但前後順序不一或詳略不同。因爲戲劇音樂和南
管淸唱的表現不太一樣：前者是幾個曲牌前後劇情的連續，有對白；後者
只是淸唱，一曲表現一個完整的情思。

　　大陸錄音帶有南音錦曲精英《陳三五娘系列》共九集，今試根據劇情
發展與《荔鏡記》比對如下：（有＊者爲《荔鏡記》所無之情節，阿拉伯
數字爲錄音帶之集次。（註二八）

　　2　移步遊賞(五娘遊賞花園) 3出

　　1　聽見外頭(李姐與益春對唱) 6出

　　1　幸逢太平年(遊鰲山)　　　　6出

　　1　高樓上(益春勸五娘至高樓上賞荔枝)17出

　　1　今旦騎馬(陳三騎馬過五娘樓下)　　17出

　　10早起日上(陳三初至五娘家磨鏡)　　19出

　　2　頭茹髻欹(五娘怨恨林大，欲知陳三身分)20出

　　4　娘子(益春知五娘心事)　　　　　　20出

　　3　小妹聽我說(陳三向益春訴說對五娘之情)21出

　　1　恍惚殘春(五娘悲春，怨林大，想陳三)　22出

　　5　黃五娘(陳三責怪五娘)　　　　　23出

　　2　園內花開(五娘夜遊花園)　　　　24出

　　4　陳三言語(五娘夜遊花園怪陳三)　　24出

　　3　有緣千里(陳三相思得病)　　　　24出

　　2　阿娘聽嫺(益春跟五娘說出陳三身分)26出

　　2　虧伊(五娘告誡益春勿洩露對陳三的情思) 25出

1 不汝益春不汝娘子(二人談論陳三) 25出

*9 阿娘差遣(五娘叫益春去探望陳三) 25出

*2 年久月深(陳三無望，欲歸泉州) 25出

3 書今寫了(益春敎陳三寫信給五娘 25出

4 繡成孤鸞(五娘刺繡) 26出

3 因送哥嫂(益春爲五娘挽留陳三， 26出
　　　　　陳三向五娘說原由)

3 爲你暝日(陳三向五娘訴情) 26出

3 我爲你 　(陳三向五娘訴情) 26出

3 荔枝爲媒 　(〃 　　　　) 26出

3 看燈十五 　(〃 　　　　) 26出

4 値年六月(五娘益春與陳三對答) 26出

5 共君斷約(二人吐露眞情，約定半夜相會)26出

2 暗靜開門(五娘赴約) 29出

5 聽伊說(五娘決定與陳三逃歸泉州) 33出

5 當天下紙(半途燒香許願) 33出

5 花園外邊(逃至花園外邊) 34出

5 咱三人(接上曲，聽城樓更鼓響) 34出

5 阿娘自幼(沿途訴說未曾出門之情) 34出

6 共君相隨(〃 　　　　　) 34出

6 未識出路(〃 　　　　　) 34出

*6 多少可恨(宿旅館，遇衙役拘捕之對答)
　　　　(本書是在途中被捉)

6 告老爺(官府審判，益春供詞) 44出

6 告老爺你看(〃 　　　　) 44出

6 刑罰(益春受刑)　　　　　　44出

6 班頭爺(探監，益春與獄吏之對答) 45出

6 忍除八死(五娘探監)　　　　45出

7 誰人親像(陳三發配崖州，五娘送行)46出

7 爲伊割吊(五娘思念陳三，叫小七送信)48出

*8 益春不嫁(小七要求娶益春才要送信，二人之對答)

7 拜告阿娘(小七送信，拜別五娘)　　48出

7 元宵十五(五娘想念陳三)　　　48出

7 孤栖悶(　"　　　　)　　　48出

7 聽見杜鵑("　　　　)　　48出

4 紗窗外　("　　　　)　　48出

8 三更鼓　("　　　　)　　48出

8 精神頓　("　　　　)　　48出

　　　　(此曲見於順治本《荔枝記》)

8 聽門樓　("　　　　)　　48出

9 月半紗窗("　　　　)　　48出

9 中秋月照("　　　　)　　48出

　　除上列外，尚有：

1 三哥暫寬(益春安慰陳三)(廈門南音演唱團、齊玲玲唱)

2 昨暝一夢(五娘想念陳三)(南聲社CD，蔡小月唱)

3 賞花組曲　馬香緞、陳玉秀唱　劉春曙指導

　賞花組曲　周碧月、陳小鳳、余麗玲、黃淑英、陳麗娜唱

　　　　　　周成茂、陳永機指導

　包含<恍惚殘春>、<移步遊賞>（套曲<我只處>次出）、<阿娘聽嫺>三

　曲及對白。

*4 留傘組曲　馬香緞、陳玉秀唱　劉春曙指導

　包含<年久月深>、<三哥回心>、<三哥暫寬>、<因送哥嫂>、

<值年六月>、<早知你負心>、<書今寫了>。

5 私奔組曲　周碧月、陳小鳳、余麗玲、黃淑英、陳麗娜唱

　　　　　　周成茂、陳永機指導

包含<當天下紙>、套曲<花園外邊>首出、次出。

6 繡孤鸞組曲　輾轉錄音，不知唱者

包含<阿娘且把定>、<黃五娘>(套曲<共君斷約>次出)、<共君斷約>

　　另有《陳三五娘》梨園戲錄音帶(上下)，廈門音像出版社出版。內容與錄影帶《陳三五娘》高甲戲完全一樣。劇情演至私奔爲止，音樂截取<當天下紙>、<花園外邊>的片斷。　（註二九）

　　以上音樂、組曲、錄影帶，與《荔鏡記》本文相對照，對《荔鏡記》的音樂表現應該有所體會、認識。筆者通讀《荔鏡記》戲文，只是文字內容的了解；及至學南管，遍聽有關陳三五娘的錄音帶、CD與觀賞錄影帶後，劇中人的笑貌聲影，如在目前，尤其<花園外邊>套曲，五娘的深情、與私奔又割捨不下父母的感情，都藉著特殊旋律的潮調（倍思管）表現出來。

五、結　語

　　《荔鏡記》曲牌音樂的實際表現如何？是本節所要探討的重點。泉州南戲在演變發展的過程中，固然吸收了很多北曲、南曲；但我們很難由北曲、南曲的調性得知其實情，今人楊蔭瀏曾根據崑曲譜中的北曲曲牌，就「元雜劇是否絕對地定宮定調？」加以分析：

　　　宮調的作用，主要僅在保持一曲的前後，在調性上，能有一定的聯
　　　繫，其結尾能達到一個完整的收束，而不復產生「往而不返」或散
　　　漫而不著邊際的感覺。....宮調問題涉及調和調式問題，即涉及音階

首音和在曲調中得到著重運用（經常用於結音）的音級問題。 對現
存元雜劇曲調的定調，缺少由元代直接流傳下來的資料，只有對包含
一部分元雜劇的明清以來的崑曲北曲的定調，間接可供參考。兩者雖
有區別，但後者是由前者發展而來，多少總有其參考價值。在現在崑
曲的北曲中，對元雜劇九個宮調的定調，大致是如此：

　　正　　宮——小工調(D)、尺調(C)或上調(♭B)。

　　中呂宮——小工調(D)、尺調(C)或六調(F)。

　　南呂宮——凡　調(♭E)、小工調(D)或尺調(C)。

　　仙呂宮——小工調(D)、尺調(C)或正宮調(G)。

　　黃鐘宮——六　調(F)、凡調(♭E)或正宮調(G)。

　　大石調——小工調(D)或尺調(C)。

　　雙　　調——乙　調(A)或正宮調(G)。

　　商　　調——六　調(F)、凡調(♭E)、小工調(D)或尺調(C)。

　　越　　調——六　調(F)、凡調(♭E)。

可見現在崑曲北曲的定調，在同一宮調中，仍有著極大的伸縮性。
因爲角色有闊口（如老生、外、淨）細口（如旦、小生）之分，闊
口的音域要求偏低一些，細口的音域要求偏高一些，所以在定調上
爲同一宮調留有伸縮餘地，是有它一定的道理的。但這樣的定調已
與南宋「燕樂」宮調所代表單一的、而且一定不易的高低，完全不
同——在絕對的音高上不同，在有無伸縮性上也不同。

所以，就調「宮」的問題而言，元雜劇的宮調並不是用來限制調的
高低的；它在名稱上雖與南宋「燕樂」的宮調名稱完全一樣，但同
一宮調名稱的涵義則與南宋「燕樂」宮調完全相異。

現存元雜劇的近千個曲調（其歌譜載在《九宮大成譜》、《納書楹
曲譜》中），都可據以說明古人對宮調的自由運用問題。除了在定
調的高低方面，常有自由的伸縮之外，對調式的自由運用，表現在

兩方面:一方面是,同一套數中屬於同一宮調之各曲,其結音常常
互有不同——即調式互有不同;另一方面,屬於同一宮調的同一曲
牌在用於不同的套數中時,其所用的結音,常常互有不同。
前者說明,在屬於同一宮調的同一套數中,調式可以自由變化;後
者說明,即使同一曲牌,在不同的應用場合中,其調式也可以自由
變化。對宮調的自由運用,....使作者有充分發揮的可能性,使它
能從作品的生活內容出發,刻劃出生動的音樂形象,以達到他創造
的目的。(註三十)

後代音樂承襲前代音樂宮調的名稱,「既不代表有定而單一的調(高),
也不代表有定而單一的調式。」可以說是中國音樂的特性,崑曲如此,用
在南曲也是一樣,也就是說,宮調對於南曲的意義,實際上只剩下作為據
以分類的「名目」而已。而北曲、南曲與南管的調式、調高的差異,也可
以如此理解。但我們卻可據南管與明刊本、《荔鏡記》曲牌的密切關係,
推知《荔鏡記》音樂的實際情況。

除了作者不一定依既有的調式、調高而作充分的創造性名,泉州的南
管也有它特殊的歷史淵源和環境:

一、泉州的語言比較完整地保存中原古語,語言與音樂密切相關,使
從外地進入泉州的音樂,變為泉腔。

二、使用樂器的不同,也會改變原有的音樂。南管音樂起源甚早,可
能在唐宋時已有,這可從使用的樂器和音階的組織推斷出來。樂器方面,
琵琶、洞簫都是唐代的規格;音階方面,現在南管經常使用的是四空、五
空、五空四仅、倍思管四調(相當於西樂的 F GC D 四調)當時的調門是
否已如此,雖不得而知,但與民間最常使用的「四宮」是相合的(註三一
)。當外地音樂進入時,為了配合琵琶的特性,自然做了適當的改變——
譬如由通常所用的十三調(或九調)變為四調。琵琶是絃樂器,其定音是
以簫為主,所謂「洞管」;有時用笛子,所謂「品管」。洞管「╳空」音
為C1,品管「╳空」音高為 ♯E1,品管比洞管高一個小三度。戲曲演唱經

常使用品管。以簫爲定律之標準，標準音高應無問題；但依臺南南聲社實際演奏情形，琵琶的╳音（即西樂的中央 C）卻比西樂略爲高些，其他音由此類推。因此，當我們以西樂的音名標準做南、北曲與南管的比對時，有些相合，有些就發生調性不合的現象了。

　　三、最重要的是，泉州本來就有它自己的音樂傳統。泉州南管的特殊名詞「滾門」——把宮、節拍相同，旋律節奏較相似的曲調（即曲牌）其調式不一定相同的，歸納爲一門類。——是外地未見，中國音樂史的論述、中國音樂詞典都未討論、出現過的（註三二）；但它可能與唐宋大曲有關。大曲是自漢、魏至唐、宋間在伎樂基礎上發展起來的多段大型歌舞音樂。王灼《碧雞漫志》謂：

　　　　大曲有散序、靸、排遍、攧、正攧、入破、虛催、實催、袞遍、歇
　　　　拍、煞袞。

燕（俗）樂大曲的曲式結構，唐、宋相承而略異。大體上都有：散序（無拍無歌）、中序（入拍，以歌爲主）、破（歌舞並作，以舞爲主）三大部分。各部分均分「遍」，遍數多少不等。宋代漸少全曲演奏，多用選段，稱爲「摘遍」（註三三）。南管的滾門中有長滾、中滾、短滾、序滾，當與大曲的「袞遍」「煞袞」有關。又董穎的《薄媚》實催作「催拍」，此曲現尚存於南管曲中（註三四），明刊本滾門有「薄媚袞」、「滾」，今南管亦有「薄媚滾」（註三五）。南管有「千載清音」的雅號，亦可看出其歷史悠久、獨特音樂表現的特色。

附註

一：呂錘寬《泉州絃管指譜叢編》絃管總說，行政院文化建設委員會出版
，1986。《唱論》，元・燕南芝菴著，見傅惜華編《古典戲曲聲樂著
叢編》，人民音樂出版社，1957年第一版。

二：王愛群< 泉腔論——梨園戲獨立聲腔探微 >，《南戲論集》p360。

三：曲項琵琶的傳入福建及泉州，至遲在盛唐之前，甚或還更早。唐時的
琵琶，初期的曲項琵琶只有四柱，元明之際才逐漸增加到十三柱（四
相九品）。詳見劉春曙、王耀華《福建南音初探》p371。

四：郭茂倩《樂府詩集》< 相和歌辭 >云：

又諸調曲皆有「辭」有「聲」，而大曲又有「豔」、有「趨」、有
「亂」。「辭」考其歌詩也；「聲」者若、羊、伊、夷、那、何之
類也；「豔」在曲之前，「趨」與「亂」在曲之後，亦猶吳歌、西
曲前有「和」後有「送」也。

此段說明漢魏相和大曲所具備的曲章規模，「豔」、「曲」、「趨」
、「亂」據字面可解釋爲「緩」、「正」、「快」、「急」四種節奏
變化：「豔」係在正曲開始之前的樂段，即是後人所謂的「序曲」或
「引子」，如南管指曲「慢頭」之氣勢；「曲」係正式樂曲的開始，
它的節奏應是莊重而溫和，如南管的「七撩拍」與「三撩拍」；「趨
」代表樂曲由緩軟進入快健之狀況，如南管的「一、二撩拍」或「疊
拍」；「亂」是熱烈華麗的節奏，正如南管指曲「慢尾」的氣氛。
（陳美娥< 南管古典之美解析 >，《千載清音——南管 學術研討
會論文集》，彰化縣立文化中心編印，1994。 ）

五：以上五點參考呂錘寬《泉州絃管指譜叢編》絃管總說，及呂氏《泉州
絃管研究》p11 ，學藝出版社，1982。
第六點參考林慶熙< 略論福建戲曲的產生及其與南戲的關係 >，《南

戲論集》p90 。及含英<梨園戲探源>，《泉州歷史文化中心》，泉
州歷史文化中心籌備委員會辦公室編印，1984。

六：同註五，及呂氏《泉州絃管研究》。p127列出嘉靖到光緒的四種荔枝
（鏡）記版本與散曲相同者有：<早起日上>、「長潮陽春」<移步遊賞
>、<年久月深>、<三哥暫寬>、<有緣千里>、「五開化」<恍惚殘春
>、「望吾鄉」<園內花開>、<人聲共鳥聲>、<繡成孤鸞>、「短相思」
<囚送哥嫂>、「序滾」<值年六月>、「柳搖金」<黃五娘>、「水車歌」
<共君斷約>、「三腳潮」<當天下咒>、<精神頓>、「錦板」<聽見杜鵑
>、「越護引」<紗窗外>、<三更鼓>等。

七：「（鹿港）湖長可納大船，海口與泉州蚶江對針。」（福建通志海防
志）據《臺灣總督府官房調查課》昭和元年(1926)之統計資料：
　　鹿港全部有31,400人，其中泉州籍者有31,200人。
引自李秀娥<社經環境與南管社團發展關係初探——以鹿港雅正齋為
例>，同註二彰化縣立文化中心編印。

八：呂錘寬《泉州弦管（南管）指譜叢編》上編P3。

九：曲詞錄自劉鴻溝《閩南音樂指譜全集》。王愛群<泉腔論——梨園戲
獨立聲腔探微>，《南戲論集》p364。

十：參考呂錘寬《泉州絃管研究》p49。

十一：引自吳明輝《南音錦曲續集》。

十二：《文煥堂初刻指譜》，引自劉春曙《福建南音初探》，目前藏於廈門江
吼先生處，筆者未見。 林霽秋《泉南指譜重編》，上海文瑞樓書莊代刷。
康熙本的發現，引自劉念慈<梨園戲與南曲戲文之關係>海峽兩岸梨園
戲學術研討會論文，1997.8。
林祥玉《南音指譜》，1914版，施合鄭民俗文化基金會出版。
劉鴻溝《閩南音樂指譜全集》，菲律賓金蘭郎君社印行。
吳明輝《南管指譜全集》、《南音錦曲選集》、《南音錦曲續集》，

菲律賓國風社發行。

呂鍾寬《泉州絃管（南管）指譜叢編》上中下編，行政院文化建設委
員會出版。

十三：龍彼得輯《明刊閩南戲曲絃管選本三種》序，南天書局。本文所敘，
參考王櫻芬<《明刊閩南戲曲絃管選本三種》評介>，國之中央圖書館館
刊，1992。

十四：表據劉春曙、王耀華《福建南音初探》pp39-41，福建人民出版社
，1989。滾門、管門據註二呂書下編。

十五：同上註，劉書P385，

十六：呂書下編p258：

牌名「錦板」一作「北調」，有關其名稱之說不一，或謂系「百調
」之訛，或曰乃「八調」之諧音。....「錦板」之八調計有：四朝
元、風餐北、相思北、滿堂春、雙挑北、駐雲北、倍北。

王愛群< 泉腔論——梨園戲獨立聲腔探微>：

專指「錦板」這一滾門中的二十幾個曲牌，總稱五空管「北調」。
這種稱謂是由四空管的[北青陽]這一曲牌衍化而來的。因北青陽又
稱「四空北」。「錦板」有一曲調，曲名是<朱郎卜返>，整個曲調
與[北青陽]僅是四空六（f1）與五空六（e1）之差。由此引伸到把
「錦板」這一滾門總稱爲「五空北」。（《南戲論集》p364.365）

十七：註一呂書下編p369：

曲牌名上之「雙」字乃「雙調」之省文，而雙調乃倍工之又稱。

十八：同上註，p5。

十九：萬曆本《荔枝記》見《明本潮州戲文五種》，校勘本見吳守禮校著

二十：曲詞見註一呂書下編。

二一：同上註。

二二：吳守禮校著《順治刊本荔枝記研究》。

本曲有錄音帶《陳三五娘系列》第八卷，福建省泉州南音樂團、泉
州市協盛貿易棧聯合製作，黃淑英唱。

二三：吳捷秋《梨園戲藝術史論》上冊p88.107。

二四：劉春曙、王耀華《福建南音初探》p34。

呂錘寬《泉州絃管（南管）指譜叢編》下編p178：

曲牌體音樂的特色，乃每支曲牌的拍法固定，且皆爲七撩拍，樂曲的形式亦爲固定的：即拍數固定，每支曲牌不同曲目的唱詞格律也相當一致。滾門體式的曲牌，其特色之一爲每支曲調多有三種不同的拍法：長拍、中拍、短拍，而以中拍爲基本形式，拍法作一二拍形式，長拍則較中拍大一倍，爲三撩拍，短拍較中拍小一倍，爲疊。例如「玉交枝」有「長玉交枝」、「玉交枝」與「玉交枝疊」。第二點特色爲每支曲調的長度不定，例如「北青陽」一調，[重台別]一曲有一百五十二拍（板），[記得共君]一曲只有七十四拍。同一支曲調之拍數如此懸殊之故，在于滾門體的主題皆很短小，多由兩句構成，因此每闋曲可由唱詞的句數多寡而不斷反復。

二五：王愛群表，見註二，pp412.413。並參考註九呂書所列管門、曲牌填入。

二六：註一呂書下編p255.256。

二七：引自王櫻芬<從長滾看南管滾門曲牌的分類系統>，83出度全國文藝季《千載清音——南管學術研討會論文集》，彰化縣立文化中心編印

二八：南音錦曲精英，福建省泉州南音樂團、泉州市協盛貿易貨棧聯合制作，長龍龍影視聯合公司出版發行。

二九：陳三五娘錄音帶，廈門音像出版社出版發行。

陳三五娘錄影帶，福建高甲戲，福建省出版總社音像公司錄製發行。高甲戲又名戈甲戲、交加戲，即文武交加的一種有文出、也有武出的戲劇，是泉州梨園戲的改進，音樂與梨園戲相同，但曲較少。

三十：《中國古代音樂史稿》第三冊pp122-126。

三一：同上註，二冊p76：

從保存到今天的某些古老樂種看來，西安古樂用「上、尺、六、五
」四調，福建南樂用「四腔、五腔、五腔四儀、陪四」四調，北京
智化寺管樂用「正、背、皆、月」四調。從相對的音高關係而言，
它們所用的四調，可以說，基本上是相同的。而且所謂四調，實際
上都是古代所謂四宮。（引自鄭孟津、吳平山著《詞源解箋》p259
）

茲將民間相傳的四宮關係列表如下：（錄自中國音樂詞典P20）

民族音樂四宮傳統調名比較表

曾侯乙鐘四顧四曾核心音(各均相對音程關係)		徵	羽	宮	商
姜白石常用　四宮	舊音階均名	夾鐘(F)	仲呂(G)	夷則($^{\flat}$B)	無射(C)
	合今調	C	D	F	G
福建南管　四宮	調名(宮)	五空四仅	倍思	四空	五空
	合今調	C	D	F	G
西安古樂　四宮	調名(宮)	六調	五調	上調	尺調
	合今調	C	D	F	G
智化寺	調名(宮)	背調	月調	皆止調	正調

四宮	合今調	^bB	C	^bE	F
曲笛易奏	調名(宮)	正工調	乙字調	尺 字 調	小工調
四宮	合今調	G	A	C	D

三二：在泉州或南管界，這一方面的論文，較重要的有：王愛群《論泉腔
　　　》、劉春曙、王耀華《福建南音初探》、呂錘寬《泉州絃管研究》、
　　　《泉州絃管指譜叢編》。

三三：《中國音樂詞典》p83大曲。

三四：余承堯謂：王灼所言，與現存大曲合，然攧後尚有延遍、虛催後尚
　　　有袞遍，實催之前亦有袞遍，觀董穎《薄媚・史浩、採蓮》兩曲，無
　　　不皆然。張炎《詞源》所謂「前袞、實催之後的袞遍」，謂中袞；大
　　　曲的前袞、中袞、煞袞，即現存泉州古樂中的長袞、中袞；至於序袞
　　　，疑是散序的改稱。（＜泉州古樂＞中）

　　　按：董穎，宋紹興間人，其《道宮、薄媚》大曲全文見《王國維戲曲論
　　　　　文集》pp254-257，里仁書局，1993。

　　　呂書下編錄＜做人子＞一曲，曲牌為「催拍」。曲文：

　　　　　子富貴，掠我母親覓除。做人子，怎通忘孝義。....

　　　呂註：「子富貴，掠我母親覓除。」乃散拍，正曲由「做人子....」
　　　　　　開始。故以此句為曲名。

　　　張炎《詞源・拍眼篇》：「大曲降黃花十六，當用十六拍；前袞中袞
　　　六字一拍，煞袞則三字一拍。」拍是指樂句，南管有七撩拍（二樂句
　　　之間——每小節有十六拍）、三撩拍（每小節八拍）、一二拍（每小
　　　節四拍）、疊拍（每小節二拍）。長袞為三撩拍，中袞為一二拍。南
　　　管撩拍的觀念與用法，與宋時的音樂觀念有關。詳見饒宗頤編《敦煌
　　　琵琶譜》，香港敦煌吐魯番研究中心叢刊之一，新文豐出版公司印行
　　　，1990。

三五：呂書下編錄<聽說當初時>　中滾　薄媚滾

　　聽說當初時，漢王親夢見群臣備奏啓，群臣備奏啓具表章，說是東
　　角南方出現有只娘娘星。披掛榜文，掛起榜文，原來都是王墻親名
　　字。....

　呂註：本調之主腔在「披掛榜文，掛起榜文，原來都是王墻親名字」
　　　　（此系第二疊，第一疊「群臣備奏啓....」因係增字，故不舉）以
　　　　此一主腔反復八疊，而唱詞的形式也相當整齊，第一句皆疊唱，至
　　　　第八疊後，則接「中滾・杜韋娘」之主腔。

　按：依今南管，中滾屬滾門，薄媚滾屬曲牌。

第四章《荔鏡記》語言之歷史及其異同

　　《荔鏡記》是一本四百多年前產生於閩南地區，「潮泉合刊」的南戲劇本。單就語言而言，當時的語言如何？泉州話與潮州話所佔比例如何？為何能編在同一本劇本裡？泉州話與潮州話有何共通與相異之處？是本章所要探討的。

　　中華民族的共同語是漢語。由於人口的遷徙、不同民族的混合，和地理環境的差異，漢語在不同的時期形成不同的方言，各種方言或多或少地保存古漢語的特點和自己的特殊性；因此，方言的研究有助於漢語歷史的研究。例如，中古漢語語音有三套入聲韻尾，現在閩南方言正是保留著完整的三套入聲韻尾-p、-t、-k。現代方言是通曉古漢語的一個關鍵。在綿長的漢語發展史中，任一時期的方言書面資料都是可貴的。「尤其在古代中國社會裡，能夠掌握文字工具的是士大夫階層，他們一般是輕視人民大眾口語的，不屑於用文字紀錄人民大眾的口語，所使用的文字形式與當時的口語已有一定程度的距離。而民間文藝，一直採用群眾生動的口語來書寫他們的作品。因此，我們必須重視這部分極有價值的材料。」（註一）

　　從揚雄《方言》開始，各個時期都留下了記載方言的書，但是，「從隋唐至元明這一時期都沒有方言研究的專著，只好用『方言記載』或『方言材料』這一類提法，把有關材料匯錄在一起，從中也可以看出一些歷史發展的線索。」（註二）產生於明朝中期的《荔鏡記》就是完整地呈現了閩南方言的材料。本章將就《荔鏡記》語言的各方面詳細探討。

第一節　《荔鏡記》所使用的語言

　　《荔鏡記》是敘述泉州人陳三到潮州，遇見潮州人五娘所發生的故事。地點大部分是在潮州，潮州的人物有五娘、五娘的父母、益春、媒人李婆、林大、林大的朋友老卓、五娘家的僕人小七，他們說的自然是潮州話。小部分是在泉州，泉州人有陳三、陳三的父母、哥哥、書僮安童，他們

說的自然是泉州話。陳三到潮州，可以跟潮州人談話溝通，《荔鏡記》標明「潮泉插科」，表示潮腔與泉腔印在同一本書是行得通的，也表示潮腔與泉腔在明朝當時很多方面是相近的，因爲二者都是屬於閩南方言；只是某些音或腔調不太一樣。第八出「士女同遊」：

陳三唱：「一位娘仔乜親淺，恰是仙女下瑤池。」

（乜音mih4，多麼。親淺，漂亮。）

益春說：「只一人都不是恁潮州人。」

李婆說：「只一人我八伊。」「是興化人。」（八音pat4，認識）

所謂「離鄉不離腔」，在同一方言裡的二種次方言，有個別聲母韻母的不同，但主要是聲調中調值的不同。而且，一個人的聲調，往往是一生都難以改變的。因此潮州人一聽就聽出陳三是外地人。

《荔鏡記》中有泉州話與潮州話，但這兩種閩南次方言所佔的比例如何？必須作全面的整理與分析，才可以有可信的答案。筆者認爲至少應從下列幾方面著手：

一、《荔鏡記》的性質

《荔鏡記》是南戲戲文。南戲戲文屬於地方戲劇，地方戲劇的最大特色是地方語言——方言；方言決定音樂的特色，方言與音樂密切相關。《荔鏡記》全書有九處特別標明「潮腔」——用潮州音樂；那麼，未標明的就是「泉腔」。全書77支曲牌，潮腔只佔9/1 弱。所以，《荔鏡記》是泉州的南戲戲文。也就是說，《荔鏡記》的表演舞台是在泉州，當然應該說泉州話。而且「泉腔」並不只限於泉州本地，閩南方言最早是由泉州向外擴展的，其鄰近地區也以說泉州話爲多。明晉江人何喬遠（萬曆進士）《閩書》說：

龍溪(舊屬泉州，後屬漳州府)地近于泉....雖至俳優之戲，必使操泉音，一韻不諧，若爲楚語。（註三）

可知所謂「泉腔」，不只流行於泉州，其他地區搬演時，也必須以泉音爲正音。

　　所謂「泉腔」，不僅是指泉州的音樂，在說白方面，既然是在泉州或泉州鄰近地區演，當然是說泉州話。

二、人物的口白

　　劇情是搬演泉州人陳三到潮州追求潮州富家女五娘的愛情故事。因此地點大部分是在潮州；只有戲頭、戲尾幾出是在泉州。人物也大部分是潮州人──五娘及女婢益春、五娘之父母、冢僕小七、林大、林大之友、媒婆、知州、衙役等，潮州人應該說潮州話；在以泉州話爲主的情況下，爲符合角色的聲貌，就出現了一些特殊的潮州音、詞：（注音用今潮州音）

　　体（正字是睇）音thoiN2，通語：看。

　　宿　音suah4，　　　　　通語：歇止。

　　屎肚　肚音tou2，　　　　通語：腹肚（肚子）。

　　石硴　硴音pou6，　　　　通語：石頭。

　　總之，依人物與口白的關係，潮州人應說潮州話；但依演出地區與戲劇特色──泉腔──來說，潮州人仍說泉州話，只保留部分特殊的潮州話。今日梨園戲演出亦如此（大陸陳三五娘錄影帶及1997.8.17福建泉州梨園戲實驗劇團在台北國家戲劇院演出，二者劇本相同）。

三、方言用字

　　欲證明《荔鏡記》的語言的實質，最好用比較的方法。《荔鏡記》出版於1566年，另一本同樣搬演陳三五娘故事的是1581年出版、潮州東月李氏編集的《新刻增補全像鄉談荔枝記大全》，書名「鄉談」，又是潮州人編的，應是完全屬於潮州話的方言劇本。我們來比較二書的用字：

荔鏡	ム	卜	仔	查ム	拙時	体	焦	從頭	懶	大官	袂	後生	目淬	卜光
荔枝	奺	ム	子	咱戉	札時	体瞚	學	同頭	報	大𤟤	殯	浩生	目汁	討光
通義	妻子	想要	兒子	女人	這些時	看	帶、使嫛	從頭	咱們	尊稱	不能	年輕人	眼淚	將要

《荔枝記》的用字，與純粹是潮州方言的劇本《金花女》、《蘇六娘》（註四）大多相同：

　　《金花女》：目汁、眠起、村人、村儕、扎（札）時、**体瞚**、赧個、呾、放丟、赧（我、我們）、同來（從來）、全細（從小）夜昏、嘖、**學**、掠、咱戉、咱ム（女人、昨日）、**奺**、店（居住、居留）、持（拿）、揭目無親、眠起、話試、驚營、那不（無）。

　　《蘇六娘》：目汁、懊氣、赧、村姐子、体、倖（娶）、放丟、札（扎）時、**學**、**奺**（ム）子、持（拿）、寬處、嘖、眠起、那不、討（將要）。

還有一些潮州劇本的語詞，未見於《荔鏡記》：

　　《荔枝記》：靑郎（女婿）、阿奴（孩童）、寬處（請坐、放心）小禮（害臊）、交羅、咬囉（差得太遠）、驚營（驚惶）悻、倖（娶妻？）興君？績紒（把綿麻等紡成線團。）、痴哥、交己（自己）

　　《金花女》：績紒、興君、痴哥、驚營、

　　《蘇六娘》：倖（娶）、交己、寬處

　　以上諸例，可證《荔鏡記》的用字、語詞大不同於潮州劇本，則《荔鏡記》是以泉州話爲主無疑。

四、曲牌押韻

假設《荔鏡記》是泉州劇本，但在某些曲牌押韻方面，卻不能用泉音押韻，非用潮州韻不可。如

2 出[粉蝶兒]外、生唱：

寶馬金鞍，諸親迎送；今旦即顯讀書人。受勅奉宣，一家富貴不胡忙。舉步高堂，進見椿萱。

此曲「鞍送人宣忙堂萱」叶韻，外、生（陳三及其兄）同為讀書人，所唱多為讀書音，只有「送」「人」二字是白讀音。如依泉州音唱，則「鞍宣萱」收an韻、「送人忙堂」收ang（堂可讀tang，堂在宕攝開口一等，其字白讀有收ang 者，如幫房狼岡鋼綱缸行黨燙抗炕等，黨燙抗炕在《潮語》江韻。）韻，不叶韻。如押潮州韻，則是江ang韻（鞍送人堂）、光uang（宣萱忙），收尾韻皆是ang。須唱潮音。陳三兄弟是泉州人，所唱的韻腳卻是潮州韻，這可能是潮州的版本。

3 出[撲燈娥]旦唱：

整日坐繡房。閑行出紗窗。牡丹花正開，尾蝶同飛來相弄。上下翩翻。阮春心著伊惹動。（占）拆一枝，挽一枝，插入金瓶。（旦）畏引惹黃蜂尾蝶，尋香入繡房。（余文）牡丹花開玉欄干，管乜尾蝶共黃蜂。須待鳳凰來穿花叢。

韻腳為：房窗弄翻動瓶房干蜂叢，押《潮語》江 ang韻。凡泉音讀-n韻母者，潮州話讀為-ng，故「翻瓶干」皆收-ng，音huang1、pang5、kang1。吳守禮《荔鏡記・韻字篇》云：

旦唱，押潮州韻，夾泉州韻腳——窗字。凡泉州韻腳形成丹、江韻例者，為潮州曲。因為「窗」字潮州音雖不讀江韻，翻、飛二字更不能協泉州江韻，所以本曲須循潮州音韻讀。

26出[望吾鄉]旦唱：

繡成孤鸞繡牡丹，又繡鸚鵡枝上宿。孤鸞共鸚鵡不是伴，親像我對著許（白）「丁古林大」無好頭對，實無奈何。再繡一叢綠竹，須等鳳凰來宿。

此首韻腳字爲「丹宿伴大何宿」，押ua、uaN、uah。潮音「宿」音suah4。故必須押潮韻。

可知《荔鏡記》包含潮州話在內。

五、從某些特殊用字（現象）
推知其中的潮劇成分

《荔鏡記》既是泉州南戲劇本，則其編印者對潮州話與泉州話的取捨標準，應是儘量用泉州話，而保留一些特殊的潮州話；但仍有一些很明顯的潮州話，到底是故意混用，還是應改爲泉州話卻疏漏未改，則不可知：

1、41出：「今旦爲恁碧雲煙，三人行到藍橋路。」唐人傳奇小說有裴航故事，記秀才裴航在藍橋驛旁與雲英婚配，後來裴航亦在玉峰得道成仙的故事。「雲煙」應作「雲英」，煙，泉音ian1，潮音ing1（《潮州方言詞匯》），與「英」音同字相混，這是潮州本的證據；泉州本不可能作「雲煙」。

2、14出「我做其事，佇年都不中仔意？」26出「娘仔你做其事可記得？」48出「官人伊是落遞其人。」「其」作關係詞，相當國語的「的」，潮語作「其」或「个」，音kai5。如《荔枝記》10出：「阿公其事，今做年主張？」（阿公的事，如今如何主張？）荔鏡記大多作「个」，泉音e5，如：

許不識物个呼我做大鼻。(5 出)　　只正是月內个宮殿。(6 出)
看恁大厝飼个簡。(7 出)　　林大官伊也是有錢个人。(14出)

14出是潮州人說，理所當然；但26出是生（陳三）所說，作「其」是例外，應是潮本刪改未盡者。

3、「晚上」之義，《荔鏡記》多作「冥昏」（泉音），只有48出一處作
　　「夜昏」；「日夜」之義，《荔鏡記》多作「冥日」，只有48出一處作
　　「夜日」；而《荔枝記》都作「夜昏」、「夜日」。

4、宿、殺、歇的音義
　　「宿」字，潮音suah4　，有歇息、終止二義；泉州「終止」義用「殺
　　」（正字是「煞」，《妙悟》：「煞(suah4)，止也。」）。《荔鏡
　　記》宿、殺二字兼用：
　　(1)終止
　　　　14出：「婆仔乞伊打一頓，那障殺除，」
　　　　19出：「人客，恁歌唱被唱，又宿除做乜？」　被、便音近
　　　　19出：「看你一場乜合殺。」
　　　　29出：「起也是你，殺尾也是你。」
　　　　光緒本《荔枝記》起解崖州出有「未知尾梢乜合宿？」
　　　　《潮調蘇六娘》(23下)：「古人郭華日買胭脂，得了月英弓鞋爲記后
　　　　　，思無合宿，將弓鞋吞落鯁死。」
　　　　以上宿、殺爲「終止」義。當「終止」義的「宿」是潮本字。
　　(2)歇息
　　　　5 出：「日來獨自食，冥來獨自宿。」——「冥」是泉本字，潮本
　　　　　　　　　　　　　　　　　　　　應作「夜」。
　　　　26出：「繡成孤鸞戲牡丹。又繡鸚鵡枝上宿。....再繡一叢綠竹。須
　　　　　　　等鳳凰來宿。」
　　　　以上二曲皆押潮語柯ua韻。南管<繡成孤鸞>皆音suah4。泉音「宿」
　　　　音siok4，不叶韻。

5、23出[剔銀燈]生唱：
　　蛇那無頭值處會梭。勸恁娘仔共我匹配不錯。我到只，不成去到，
　　思想起來，惹得相思病倒。

「梭(so1)：作之字爬行。蛇行、蜿蜒。」（註五）潮音第一聲爲33(中平調)、第五聲爲55(高平調)，爬行之so5 爲第五聲，此處用「梭」字，是以第一聲與第五聲相混（皆平調）。此處惟有用潮音讀（唱），才能讀出其音義。泉音so5 ，《泉志》作「趖」，爬行。則此處戲文必是潮本無疑。24出「不覺見月上如梭。」用梭之本義——織布機之梭子。

6、46出：阮人情深都如海。膠漆不如阮堅佃。

本書佃字大多音tiN7，爲「滿」之擬音字。此處疑音ting7，閩南語謂硬曰ting7。佃本音tian5(24)，潮音讀爲tiang6(35)（註七），可證此句應是潮州劇本。佃字如須入韻，則讀taiN7（《潮語》肩韻、《妙悟》熋韻）。

7、11出：

我做媒人有拙時，說合幾个郎君共子弟。.....二邊相停合體例。

9 出：五娘伊是天仙女，不是頭對不相陣。

「分量相等，勢力不分高下曰『相thin1』。」（註六）泉音「陣」音thin1。thin1(33)音，潮音讀爲thing5(55)，字作「停」；故「相停」即「相陣」。可知11出「相停」是潮本，9 出「相陣」是泉本。

以上把《荔鏡記》的性質，簡要地提出各種例證，足以明瞭書中使用泉州話與潮州話的情形。（註八）

《荔鏡記》的語言，除了泉州話與潮州話以外，還有官話。戲劇表演就是要「扮什麼，像什麼。」做官的口氣、官役的口氣當然應有差別，在第二出裡有一段對話：

(淨)心忙來路緊，喜得到泉州。這里正是陳老爹門首。

(丑)敢問賢友，貴處那里？

(淨)小人正是廣南道承差，差來接運使老爹赴任。

(丑)尊兄立定，待我稟過老爹。

(丑介)好說大人得知，外頭有一承差，說是廣南道差來接老爹赴任
　　。

(外)放他進來。

(淨見介)承差接老爹。

(外)有文書沒有？　　(淨)有文書。　(外)接上來。

(外)這文書上還有十二名皂隸、兩名吏，都在那里？

這是官員與承差（衙役）的一番對答。「這里」「那里」「立定」「他」
「進來」「沒有」都是官話。10出陳三之兄伯延回答下屬的話：

　　饒你罷，快討大(夫)馬，我明日清晨就要起身。

52出是伯延審判潮州知州與林大，免不了有官話與文讀音：

(外)不從實供來，活打死你。有啞沒有？

(淨)有，有。(外)多少送他？(淨)不多，百兩。

(外)放了挾殺。(丑)啞。

(外)趙德，你不合受財，故入人罪。官吏貪贓，罷問革為民，贓銀
　　入〔官，發落〕府監，候奏聽定奪。　罷後可能漏一「職」字

44出是潮州知州審問陳三等的話：

(末)來，陳三，你是奴姦家長女，依律供來。

(生)小的打破他鏡，將身為當他邊，怎麼作奴姦家長女？供狀虧了
　　小的老爹。

但全書類此者不多。

　　閱讀本書，最重要的是要了解泉州與潮州方言。因此，我們有必要探
究泉州話與潮州話的歷史與異同，了解這兩種閩南次方言的形成和特點，
闡明它們的近親關係，才能圓滿地交待兩種次方言可以合印成一本書或同
台演出的可能。

附註

一：黃典誠《漢語語音史》緒論，安徽教育出版社，1993.11。

二：何耿鏞《漢語方言研究小史》引言，山西教育出版社，1991. 2，
　　2 版。

三：吳捷秋《梨園戲藝術史論》p73，財團法人施合鄭民俗文化基金會
　　，1994.5。吳氏又說：「唐開元29年（741），割泉州的龍溪縣屬
　　漳州（見舊唐書卷40，<志>第20 · 地理三）但龍溪人至明代，仍
　　堅持說泉州音。」

四：《重補摘錦潮調金花女》、《蘇六娘》二書之成書年代，吳守禮據
　　東京大學東洋文化研究所《金花女》的抄件和龍彼得教授所送該書
　　的微捲，寫成《潮調金花女大全》手校、《蘇六娘》手校。金書序
　　言中，引日本雜誌《書誌學》第十三卷第一號，傅芸子<東京觀書
　　記>云：

　　　　《重補潮調金花女二卷》，明末刊本，序目缺。....全書雖未題刊
　　　　年，自其書之格式、字體，及所題之「大全」字樣觀之，均足爲
　　　　晚明刊本之證。

　　金、蘇二書原文見《明本潮州戲文五種》，廣東人民出版社，1985

五：陳俊明《潮州方言詞匯》，香港中文大學中國文化研究所，1991。
　　此書以揭陽音爲主。

六：李新魁《普通話潮汕方言常用字典》p89，所記爲南澳、海豐音。

七：許成章《臺灣漢語辭典》二冊p2360。

八：以上《荔鏡記》與潮州劇本的不同，詳見施炳華< 談《荔鏡記》與
　　萬曆本《荔枝記》之潮州方言 >，成大學報第五期，1997。

第二節　泉州話的歷史與特點

一、泉州話的形成

泉州話流行於福建的南部，是早期閩南話的代表，故亦稱為閩南語。

漢朝以前，居住在中國廣大的南方的是所謂「百越」民族，福建的百越稱為閩越。秦始皇征服了百越，在閩地設立閩中郡；漢武帝也曾派兵入閩，徙其民於江淮之間。漢末至西晉，來自江南浙北的移民分別自海（以福州為中途港）陸（經浦城）兩路進入福建。三國鼎立時，東吳人民逐步從浙江會稽南下到閩北來開發；並設建安郡，治所在建安（今福建建甌縣）。西晉的建安郡下轄建安等七縣，晉安郡治所在侯官（今福建福州市），下轄侯官等八縣。漢語族與閩地土著少數民族語言相融合，形成了閩語的基礎體系。

「五胡亂華」(304—439)期間，北中國處於兵荒馬亂之中，中原人士避亂南下，一些望族隨皇室定居富庶的江、浙一帶，次一等的士族（史書上所謂「衣冠八族」）繼續南下，定居在閩北的建甌、閩東的福州，以及閩南以今泉州為中心的晉江流域。這次移民潮帶來了當時河南中州一帶的中原漢音，也就是所謂十五音系統。以泉州為中心的地區，多數漢人與當地原來的住民——少數越人——語音的混合，形成了最早的閩南語——泉州話。

六朝(晉、宋、齊、梁、陳、隋)期間，追求安定的難民（包括吳語地區的住民）繼續擁入閩地，泉州的住民不斷增加。

唐初，為了平定福建泉州與廣東潮州間的畲民之亂，籍隸河南光州固始的陳政、元光父子統率同鄉的五十八姓、府兵五千六百名入閩平亂。亂事平定，元光奏請在泉州（治所在今福建省福州市）和潮州（治所在今廣東潮安）之間設置漳州，從此漳州大治。陳氏前後四世相繼治理漳州，近一百五十年，有功於漳州最大。他們帶來的語言是七世紀的中原語音。

　　唐末，黃巢作亂，壽春盜賊王緒等攻取光州，久聞光州固始人王潮、王審邽、王審知三兄弟賢能，乃召募軍中，一路南攻，至閩南；王緒因任意殺人，爲部下所殺，泉州人迎請王潮據有泉州，王氏兄弟後來統一全閩，王潮受唐朝廷封爲福州威武軍節度使。王潮病死，王審知繼續受封。公元九三三年，王審邽之次子王延鈞在福州即皇帝位，國號大閩，是爲閩惠宗，立國十三年；公元九四五年爲南唐所滅。這批隨王氏兄弟南來的人所操的是第十世紀的中原語音。

　　以上兩批移民大多是河南光州固始人，他們所帶來的中原標準語形成閩南方言的讀書音系統。這時閩南語已由漢、魏以來形成的讀音系統與唐時形成的讀書音系統綜合成一個音系龐大的語音系統了。

　　宋代由於金元相繼逼迫，大批皇室人員相率南下，其中又有不少人進入閩方言地區。宋端宗即位福州、到昺帝投海死、南宋滅亡的這段期間，從北方來了不少忠義保駕之士，史稱軍兵七十萬、民兵三十萬之多。這些軍民後來都留寓在閩、粵一帶，閩方言的福州、泉州、漳州、潮州等地也有宋室遺民定居。但泉州話基本上保存它特有的聲調及少數特殊語音，而不與漳州話相混。至今大陸雖以廈門話爲閩南語的代表，而泉州人仍自說他們的泉州話。（註一）

二、泉州話的特點

(一)《彙音妙悟》的作者與成書時代

今日所見最早的一本閩南方言辭典是《彙音妙悟》（以下簡稱《妙悟》）。《妙悟》是南安官橋文斗鄉人黃謙所作，出版於清嘉慶五年（1800）。在此之前，有清乾隆間學海堂刊刻的福州《戚林八音》，是一本福州音字典。《妙悟》的體例是沿襲《戚林八音》而作適當的改變。（註二）

《妙悟》的版本總共有六種，其中以薰園藏版道光辛卯十一年（1831）木刻本《增補彙音妙悟》為最古的版本，福州集新堂光緒癸卯二十九年（1903）木刻本《詳註彙音妙悟》內容與道光本略有出入，雖出刊較晚，但校勘較精。（註三）

《妙悟》的體例：「因音以識字。....以五十字母為經，十五音為緯，以四聲為梳櫛，俗字土音皆載其中，以便村塾事物什器之便。悉用泉音。....有裨於初學者不淺。」（作者自序）它的特點是：分別註明讀書音與白話音。此書「清楚地呈現了十八世紀末期泉州方言的音韻系統，是一部活語言的紀錄。」（註四）

(二)《彙音妙悟》的語音特色

為《妙悟》擬音的學者很多，筆者認為其中比較接近當時的音系的是黃典誠。茲依周長楫（註五）所列之表鋪述於下，引二氏之言稍作說明。

1 聲母

發 音 方 法		雙唇音	舌尖前音		舌 根 音		喉 音
			齒齦	舌尖	軟顎	舌根	喉
塞音	清 不送氣	邊 p	地	t	求	k	英 ○
	送 氣	普 ph	他	th	氣	kh	
	濁 不送氣	文 b	柳	l	語	g	
塞擦音	清 不送氣		爭	ts			
	送 氣		出	tsh			
	濁 不送氣		入	j			
清 擦 音			時	s			喜 h
鼻 音							
邊 音							

《妙悟》所反映泉州音的聲母特點，周長楫謂：

(1)完整地保留十五音。特別是「柳」、「入」有別。「柳」母的實際音值應是舌尖前濁塞音不送氣聲母。

(2)「文」、「柳」、「語」三個聲母在鼻化前，都要分別變爲同發音部位的鼻音聲母bN→m、lN→n、gN→ng，（如麵、年、硬三字）。因爲這三組聲母出現的機會是有條件的、互補的，我們視bN、lN、gN三個聲母爲b、l、g 聲母的音位變體。

(3)拿泉州音十五個聲母同《切韻》音系的聲母（三十六母）比較，泉州音聲母系統是比較簡單的。但是，泉州音聲母反映了上古漢語語音若干重要的特點。如泉州音p 、ph聲母包括了中古聲母中幫、滂、並三個重唇聲母和非、敷、奉三個輕聲母（主要是說話音）；泉州音t 、th聲母包括了中古聲母中端、透、定三個舌尖音（又叫舌頭音）和知、徹、澄三個舌尖後塞音（又叫舌上音）聲母。這正是清代學者錢大昕提出的「古無輕唇音」、「古無舌頭舌上之分」的論斷的證據。（註六）

2 韻母

《彙音妙悟》　韻母表

	開　口　呼	齊　齒　呼	合　口　呼
單韻母	嘉　刀　高　西　科　居 a　o　ɔ　e　ɤ　ɯ	基 i	珠 u
複韻母	郊　鉤　雞　開 au　ɯo　ɯe　ai	嗟　燒　秋　朝 ia　io　iu　iau	花　杯　飛　乖 ua　ue　ui　uai
鼻韻母	丹　三　恩　箴　東 an am　ɯn ɤm ong 生　江　梅　毛 ɤng ang　m　ng	軒　兼　賓　金 ian iam in　im 卿　香　商 ing　iong iang	春　川　風 un　uan　uang
鼻化韻母	弎　雙　我　嘐 aN aiN N　ɔ N　auN	青　京　箱　貓 iN iaN iuN iauN	歡　管　關 uaN uiN　uiN

上表和目前實際的泉州方音主要的不同，黃典誠謂：

(1)《妙悟》「鉤」[ɤu] 今存於永春、德化一帶，泉州梨園師承唱念猶存此音，社會已并入於「燒」[io]韻。（施按：筆者依南管唱音，改黃氏恩韻ɤn爲ɯn、鉤韻ɤu爲ɯo。）

(2)「熋」[aiN]韻中混有同安土音。請看「熋」韻字：

　　　　蓮　反　畔　間　揀　店　閒　有　前　先　閑　研　千　莧

以上白讀字，今泉州[-uiN]，同安[-aiN]。由上述的實際發音，頗疑《妙悟》作者黃謙家鄉的口音這方面是和同安比較接近的。

(3)「生」與「毛」，在今泉州青年一代人口中，漸不能分，以致「生」與「霜」、「更」與「鋼」、「爭」與「莊」等無所區別。

(4)今泉音讀「的」[tiak4]、「畜」[thiak4]、「力」[liak8]、「燭、叔」[tsiak4]、「栗」[tshiak4]、「色」[siak4]、「刻」[khiak4]、「激」[kiak4]、「逆」[ngiak8]、「或」[hiak8]、「益」[iak4]等，在《妙悟》中尚無如此讀法，但皆讀爲[-ik]而已。

施按：今泉音白讀「騎」[kha5]、「寄」[ka3]、「徛」[kha7] 等，《妙悟》作齊齒[khia5][kia3][khia7]等。

(5)「雞」韻今泉音與「杯」無分。惟梨園、南管尚唱「雞」爲[kɯe]，這是《妙悟》舊讀的殘餘。（註七）

(6)「科」韻、「刀」韻有同「高」、「莪」韻相混的趨勢：

《妙悟》「科」韻是說話音的韻，包括中古果、蟹、止攝的一小部分字，如果、課、螺、皮、飛、倍等，「刀」韻包括中古效攝一等及果攝一等的一些字，如寶、腦、考、到、波、歌、賀等，今泉州已有同「高」韻（中古遇攝一等、效攝一等、果攝一等的字）、「莪」韻（中古果攝一等、效攝一等的字）相混的趨勢。（註八）

《妙悟》所反映的泉州音的韻母特點，周長楫謂：

(1)泉州音有八個主要元音，即a、o、ɔ 、e、ɤ、ɯ、i、u。由此相互組合而成五十韻。

(2)《妙悟》把入聲韻同陽聲韻（三套鼻音韻尾-m、-n、-ng ）相配，同於《切韻》音系的處理方法。但是，切韻音系的入聲韻有獨立韻目，泉州音的入聲韻沒有獨立韻目。在詩文押韻中，入聲韻-p、-t、-k是不能同與之相配的陽聲韻相押的，入聲韻應獨立韻目為好。如此，泉音就不止五十韻了。

(3)泉州音的陰聲韻的入聲，是一個帶喉塞音[-h]收尾的入聲韻，如拔、跋的韻母是[uah]，應是花韻的入聲。在詩文押韻中ua和uah是可以通押的，《妙悟》把帶喉塞音收尾的入聲韻歸在與其相應的陰聲韻裡則是對的

(4)關於「商」韻，黃謙說是「正音」，即官話音（廈門1905年石印本《增補彙音妙悟》將「商」訛作「先」，應予刊誤）。觀察「商」韻所收之字，如娘、兩、涼、亮、賞、想、唱、倡、香、響、掌等字，漳州音都讀iang韻，上述這些官話非iang即 ang，黃謙既立有「江」韻，定會把讀 ang的字歸「江」韻。所以「商」韻應是漳腔。至於將先、勇、用、映、等字列在「商」韻，無論官話音或漳腔，都找不到根據，疑為誤。

(5)黃謙說「管」韻為漳腔，有音無字。「管」今漳音uiN 韻。在當時泉音「管」讀書音屬uan 韻，《妙悟》已收入「川」韻求母，同是「川」韻的字，如「卵」、「斷」說話音ng韻，《妙悟》收入「毛」韻柳母、地母。故黃謙認為「管」當時的說話音不合泉音，似是漳腔，這可能是當時漳屬人到泉州或居留泉州的漳屬人的話音，黃謙聽了覺得不合泉音系統，所以另立一韻。（施按：依黃周二氏，管關二韻同音uiN。如欲區別二韻，則關韻古音可擬為 ɯiN，南管uiN音往往唱為 ɯiN韻。）

(6)「嘜」韻只見於韻母表，《妙悟》書中不復見，疑是象聲詞。閩南方言（包括當時泉音）的象聲詞並非只有「嘜」韻一個，黃謙沒有全面了解收集。（註九）

附元音圖，以便對照。

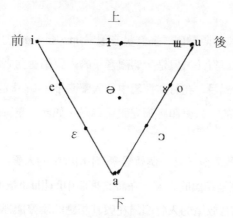

漢語方言大多有文白異讀的現象。但沒有一個方言在文白異讀的數量和類型上可與閩南語相比的。閩南語的讀書音（文）與白話音（白）是值得注意與研究的。《妙悟》在文白上如何處理呢？黃典誠謂：

(1)閩南方言一向以文、白對應著稱於世。《妙悟》做為一部重要的閩南方言韻書，其價值在於它為我們積存了極為豐富的這方面的材料。

(2)由於閩南方言多存古語之舊，而所存古語又多出以白讀。儘管文白讀對應在《妙悟》中已出現許多，但無可避免的遺漏也不少。《妙悟》往往用同義詞的訓讀處理閩方言特有的古代單音詞，這就把方言的特點本色淹沒了。例如：

以義為字： 香　　蚊　　乾　　立　　　高　　　賢
本　　字： 芳　　蠓　　洘　　徛　　　懸　　　勢
文　　讀：hɔ ng1 mɔ ng2 tiau1 khi7　　hian5　ngɔ 5
白　　讀：phang1 mang2　ta1　kh(i)a7 kuiN5　ngau5（註十）

周長楫謂：

《妙悟》中黃謙注明「俗解」、「土解」、「解」注釋的，有十五韻，即：刀、科、雞、燒、梅、毛、風、弍、燮、青、京、箱、貓、關、歡

。其中除「貓」韻及「**燊**」韻的大部分字外，都是說話音。其餘三十二韻所收的字，大多數屬於讀書音。三十二韻中又交叉著說話音的詞，如「花」韻中的「紙」是說話音，「紙」的讀書音在「基」韻；而且交叉的情況也是不平衡的，例如「恩」、「箴」這些韻就沒有說話音的詞。黃謙對以讀書音爲主而又收有說話音的詞的，則在字旁附注「土解」、「解」，以示辨別。這表示黃謙對讀書音與說話音兩個不同系統是有察覺的，是難能可貴的；雖然他還不可能明確地提出讀書音與說話音等概念。（註十一）

　　總之，《妙悟》對研究漢語語音史有很高的價值。但遺漏、誤植的不少，黃氏說：「《妙悟》已經瀕於『銀鉤創閱，晉豕成群』，幾乎不能翻檢使用的地步了，如果不迅速加以整理，便將削弱其作用與影響。」（註十二）

　　研究整理《荔鏡記》，不只要依靠《妙悟》，而且對《妙悟》的整理，應有極大的幫助。吳守禮對《荔鏡記》、《荔枝記》的研究，就指出很多《妙悟》可能漏收的字。（註十三）

3 聲調

泉州音聲調表

調別	陰平 1	陰上 2	陰去 3	陰入 4	陽平 5	陽上 6	陽去 7	陽入 8
本調	33	55	41	55	24	22	41	24
變調	33	35	55	55	22	22	22	22

　　本調根據《泉州市方言志》，變調根據蔡湘江< 泉州方言調值與簡譜唱名及其與南音古樂律關係初探 >（註十四）

　　泉州韻書《彙音妙悟》雖然是寫成於十八世紀末，其所代表的方言時期事實上至少還可以再推早一百年。則以今日泉州話來研究四百多年前的《荔鏡記》，《妙悟》無疑是最佳的橋樑。因此，了解《妙悟》的音系特色，是研究《荔鏡記》的先決條件。

附註

一：泉州話的歷史，參考以下諸書：
　　詹伯慧《現代漢語方言》p183，臺北，新學識文教出版中心。
　　吳守禮《綜合臺灣閩南語基本字典初稿》代序，文史哲出版社，
　　　1987。
　　黃敬安《閩南話考證》附：河洛人源流概述，文史哲出版社，1990
　　張光宇《切韻與方言》附錄：閩南方言研究導論，臺灣商務印書館
　　　，1990。
二：作者籍貫及沿襲《戚林八音》，根據黃典誠< 泉州《彙音妙悟》述評
　　　>，大陸《泉州文史》2.3期。
三：參考洪惟仁< 彙音妙悟的版本及音讀 >，《閩南語經典辭書彙編》，
　　泉州方言韻書三種·第一章。武陵出版有限公司。
四：同上註。
五：黃典誠<泉州《彙音妙悟》述評>，《泉州文史》2.3期。
　　周長楫<略談《彙音妙悟》>，辭書研究，6期　　上海古籍出版社。
六：同上註周文。
七：同註五黃文。
八：同註五周文。
九：同註五周文。
十：同註五黃文。
十一：同註五周文。

十二：同註五黃文。

十三：見吳守禮《荔鏡記・韻字篇》、《光緒本荔枝記校理》。

十四：林連通主編《泉州市方言志》，福建省泉州地方志編纂委員會，1993。

蔡湘江〈泉州方言調值與簡譜唱名及其與南古樂律關係初探〉，第二屆閩方言學術研討會論文集，暨南大學出版社，1992。

張振興《臺灣閩南方言記略》（文史哲出版社，1989）p31 記泉州音陰陽去爲31，洪惟仁〈《彙音妙悟》的音讀——二百年前的泉州音系〉第二屆閩方言學術研討會論文集，亦然。蓋爲臺灣泉州音，今鹿港音亦然。筆者赴大陸訪問泉州王建設教授，與晤談，其陰陽去如同臺灣偏漳州腔之陰上。蓋羅常培《廈門音系》記廈門音之陰上爲51，而泉州陰陽去記爲41，故二音相近。

第三節　潮州話的歷史與特點

一、潮州話的形成

潮州話是由中原、福建的人民經過不同時期移民至潮汕地區，又與當地土著的語言交織混雜而形成的。

春秋時期，在廣東東部鄰接福建的地區——也就是現在的潮州地區，當地的住民是屬於百越的一些支系，他們所講的的語言應是古台語（註一）。古台語與古漢語同屬於漢藏語系，但分屬於不同的語族。

根據史載，雖然秦始皇曾派兵進入五嶺（B.C.214），當時有一個叫史祿的將領，把他和部下的家屬留在揭嶺（今揭陽縣），但他們在語言方面的影響無從查考。漢初，有一些戰爭，都曾「兵至揭陽」，在這些軍事行動中，也有不少漢人、吳越人、閩越人進入潮州。漢元鼎六年（B.C.111

）置揭陽縣，縣屬包括今天的整個潮汕、與梅，乃至閩南、贛南的一些地方。同時，由於行兵運糧的需要，潮汕之水陸交通已經初步開闢，漢人、閩人入潮的漢人越來越多，也帶來了漢語言文化的影響。此時的潮汕人已不是土著的居民了，他們講的話也不全是古台語一系的少數民族語言了，漢語方言開始在潮汕地區流行。

　　西晉末年的中原人士避亂閩地、閩南，閩語和以泉州爲中心的閩南語隨著移民而向外擴散。

　　泉州跟潮州相距不遠，吳人、中原人既然到了泉州，可以肯定的，有些移民再輾轉入潮是可能的。由於潮地居民的迅速增加，義熙九年（413），在潮地設立義安郡，領綏安（今閩南）、義招（今大埔一帶）、海寧、海陽、潮陽。隋唐之間，潮地地名幾經改易，隋開皇九年（589），始稱潮州。唐肅宗乾元元年（758），復稱潮州，並從此固定下來，屬嶺南道，轄潮陽、海陽、程鄉（今梅縣）三縣。

　　唐代又有兩批移民入潮：一是陳元光帶領中原人士入潮；二是大批由中原入閩的移民經莆田、泉州等地入潮，史稱「河老人」。

　　潮汕地區閩南方言形成的時期應是唐宋時代。

　　唐初，泉州、潮州一帶的畬民作亂，陳元光平定亂民後，在泉、潮間設漳州郡。在其整治下，漳、潮間的局勢穩定，生產發展，人物輻輳，文化漸開，人民視爲樂土，中原人民遷來者不少。。顧炎武《天下郡國利病書》云：「漳猺人與虔、汀、潮、循接壤雜處，....常稱城邑人爲河老，謂自河南遷來。由陳元光將卒始也。」後來，這些人的後代蕃衍於漳、泉、潮之間，成了潮、漳一帶的「河老人」先祖。

　　晉末以及此後入閩的中原人，在唐末五代之後，亦有移民潮州者，其中不少望族之後。他們的祖先可能在福建已經生活了幾十年乃至幾百年，口裡講的已經是閩語而非中原話了，因而習慣上稱爲「福佬人」。

　　唐宋之間，潮汕方言與漳州、泉州話差異甚小，因而閩人入潮在語言

文化上並無隔閡。而陳家父子所帶來的的中原話——即當時的北方標準音、閩南話中的讀書音——的影響，則爲漳潮所共及。後來，韓愈因諫迎佛骨觸怒了皇帝而被貶爲潮州刺史(819年)。在任雖只八月，政績卻很輝煌。他建立學堂，招收學生，傳播文化。教學生讀書，當然是以北方標準音爲主。奠定了潮汕話文讀系統的基礎。由於地理上的接近和所受文讀音的影響，比較起來，潮州話和漳州話是比較接近的。

宋末元初，從西元1276年到1278年幾年間，宋皇帝與張世杰、文天祥等將領，曾帶領南宋將士轉戰饒平、南澳、惠來、陸豐、潮陽等地。宋帝昺投海、文天祥被捕後，僥倖未死的南宋將士或其後代有一些在潮州定居一來，陸秀夫的後人陸大策也都寄居在潮州，對潮汕方言文讀系統的形成和發展，也有一定的影響。

總之，潮汕地區早在秦漢時便接受了中原漢語和古閩語的影響，至魏晉六朝時期，閩語已在潮汕地區流行。唐末至宋代，形成了文讀系統；發展至明代時已臻定型。而同時，由於文讀音系的影響以及宋元時代的戰亂、移民等原因，使潮汕話形成了自己區別於閩南方言其他次方言（如漳州、泉州話等）的特點，終於在元明時代發展成爲一種獨立的次方言。（註二）但由於閩南地區的人民跟潮汕地區人民的頻繁來往和交流持續不斷，因而彼此還能夠通話，《荔鏡記》的「潮、泉合刊」是有力的證據。但是，隨著時間的推移，這種逐漸的分化積累到一定的時候就會產生某些質的變化。可能在清潮中期，潮汕地區的閩南話已變得基本上同今天潮汕方言的面貌相似。

二、潮州話的特點

在潮州音方面，筆者囿於環境，無法取得更好的資料，僅能就手頭的兩本參考查閱，並用近人研究潮州方言的成果列出潮州音系統（註三）。這兩本是：

1924年汲約翰編的《潮正兩音正集》（以下簡稱《兩音》），上海長

老教會出版。其書體例：「用羅馬字註明音韻。於每行之首，註明潮州本音，中央註准定正音（即全國通語），右邊又註潮州別音。分行迻記，字字註明。」

《潮語十五音》（以下簡稱《潮語》），蔣儒林編，1948年訂正版，汕頭文明商務書館出版（註四），《潮語》沿襲《妙悟》十五聲母，分四十字母。卷末注云：「干部與江同、關部與光同、羌部與堅同，俱不錄。」反映現代潮音-n讀爲-ng的事實。

此外尚有更晚的《潮州方言詞匯》，蔡俊明編，所記爲揭陽音。1991年香港中文大學出版。

關於潮州話所包含的地域、方言點，李永明通過翔實的調查材料的比較，指出潮汕方言各分支的差異，並根據差異度，把「三分說」具體化：

> 汕頭、澄海、潮州、饒平爲一區，揭陽、揭西、普寧的老縣城洪陽及其附近、潮陽北部爲一區，潮陽、惠來、普寧、揭西的西南角爲一區。（註五）

描述某一種方言，總要以某種話爲標準。自南宋紹興十年(1140)起至元代，潮州領海陽(今潮安縣)、潮陽、揭陽三縣，明、清的潮州府轄區更大，都以潮安爲行政中心，潮安縣城話就是潮州話。自1949年以後，汕頭成爲潮州府的專署一級行政區，汕頭市逐漸形成爲潮州地區政治、經濟、文化的中心，因此，現在潮州話的代表便是汕頭話，它與潮汕其他各地土話有一定的差別。林倫倫等主編的《潮州話口語》（1989年版）是以汕頭話爲主，故潮州方言之正稱應是「潮汕方言」。（註六）

今欲研究四百多年前的潮州話，自然應該以第一區（汕頭、澄海、潮州、饒平)爲主。汕頭話僅供參考。

吳守禮《荔鏡記戲文·韻字篇》潮、泉韻目對照表，潮州音依據《潮語》，並列澄海、潮陽、潮安、揭陽四區韻母作參考。茲將潮州聲韻列表如下：

(一)聲母（與泉州音同，略）

(二)韻母

《潮語》韻母表

	開　　口　　呼	齊　齒　呼	合　口　呼
單韻母	膠　歌　家　　居 a　o　e　　ɯ	枝 i	龜 u
複韻母	交　孤　雞　　皆 au　ou　oi　ai	佳　蕉　鳩　驕 ia　io(ie)　iu　iau	柯　瓜　歸　乖 ua　ue　ui　uai
鼻韻母	甘　江　扛　公 am ang　ng　ong （干）　　經 　　　　ing	堅　兼　囝　金 iang　iam　in　im （姜）　恭　(ing) 　　　iong	君　光 ung uang （關）
鼻化韻母	柑　庚　　肩 aN　eN　　oiN （εN）(aiN)	薑　京　天　蕉 ieN iaN　iN ieN (ioN)	官 uaN

說明：

1 本表以《潮語》為主。

2 擬音參考吳守禮《荔鏡記・韻字篇》潮、泉韻目對照表。該表潮州韻目共列澄海(君un堅ien囝ɨn干an關uan收[-n]韻尾)、潮陽、潮安、揭陽四處之音。

3 泉音收-n音，潮音大多讀爲-ng；

　入聲字泉音收-t音，潮音大多讀爲-k。

　因韻in爲潮陽音。

4 潮安甘韻爲ang，兼韻爲iang，家韻爲ε，驕韻爲iεu。

5 居韻：澄海(ɯ)，潮陽(u、i)，潮安(ɯ)，揭陽(ɤ/ə)。

6 表中韻母重見者如蕉、肩，爲各地不同之音。

7 潮州話無ɔ、o元音，但在ɔ、o之間有 O元音，此處仍用o 表示。

　泉音ɔ韻，潮州讀爲ou。

8 無泉音科ɤ韻，泉音此韻字，潮州音讀爲ue。

9 蔡俊明的《潮州方言詞匯》是揭陽話，有ə(ɤ)無 ɯ元音。

　林倫倫的《潮州話口語》是汕頭話，有 ɯ無ə(ɤ)元音；但其錄音帶

　發音近ə(ɤ)。

　林倫倫的《潮汕方言與文化研究》也是汕頭話，有 ɯ元音，也有ə(

　ɤ)元音(恩ə ng韻)。

　李新魁、林倫倫的《潮汕方言辭考釋》也是汕頭話，有 ɯ無ə(ɤ)元

　音。

　ɯ、ɤ的差別，只是一緊一鬆而已（詳見上節註五黃說）。

因此，潮州話的元音有a、o、e、ɯ、i、u六個。

附元音圖（註七）：

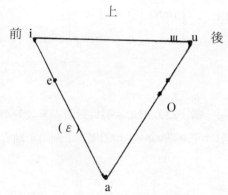

(三)聲調

　　潮州話有八個聲調，其連讀變調情況比較複雜，分為基本式和衍生式兩種。基本式以「前變調」為主要特點，衍生式則以「後變調」為主要特點。基本式獨立性較強，穩定性高，不易受外來影響而發生變化；衍生性則相對具有依附性和臨時性，容易變化。茲僅列前變調作為參考：

連讀變調基本式

本　　調				連　讀　變　調　基　本　式			
調碼	調類	調值	變調	條　件　變　調			
				A	A1	B	條　　　件
1	陰平	3 3	2 3				A出現在連調單位最後一個音節為陰上、陽平、陽入的前一個音節。A1可以出現在陰去、陰入為 A或A1的前一個音節。B出現在連調單位倒數第二個音節為陰上、陰去、陰入之後的最後一個音節。
2	陰上	5 3	2 3	35		21	
3	陰去	212	3 1		5 3		
4	陰入	1	3		5		
5	陽平	5 5	212				
6	陽上	3 5	2 1				
7	陽去	1 1	212				
8	陽入	5	1				

根據張曉山< 潮州話連讀變調的特點 >。與其他家不同者說明如下：

1 陰平變調：李新魁「汕頭話」、蔡俊明「揭陽話」皆不變調；唯據南
　管戲錄音帶，則變調爲23。與上表變調相同，或許是較早之音。

2 陰去：李、蔡作213，直接變調爲 53。

3 陰入：李、蔡作 2 ，陽入變調亦作 2 。（註八）

第四節　泉州話與潮州話的關係

　　中國七大方言中，對於閩方言以下次方言的區分，稍有紛歧：有的只
談閩區內的方言，不及潮汕（註九），有的把廣東的潮汕包括在內，但和
閩南（泉漳）是分開的（註十），至於張振興的區分是：（註十一）

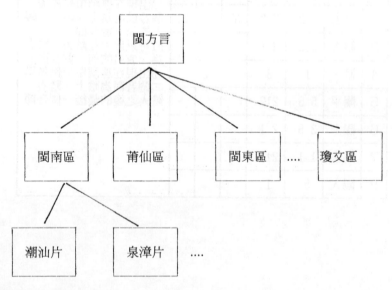

把潮汕片列於閩南區，有它的歷史淵源與事實做根據，可以這麼說：「潮
汕方言的『遠祖』是吳語，其近祖則是『閩語』。意思是說，潮語是由閩
方言分化出來的，而閩方言則是更古時期的吳語演變而成的。」（註十二）

一、吳語與閩南語的關係

　　中國南方六大方言中，吳語是最古老的。吳語大致分佈在現在的江蘇長江以南地區(不包括鎮江及其以西地區)、上海市全境、浙江省絕大部分地區、江西省與浙江毗鄰的上饒市、上饒縣、玉山縣、廣豐縣、福建與浙江毗鄰的浦城縣城關及其以北地區、皖南部分地區。（註十三）

　　吳語的起源，可以溯源到三千年前周朝時代太伯、仲雍的南遷。他們所建立的「勾吳」國，就是春秋時代的吳國。吳、越接土近壤，語言相通；後來吳王夫差為越王勾踐所滅，吳越合而為一。到了戰國時代，吳越之地又為楚國所并，因而吳、越的語言又與當時的楚語發生了密切的接觸，產生融合，形成了吳楚接近的一種大方言。（註十四）

　　經過一千多年的發展，到六朝以前，原始吳語已經演化成與當時中原地區很不相同的一種方言。陸法言《切韻》自序說：「吳楚則時傷輕淺，燕趙則多傷重濁，....」其中「吳楚」方言，指的大約就是江南一帶西起荊楚，東至金陵，內部相當一致的一個與北音對峙的方言。如吳人謂冷曰「凔」（楚勁切），用人稱代詞「儂」指第一人稱的代詞「我」。（註十五）

　　閩南人慎終追遠都說先人隨晉室渡江南來，其實從中原到閩南千里迢迢，並非一蹴可及。閩南人的祖先一部分人渡江之後首先落腳於江東僑置郡縣，經過一段時期，部分人士因為在經濟利益上與江東世家大族起了衝突，才又輾轉南下，定居於閩或閩南（註十六）；另一部分人輾轉遷徙定居他處，再經由海、陸二線進入閩南。所以閩語(閩南語)和吳語有密切的關係。

　　從泉州話與潮州話的歷史中，我們得到以下的結論：

　　1 在南方方言中，吳語是最先產生的。其地域大約在今江蘇、浙江一

帶。

2閩語或閩南語語系的移民，一部分是先住在吳語區一段時期，再南下到閩地或閩南；一部分是直接到閩地或閩南。所以閩南語中有部分吳語的成分。

3潮州古地域的語言，有古代吳越語和楚語的某些成分。潮汕話的形成，是在不同時期，分別由中原、閩地（譬如莆田的移民）及閩南人移民到潮州等地，各種不同來源的語言在不同的時間層次中發生不同的作用，經過漫長的兩、三千年的發展、演變，最終形成了相當獨特的漢語方言。因此，潮州話有與吳語、泉州話相同的特點，也有它自己獨特的地方，圖示如下：

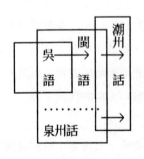

重疊之處即是它們的共同點，

不重疊之處即是它們各自獨特的語音。

箭頭表示由甲地傳到乙地，亦即乙地受甲地的影響。圖中表示吳語傳入閩地、再傳入潮州。

閩語傳入潮州。

泉州話傳入潮州。

泉州話、潮州話都屬於閩南語。

以下舉例說明它們的共同特色：

(一)語音

1 無輕唇音[f]：「非敷奉」母字白讀爲重唇音[p]、[ph]，文讀則爲[h]，如「斧脯飛分放方夫傅、紡蜂捧芳麩」等字。輕唇音是中古才從重唇音字裡分化出來的，泉州潮州話都沒有[f]聲母，便讀[h]聲母（都是清擦音）來與之對應。但吳語蘇州話有[f] 聲母。

2 舌上歸舌頭：「知澈澄」母字白讀爲[t]、[th] 」，文讀爲 [ts]、[tsh]，如知母的「豬書帳中竹追」等讀[t] ，「駐站貞」等字讀[ts]，「知澈澄」母中古才從「端透定」分化出來。

3 塞擦音和擦音只有一套[ts]、[tsh]、[s]，無[tʂ]、[tʂh]、[ʂ]和[ts]、[tsh]、[s]之分。

4 保留古入聲，[-t]、[-k]、[-p]和喉塞音韻尾[-h]。但吳語古入聲字韻尾都合爲喉塞音韻尾[-h]，如上海「塌」念[thah4]，「擦」念[tshah4]，「國」念[koh4]。

5 鼻音韻尾泉州話[-n]、[-m]、[-ng]俱全。吳語大都只有一個[-ng]，而無[-m]、[-n]，如「金」字古音收[-m]，「斤」字古音收[-n]，「京」字古音收[-ng] ，這三個來自不同鼻音韻尾的字，在上海都合流了，一律念爲tsing53。（少數地方如無錫，有[-n]而無[-ng]）。今潮州話收[-n]的都變爲[-ng]，自然亦無收[-t]的入聲韻。

6 古匣母部分聲母白讀念爲[k-]，曉母字念爲[kh-]。匣母字如「猴厚含寒糊行」等；曉母字如「許吸呼」等。

7 泉州、潮州話皆無撮口呼，吳語蘇州話有撮口呼。

8 都有七、八個聲調，潮州話八個俱全。

9 「歌」字泉州、潮州話白讀收[-a]音，反映唐宋之前的念法；吳語

不收[-a]音。

上面所列，泉州、潮州話都有的共同點，小部分吳語反而不同（如有[f]聲母，有撮口呼），這是因為：

> 金陵是六朝京都，當時仍是吳語天下。一千多年來，北部吳語不斷受到北方話的衝擊，金陵（南京）早已向北方話靠攏，吳語的特點如不見於今天的北部吳語，那是北部吳語經歷千餘年發展變化的結果。吳音反映的早期北部吳語的特點往往保存於南部吳語或閩語中。（註十七）

(二)詞彙

保留唐宋以前、南北朝以前的共同詞彙，有些詞語，北方方言已經不用或很少用了。如：

1囝：泉音kaN2，潮音文讀kang2/ki ɤ ng2，白讀kiaN2。集韻上聲獮韻：「囝，九件切，閩人呼兒曰囝。」

2儂：南朝《子夜歌》、《吳聲歌曲》、《西曲歌》等，具體地反映了吳方言的特色。其中用「儂」指「人」（泉音lang5、潮音nang5）：

> 詐我不出門，冥就他儂宿。（讀曲歌89首之27）
> 赫赫盛陽月，無儂不握扇。（夏歌20首之16）
> 雞亭故儂去，九里新儂還。送一卻迎兩，無有暫時閑。
> （《西曲歌》＜尋陽樂＞）

這些「儂」字顯然都是指「人」。至於指「我」的「儂」，可能是從「人」的意思引伸而來，如：

> 郎作《上聲曲》，柱促使弦哀。譬如秋風急，觸遇傷儂懷。
> （＜上聲歌＞）

泉州、潮州話「儂」也有作「我」用的，如「儂都愛睏啊！」

3骹：《周禮·考工記》＜輪人＞鄭司農云：「脛近足者細於股，謂之骹。」《廣韻》肴韻口交切：「胶：脛骨近足細處。骹，上同。」這個字

存在於吳語的白話中，也同時出現在南朝的口語裡。《南史·王亮傳》：

> 時有晉陵令沈巑之性粗疏，好犯亮諱，亮不堪，遂啓代之。巑之快
> 快，乃造坐云：「下官以犯諱被代，未知明府諱。若爲攸字，當作
> 無骹尊傍犬？爲犬傍無骹尊？若是有心攸？無心攸？請告示。」亮
> 不履下床而走，巑之大笑而去。

王亮的父親名叫王攸，當時「攸悠猷犹」四字同音，同音字要避諱，沈巑
之假藉不知的理由，故意大犯其諱，把「尊」字的「骹」去掉，旁邊再加
上一隻犬；又說「有心攸，無心攸」，簡直當面罵人。

　　泉州、潮州話也說「骹」，音kha1，（即國語的「腳」）。可見南朝
口語中的這個「骹」字，不僅保存在閩語裡，也保存在吳語的白話音裡。
（註十八）

　　4珠娘：梁·任昉《述異記》：「越俗以珠爲上寶，生女謂之珠娘，
生男謂之珠兒。吳越間俗說：明珠一斛，貴如玉者。」潮語稱女子爲珠娘
，金門人今尙稱女子爲姿娘；金門屬泉州話。珠娘或作孜娘、姿娘。（註
十九）

　　本小節詳述泉州話與潮州話的歷史，並分析其共同特點，目的在說明
《荔鏡記》將泉州本與潮州本合在一起是可能的，是可以被讀者、觀眾接
受的。

二、泉州話與潮州話的異同

　　論泉州音和潮州音的異同，當分兩個層次討論：即今音和古音。今音
有字典和存在於閩南人口中的方言可資比較，古音——指《荔鏡記》時代
之音——必須作實際的分析整理才能明曉；但可據今音再配合《荔鏡記》
的紙上資料推求古音。茲先列今音之不同。列表如下：

1、聲調比較表

調別	1	2	3	4	5	6	7	8	
腔別	陰平	陰上	陰去	陰入	陽平	陽上	陽去	陽入	
泉州	33	55	41	55	24	22	41	24	本調
	33	35	55	55	22	22	22	22	變調
潮州	33	53	212	11	55	35	11	55	本調
	23	35	53	55	212	21	212	22	變調

2、特殊韻母比較表

例字	女	過	高孤	身	骨関
泉州	ɨ（ɯ）	ə（ɤ）	ɔ	n	t
潮州	ə（ɨ）	ue	ou	ng	k

　　泉音ɨ，潮音或音ə，或音ɨ。ɨ是高央元音，ɯ是高、後元音、展唇；ə是中央元音，ɤ是中、後元音、展唇。ɨ、ə有些學者標爲ɯ、ɤ亦無妨。如：

　　「女」字：泉音lɨ2、潮音lə2。

　　「身」字：泉音sin1、潮音sing1。

　　潮音無o、ɔ韻母，《潮語》歌部，介於 o、ɔ 之間，可用O表示。但毌需如此細分，O用o表示。泉音有ɨ、ə，潮音有ə無ɨ，故泉音有八個韻母，潮音只有六個。

　　以閩南方言來說，是以泉州話爲主再向四方擴散。閩南方言的各次方言，是同者多、異者少，今日泉州、潮州之詞匯相異者固不少，然此非筆者所著力之處。欲究明《荔鏡記》中的泉、潮方言，只要列出書中的潮州方言，即可顯示二種次方言的不同。晚於《荔鏡記》十五年（明萬曆辛巳九年(1581)）出版的《新刻增補全像鄉談荔枝記大全》，是純粹的潮州方言，比較二書的相異部分，即可顯示《荔鏡記》書中的特殊潮州方言。此例已簡述於本章第一節。

附註

一：《中國語言學大辭典》p562：「台語，也叫台語群（Tai-Lan-guages
　　）。指漢藏語系壯侗語族壯傣語支語言。海外學者大多採用這個稱呼
　　。」古台語即現代* 台語的原始共同語。與今臺灣的「台語」（臺灣
　　話）不同。

二：節錄林倫倫《潮汕方言與文化研究》二、試論潮汕方言形成的歷史過
　　程，廣東高等教育出版社，1991。

三：潮汕方言字典出版情形，參考林倫倫著《潮汕方言與文化研究》，廣
　　東高等教育出版社，1991。p1「字典的編纂」：
　　　最早的一本潮州話字典是1847年曼谷教會出版社出版Goddard
　　　Josiah編著的《漢英潮州方言字典》。
　　　在潮汕本土，有張世珍編的《潮聲十五音》，1913年由汕頭圖書石
　　　印社出版。
　　筆者在臺灣臺南市長榮中學校史館看到甘爲霖（Rev. William
　　Campbell）收藏的遺物《英漢字典》，所記爲汕頭話，八開，本字爲
　　羅馬注音，說明用英文，約三、四百頁。甘氏於1869年大學畢業即來
　　中國，一生著作等身，是極有成就的歷史家、字典編纂者、福音宣道
　　家。假設他在四十歲買到該書，該書之調查、鉛印、排版，最少要花

好多年，則該書所代表的方言時期，可能與泉州字典《彙音妙悟》（

1800年）相近。則該書的價值不可忽視。可惜只能隔著玻璃看，不能

摸，未能參考，眞是可惜。

四：據洪惟仁<漳州十五音的源流與音讀>，謂《潮語十五音》有1911年版

。見《漳州方言韻書三種》解題p8。此說未能證實。

五：同註一，林書p5。黃家敎< 潮汕方言的代表語問題 >將潮汕方言分爲

四系，前三系略同於李永明，第四系是海豐、陸豐、陸河。黃文見第

二屆《閩方言學術研討會論文集》。

六：林倫倫、黃章愷主編《潮州話口語》，廣東高等敎育出版社，附錄音

帶，1989。林倫倫《潮汕方言與文化研究》以汕頭音系爲主。廣東省

行政部門於1960年 9月公布過一個《潮州話拼音方案》，以汕頭音系

爲標準（見林書p35）。李新魁、林倫倫著《潮汕方言詞考釋》（廣

東人民出版社，1992。）也以汕頭話爲主。

註七：本圖錄自林倫倫、黃章愷主編《潮州話口語》p45。

註八：張曉山< 潮州話連讀變調的特點 >，第二屆閩方言學術研討會論文

集，暨南大學出版社，1992。李說見上註《潮汕方言詞考釋》。蔡說

見《潮州方言詞匯》，香港中文大學，1991。

九：如陳章太、李如龍《閩語研究》，語文出版社，1991。

十：如丘學強< 閩語分區問題再探 >，第二屆閩方言學術研討會論文集，

暨南大學出版社，1992。

十一：《方言》1985年第 3期。楊鼎大、夏應存< 閩方言分區的計量研究

>第二屆閩方言學術研討會論文集，也把潮汕列於閩南區。

十二：李新魁< 從潮汕方言古老的語言特點看其分化、發展的歷史過程 >

，第二屆閩方言學術研討會論文集。

十三：《中國語言學大辭典》，江西敎育出版社，1992，第2 版。

十四：周振鶴、游汝杰《方言與中國文化》第二章方言與移民的關係，上

海人民出版社，1987，第 2版。p111。

十五：詹伯慧《現代漢語方言》p112。吳方言的具體面貌，可自下列二則
　　　窺知：

　　　　王丞相拜揚州，賓客數百人，並加霑接。人人有說色，唯臨海一客
　　　　姓任及數胡人為未洽。公因便，還到過任邊，云：「君出，臨海便
　　　　無復人。」任大喜說。因過胡人前，彈指云：「蘭闍！蘭闍？」群
　　　　胡同笑，四座並驚。（《世說新語‧政事篇》

　　　所謂「蘭闍」，大約就是當時吳語(胡語)的特寫，是一種褒譽讚嘆之
　　　辭。又張光宇< 論客家話的形成 >：

　　　　西晉滅亡，流寓太湖一帶的北方仕民一則出於日常生活的需要，再
　　　　則在宰輔王導的提倡下，朝野形成「共重吳聲」的風氣。王導帶頭
　　　　學說吳語：

　　　　　劉真長始見王丞相。時盛暑之月，丞相以腹熨彈棋局曰：「何乃
　　　　　渹。」劉既出，人問：「見王公云何？」劉曰：「未見他異，唯
　　　　　聞作吳語耳。」（《世說新語‧排調》 ）

　　　　劉孝標注：「吳人以冷為渹。」直到今天，吳人仍用「渹」表示冷
　　　　，音「楚勁切」。（ 教育部八十五年度獎助鄉土語言研究著作得獎
　　　　作品論文集。）

十六：張光宇< 吳語在歷史上的擴散運動 >，中國語文1994年第 6期。

　　　這一段北來移民輾轉他遷的原因，是王仲犖在《魏晉南北朝史》有一
　　　段論述說：

　　　　當北方的世家大族不嚴重損害江東世家大族的經濟利害時，江東世
　　　　家也還能與北來世家大族和平共處，共同維護東晉政權；假如江東
　　　　大族的經濟利益遭到嚴重損害，他們不但不肯發揮支持東晉新政權
　　　　的作用，甚至會不惜一切，來拆新政權的台。東晉政權認識到這一
　　　　問題的嚴重程度，必須迅速解決。於是北來的世家大族就轉而去開

發東土。……於是以王、謝爲首的北來世家大族率其宗族、鄉里、
賓客、部曲，紛紛流寓到浙東會稽一帶，進而又發展到溫、台一帶
，林、黃、陳、鄭四姓則移居福建。

十七：同註十五，pp115、116。

十八：「骹」字之說見丁邦新＜ 吳語中的閩語成分 ＞，文中謂：平陽蠻話
屬於吳語系統，平陽蠻話具有好些閩語的特色，「骹」字是其中之一
。 中央研究院歷史語言研究所第59本第 1分，1988。

十九：以上共同點與小差異，參考詹伯慧《現代漢語方言》、林倫倫《潮
汕方言與文化研究》、李新魁＜ 從潮汕方言古老的語言特點看其分化
、發展的歷史過程 ＞。《漢語方音字匯》，北京大學中國語言文學系
語言學教研室編。

第五節　《荔鏡記》的語言與南管唱詞

一、南管唱詞保存古音

南戲的音樂以南管爲主。南管之起源與歷史已具述於第三章第五節。
本節要特別強調的是南管的活化石——音樂與語言——中的語言部分。

關於南管 ɯ韻及 ɯ當介音的特殊唱法，將在第六章敘述，此處先介紹
南管所保留的特殊音可和《荔鏡記》相印證者。

所謂「特殊音讀」，指的是在地方戲曲的戲詞中，有些常用字詞的讀
音與方言的日常口語明顯不同。這是因爲口語容易變化，而戲曲演唱重視
師承，因此，與生活語言比起來，戲詞的讀音更爲穩定，不易變異。戲詞
中的許多特殊音讀就是藝人們通過口耳相傳一代一代保存下來的，堪稱方
言中的「活化石」。它們對方言音史研究的意義是不言自明的。

戲曲中的特殊音讀大體上可以分爲三類：

1古代異讀的保留：在古代漢語中，「守」用作動詞時讀上聲「書九

切」(siu2)，用作官名時讀去聲「舒救切」(siu3)，《唐韻》：「舒救切，太守。」《史記‧南越列傳》索隱引《十三州記》云：「大郡曰守。」今日國語和泉州話都已經沒有這種分別，均讀作上聲，而梨園戲中「太守」、「郡守」的「守」字仍讀去聲。

　　2 方言舊讀的保留：方言中有些字音有時會因各種原因（尤其是使用頻率低）而消失，但它們卻可以長久地保存在戲詞、曲詞中。例如「何(hua5)卜」、「幸逢(pang5)」、「不見蹤(tsng1)」、「房中(tng1)」、「眉頭(thiu5)」等等。這一些字音初聽似特殊，然而仔細一分析，卻完全符合泉州話的文白對應規律，只不過因口語中使用得少而已被淘汰罷了。

　　3 方言雅音的保留：方言中有些字會因各種原因而產生變異。戲詞、曲詞中的特殊音讀可以幫助我們找到變異前的方言標準音。例如：錯，今泉州話一般讀去聲[tsho3]。該讀音實際是受了北方官話的影響。南管<因送歌嫂>中的「錯手無定」的「錯」字則讀作[tshɔk4]。《集韻》入聲鐸韻：「錯，倉各切。《說文》：金涂也。一曰：雜也，乖也。《彙音妙悟》只有東母出音上入聲：「錯，誤也。」一讀。可見「錯」念入聲[tshɔk4] 正是泉州話的標準音，而[tsho3] 則是俗讀音。

　　以上三種字音的保存，可以是個別的例子，還難以看出它對方音史的研究有何重要意義。而下面要談的「鷓鴣音」（即介音 ɯ），不僅數量可觀，而且與今泉州話口語音有較整齊的對應規律，就不能不引起我們的特別重視了。

　　所謂「鷓鴣音」，指的是保存在戲曲中的古代泉州話的標準音。它共包含七個韻：[ɯe/ ɯeh]、[ɯn/ ɯt]、[ɯo]、[ɤng/ ɤk]。這七個韻的共同點是：都有一個[- ɯ]介音或元音（唱[ɤng/ ɤk]音時， ɯ略鬆即成 ɤ）。由於[ɯ]的發音部位屬於後、高、展唇元音，與鷓鴣的叫聲發音相近，故

被稱為「鷗鴣音」。研究「鷗鴣音」至少有三個方面的重要意義：

1 「鷗鴣音」是古泉州音的積澱。泉音某些字，三、四等亦讀開口，這是古泉音很特殊的現象。例如：「根、跟、墾、痕、很、恨、恩」（中古臻開一痕）、「巾、銀、垠」（臻開三眞）、「斤、筋、近、勤、芹、殷、隱、屹」（臻開三殷）、「核、（梗開二耕）「劾」（曾開一登），今泉州話讀成合口韻[un/ut] ，而「鷗鴣音」則讀作開口韻[ɯn/ ɯt] ；「改」（蟹開一哈）、「挨」（蟹開二皆）、「街、解、鞋、蟹」（蟹開二佳）、「藝」（蟹開三祭）、「題、底、地、替、妻、齊、洗、細、雞、溪、契、倪」（蟹開四齊）、「夾、挾、狹」（咸開二咸）、「笠」（深開三侵）、「節、截、切」（山開四先），今泉州話白讀念成合口韻[ue/ueh]，而「鷗鴣音」則讀成開口韻[ɯe/ ɯeh]（白讀韻）。從上舉例子可以看出「鷗鴣音」實際是保存了古代開口韻的特點。

又如「鷗鴣音」把今泉州話讀作細音韻[io]（文讀韻）的「偷、頭、投、豆、逗、樓、漏、勾、狗、句、口、偶、藕、侯、厚、後、候、歐」（流開一侯）讀作洪音韻[ɯo]，則是保存了古代洪音韻的特點。

2 「鷗鴣音」記錄了方音發展變化的歷史軌跡，為方音發展史提供了研究線索。從國際音標「舌面元音舌音圖」可以看出：[ɯ]屬於「後、高、不圓唇」元音。與八大標準元音比較起來，[ɯ]在發音上相對來說有一定的難度。由於人們發音時總是趨向於避難就易，所以元音[ɯ]就難免發生變異：

當發音人強調、保持其「後、高」的發音位置時，[ɯ]就往往變質與其相應的「後、高、圓唇」元音[u]；

當發音人強調、保持其「高、不圓唇」的發音特點時，[ɯ]通常就前移，向「前、高、不圓唇」元音[i] 靠攏。

今泉州話的[ɯ]韻（來自中古遇合三魚，如「除、女、煮、書、居、語」等）在廈門話、漳州話中分別念成[u]韻、[i]韻即是明證；而今泉州鯉城

區的青少年中有一種把[ɯ]發成[i] 的趨勢，亦可爲證。

　　當[ɯ]處於介音地位時，更容易變。其變化有三種情況：

　　前兩種變化情況同上。如「鷗鴣音」系列的[ɯn/ɯt]、[ɯe/ɯeh]
分別變成今音[un/ut]、[ue/ueh]，[ɯo]、[ɯk]分別變成今音[io]、
[iak]即是；

　　第三種變化是[-ɯ]介音脱落，例如今泉州音把「鷗鴣音」系列的[
ɤng]韻發成[ɤng]或[ng]，如：「能、等、增、更、熟、爭、生」
等。

了解了這一點，對同樣一個「斤」字，德化、永春、南安、惠安（城關）
等地讀作[kɤn1]，泉州的鯉城區讀作[kun1]　，泉州的東郊城東、河市、
馬甲、羅溪一帶讀作[kin1]，就絲毫不會覺得奇怪了。

　　3「鷗鴣音」爲《彙音妙悟》韻部音值的構擬提供了重要依據。《彙
音妙悟》是清代黄謙編纂的一部泉州地方韻書。它記錄了200 年前泉州話
的語音系統。讓今天的泉州人來讀，其中的恩韻與春韻均讀作[un/ut]　，
箴韻與金韻均讀作[im/ip]，鉤韻與燒韻均讀[io]，雞韻與杯韻均讀作[ue
/ueh]，生韻則或混同毛韻[(ɤ)ng]、或混同卿韻[ing/ik]　。若是讓戲曲
界的藝人們來念，他們卻可以借助「鷗鴣音」把這些韻部區分得一清二楚
。原來戲曲中的「鷗鴣音」指的正是《彙音妙悟》中的恩、箴、鉤、生、
雞這五韻。也就是說，保存在戲詞中的「鷗鴣音」即爲二百年前泉州話的
標準音，「鷗鴣音」與今泉州音的差別實際也就是古泉州音與今泉州音的
差別。因此，要構擬《彙音妙悟》韻部音值，借助戲詞中的「鷗鴣音」就
很有必要，不僅可行，而且可靠。（註一）

　　上文所說的地方戲曲就是梨園戲，梨園戲的音樂是南管，因此，等於
說南管曲詞唱音具有上述的寶貴價值。當然，必須釐清實際語言與做爲戲
劇音樂的歌唱藝術的不同，後者爲求藝術表現與表情的美化，往往刻意突
顯某種實際語言可能不存在的音，如se唱成sɯe、uiN唱成ɯiN等。

二、用南管唱音印證《荔鏡記》的語言

　　《荔鏡記》是四百多年前泉州、潮州方言混合的劇本,當時怎麼唱、怎麼說的,我們已無法知道。我們只能從它本身的曲調與下場詩押韻處,知道它的韻腳。而在泉州音方面,泉州韻書《彙音妙悟》也可讓我們翻查比對——雖然已隔了二百年,變化應該不會太大。另一個研究的憑藉就是南管曲詞的唱音。南管大約從唐宋一直傳唱到現在,由於曲師教授的嚴格,並依賴戲劇的保存,某些特殊讀音和「鵁鴒音」保存得很好,提供給我們甚至比《彙音妙悟》還可貴的活生生的參考資料。

試舉數例說明如下:

1 《荔鏡記》22出[傍妝臺]韻腳:中妝瞵(暈)黃郎方矓矓(ng)

　　按:「中」字與押ng韻尾諸字押韻,應音tng1。蔡湘江<論南音唱詞的歷史積澱>:

　　　　「中」的白讀[tng1],現今泉州方言僅保留在「湖中」等個別地名當中,其他詞語已不再使用這一讀法。(註二)

　　宕攝開口三等字的文白對應有iong→ng之例,如長央張丈兩等字。故「中」的語音可讀爲tng1。　南管唱詞,中音tng1,如<心中悲切>首句、<杯酒勸君>:「值只百花亭中。」<不良心意>:「又掠阮禁落冷房中。」<荼蘼架>:「揚子江中。」

2 《荔鏡記》30出[婁婁金]韻腳:扛扛行郎捲(ng)

　　按:行有hng5音,南管如此唱,如<三更鼓>:

　　　　三更鼓,阮今翻身一返。鴛鴦枕上,阮目滓淚千行。誰思疑,阮會行到只機頓。一枝燭火暗又光。對只孤燈,阮心越酸。....

　　又如<拙時無意>:妝遠返瞵損門頓問行穿

　　　　<中秋時節>:光酸方返斷傍床行瞵長黃損

　　　　<因爲杞郎>:頓長遠行腸門當全酸軟荒瞵返

　　　　套曲<空房清>:當門長床行返方郎

「行」皆與諸字押ng韻。

3《荔鏡記》47出[鬥黑麻]韻腳：州州就憂住州(iu)

按：住的韻母收iu，是語音，屬閩南古語，尚存於今潮州話中。

南管唱詞如<遠看見長亭>：「范氏杞良伊今住在值軍營中。」

「住在值」音tiu7 t ɯ6 ti6，即「住在何」。(臺南南聲社蔡小月唱)

<拜告將軍>：「厝住華州文迎村。」

<告大人>：「念月英住在東京人氏」住皆音tiu7。(大陸南管唱音)

4《荔鏡記》19出：「何卜討小輩人平宜。」

吳氏《荔枝記校理》P504：何卜，「爲何要。」

按：南管多此詞，音hua5 bɔ̍h4。

<我爲你>：何卜輕身下賤，只處受恁娘嫺輕棄。

<遙望情君>：早知冥日有只相思悶，何卜共君鸞友鳳交。

<君去有拙時>：當初何卜勸君求一科名題字。

14出[大迓鼓](旦)窮富是仔命。任伊富貴，仔心不歡。郎君句無乜何。

韻腳：命歡何大觀磨名大我爛(iaN uaN)

15出(旦)三更起來憶著那好啼。(介)見許井水悠悠，焉我心悲。無奈何來到只。

按：無奈何，舊音bo5 ta7 ua5，《泉志》：「無奈何ta7 ua5：無可奈何。」全書「何」字當韻腳皆音ua5。而「如何」之「何」，泉音　　hɔ 5。「何卜」之「何」，南管唱音hua5，如<繡成孤鸞>：

親像阮對著許丁古賊林大，無好緣分，切人只心內無奈何。

「何」字分別音[hua5]、[ua5]，都可由南管唱音證取。

三、參考南管唱詞，為《彙音妙悟》擬音

本章第二節介紹《妙悟》一書的內容及特點，我們所關心的是黃典誠的擬音是否合於當時的實際音值，以便做爲探討《荔鏡記》的語音的憑藉。自唐宋傳唱至今的南管，由於曲師教授時嚴格要求「字正腔圓」，代代

相傳；因此南管唱音很好地保存了某些古音。根據南管唱音，對於《妙悟》的擬音，還可以再做補充與修正。說明如下：

1 㐂韻：此韻鹿港音今存者唯有「涼」字，《泉志》亦有「涼」字，音liang5。特就南管唱音言，唱「藍青官話」時，如<拜告將軍>：「鄉」、「娘」音siang1、liang5。此雖非道地泉州音，但既有此韻，即有此音故擬音iang。

2《妙悟》之「關」韻，各家擬音不太一致，樋口靖、陳永寶、姚榮松擬作uiN；洪惟仁擬作uɪiN（妙悟）、uiN（現代晉江）。此韻之字，南管、泉志皆音uiN。又此韻字少，「反、畔」又見於「𩑾」韻。

3「𩑾」韻字，各家擬音皆為aiN；福建晉江、永春今音為uiN。南管及今泉州音除「乃、迺、粥、買、賣、勘」諸字收音aiN外，其他字皆音uiN。收aiN為同安土音，可能作者黃謙家鄉的口音在這些字是和同安比較接近的。故擬作aiN。

4陽聲韻尾與入聲的對應關係是：ng→k。妙悟雖有「㐂」韻，然泉州實無此音；但今泉州音有收-iak者（即無iang之陽聲韻，卻有-iak之入聲韻）。（註三）

諸字大陸南管唱-iak或 ɤak，臺灣則唱-ik、-iak二音。

特殊數音（包括與黃氏不同者）說明如下：

1「居」韻，黃氏擬作 ɯ，《泉志》同；「科」韻，黃氏擬作 ɤ，《泉志》作ə。洪惟仁居、科擬作ɨ、ə。ɨ是高央元音，ɯ是高、後、展唇元音；ə是中央元音，ɤ是中、後、展唇元音。洪說：「ɨ、ə有些學者標為 ɯ、ɤ亦無妨。」（註四）洪氏係調查近代泉州方言歸納而得；ɨ、ə可以說是近代泉州音。黃氏擬音與南管唱音較相近，南管是歷代曲師傳唱而留存下來的，可能保存較古的音，ɯ、ɤ可以說是較古的泉州音。

2「雞」韻，黃氏擬作ɯe，南管唱音亦如此。其他方言書已不存此音。其他家擬音或作ə e(洪)、或作ɤe(王爾康)。此韻字今日泉腔多變爲ue，由ɯe→ ue，比由ə e(ɤe)→ue，更合音的演變過程。

3「鉤」韻，黃氏擬作ɤu，據南管唱音，此韻某些字如：樓、陋、叩、鬥、偷、頭、瘦、投、愁等字音ɿo，諸字多舌尖音（或邊音），ɯ（高、後展唇元音）受聲母的影響，舌位移前，遂發成ɿo，其他字如侯、後、偶則唱ɯo。故本韻擬作ɯo。

[ɯ]是高後平唇元音，前進一步就是[i]，把唇一圓就是[u]，[i—ɯ—u]同是高元音，彼此之間容易轉化。（註五）故鉤韻字現代泉州音混入燒io韻。鉤韻與燒韻的併合，是ɯo→io；比由ɤu→io較合音的自然演變。

4「恩」韻，黃氏擬作ɤn，南管唱音作ɯn。ɯ比ɤ稍緊，南管唱音要求做到ɯ的唇形，但說話時稍微放鬆，即成ɤ。

5生ɤng韻：此音已漸消失，《泉志》無此韻，鹿港亦無此韻；但據泉州華僑大學王建設教授（泉州人）、廈門大學周長楫教授認爲泉州此音尚存在，南管有此韻，如生、曾、爭等字。此韻的入聲字音ɤk，如刻唱kh ɤk4，黑唱h ɤk4，ɤk音不夠響亮，中間再加個過渡音，故聽起來是ɤak，今泉音變爲iak。的、畜、力、燭、叔、栗、色、刻、德、黑、默、激、逆、或、益、息、諸字，今泉音皆收iak韻。南管唱ɤak，如刻、德、黑等皆在生韻入聲；唱iak，如色、益、或等則在卿韻入聲。

本韻母表與黃氏不同者爲「恩」「鉤」二韻。此與大陸王建設的擬音不謀而合，只有一、二音有出入（註六）。

此韻表是結合紙上資料（《妙悟》）、有聲資料（南管曲師的唱音及南管錄音帶）與實證（筆者親自學唱南管的體驗）而製成。其時代包括兩、三百年前（《妙悟》）與三、四百年前直到現在（南管唱音），依此來

研究整理四百多年前的《荔鏡記》的泉州語音，至少有個憑藉。

四、結　語

　　根據上面對泉州字書《妙悟》及南管唱音的分析，我們可以依據各種代表泉音的憑藉，列出一個泉音演變表：

　現　代　泉州韻書　　泉潮混合　古泉音　　讀書音　　泉州話形成
　閩南語→《妙悟》→《荔鏡記》→ 南管唱音→ 唐初、唐末 → 　東晉
　　　　十七、八世紀　十五世紀　十一一十九世紀　七一十世紀　四世紀
其中書面資料包括：1有聲、韻、調系統的韻書《妙悟》，2有可資系聯的押韻韻腳字《荔鏡記》曲牌；現實的語言資料包括：1現代閩南方言，主要以泉州音爲主；2南管唱音，但必須仔細釐清實際語言與歌唱藝術唱音不同。有了以上的憑藉，我們可以很好地探究比《妙悟》早二百年前的閩南方言。

　　至於潮州音，則因資料較缺乏，無法作較有把握的分析，只有從《荔鏡記》本身的材料來印證。

　　總之，《荔鏡記》作爲明朝的地方方言劇本，是值得作全面的方言研究的。

附註

一：以上特殊音讀與「鷦鴣音」參考王建設< 泉州方言與地方戲曲 >，華
　　僑大學學報第三期，1995。但筆者與王文對恩韻、生韻的擬音稍有出
　　入，詳下文。王氏共列九韻，筆者只列七韻，少[ɯ ɤ m/ ɯ ɤ p]一組。
二：《泉南文化》，1992年第一期。
三：晉江把生、卿韻的入聲都讀成iak，如特tiak8、肉hiak8。參考洪惟仁<
　　彙音妙悟的版本及音讀 >，《閩南語經典辭書彙編》，泉州方言韻書
　　三種·第三章。武陵出版有限公司。
四：同上註，**p47**。

六：黃典誠《漢語語音史》p73 ，安徽教育出版社，1993。p75：

　　上古「之」部的音值是[ɯ]。上古「之」部字到中古《切韻》，主
　　要分兩路走：一路是「蟹、止攝」，一路是「流攝」。前者是向高
　　前元音[-i]發展的趨向；後者是向高後元音[-u]發展的趨向。

七：同註一，王氏擬「恩」爲ɯɤn 、「生」爲ɯɤng，筆者擬「恩」爲
　　ɯn 、「生」爲ɤng。王氏擬ɯɤn 和ɯɤng，主要原因是將ɯ當作
　　介音，但事實上，大概沒有發音如此彆扭、麻煩的，展唇ɯ的嘴形已
　　嫌緊硬，再放下變成ɤ，殊爲不自然。筆者擬ɯn、 ɤng的理由是：

　　1. ɯ不一定只當介音，亦可當主要元音，如居韻字「於」[ɯ]、「居
　　　」[kɯ]。故恩韻可作ɯn ，生韻作ɤng亦然。

　　2.說或唱恩、雞、鉤韻字時，不可能一直維持ɯ的緊張度，黃典誠說
　　　：「[ɯ]稍鬆就是[ɤ]，[ɤ]爲語助之詞的聲音，在現代漢語普通
　　　話裡還是普遍的現象。如「的、呢、了」都是。」（同註六p74）
　　　所以不必二者同時出現。

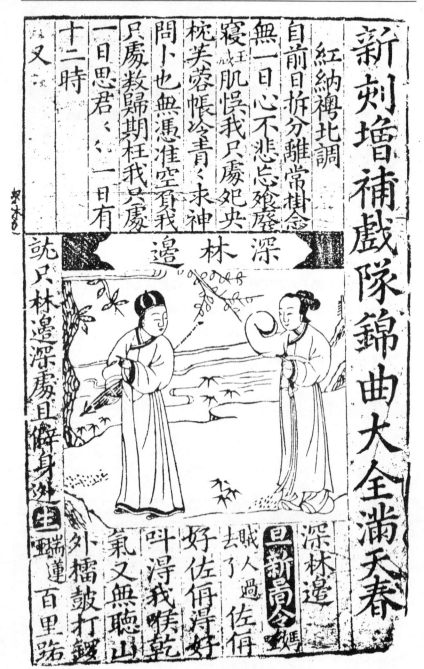

新刻增補戲隊錦曲大全滿天春

紅納襖北調

自前日拆分離常掛念
無一日心不悲忘殘廢
寢王肌悞我只慮妃央
枕芙蓉帳冷青ˇ未神
問卜也無憑准空負我
只慮数歸期枉我只慮
一日思君ˇ一日有
十二時
又ˇ

深林邊

乾只林邊深慮且偋身興（生）端蓮百里踏

深林邊
旦新唐令嫣
賊人過去了佐伻
好佐伻浮好
叫浮我嘆乾
氣又無聽山
外擂鼓打鑼

明刊本書影

第五章 《荔鏡記》的語音分析

　　《荔鏡記》是一本四百多年前產生於閩南地區，以泉州話爲主、夾雜潮州話的南戲劇本。它包括戲劇、音樂與語言。單就語言而言，研究《荔鏡記》，最好具備下列的條件：

　　1 熟悉閩南方言的泉州話與潮州話。

　　2 熟悉南管唱音，南戲的音樂以南管（南音）爲主，南管以泉州話爲正音，其中有少數的潮州音。南管音樂可能自唐宋時已有，一直傳唱到現在。南管曲師嚴格要求發音的正確，所以多少保存一些古音。

　　3 熟悉最早的閩南方言字書。泉州話如《彙音妙悟》，這是一本泉州人所作、1800年出版、目前所能見到的第一本泉州字書，它保存完整的泉州話系統，代表十八世紀的泉州音（閩南語地區屬封閉地形，語言變化較慢，此書的代表性，至少可再上推一百年），據此可上溯《荔鏡記》時代的語音。（潮州話的早期字典較少，資料也較難尋找。）

　　4 熟悉閩南文化。語言是文化的重要部分。語言的表現離不開當時的社會生活狀態。必須熟悉閩南文化，才能真正了解語言的內涵以確定其音義。

　　5 通讀吳守禮教授有關《荔鏡記》的全部著作。吳教授一生研究臺灣語言，花了將近三十年歲月將有關《荔鏡記》的書（包括潮州方言劇本，如《金花女》、《蘇六娘》）做了總整理，爲研究《荔鏡記》的後學鋪了一條康莊大道。我們當然要好好的利用。

　　筆者將以上述條件爲基礎，進行《荔鏡記》語音的分析。

　　語言包含三個要素：語音、詞彙、語法。傳統語言學的研究也包含這

　　三方面。一切語言都離不開語音，「音以表言，言以達意，舍聲音而爲語言文字者天下無有。」（註一）本文的重點在研究音樂與語言的關係，故只分析語音，因爲字的韻母、聲調與音樂的關係最密切；至於詞彙與語法，則俟諸異日。

　　語音的分析，偏重泉州音，其原因有二：《荔鏡記》的語言包含泉州話與潮州話，筆者爲鹿港人，鹿港人保存較純粹的大陸泉州音，對泉州話比較熟悉，但對潮州話則較無自信，因爲根據今人對潮州話的注音以上溯四百多年前的潮音，其間無「如泉州話之《彙音妙悟》或南管唱音」作爲語音演變的憑藉，而據以斷定四百多年前的潮音，實屬太過武斷。總之，「文獻不足故也。」因此，在潮州音方面，能言則言，「其所不知，蓋闕如也。」

第一節　韻部分合的原則

一、押韻原則

　　《荔鏡記戲文》屬於民間文學，其押韻情形一方面與傳統詩歌的發展一脈相承，一方面又有自己獨特的押韻習慣。

　　首先分別韻部與韻母：「韻母只管它的主要元音和韻尾，同一個『韻部』的字，是指主要元音和韻尾相同的字。如閩南話的『巴』pa1、『遮』tsia1、『瓜』kua1，它們韻母的主要元音是a，儘管韻頭不同，但仍把這三個字當作是同屬一個『韻部』。韻部一般大於韻母，一個韻部通常由幾個韻母組成。」（註二）

　　古代韻書中的「韻」並不劃分得那麼嚴格，有時一個「韻」可以包括兩個、三個或四個我們現在所說的韻母。比如《廣韻》的東韻，就包括了ong和iong兩個韻母，刪韻就包括ɑn和uɑn兩個韻母，麻韻就包括ɑ、iɑ、uɑ三個韻母。爲什麼會這樣呢? 原來古代韻書中的「韻」是就韻腹及韻尾來區分的，腹韻及韻尾相同的字便算是同一個韻的字，韻頭（介音）的不同可以不計。如ɑ、iɑ、uɑ這三個韻母雖然韻頭各各不同（ɑ沒有韻頭，iɑ的韻頭是i，uɑ的韻頭是u），但由於它們的韻腹（主要元音）都是ɑ，所以歸爲同一個麻韻。（註三）我們先看古人押韻的例子:孟浩然的< 過故人莊 >詩:

　　　　故人具雞黍，邀我至田家。綠樹村邊合，青山郭外斜。

　　　　開軒面場圃，把酒話桑麻。待到重陽日，還來就菊花。

這首詩押韻的字是家[a]（唐代之時，家字還沒有帶[i]介音，元代才產生了[i]介音，才讀爲[ia]）、斜[ia]、麻[a]、花[ua]，有的字的讀音中沒有韻頭（如家麻），有的有i 韻頭（如斜），有的有u 韻頭（如花），但它們的韻腹[a] 是相同的，便可以在一起押韻。（註四）

　　閩南地區的韻文在押韻上除了承襲古代詩歌的傳統外，也有自己的一

些特點和習慣：

> 押韻的韻部既包括主要元音和韻尾相同的口元音，也包括鼻化元音
> ，還包括帶喉塞韻尾的入聲韻，同時不論聲調。閩南話的鼻化韻，
> 使得主要元音增加了鼻音的成分，對主要元音的基本音值影響不大
> ，故可以使其跟同類的口元音視爲同「韻」。喉塞韻尾是輔音韻尾
> -h，是-p、-t、-k弱化的形式，它使主要元音的音響不能任意延長
> ，但是同樣不使主要元音的基本音值受到什麼影響，所以也同樣使
> 其跟同類口元音視爲同「韻」。（註六）

閩南話分讀書音與白話音，戲曲演唱，使用白話音較多。在曲韻中，則是隨韻腳的需要，雜用讀書音與白話音，而以白話音爲多。

《荔鏡記》戲文雖亦沿用流行於中原之曲牌，但只是沿襲其名，音樂已不同，韻腳處亦不同，而且幾乎每句押韻，其中也有不押韻者（吳書叫逗字）。韻字之取捨從寬，即某些可能不入韻者，則列爲逗字。押韻之形式，視其實際情形，而有轉韻、夾韻、交錯韻等之分別。

二、泉韻與潮韻

本書是潮泉合刊，首先分別是押潮韻或押泉韻：

> 潮州人唱，應押潮韻；泉州人唱，應押泉韻；也有泉州人唱卻押潮
> 韻，潮州人唱卻押泉韻者；其中有一二韻字不叶韻者，須借用泉（
> 潮）韻才能叶韻。

但《荔鏡記》是南戲戲文，注重在演唱表演；泉州南戲（所謂「泉腔」）是地方戲劇，數百年來，在唱腔和唸白，不管閩南語系是何區域，鄉音如何差異，一律都以泉州府城（今鯉城區）的語音爲標準音。故其中雖是潮州人唱，仍以叶泉州音韻爲主。如泉州音不叶，而潮州音叶者（如泉音收-n者，一部分字潮音讀爲-ng）始斷定爲叶潮州音。

潮、泉方言有大同，也有小異。大體而言，泉、潮韻部一樣的不少，可列爲「同韻」；韻部不一樣則分別處理分析。亦即韻部從寬處理，能通

則求其通，不能通則分別處理。元音相同或相近、或韻尾相同則爲「合韻」，如ua與ia， i與ai。一字可能有二讀，如「冥」字，潮音me5 ，泉音mi5。但分別押i、iN與e 、eN韻。可能當時已有二讀。

　　韻部的擬音，泉音根據《彙音妙悟》黃典誠的擬音，並用今南管唱音斟酌訂正；潮音根據吳守禮《韻字篇》潮泉韻目對照表，稍作修正：再用《荔鏡記》押韻情形修正。漳州音根據洪惟仁＜漳州十五音的源流與音讀＞。（註六）

閩南語系韻母比較表

韻母	un	iau	ui	ua	iong	uaN	ɔ	ing	ue	iuN	ong	au	ai
泉州	春	朝	飛	花	香	歡	高	卿	杯	箱	東	郊	開
潮州	君 (ung)	驕	歸	柯	恭	官	孤 (ou)	經	瓜	薑 (ioN)	公	交	皆
漳州	君	嬌	規	瓜	恭	官	沽 (ou)	經		牛 薑(ioN)	公	交	開

韻母	u	a	ɔN	ia	ɯn	in	e	ian	am	iu	im	ang	ɯiN
泉州	珠	嘉	毿	嗟	恩	賓	西	軒	三	秋	金	江	關
潮州	龜	膠		佳	閏 (ɿn)	閏	家		甘	鳩	金	江	
漳州	朘	膠	扛 (oN)	迦		巾	伽	堅	甘	丩	金	江	門 (uaiN)

韻母	an	iang	uai	iam	i	iauN	o	ɤ	m̩	iaN	ng	iN	io	uang
泉州	丹	商	乖	兼	基	貓	刀	科	梅	京	毛	青	燒	風
潮州		堅	乖	兼	枝		歌			京	扛	天	蕉	光
漳州	干	姜	乖	兼	居	嘄	高		姆	驚	鋼	梔	茄	光

韻母	aN	uan	aiN	eN	auN	ɯ	ɤ	ɯ	oɯ	ɯem	ɤng	ei	uei	ɛ	uiN
泉州	弍	川	褸		嘐	居				簾	鉤	雞	生		管
潮州	柑		扃	庚 (iN)	居				雞 (oe)						(空韻)
漳州	監	歡	閒	更 (ɛ)	爻 (om)	簾				稽		檜	嘉		褲

說明：

1 未明標者，表示三個次方言韻母相同。

2 潮州▨韻字與經韻同押居多。庚韻有二讀：iN、eN。其他說明見第四章第二節。

附註

一：黃典誠《漢語語音史》緒論，安徽教育出版社，1993.11。

二：周長楫《詩詞閩南話讀音與押韻》p21.22。敦理出版社，1996。

三：李新魁《古音概說》pp39.40，崧高書社，1985。

四：李新魁《中古音》p24，大陸商務印書館，1991。

五：同註二P52。

六：黃典誠<泉州彙音妙語述評>，《大陸泉州文史》第2.3期，1981。

洪惟仁編《閩南語經典辭書彙編》漳州方言韻書三種，武陵出版社，1993。

第二節　韻母分析

以下分析，爲《荔鏡記》各韻例所押韻母之情形；至於韻部之歸納，當在第三節處理。

分析之範圍，包括曲牌韻腳字、下場詩，以及代替「引子」的整齊詩句、滾唱形式的詩句（或二句、或四句）。

所押之韻腳字，是讀書音與說話音混在一起，以說話音居多。至於何時、何人說何種音，除文讀、白讀外，尚有「文白讀」（戲曲稱「文武白」）。「唸詩詞、文章以及引用成語，都一定要按字音（讀書音）讀；日常生活語言、俚諺、俗語，都據文字的意義讀（即解說音、白讀），或文白穿插讀（即一句話，有的按字音唸，有的按字意讀）。

文讀，如《陳三五娘・睇燈》，陳三上場後，唸觀賞詩：

元宵景色家家樂，簫鼓喧天處處春。

上下樓臺火照火，往來車馬人看人。

每字都要按讀書音唸，「家」讀佳(chia1)，不能唸ke1；「車」讀居(kɯ1)，不能唸chhia1；「人」讀仁(lin5)，不能唸lang5。

白讀，如《高文舉・入殷府》女丑家婆：

我壞呀！人說白狗偷食，烏狗受罪，快走快走啊！

全用白讀，只是「快」字照字音唸，沒有唸做「緊」字。其他劇目的諢語，更是如此。

文白讀，如陳三是讀書人，道白原要唸讀書音，但夾一些口語穿插其間。如自報家門稱：

陳麟，字伯卿，家住泉州府朋山嶺後人氏。

「家住」就要唸爲「厝宙」(chhu3 tiu3)，「朋山嶺後」就不照字音，而用口語方音白讀。至於唱詞，則和南管一樣，大都是文白讀，如《郭華・入山門》，王月英唱[攤破石榴花、趁賞]：

阮卜枕上「補報君」恁「恩愛」，說卜「分明」。

加「　」者爲文讀，餘則白讀。」（註）

凡例：

一各韻字之分析，首列《荔鏡記》曲牌、下場詩、整齊詩句的押韻韻母順
　序，次分析每韻母韻字。

一各韻母字先列表，俾一目了然；表中韻字，大略依所屬韻腹、韻尾排列
　。以下則就各韻例詳細分析。

一韻腳字依其文句出現之先後順序排列：

　有[]者爲吳氏列爲韻字，筆者視爲逗字；

　（　）前之字爲借音字或誤字，（　）內爲正字。

一阿拉伯字表出次，[　]表曲牌，如：24[夜]，表示第24出的[夜行船]。

一「泉唱」表示泉州人唱，「潮泉」表示潮州、泉州人接唱，「合唱」表
　示潮、泉同時唱，「潮腔」表示潮州音樂。

一吳守禮有《荔鏡記》韻字篇，羅列各韻韻字，並一一說明。本文分析以
　之爲據，引吳文簡稱「韻字篇」。但有一二可斟酌處，特加說明。分析
　部分，先引「韻字篇」，「按」語爲筆者之意見。

一歌唱藝術的唱音與實際語言有出入時，特加說明。

一引用書名及簡稱：

　1泉州字書：

　　《彙音妙悟》簡稱《妙悟》、《泉州市方言志》簡稱《泉志》

　2潮州字書：

　　《潮語十五音》簡稱《潮語》、《潮正兩音字集》簡稱《兩音》、

　　《潮州方言詞匯》簡稱《潮州詞匯》

　3漳州字書：《彙集雅俗通十五音》簡稱《雅俗通》

　4廈門辭典：《普通話閩南方言詞典》簡稱《普閩詞典》

　5林鴻《泉南指譜重編》（南管曲簿）簡稱《指譜》

其他照原書名。

附註：

吳捷秋《梨園戲藝術史論》p74。《陳三五娘》爲近代梨園戲劇本。

《荔鏡記》曲文韻母目錄

一、(泉)居 ɯ韻

二、(泉)恩 ɯn韻

三、(泉)雞 ɯe、杯ue。西 e 韻 (潮)雞oe、瓜ue韻

四、(泉)刀韻　(潮)歌韻──o

五、(泉)科 ɤ韻　(潮)瓜ue、歌 o韻

六、(泉)高ɔ 韻，(潮)孤ou韻

七、(泉)秋iu、箱iuN韻　(潮)蕉io、薑ioN韻

八、(泉)箱iuN韻　(潮)薑ioN韻

九、(泉)燒io箱iuN韻　(潮)鳩iu、薑ioN韻

十、(泉)郊、朝韻　(潮)交、驕韻──au、iau　（附泉鉤 ɯo韻）

十一　(泉)珠、(潮)龜──u

十二、(泉)飛韻，(潮)歸韻──ui

十三、泉潮金im韻

十四、(泉)賓in韻、(潮)閶 ɯn in ing、經ing韻

十五、(泉)春un韻、(潮)君ung韻

十六、(泉)卿韻、(潮)閶、經韻──ing

十七、(潮)扛、(泉)毛──ng

十八、(泉)丹an韻、江ang(潮)江ang韻

十九、(潮)江ang光uang、(泉潮)川uan丹an

二十、(泉)東韻、(潮)公韻——ong

二一、(泉)香韻、(潮)恭韻——iong

二二、(泉)軒ian韻、(潮)堅iang韻

二三、(泉)弎韻、(潮)柑韻—— aN

二四、(泉)花、歡、嘉韻、(潮)柯、官、膠韻——ua、uaN、a

二五、(泉)嗟、京、嘉韻、(潮)佳、京、膠韻——ia、iaN、a

二六、(泉)嘉、弎、嗟、京、花、歡韻——a、aN、ia、iaN、ua、uaN

　　　(潮)膠、柑、佳、京、柯、官韻

二七、(泉)開　(潮)皆 —ai

二八、(泉)開、熋　(潮)皆、肩 ——ai　aiN

二九、(潮)家、庚——e　eN

三十、(泉)基、(潮)枝—— i

三一、(泉)基靑　(潮)枝天——i iN

三二、（泉）基、靑、飛、開、熋——i 、iN、ui、ai、aiN

　　　（潮）枝、天、歸、皆、肩

一、居韻（泉 ɯ、潮 ɯ）

27出：居思絮(ɯ)

　韻字篇：

　　　且占接唱。「絮」循潮州音韻讀則須轉讀居韻。（查潮屬潮安，今只讀u 韻。）居、思、絮三字，廈門音皆讀u 韻。

按：此爲潮州人唱，吳氏韻字篇：「潮音居韻：潮陽 i (u) 、潮安 ɯ、
錄音帶實際發音近於 ə。 ɯ的嘴形稍微鬆弛即近於 ə。）ə 本書皆作
ɤ。《潮語》居韻未收「絮」字。如唱泉音，三字皆在居韻。泉音居
韻作 ɯ。

26出：主父你(汝)婦句(u) 豫處(ɯ) 時記淺疵死語起倚(i iN)

韻字篇：

「你」＝汝。汝字在閩南有： 1 居韻（泉州音） 2 基韻（漳州音）
3 珠韻（廈門音）三音（吾臺所見如此）。本曲之「你」字押在龜
、珠韻腳間，可讀爲「汝」，適用u 韻。「豫、處」亦與汝字相同
，各讀以上三音。「主」字至「倚」字（生旦接唱）之曲詞，可認
爲原文作者押過一串u 韻之後，以ʅ 韻爲「過板」，度過i 韻腳以
成。

按：「主父[你]婦句(u)豫處(ɯ)」爲生（泉州人）唱，「時記淺疵
死語起倚」爲 生旦輪唱。故「豫處」應押居 ɯ韻。ʅ 本書皆作 ɯ。

原文：(生唱)

是我是我有馬袂做得主。　　　送乞送乞磨鏡師父。
學伊手藝來見你。　　　　　　只望卜共娘仔你結成夫婦。
著你辱罵，不敢應一半句。
「你」字留爲逗字。

46出：語除去思(ɯ)

韻字篇：

旦生接唱。本曲前段押枝基韻，後段有四個居韻腳，就中語、去、思
三字，在本書中常押在枝基韻間。

按：「（余文）娘仔你憶著我言語。千萬記得莫放除。」此爲生唱，生
（陳三）爲泉州人，「語、除」不可能讀基(i)韻，故應押居(ɯ)韻
。「（旦）夫妻今旦分開去。心頭㑩會不尋思。」《潮語》「去思」
在居韻。故本韻部皆押居韻。

二、(泉)恩 ɯn韻

52出：恩勤坤

按：本韻部出現於52出泉州人陳伯賢到潮州重審陳三案，出場的唱詞。

為全書恩韻（泉州人唱）僅有的一例。韻字皆見於《妙悟》恩韻，擬

作 ɯn ，南管皆如此唱。

三、(泉)雞 ɯe、杯ue、西e　(潮)雞oe、瓜ue

1 紅韻腳：低界截體易提多　　14

2 大韻腳：街多衰界底鬃釵八　17

3 好韻腳：　　低藝　　　　　19

4 望韻腳：切節齊計多切　24

依以上四則曲詞韻腳字，其關係如下：

1 其中三組有同一韻字「多」。「多」字本音，潮音讀歌韻，泉音讀
高韻，此音皆不能與三組中的其他字叶韻；故「多」是借義字，《妙悟》
雞韻有「眾(tsɯe7)：多也，不少也。」（眾字亦借義字）故多字應屬雞
韻。《潮州詞匯》：「tsoi7：多，數量大。」《潮語》雞韻：「多(
tsoi7)」故「多」屬潮音雞韻。

2 14、17出有同一韻字「界」。《妙悟》屬開韻、《潮語》屬皆韻，
音kai3，都不能與同組中的其他字叶韻，必須另外找「界」字的其他音讀
，其白讀為kue3。

3 四組諸字叶雞韻較多。泉音雞韻是 ɯe，潮語雞韻暫擬為*oe。分析
如下：

(一)泉音

唱角	出	ɯe(雞)	(西)	ue(杯)	ɯeh	ueh
潮唱	14	多易	低體	界	提	截
泉唱	17	多釵街 底		界衰髻		八
泉唱	19	藝	低			
潮唱	24	多齊	計		節	切

如押雞 ɯe 韻，則《妙悟》無界、提、衰、髻、低、切、體、計、八諸字；低、計、體在西韻，可讀 ɯe 韻。如押杯韻，只有「衰」字出現此韻，但上表中[ue]列下諸字皆可讀杯韻。是雞、杯合韻。14出之韻字，韻字篇：

據台日大辭典之記載，界、截、易、提、多五字均可讀泉州之雞韻。

由此可推，此段七個韻腳可能全讀 ɯe 韻，或杯、雞不分之 ue 韻。

分析如下：

界：《泉志》：「界 kue3，四界走＝ 到處跑。」南管<鴉片癮>：「鴉片癮(gian3)，四界騙。」「界」字南聲社張鴻明老師唱 k ɯe3。

提：《妙悟》雞韻：「帖 th ɯeh4，帖物。」謂「拿東西」。

《妙悟》：西韻「提 the5：提攜。」

《泉志》：提 the5：提拔。　攇 thueh8，拿也。

《普閩詞典》：提 the5，有多義，其七：談起、談到。

攇，語音 theh8、thueh8，拿也。例：手咧攇刀。茶杯攇去。

此字通作提，大陸陳三五娘錄音帶的口白：「這是三哥親手寫个(e5)，簡（女婢）共伊提來。」買胭脂（留鞋記）：「待阮來去提。」（註一）提皆音 thueh8。今泉州人、鹿港老人還如此說。南管提字有二義，唱音不同：

1 the5，提起（某件事）。<不良心意>：汝掠阮舊人不提起。

　　　　<我爲汝>：誰想汝掠荔枝都不提起。

2 今音thueh8，古音thɯeh8，提（某物），字宜依《泉志》作撦

。<恨王魁>：提（撦）了金刀割喉身死。

　　　<冬天寒>：提（撦）起針線。

　　　<値年六月>：定是共人提（撦）文走報。（註二）

《妙悟》西韻字大多是文讀音，它的白讀音往往見於雞韻，故「提」的白
讀應是雞韻的「帖」字，二字音同。

衰：在《妙悟》杯韻，但南管有唱作sɯe1者。（註三）

髻：在《妙悟》科韻，科韻字與杯韻字往往重見，試看以下諸字：

《妙悟》	杯韻		科韻	
罪	tsue3（文讀）		tsɤ3（白讀）	
灰	hue1		hɤ1	
回	hue5		hɤ5	
歲	sue7		hɤ7	
退	thue7		thɤ7	

還有一些今日泉州常語而《妙悟》未收者，如：

配　《妙悟》唯有phue3音，《泉志》二音都有：

　　　　　　　　　　配phue3合，配phə3茱

會　《妙悟》杯韻有hue7，雞韻有：「能ɯe6，有才也。」「能」是
　　借義字。音ɯe6(今音e6)的「會」，本字可能是「解」字，《廣
　　韻》：「解，胡買切，曉也。」閩南白讀音e6。「解」是佳韻開
　　口，「會」是泰韻合口。(詳見梅祖麟<臺灣閩南話幾個常用虛詞
　　的來源>)南管「會」字唱ɯe6，多一介音ɯ。相會的「會」唱
　　hue6，如<荼蘼架>「鵲橋會」。《泉志》「會hue3，會合。」《
　　荔鏡記》會字皆押科韻，泉州、鹿港音「會」猶留hɤ6之音（詳
　　見五、「會」字），是科韻應有「會」字。

「髻」字今南管唱音kɤ3，《潮語》瓜韻：「髻(kue3)：螺髻、金髻
、大髻，首飾也。」當時可能有kue3(kɯe3)音。

進一步說，泉音科韻爲較古的白話層次，此韻在其他閩南次方言在

後代分爲二韻：e 、ue。根據董同龢的整理，分別爲：

厦門（厦）　晉江（泉）　龍溪（漳）　揭陽（潮）

e　　　　　ɤ　　　　ue　　　　ue

例：　　　泉　　潮

說 ：s ɤ h4→ sueh4（註四）

至於由 ɤ →ue演變的軌跡，洪惟仁謂：

蟹開二、三、四等唇音字，如箆pue1，批phue1，買bue2，賣
bue7，對照漳州、潮州，這類字本來應該是開口的，在古代泉州
音應是箆p ɤ i1，批ph ɤ i1，買b ɤ i2，賣b ɤ i7，因受唇音合口
性質同化才經-u ɤ i變-ue，因而歸入〈杯〉-ue韻。....
某些蟹攝字白話音一、三等可歸爲一類，屬〈科〉韻*- ɤ，不論
中古爲開合口均唸開口，如袋改（開一）、藝（開三）、灰會（
合一）、稅廢（合三）；中古二、四等字分歸〈雞〉〈杯〉或〈
基〉〈杯〉，分開合，其開合與中古一致。（註五）

低：訓讀ke7，在西韻求紐，地紐亦有「低」(te7)字。西韻與雞韻字多

重見：　　西　　雞　　　　　西　　雞　　　西　　雞

雞：ke1、k ɯe1，　　解：ke7、k ɯe2，溪：khe1、kh ɯe1，
題：te5、t ɯe5，　　　地：te7、t ɯe7，替：the3、th ɯe3，
齊：tse5、ts ɯe5，　　細：se7、s ɯe7，倪：ge5、g ɯe5，
藝：ge7、 g ɯe7。　　洗：se2、s ɯe2，

《拍掌知音》是一本泉州文讀音的韻圖，其中17圖相當於《妙悟》的
西韻。西韻字是文讀音，《妙悟》雞韻注明：「此字母俱從俗解。」
亦即雞韻字爲白讀音。那麼西韻與雞韻重見的字，就是文白的對應。
姚榮松謂：

由於「西」韻主要來自中古蟹攝四等齊薺霽開口字，「杯」韻主要
來自中古蟹攝一等合口灰賄隊的字，「雞」韻大抵以「西」韻的雞
、溪、契、題、地、替、齊、洗、細、倪、藝十一字爲主，加上來

自非蟹攝的夾、挾、節、眾（濟）、矮、鞋、能（會）、狹（隘）、疏、初、切等泉州文讀多唸 e，白讀唸ue的字組合而成。這樣，我們就可以解釋，為何彙音的杯、雞兩韻今讀皆為ue，卻不併為一韻，其中的關鍵就在西、雞兩韻重複那些蟹齊韻字，如果彙音的作者要省事，也可以把雞韻完全併入杯韻，但因為杯韻本來就是中古合口一等韻的字，從中古開口四等字變來的合口土音，作者可能不願混到來源不同的杯韻，於是只好另闢一韻了。這樣說來，原先以為西和杯兩韻開合相對，似乎應該改為「西」和「雞」開合相對。（註六）

今泉州音雞韻字大多收合口ue韻（註七），根據《妙悟》雞韻、南管唱音與《荔鏡記》韻字，明代雞韻字應屬開口，故西韻字與雞韻字的文白區別，是雞韻字多一介音 ɯ，此音在戲曲中非常重要，是曲師所堅持要唱好的。又南管唱音，西韻字有些字唱為雞韻字，如：

妻tshe1→tsh ɯe1　　套曲<花園外邊>：保庇阮夫妻....

栖se1→s ɯe1　　　　<孤栖悶>：孤栖悶....

提the5→th ɯeh4(帖) <值年六月>：定是共人提文走報....

《妙悟》雞韻地紐有「底」（韻字篇：「底」之雞韻音，在臺北猶可聽見）無「低」，二字同从聲母「氐」，低底屬中古蟹攝開口四等。南管套曲<趁賞花燈>三出<越恁好>「鞋切疏解底挨藝」叶韻，諸字皆收 ɯe韻，底音t ɯe2無疑。故「低」在當時亦有讀雞韻的可能。

計：西韻求紐有「計」字，理由同上。

體：《泉志》有「體thue2：樣子。」《普閩辭典》體字音thue2，為語音，如「鞋體」、「男人女體」(男人有女人的樣子)。鹿港人叫「解（改）姑體」(kai2 kɔ 1 thue2)。《荔鏡記》「恰親像猴孫一般體。」意即「正好像猴子的樣子。」南管《指譜》<鎖寒窗>「體態」，林鴻注音thue2。（林氏注音，皆未標出 ɯ音。註八）

《妙悟》西韻他紐有「體」字，可讀為th ɯe2，理由同上。

多：讀雞韻乃是訓讀，妙悟用「眾」字(音ts ɯe7)亦是訓讀。《泉志》：「儕(tsue7)，多也。」故「多」音ts ɯe7，屬雞韻。

八：白話音pueh8，應屬杯韻，《妙悟》漏收。

　　中古音，體、計、低、髻(正字作髻)屬蟹攝開口四等，除髻字外，皆在西韻，其白讀有讀雞韻的可能。界屬蟹攝開口二等，閩方言中，蟹攝二等韻字（街鞋買賣）和四等韻字（底替洗雞溪）同韻（註九），故「界」字有讀雞韻的可能。「衰」屬止攝合口三等。諸字在後代可讀如「杯」韻。而雞韻字與杯韻字只是 ɯ、u （展唇、圓唇）之別，故二者可合韻。

　　我們再把以上四組的韻腳字《妙悟》未收者依其所屬韻部劃分如下：

韻部	韻字、擬音（收 ɯe或ue）						
雞	th ɯe2	k ɯe3	k k ɯe7	s ɯe1	k k ɯe3	k ɯe3	p ɯeh4
西	體	計	低				
杯				衰	白讀	文讀	白讀
開					界(文)		
科						髻	
丹							八(文)

小結：

「界截體易提多、街多衰界底髻釵八、低藝、切節齊計多」四組可以系聯成一個韻部的理由：

1 低、藝：二字皆屬西韻，可唱西韻；但戲曲、南管中「藝」字皆唱g ue7（雞韻，如〈值年六月〉、〈輕輕看見〉），沒有唱ge7（西韻）者。故應歸屬白讀雞韻。

2 切節齊計多：「多」是借義字，其正字可能是「儕」，今音tsue7，古音ts ue7，即《妙悟》的「眾」（亦借義字），音ts ue7。「齊計」屬西韻，應讀白讀雞韻，多一介音 u；這在南管的唱音是很自然的現象。

3 界截體易提多：「界、體」今白讀為kue3、thue2 ，荔鏡記當時可能有主要元音 u，即屬雞韻。「易」是借義字，其正字可能是「會」，會字在蟹攝合口一等，閩南勾破（即國語的「破音字」）音kue3，如「會計」。《妙悟》杯韻求紐多收从會之字，如獪澮檜襘薈鱠膾鄶繪等（註十）。南管「易」有音kue3者，如套曲〈玉簫聲和〉：「阮青春雖易過。」〈輾轉三思〉：「自古道是光陰易過。」此組「截易多」屬雞韻，其他音亦可讀雞韻音。

4 街多衰界底髻釵八：「街多底釵」屬雞韻。「衰」字南管有唱作s ue1 者，「髻」屬科(ɤ)韻，科韻字與杯韻字往往重見，當時有唱kue3(k ue3)之可能。八的白讀是pueh4。

本韻部字包括《妙悟》雞韻以外的西、杯、開、科、丹諸韻內的字。雞、杯的分別，只是雞 ue韻的 u稍微放鬆即成杯ue韻； 雞（白讀）、西（文讀）的分別，是西e 韻多一介音 u，即成 ue；界在開韻是文讀音，其白讀是kue3；髻在科韻是白讀音，其文讀可讀kue3；八的白讀音為pueh4 ：三字都可歸屬杯韻。故本韻字固可視為杯韻。

《妙語》雖成書於二百年前，實可再上推一百年。《妙悟》既立雞韻，本韻字多屬雞韻，南管又特別強調雞韻 u的唱法，故將它歸屬雞韻

。如探寬韻原則，亦可謂雞、杯、西合韻。亦即「體計低」三字本無介音 ɯ，為了音樂藝術美的表現——南管強調 ɯ的拖腔作用——演唱時增加了 ɯ介音；「衰界髻八」四字本有介音u ，也為了拖腔，遂將u 唱成 ɯ——二者只是唇形圓、展之別：今日南管即如此唱。故以上諸字在當時如有 ɯ介音，可能是虛擬的音。

(二)潮音

再將上表依今潮音重排如下：

唱角	出	oi		oi(ue)	oih	oih
潮唱	14	多 易	低 體	界	提	截
泉唱	17	多 釵	街 底	界 衰 髻		八
泉唱	19	藝	低			
潮唱	24	多 齊	計		節	切

《潮語》雞韻無易、界、提、衰、髻、低、切諸字，瓜韻有髻、衰二字，家韻有低字。分析如下：

易：韻字篇：潮、泉讀雞韻者，是語音——訓讀。《兩音》收：koi7、、iah8、ik8、iN7四音，《指譜》之注音作koe7。

界：韻字篇：潮屬潮安之村名「南界」今讀nang1 koi3。

　　按：《潮語》雞韻有「瘠」(koi3)，以「界」為聲母。中古蟹攝二等字和四等字，現代潮陽方言讀oi（註十一）。界字在怪二開口，可讀koi3音。

提：雖未見於《潮語》，然《潮語》雞韻「他」紐陽上有從「是」之「　、踶、褆、鶗」諸字，故「提」有可能屬雞韻。潮音「拿東西」皆用「持」字，《潮州詞匯》：「khoih8，拿。」萬曆本《荔枝記》是完全用潮州方言的刻本，24出作「我持荔枝挫（錯）手擲著伊。」

吳氏《蘇六娘》校勘p403：

持，拿也。潮音khoih8。《金花女》戲文中，持字押在雞韻腳內，
《潮語》「持」字正收在雞韻去紐陽入聲。而今潮州則說khieh 之
陰入調。（註十二）

衰：韻字篇：潮州讀soi1，正是雞韻字。

髻：韻字篇：普寧讀koi，可納入潮州雞韻。

　按：《潮語》雞韻無此字，瓜韻：「髻(kue3)，首飾也。」

低：14出韻字篇：

　　讀潮州枝韻則上續枝韻腳，下叶潮州雞韻腳。（本曲前面旦唱
　　，須循潮州音韻讀，前半讀i 韻。）

　按：故「低」不列入後半韻腳亦可。家韻有「低」字。

切：吳氏韻字篇：字見《擊木知音》。

　按：《擊木知音》為潮州韻書，「切」字見雞韻。（註十三）

　　依今潮音雞oi韻，上推二百年前，也有收ai韻的可能。清嘉慶潮州
人鄭昌時的《韓江見聞錄》（約作於1797年）所記的潮州音，反映了大
約二百年前的潮州語音。李新魁說：

鄭氏說「以齊為哉叶，以西為腮。」齊、西皆齊韻字，哉、腮則為咍
韻字。是齊、西念[ai]韻母。現代潮州音「齊」念[tsoi]，西為[sai
]，與「齊」字於《廣韻》同為徂奚切的「臍」字念[tsai] 。這表明
清代「齊」也念[ai]韻母，現代念[oi]韻母系後來之變。又「以雞為
街叶。」「雞」亦齊韻字，「街」為佳韻字，二字於現代潮音均作
[koi]，它們在清代可能念[kai]，後來韻母[ai＞oi]，與「齊」字的
演化相似。（註十四）

　　至於四百年前「雞」韻的潮音如何？有一個現象值得重視，即雞韻
與瓜韻合韻。

　　17出「多釵街底」「界衰髻八」如果唱泉州音，押韻自然不成問題

；如果唱潮州音，則是雞ai或oi韻與瓜ue韻（衰、鬃）合韻。依押韻之例，韻尾i、e沒有合押的道理。則明朝時的雞韻可能不是收ai或oi韻（清朝由ai→oi，可能只是某一點的現象）假設是oe，才能與瓜韻合韻。亦即潮州雞韻之演變為：

$$oe（明）\rightarrow \begin{matrix} ai \\ oi \end{matrix}（清）\rightarrow oi（現代）$$

由e→i，是前元音高化現象。o、u、ɯ之別，只是唇形開合（o、u）、展圓（ɯ、u）之不同而已。

附註

一：福建南曲「買胭脂」，福建省音像出版社、香港興順公司聯合錄製。

二：<値年六月>，陳三五娘系列4　錄音帶，陳小紅、余麗玲演唱，長龍影視聯合公司出版。臺灣南聲社曲師張鴻明說「提」（物）音th ɯeh4。

三：<精神頓>：「照見長板凳顏容漸漸衰損。」陳三五娘系列8　錄音帶，黃淑英演唱。

四：舉例參考洪惟仁《彙音妙悟與古代泉州音》p107。國立中央圖書館臺灣分館印行，1996。

五：同上註p153.154。

六：姚榮松<彙音妙悟的音系及其鼻化韻母>，師大《國文學報》第17期，1988。

七：洪惟仁《彙音妙悟與古代泉州音》p153：

〈雞〉韻字現代泉州音多半讀-ue，但臺灣安溪腔（如汐止）現在讀-ɯe，由於安溪腔能分別〈雞〉-ɯe和〈杯〉ue，確定它是較古的讀法。（國立中央圖書館臺灣分館印行，1996。　）

八：林鴻《泉南指譜重編》，上海文瑞樓書莊，1911年完稿，1921年出版

九：張琨<閩方言中蟹攝韻的讀音>，中央研究院歷史語言研究所集刊第64

本第4分，1993。

十：李如龍<跳出漢字的魔方>：

　　方言音類的演變有常例、變例和特例。例如閩方言普遍存在的古匣母今讀k 、kh的對應，像寒、汗、厚....等常用字，字義沒有什麼變化，這是比較容易發現，也比較容易理解的；而懸（高也）、鮭（魚菜）、會（易也）等就需要一番音韻和詞義的論證。（《中國語文研究四十年紀念文集》p118，北京語言學院出版社，1993。）

　　「會，易也。」使我們對《妙悟》雞韻收「易」字找到一絲線索。

十一：同註九。

十二：吳守禮重補摘錦潮調《金花女》《蘇六娘》校理並標點，東方文化書局，1972，原本藏日本東京大學東洋文化研究所。

十三：此書全名作《彙集雅俗通十五音·擊木知音》，1915年刊，瑞成書局印行，1955。分十五音、四十字母，韻目大抵與《潮語》相同，唯歸（規）、歌（高）、閏（斤）、居（車）、庚（更）、肩（間）不同。各韻字例與《潮語》略同，但有時較少，且無說明。是一本綜合潮州各方言的韻書。詳見洪惟仁<漳州十五音的源流與音讀>，漳州方言韻書三種，武陵出版社。

十四：李新魁<二百年前的潮州音>，《廣東社會科學》1993年第一期。

四、(泉)刀韻　(潮)歌韻—o

唱角	出	o	oh
潮唱	14	惱	著
潮泉	21	歌(哥)　無處　寶做	落
泉唱	22	哥惱　　　　倒　好	落
潮唱	24	嘮腦梭早　討咋到朵好	
泉唱	24	[托]老梭操(錯)到(倒)	
潮唱	30	騷可桃賀　討	
潮唱	31	羅燥　　　　好	
潮泉	32	無討	落
潮唱	48	惱勞　燥　到倒	索

(一)各組押韻情形：

14出：惱著

按：「著」音toh8，「著火」爲今常語。「著」本音tioh8，常用作
　　虛詞，由於虛詞弱化的影響，介音丟失而變爲toh8。

21出：歌(哥)落處落寶做無

韻字篇：

　　且占生接唱，韻讀表上潮州韻腳較爲整齊。「歌」哥之形誤又音誤
　　。「處」潮州訓讀歌韻。

按：處，《妙悟》在科韻，音tɤ3，夾在諸哥韻字中；潮音to3 。處
　　字，今泉潮音的分別在展唇與圓唇。《妙悟》刀韻陽去有「做」字
　　，音tso7。依今日變調(3→2)，應列於陰去。泉音去聲不分陰陽，
　　但變調有分（陰去→陰上、陽去→陽上）《妙悟》雖陰去、陽去分
　　列，並無標準可言。

22出：哥惱[說]倒落好　原文：[紅納襖]

　　(旦)陳三你禾句勞營。莫怪益春捧水潑。

　　(生)恨益春捧水潑三哥。(生唱)衣裳潑濕添煩惱。

　　(生)一身爲娘辛苦不敢說。(生)我來你厝，不成去倒。

　　　　水珠滿身落，思量俪得好。

　按：原文[紅納襖]：

　　(旦)陳三你禾句勞營。莫怪益春捧水潑。

　　(生)恨益春捧水潑三哥。（中間對白)(生唱)衣裳潑濕添煩惱。

　　(生)一身爲娘辛苦不敢說。

　　(生)我來你厝，不成去倒。水珠滿身落，思量俪得好。

　　首行韻腳「營潑」是緊接上文押[ia][ua]韻。本韻自「恨益春捧水

　　潑三哥」句起，押 o韻，三句末字可不押韻，「說」列爲逗字。

24出：早朵好討嗷好腦咋到梭

　韻字篇：

　　且占接唱，須讀潮州韻，可是泉州韻腳較爲整齊。筆者可用ə韻讀

　　到底。「早」在本曲若循潮州音韻讀，文、語皆不能納入韻腳。「

　　嗷」泉州音可由惱、腦等字類推。原文「呵嗷」，筆者讀成

　　ə 1-lə 2，意謂「贊美」。音字完全脫節。「咋」潮州讀膠韻，不

　　得參加韻腳。泉州音未能查出。原文「憔懆」「憔燥」。查《臺日

　　大辭典》有「焦懆」讀tsiau1-tsə 1，可應用於本曲。《妙悟》中

　　刀、高二韻並收。此一事實以及本曲上文韻腳「早」字以高韻叶刀

　　韻，皆顯示泉屬之刀、高二韻，隨時隨地經過一番之分併。

　按：贊美之意，今臺灣、泉州音o1 lo2。吳氏臺南人，臺南音「刀」

　　韻讀成 ɤ（舌位稍後），吳氏記爲ə，爲臺南及南部某些地方的特

　　殊音（註）。

　　《妙悟》高韻(ɔ)、刀韻(o)往往重出（詳見六、高韻之後「高、

　　刀韻總論」）高韻例字多，刀韻例字少。《妙悟》刀韻注：「此一

音俱從土解。」本曲重出之字是「討腦」二字，「早」屬高韻，《泉志》早音tsɔ 2 。今日漳屬收 o之音，泉屬往往收ɔ，如鹿港人

說：　　我考(kɔ N2)著高(kɔ 1)中。

證諸《妙悟》不誤。

《妙悟》刀韻：「朵(to5)，花成。」

24出：[托]老梭操(錯)到(倒、去聲)倒(上聲)

韻字篇：

「托」《潮語》他歌切、入聲，注曰：「托事」「付托」。此音在本曲中可叶下文泉州之高、刀歌韻腳。《妙悟》讀他刀切是也。此音今猶可在潮安人口頭取得印證。吾臺似已失傳。

「老」吾臺有lau7（語）、lə 2（文）、nɔ N2（文）三音。《兩音》收lau2、lau7二音。

「梭」爲潮州so5（匍匐）之表音字。「操」與「錯」字有同音之一讀──tsho3 ，所以亦爲表音字。「錯」字《妙悟》中只載東韻一讀。

「到」疑應作「倒」讀去聲，最後一個韻腳「倒」，應讀陰上聲。

按：泉唱。可押高韻或刀韻。原文「陳伯卿專心拜托，望小妹做一月下老。」「托」字《妙悟》列於陰入，音thɔ k4。閩南語元音後接塞音入聲者不能與其他同元音韻尾者相押韻。「托」字在首句，可列爲逗字。莪韻「老」音lɔ N2，南管「月老」皆唱guat8 lɔ N2。原文「蛇邪無頭值處會梭。勸恁娘仔共我匹配不錯。我到只不成去到。思想起來惹得相思病倒。　」錯，原文作「操」，操音tshɔ 3（《妙悟》高韻），亦音tsho3 ，南管<輕輕看見>「倒好落操無做薄」叶韻。「錯」南管唱音如<因送哥嫂>中的「錯手無定」讀作tshɔ k4 。《集韻》入聲鐸韻：「錯，倉各切。」《說文》：「金涂也。一曰：雜也，乖也。」《妙悟》東韻入聲收「錯」字。「錯」念入聲tshɔ k4是泉州話的標準音，而tsho3則是俗讀音，《泉志

》亦收此音。操錯二字同音tsho3。

梭到倒皆在高韻。

倒，《妙悟》高、刀韻陰上「tɔ 2(to2) ，仆也。」「相思病倒」的「倒」即此音；去聲to3，「相反、反而」之意，如「倒反(ping2)」；又：回去，如「倒(to3)去」（去讀輕聲，前字不變調）。吳氏校勘：「不成應作不情？成情同音。到應作倒。」「我到(kau3)只不成去到(to3/tɔ 3)」。意謂「我到這個地步，不情願回去。」

「梭」《潮州詞匯》p478：梭(so1)：作之字爬行。蛇行、蜿蜒。《潮語》亦作「梭」，陰平。今潮音陰平爲33（中平調）。上曲「不覺見月上如梭。」此用「梭」之本義，即《妙悟》高、刀韻陰平之「梭」。本曲「蛇那無頭值處會梭。」此「梭」爲借音字，《妙悟》刀韻時紐陽平有：「匍(so5)：匍匐平行。」「匍」爲借義字，so5 之音義，《泉志》作「趖，爬行。」今泉音陽平爲24（中升調）。潮音陽平作55（高平調）；潮音趖、梭同爲平調——前者高平，後者中平——故二字得相借。

「錯」南管唱音如<因送哥嫂>中的「錯手無定」讀作tshɔ k4 。《集韻》入聲鐸韻：「錯，倉各切。」《說文》：「金涂也。一曰：雜也，乖也。」《妙悟》東韻入聲收「錯」字。「錯」念入聲tshɔ k4是泉州話的標準音，而tsho3則是俗讀音，《泉志》亦收此音。

如押高韻，只有「梭」(趖so5)「錯」(tsho3)二字不叶；如押刀韻，則「老操」不見於《妙悟》刀韻，但「老」字今臺語音lo2，屬刀韻；操應作錯，錯的俗讀音可押刀韻。

本韻字可能當時泉音屬高韻，後代某些字轉成刀韻。

30出：騷可桃賀討

韻字篇：

　　　淨(林大)丑(李婆)接唱。「騷」潮屬文音可讀歌韻。(據沈君發音)

31出：懆好羅

　韻字篇：

　　外角（九郎）唱。「懆」古時潮屬文音亦該讀歌韻。三字今潮安音
　　皆讀語音系統之交韻。（筆者讀文音系統之ə韻）

　按：讀泉音，好羅在《妙悟》刀韻，懆，《妙悟》高韻「tsɔ6，愁
　　不伸也。」南管唱音tso1。

32出：落無討

　韻字篇：外、生接唱。

　按：押泉刀、潮歌韻皆可。

48出：惱勞到索燥倒

　韻字篇：

　　旦唱，韻讀表上「交」韻目較多，實則須循歌韻讀出。（若用泉州
　　刀韻更爲整齊）。「到」潮屬文音可讀歌韻。「索」潮泉皆不能轉
　　讀au韻。

　　「燥」字在戲文中與作、懆等字互用，常押在歌、刀韻間。「倒」
　　潮泉皆不能轉讀au韻。　綜合以上所見，知本曲須循歌韻讀。泉屬
　　可能有全讀ɔ（或o、ə）韻者。

　按：今泉音「勞」無lo5音，《妙悟》《泉志》亦未收此音；然此曲
　　如押泉音，必押刀韻。如押高韻，則「索燥」不叶。

附註：臺南腔參考董忠司<臺北市、臺南市、鹿港、宜蘭方言音系的整理
　　和比較>新竹師院學報第五期。

五、(泉)科ɤ韻　(潮)瓜ue、歌 o韻

唱角	出	ɤ								ɤ(ue)h	
泉唱	8	處	過		倍		短	皮	和	月	說
潮唱	11	處				會			袋	月	
潮泉	23		過	尾			短			月	
潮泉	32				賠	會					說
潮唱	41	處		禍	脆		短	皮	尋		
潮泉	43	處		禍					罪		說

1 和處過髻倍月說短說(泉 ɤ) 8

2 歲袋月處會皮(潮瓜ue 泉科ɤ) 11

韻字篇：

　　潮州人唱，循潮州音(ue)韻讀，則須留二逗(袋、處)，若改讀泉州音
　　，則韻腳較整齊。

3 過月尾回短(ɤ) 23

4 說會賠(潮ue 泉 ɤ ，泉唱) 32

5 未短處尋禍脆(潮瓜ue 泉科ɤ) 41

韻字篇：

　　旦角唱，但潮州韻腳不整齊。本曲如需循潮州音韻讀，則未、尋、禍
　　、脆四字必須借泉州韻音。原文「只處」「處」字潮州讀ko3　，泉州
　　訓讀tɵ 3。「脆」字之科韻音在吾臺泉州人士口中猶可證取。

6 [哥]說皮罪禍[去]處(ɤ) 43

　　依以上六則曲詞韻腳字，有「和處過髻倍月說短說、歲袋月處會皮、

過月尾回短、說會賠、未短處尋禍脆、說皮罪禍處」六組。

(一)泉州音

18 出：和處過髻倍月說短說(泉 ɤ)

為泉州人唱，當押泉韻。處有二音：《妙悟》居韻「處」音tsh ɯ2，屬文讀音；民間文學、南管唱音多音t ɤ3，屬俗讀音。查同組其他韻字，應音t ɤ3。四組同有「處」字。11 41 43 各組韻字應有關係。

2 六組各韻字皆有某種關係，各字不一定只有一音，取其共同的韻母，應是 ɤ。故處音t ɤ3、過音k ɤ3、月音g ɤh8、說音s ɤh4、短音t ɤ2、會音h ɤ7、皮音ph ɤ5、禍音ɤ6。

3 《妙悟》收[ɤ]的是科韻。以上六組韻字大多在科韻，只有會、和、脆、罪、哥、去六字，科韻未見。

分析如下：

會：《妙悟》收會字有二處：一在杯韻：「會(hue7)：聚也。」當「聚會」講，現在口語常用，南管如<荼蘼架>：「鵲橋會」；一在雞韻：「能(ɯe6)：有才也。」但其本字可能是「解」（詳P254）。科韻雖無「會」字，而鹿港「跟會」叫做「綴會仔」(t ɤ3　h ɤ7 a2)；「蘆薈」音lɔ 5 h ɤ7，薈从會聲。《泉志》：「分會：分辨。」泉州「分會」（二人各說道理以解決問題）音hun1 h ɤ7。1604年出版的《新刻增補戲隊錦曲大全滿天春》<一捻金點燈>：

那卜官休，咱道里（理）雖直，亦句著共伊分會。（註一）

可見「分會」一詞來源甚早。鹿港人說「會繪直」(h ɤ7 bue7 tit8)，謂道理說不通、問題無法解決。依《荔鏡記》的韻例，「會」字在較早時期也有收 ɤ 韻音者。

14出有「風台（颱）過了，今即會南。」《潮州詞匯》p116：「回(hue5)南，指颱風風眼掠過之後轉刮南風。」回南，泉州、鹿港音

ｈ ɤ 5 lam5 ，「回」應是正字。原文作「會南」，可知當時「會回」
同音。回在《妙悟》科韻，音ｈ ɤ 5，會是陽去調、回是陽平調，變調
後都是低調22。則「會」音ｈ ɤ 7無疑。《妙悟》科韻漏收「會」字。
32出的韻字有「會賠說」（泉唱），會賠同在杯[ue]韻，屬文讀，「
說」字後代（《泉志》）雖有sue3的音（《妙悟》未收），卻是「說
服」之意。此處三字皆應讀白讀科韻。

和：和屬《妙悟》刀韻。《泉志》：「和ｈ ɘ 5，戶戈切。」南管亦有唱
　　ｈ ɤ 5音者，如明刊本南管< 接著封書 >：「倍說尾處和皮尋踝綴」叶
　　韻。套曲< 玉簫聲和 >「倍尾尋處過歲吹和」叶韻、散曲< 悔不得 >
　　：「飛說過禍罪月和」叶韻、< 咱雙人 >：「月賽和坐說處迌短」叶
　　韻。同韻之字皆在《妙悟》科韻（註二）。鹿港「和尚」音ｈ ɤ 5
　　siuN7。

脆：韻字篇：「脆」字之科韻音在吾臺泉州人士口中猶可證取。

　　按：《泉志》脆音tshɘ 3。鹿港人皆如此說。

罪：韻字篇：《妙悟》只收杯韻，吾臺所見泉州系音及臺日大辭典之記載
　　　　　　，均可證讀ɘ（科韻）。

　　　按：《泉志》：「罪(tsɤ 6)，罪過。」泉州、鹿港「艱苦罪過」皆音
　　　　　tsɤ 6kua3。梨園戲<朱文走鬼>戲文，道光年間手抄殘本「罪過」作
　　　　　「坐卦」（《南戲遺響》p107，吳捷秋校注），是以方言標音。

說：韻字篇：

　　「和」《妙悟》收在刀、高二韻。刀、科韻音相近，在閩南語中時
　　分時合，「科」字在妙悟中，刀科兩見，故和過二字可認為叶韻。
　　（除和屬刀韻外，其餘皆在科韻）

按：針對刀、科二韻字是否互叶，應考慮某些情形：

　1 是否為換韻：

　　　32出是同一曲牌[梨花兒]的曲詞，原文：

　　　（外）今年雨水滿洋落。十分有收也叫無。遞年納谷五百石，

　　　{嗦}有收無收問你討。

　　（生）佃戶近前聽我說。便叫田客來省會。每年納谷五百石，

　　　　{嗦}有收無收你著賠。

　　如果把「說」字列於刀韻，但後面「會、賠」二字不可能讀刀韻
　　。故上例應是兩個韻腳，即「落無討」屬刀韻，「說會賠」屬科
　　韻。

　2　其中某些韻字是否應列為逗字：

　　43出首句為「首領哥哥，聽阮告說。」本曲押ɤ韻，哥為逗字。

去：韻字篇：

　　去字，據董錄晉江、揭陽方音均標讀khə 3 。「回去」原文為「
　　為阮回去」，若改為「為阮去回」，則「回」字可納入韻腳。

　按：董同龢〈四個閩南方言〉把晉江音居[ɯ]韻某些字誤標為[ə]，
　　吳說引董說不可信（註三）。本組先為「旦」（潮州人）唱，最後
　　是「生（泉州人）旦」合唱：

　　送銀十兩為阮回去。由伊卜監卜禁，由伊卜斬卜砍，

　　乞阮三人做一處。

　「砍」為借義字，音tsho3，砍、處（潮音to3，泉音tɤ3）押韻，
　依潮音，砍處押歌韻；依泉音，砍屬刀韻，處屬科韻。刀科是圓唇
　（o）展唇(ɤ)之別，二人合唱，唇形差別不大。

　「去」字宜列為逗字。

小結

　　前面六組字皆押科韻，「會、和、罪、脆」四字《妙悟》未收，但
至今日尚存此音（註四）。我們必須考慮一字二音的情況：

　和：高韻hɔ 5。科韻h ɤ 5《妙悟》未收、

　會：杯韻hue7。科韻h ɤ 7《妙悟》未收、

　罪：杯韻tsue6。科韻ts ɤ 6《妙悟》未收、

過：刀韻ko3、 科韻kɤ3、

賠：杯韻pue5、科韻pɤ5。

杯、科韻字重見者，另有：

陪（杯韻pue5、科韻pɤ5）、焙（杯韻pueh8、科韻pɤ8）。

故押韻字必須兼顧一字二讀（甚至三讀）的現象。

　　以上韻腳，考慮「換韻」與「逗」字之選擇，獨唱時，泉音刀、科韻是分別清楚的；合唱時才有「砍處」同押的現象。「過」字，有兩音，分別歸於科、刀韻，故可押於二韻中。「和」字有三音，《妙悟》只收入於刀、高二韻，應再補入科韻。「會」字有三音，《妙悟》只收入於杯、雞二韻，應再補入科韻。對於押韻字的認定，不必太嚴，「哥、說」二字，可列為逗字。

(二)潮州音　哥短處袋和—歌o韻

倍賠過鬢皮罪衰歲尋回會尾未—瓜ue韻　　說月—瓜ueh韻

禍脆《潮語》未收

各組押韻情形：

8 出爲泉州人唱。如押潮韻，是轉韻，即「和處」歌o韻；「過鬢倍月

說說」瓜ue韻，「短」列爲逗字。原文：

祙得近伊兜，力拙恩愛全頭共伊細說。

星稀燈疏更漏短，轉去傷心共誰說。

「兜短」不必押韻。此爲生唱，「星稀燈疏更漏短」詞甚文雅，應讀

讀書音，短應音tuan2。

11出爲潮州人唱，屬交錯韻，原文：

當初十七八歲。頭上縛二个鬢袋。

都少人問我乞生月。我揀選卜著處。

今老來無理會。人見我一面親像西瓜皮。

「歲月會皮」瓜ue韻，「處袋」歌o韻。

23出前四字：「過月尾回」潮州人唱瓜ue韻，末字「短」應押韻，屬哥

韻，今潮州皆音to2。當時可能有tue2之音。

32出「賠會說」潮音是瓜韻ue。

41出如押潮韻，是轉韻，前三字「落短處」哥韻（原文「且趁日頭未」

，疑漏一「落」字），後面「尋禍脆」瓜韻。與32出押韻方式相同—

—泉韻：「落無討」屬刀韻，「說會賠」屬科韻。

尋，爲借義字，音tshue7。「禍脆」二字，《潮語》未收。今潮音禍

hua6、脆tshui3（註六）。 43出「禍」與「何皮罪」叶韻，當時可

能有hue6之音；脆字在蟹攝合口三等，此攝字文讀多收ue音，如廢

歲綴贅說稅衛等字。故脆當時也可能音tshue3。

43出原文：

首領哥哥，聽阮告說。無奈何，千萬乞一面皮。犯姦八十有乜大罪。做一些仔人情，免阮受災禍。

送銀十兩爲阮回去。由伊卜監卜禁，由伊卜斬卜砍。乞阮三人做一處。今到只處。

乜見受苦。犯姦八十有乜大故。俋得冤家離別路。....

此曲可視爲三轉韻：「說皮罪禍」瓜韻，「砍處處」哥韻（或曲首「哥」字與此韻遙韻），「苦故路....」孤韻。「砍」爲借義字，閩南語以利器砍物曰chho3，其器具叫「銼仔」(chho3 kiaN2)（《潮州詞匯》p633）。《潮語》歌韻出紐陰上聲：「剉子、剉物也。」「去」字留爲逗字。

小結

如唱潮音，依《潮語》之分韻，有轉韻、交錯韻之情形。其中有一處較難解釋，須特別說明：

23出前四字「過月尾回」瓜ue韻，末字「短」必須押韻，但《潮語》在哥韻，音to2 ，今潮州音亦然。查瓜韻與哥韻某些字有文白異讀之現象：

《潮語》哥韻：「餜，餅也。」《兩音》餜音kue2。

《兩音》收下列字有二音：

	哥韻	瓜韻
火：	ho2	hue2
貨：	ho3	hue3
和：	ho5	hue5
過：	ko3	kue3

張琨謂：

潮陽方言中哈泰韻字有三種讀法（ o、ue、oi）。舌尖聲母字白讀讀o ，堆to1 戴to3 在to5 代袋to7 胎苔推tho1 退蛻tho3 。....

灰韻透母字退、泰韻合口透母字蛻都有tho3、thue3　兩讀，表示 o
韻ue韻屬於兩個音韻系統。」（註五）

「 o韻ue韻屬於兩個音韻系統」，「短」雖非蟹攝字，卻是舌尖聲母
，故「短」字當時可能有tue2一音，即屬瓜韻，與前數字押韻；同樣
， 8出亦可與「說」sueh4字押韻。

至於「砍」字爲借義字，此處應音chho3 ，才能叶韻，爲研究民間
文學應特別留意者。

附註

一：龍彼得輯《明刊閩南戲曲絃管選本三種》，南天書局影印出版，1992

二：< 玉簫聲和 >唱音，據大陸錄音帶、南音錦曲精英、蘇詩詠專輯及張
　　鴻明老師唱。張老師又說：「我和ho5你來和h ɤ 5。」（我和你來相
　　和。）

　　南管套曲見林鴻《泉南指譜重編》，上海文瑞樓書莊，1911。

　　散曲見吳明輝《南音錦曲選集》，菲律賓金蘭郎君社。

三：董同龢< 四個閩南方言 >，中央研究院歷史語言研究所集刊第三十本
　　，1959。p794：

　　　　ə　　如　 tə 1豬，khə 3去....

　　此二字應是 t ɯ1豬，kh ɯ3去。

四：「會、罪、脆」中古泉州音屬科韻，洪惟仁謂：

　　　　某些蟹攝字白話音一、三等可歸爲一類，屬〈科〉韻*- ɤ，不論
　　　　中古爲開合口均唸開口，如袋改（開一）、藝（開三）、灰會（
　　　　合一）、稅廢（合三）；中古二、四等字分歸〈雞〉〈杯〉或〈
　　　　基〉〈杯〉，分開合，其開合與中古一致。

　　　　（《彙音妙悟與古代泉州音》p107。國立中央圖書館臺灣分館印行
　　　　　，1996。）

　　罪會回屬蟹攝合三，脆屬合一。

五：張琨<閩方言中蟹攝韻的讀音>，中央研究院歷史語言研究所集刊第六

十四本，第四分，1993。

六：李新魁《普通話潮汕方言常用字典》。

六、(泉)高ɔ韻 (潮)孤ou韻

唱角	出	(泉) ɔ (潮) ou			
泉唱	41	圖路	舞	都	苦
潮唱	43	故路	謀	ㄥ悞	苦
潮泉	44	虎	訴		苦
潮白	49	舖晡(原文誤作捕)			苦

(一)各組押韻情形：

41出：圖路舞路都苦

按：「舞」字見《妙悟》高韻陽上，注「解」，即土解，表示方音，音

bɔ 6；《妙悟》珠韻陰上則音bu2，乃讀書音。套曲<惰梳妝>四出「

苦誤露孤舞」叶韻。末句「鳳舞」，張鴻明音hok8 bɔ 6，舞字屬低調

。舞，《唐韻》文甫切，閩南語切音爲bɔ 6（「文」字爲陽上調，「

甫」字古音收ɔ 韻，閩南呼男人爲ta1 pɔ 1，字作「乾甫」、「乾晡」

、「乾埔」）；《集韻》罔甫切，閩南語切音爲bɔ 2。可知「舞」字

在唐代的《唐韻》爲濁上，到了宋代的《集韻》變爲清上。《妙悟》

高韻土解bɔ 6之音實即白話音，乃更古之音。

43出：苦故路謀ㄥ悞路

吳氏韻字篇：

「謀」潮語祇載公韻一讀。查饒平、揭陽、潮陽讀孤韻。

按：《妙悟》高韻無「謀」字，「謀」在鉤韻。此曲是潮州人唱。

「故」今潮音ku3，「訴」今潮音su3，《潮語》孤韻均未收。可知

今音已變。閩南語上古音「魚」部 a，在西漢爲ɔ，隋唐以後變爲

u，即上古「魚」部有ɔ： u對比的例。故、訴皆在上古「魚」部

：

訴，古作愬，《說文》：「訴，亦作愬。」《詩經・邶風》柏舟

：「薄言往愬，逢彼之怒。」愬、怒在魚部。

故、訴潮音變爲ku是後代之音，當時應音kɔ 3。

49出：苦舖晡

按：「晡」《兩音》音po1 (歌韻)。《潮語》未收。《妙悟》高韻收

「晡」字。

(二)韻部分析：

本韻字，泉音屬高ɔ 韻，潮音屬孤ou韻。分開唱尚無問題，但44出是潮泉合唱，當時之音應該相近。或許與「元音高化」的演變規律有關。洪惟仁謂：

閩南祖語——比《妙悟》更早的早期閩南語——中，古代泉州音具有像潮州的ou一樣的音；後來音韻產生變化，起因於韻尾-u的脫落，其結果產生元音變化，*-ou→-ɔ，而潮州沒有發生-u 尾脫落現象。（註一）

我們不曉得閩南祖語何時產生變化，果如洪說，或許《荔鏡記》當時泉州高ɔ 韻與潮州孤ou韻是相近的。今潮音的O （此處暫用o 的大寫O 表示）是介於ɔ 與o之間，潮音無ɔ 及o 。（註二）

（泉）高、刀韻　　（潮）孤、歌韻 總論

《妙悟》高韻例字多（693字），刀韻例字少（137字）（註三）。刀韻注：「此一音俱從土解。」即「全韻都屬白話音。其文讀音平上去在高ɔ 韻，入聲在東ong(ok)韻及江ang(hak)韻。」（註四）

《妙悟》高韻(ɔ)、刀韻(o)重出之字共55字：

腦笔羅欏籮(柳)、波寶保玻褒堡婆(邊)、哥羔膏高過稿箇告(求)、

科庫犒(氣)、刀倒垛淘逃道到(地)、波(普)、叨討妥桃(他)、

遭棗槽曹做(爭)、梭唆騷嫂躁(時)、荷襖惡澳(英)、草剉(出)、

　　河和毫何(喜)。

　　分析漢語語音的發展規律，自古至今，元音高化是最常見的現象。如魚韻一等（「模圖孤」）的發展是後高化，即：

　　　　[a]（先秦）→[ɔ]（漢）→[o]南北朝→[u]（隋至現代）

三等開口「魚」類的發展也是後高化，即：

　　　　[ia](先秦)→[iɔ]（漢至南北朝）→[io]（隋唐）→[iu]（五代至元）

　　　　（註五）

在閩南語的發展史中，泉州話是最早形成的，保存古音較多。《妙悟》高ɔ韻字大多相當於潮州孤韻、漳州沽韻字——ou。《妙悟》高ɔ韻的某些字，在漳州、潮州往往讀爲 o或ou（註六），而《妙悟》高、刀韻字重見，即爲後元音高化的自然規律。以鹿港音來說，如「寶島」、「可」以、「高」中....等字，尚保存《妙悟》的高ɔ韻，而今臺灣漳州音（或偏漳州音）地區多讀爲 o。

　　高韻字屬中古模韻，模韻在中古爲 o（李榮）或 u（王力）。泉音爲ɔ，其所保存之時期約在漢—南北朝之間。

附註

一：洪惟仁《彙音妙悟與古代泉州音》p142.143。國立中央圖書館臺灣分館印行。

二：今潮音無ɔ 及o ，參考林倫倫、黃章愷主編《潮州話口語》p45 元音表。廣東高等教育出版社，1989。
　　潮音孤韻爲ou。洪惟仁謂：「在有ou韻的方言裡，決沒有-o與-ɔ 元音的對立。」（《漳州方言韻書三種》解題：漳州十五音的源流與音讀。閩南語經典辭書彙編２，武陵出版社，1993。　）

三：字數據道光辛卯年薰園藏版。

四：洪惟仁《彙音妙悟與古代泉州音》p107。1986。

五：王了一《漢語語音史》p543。中國社會科學出版社。1985。

六：洪惟仁《漳州方言韻書三種》解題：漳州十五音的源流與音讀：

自泉州廈門以至臺灣都沒有聽過-ou 這個複元音韻母，但在現代漳
州、潮州卻是非常普遍，並不奇怪。....《雅俗通十五音》（漳州
韻書）的「沽」包含了遇攝字和流攝一等字，但在《彙音妙悟》裡
，遇攝歸「高」-ɔ *，流攝歸「鉤」-ə u*(-ɔ /-io)。

七、(泉)秋iu、箱iuN韻　(潮)蕉io、薑ioN韻

唱角	出	iu					iu(io)N
潮唱	22	流	秋		舟		
潮唱	28		迶	受		就	
下場詩	39	州	遊		收		
泉唱	47	州		憂		住就	
潮泉唱	25	流手秀柳		收		就	量

各組押韻情形：

47出「住」字

韻字篇：

「住」字今讀u 韻，舊音必是iu韻，故用「宙」爲表音字（見陳三五
娘南管大曲。）今人唱南管樂詞，將「住」字讀爲「宙」。住字之漢
語日本譯音讀iu韻。近人擬測之中古音亦爲iu韻。

《潮汕方言詞考釋》：

「住」作居住解，潮語文讀爲[tsu6]，如居住、住址的「住」；但口語中居住爲[tiu7]。廣韻去聲遇韻音「持遇切」，屬澄母遇韻去聲。知組字潮音文讀爲[ts]、[tsh]，白讀爲[t]、[th]；虞韻遇韻字白讀有作[iu]韻母的，如「須(胡須)樹」等，故「住」白讀音爲[tiu7]。（註一）

《潮州話口語》：

「住」音tiu7，如：您拍算在(tɔ 7)中國住(tiu7)偌久？（註二）

按：住的韻母收iu，是語音，屬閩南古語。楊秀芳謂：

中古虞虁遇韻音字，大多數字廈門有u：ɔ 的文白對比，少數字則有u：iu 的對比，如：

	文	白
鬚	su1	tshiu1
珠	tsu1	tsiu1
樹	su7	tshiu7
蛀	tsu3	tsiu3

有 u :ɔ 對比的例字，上古都在魚部，有 u :iu對比的例字，上古都在侯部。而廣韻虞虁遇韻所有的字都來自上古魚部與侯部。它告訴我們，廣韻虞虁遇字廈門有異讀，正因爲閩南還保留上古韻部的痕跡。（註三）

今泉州人仍保存住(tiu7)的音，如「你住佗？」（據同安人張鴻明老師說）南管唱詞如<告大人>：「念月英住在東京人氏」< 遠看見長亭>：「范氏杞良伊今住在值軍營中。」住在值音tiu7 t ɯ6 ti6，即「住在何」。（註四）<拜告將軍>：「厝住華州文迎村。」住音tiu7。（註五）

南管亦用「胄、宙」字（音tiu7）表「住」之音，如：

<四邊寂靜>：望卜同到伊厝宙，做卜天長共地久。

<頭茹髻欹>：今靠益春，爾為阮去探聽著伊人厝冑，值處人氏。

<厝冑江邊>：厝冑江邊過日子。

25出「量」字

韻字篇：

占生接唱。此曲形成(泉)「秋、箱一(量)韻例」，與16出[□]曲之「箱燒韻例」發生矛盾。但亦可藉以證明本書之百衲性。

「量」用在益春唱詞中，潮屬讀薑(ioN或ieN)韻，皆不叶鳩韻。讀泉州箱(iuN) 韻則可押秋、鳩韻。（原文是「眞个有思量」一疑是道白誤入曲詞。除去此句，則本曲貫通占、生唱詞，潮泉音均可用iu韻讀到底。且多為讀書音）。

按：「眞个有思量」非道白誤入曲詞，曲文應有此句。試與南曲比較：

《荔鏡記》[駐雲飛]	南曲[駐雲飛]（註六）
人物風流。	風捲楊花。
不使思〔量便〕下手。	點點飛來蘸綠紗。
筆下又清秀。眞个有思量。{嗏}	衣帶鬆來怕，得似前春麼。{嗏}
煩你力書收。怙你相將就。	淚眼問東風，沒些回話。
有意栽花，等閑去插柳。	教著鸚鵡，也把東君罵。
願乞姻緣早早得成就。	一半嗔他一半耍。

詞格相同，「量」字必須入韻。〔　〕內文字原本殘缺，依吳氏校勘記補入。「不使」音m7 sai2 ，「不需要」之意。「量」字在《潮語》薑韻，擬音ioN或ieN，也許有地方異讀之可能（註七），但此處應收ioN或iuN，或逕直設定為iuN 韻。o 與 u只是舌位高低略微差異而已。「量」字為占（潮州人）唱，如唱iuN ，則韻腳一致。參見八、九　小結。

附註

一：李新魁、林倫倫《潮汕方言詞考釋》P116，廣東人民出版社。

二：林倫倫、黃章愷主編《潮州話口語》P38，廣東高等教育出版社。

三：楊秀芳《閩南語文白系統的研究》P71，

四：南管散曲CD，蔡小月唱，上揚公司。

五： 大陸南管唱音。

六：南曲錄自汪經昌《南北曲小令譜》下卷p2。

七：註一、註二李書、林書（汕頭話），及陳俊明《潮州方言詞匯》（揭陽話皆有io、ioN韻母，無ie、ieN韻母，北京大學中國語言文學系編《漢語方言詞匯》潮州話有ie、ieN無io、ioN韻母。吳守禮韻字篇薑韻擬澄海、潮安爲ieN ，潮陽、揭陽爲ioN。

八、(泉)箱iuN韻　(潮)薑ioN韻

唱角	出	iuN (ioN			
未定	1	娘	揚		
潮唱	22	張	傷	量	
潮唱	30	張	上	羊	強常
泉唱	49	娘	傷	場	
泉唱	54	障	裳	場	鄉常

各組押韻情形：

30出：張常上羊強

韻字篇：

「強」字在韻讀表上塡讀薑韻，實則借《潮語》薑韻求紐陽去聲「
彊」字之音。「彊」字釋爲「言不調、詞不屈也」，本曲強字當「
贏過‥‥」「賽過‥‥」解，但仍讀「彊」kieN7 音。《臺日大辭
典》沿用字讀泉州iuN韻。筆者用ioN韻。

按：《妙悟》、《泉志》：強音kiuN5。南管「強企」音kiuN5 ni7。
《潮語》薑韻，依吳氏擬音，有二讀：ieN、ioN，就全書音韻而言
，以讀ioN較叶韻。

54出：障[祿]鄉常裳鄉場

韻字篇：

本曲韻腳，「祿」字除外，泉州文音皆讀香(iong)韻，語音皆讀箱
(iuN)韻。章=障？此字音與義皆未詳。「祿」字今潮、泉皆只有
ong韻一讀，不叶香、堅韻。

按：本曲原文：「享福不那障。口食俸祿，雙馬符驗返家鄉。」「祿」
字音lɔ k8，塞音韻尾入聲字，不可與其他舒聲韻尾押韻，應作逗字
。「障」當「如此」解，「享福不那障」謂「享福不只如此」。

九、（泉）燒io箱iuN韻　　(潮)鳩iu薑ioN韻

唱角	出	io		ioh	iu(io)N
泉唱	16	橋　叫　腰			漿　量
潮唱	26	少		約惜著	想　悵
泉唱	28	少		罐惜	

各組押韻情形

16出：橋叫腰/漿量

　按：泉唱。前三字陰聲韻，屬燒韻；後二字鼻化韻，屬箱韻；構成轉韻。

26出：想悵/少惜約著

　按：潮唱。「想」字在《潮語》薑韻，「悵」字《潮語》雖未收，但薑ioN 韻从「長」者11字，「悵」應屬薑韻。後四字屬蕉韻。吳氏韻字篇p6：「流行於臺灣之閩南語系歌謠，鼻化韻音概可以與相應之陰韻相叶。」

　如唱泉音，則前二字屬箱韻，後四字屬燒韻，構成轉韻。

28出：謔惜謔少

　韻字篇：

　潮腔，前旦占唱，此處生接唱。「謔」《妙悟》失載語音。《甘典》、《台日大辭典》、筆者口音皆讀gioh8 ，正可叶「惜」「少」等字之語音。

八、九小結：

　一般押韻的規則是：韻母主要元音相同（或相近）和韻尾相同即可押韻。依泉音：燒io 韻與箱iuN韻構成轉韻。亦因主要元音相近，故二韻緊鄰，聽眾不致覺得（唇形）有何太大的不同。

　依潮音：薑韻讀ieN 是近代澄海、潮安音，讀ioN 是近代潮陽、揭陽音，就當時潮泉合唱來說，讀ioN 比較叶韻。

　今泉州箱韻，學者皆擬作iuN 。姚榮松謂：

　　為了音位的對當，把它擬作iɔ N，表面上好像混漳音入泉音，（現代漳音「箱」正作iɔ N），但是，這個主要來自陽韻（宕攝開口三等）的字，二百年前也可能還停留在iɔ N，iɔ N → iuN 的演變。

　漳、泉各保留若干較古的成分，如漳系保存《妙悟》的dz- 母一樣

，這個iɔN也可以看作存古的漳音，正是現代泉音iuN 的前身。（
註一）

把泉州箱韻擬作iɔN，洪惟仁認為：

> 若要擬測閩南祖語，亦有參考價值。可是，只有二百年的泉州音，
> 當不致有這樣突然的變化(iɔN →iuN)。…「箱」可能祖語的形
> 式跟漳州一樣唸-ioN。（註二）

本韻例字大多為陽聲韻尾-iong，而實際押韻音是白讀ioN。由陽聲韻
尾演變為陰聲韻尾的程序是：

$$iɔng → iɔN → ioN → iuN$$

燒箱二韻本不相叶，或許四百多年前的《荔鏡記》「箱」韻是在
ioN→iuN的變化之間，依《妙悟》或近代泉音，本韻例是轉韻；但依
ioN→iuN之演變，當時有可能與燒韻字叶韻。今長泰（註三）「相會」
之「相」音sio1，「唱喏」之「唱」音tshio3，似仍保存古音（今臺南偏
漳州音「唱」亦音tshio3）。潮音薑韻讀ioN ，也留下古閩語的一些遺跡
。

附註

一：姚榮松<彙音妙悟的音系及其鼻化韻母>，師大《國文學報》第17期。

二：洪惟仁《彙音妙悟與古代泉州音》p60.131 ，國立中央圖書館臺灣分
館印行。

三：長泰地處泉州安溪與同安交界，原屬泉州府，宋太平興國五年改屬漳
州府。

十、（泉）郊、朝韻（潮）交、驕韻——au、iau
（附泉鉤 ɯo韻）

唱角	出	au	iau
潮唱	5	愁樓鬧	宵
泉唱	23	頭愁溝頭　較稍	
潮白	24	兜　　頭　　眸	
潮唱	32	罩到斗頭	
潮唱	41	兜　到　頭　流走	
合唱	42	兜　到投口　草後	
潮唱	45	鬮到　頭爻　留	
潮唱	46	包到投　哭流	

(一)各組押韻情形：

5 出：宵鬧樓愁

　　韻字篇：「愁，《兩音》有chhau5音。」此字在戲文中又用作「揪」

　　　　（移也，出郊切——泉音）之表音字，可知製作當時確讀郊、交韻

　　按：《潮語》鬧、樓在交au韻，愁在孤ou韻，收[u]韻。南管「愁」唱

　　　　chh ɯo5，據曲師張鴻明、吳素霞唱音。樓、愁《妙悟》在鉤韻。此

　　　　處應讀白讀。揪字音chhau5，見23出說明。宵音siau，有韻頭 i。

23出：頭愁溝頭　較稍

　　　　泉唱，有兩種押韻方式：前四字押《妙悟》鉤 ɯo 韻，後面押郊au

　　　　韻。如皆押郊韻，愁字似不叶；但愁之泉音可能也有收au韻者，22

　　　　出「檢妝待簡愁卜正」，鹿港人謂移動東西、調整時間使合於心意

　　　　叫tshau5。《妙悟》作「揪」、《泉志》作「扌焦」，皆此義。愁

字，南管唱音tsh ɯo5，與tshau5音近，「愁」乃借音字。

24出：兜眸頭

此為旦占（潮州人）朗誦詩，「眸」今潮州不讀交韻，《兩音》音mong5，《潮語》、《潮州詞匯》音mou5。如押泉韻，則為鉤韻。

32出：頭罩到斗頭

「罩」泉文讀tau3，白讀ta3。《潮語》音tsau6，泉州多音tau3，如鹿港人說蠓罩(bang2 tau3)。今臺灣（偏漳腔）多音bang2 ta3，偏漳腔的《彙音寶鑑》（沈富進編）交韻無「罩」字。潮音「罩」音ta3，《兩音》、《潮語》、《潮州詞匯》皆未錄tau3之音。

晝，泉文讀tiu3，白讀tau3。潮文讀tiu3，白讀tsau3。是從天亮到天黑的一段時間。如中晝、日晝，即中午。

罩晝同音tau3，本組用泉音唱較叶韻。22出「天光白日罩，老鼠偷食豆。」及本出「等得日都罩，九郎今即到。」其正字應作晝。今人猶有此語：「日都晝啊....」。到，俗讀音kau3。本出潮唱，押交au韻。

41出：頭流走兜頭到頭

旦唱，押潮韻。

42出：口兜草到後投

原文「行來到靈山廟口。判官小鬼把在門兜。廟前生草。無人行到。君恁先行，阮隨後。三人入廟內，燒香告投。燒香告投。」

如押au韻，韻腳字皆合；如押鉤韻，「草」在第三句末，亦可列為逗字。

45出：頭留𦊓到爻

《臺漢辭典》一冊P1124：

khau1，以粗絲線織成網，再做成袋者曰「絲khau1」。khau1 相當於綱，《說文通訓定聲》：「綱，假借為網。」

吳氏荔校P490：「爻音gau5，豪也、傑出也。」

按：圖音khau1 ，泉、潮同音。在此即「網羅」之意。爻爲借音字，
《普閩辭典》作「劵」。

(二)韻部分析：

1 文白混合押韻

諸字在中古音的歸屬如下：

「頭溝斗走投口樓圖到(俗讀音kau3)」流攝一等侯韻，文讀爲ou（
潮）io（泉）。白讀爲au。「愁眸罩(畫)流留」流攝三等尤韻，文
讀爲iu，白讀亦爲au。

「草」效攝一等豪韻、「鬧較稍包爻(肴)」效攝二等肴韻，文讀爲
au，白讀豪韻讀 o，肴韻讀 a。「宵」效攝三等宵韻，文讀爲iau
，白讀爲io。（註）

故本韻無論泉、潮音，如皆押au韻，是文白混合押韻，白讀佔多數。
以泉音來說，23出前四字讀泉音鉤韻，則爲文讀（愁，今音tshiu5，
南管唱音tsh ɯo5 ，與其他三字皆屬鉤韻）。宵、較、稍（應作梢）
、罩、包等字是文讀，其餘是白讀，「到」字《妙悟》列爲文讀，應
是俗讀。

以潮音押au韻來說，「草較稍包爻」爲文讀外，其他都是白讀。

2 泉音鉤韻

南管唱音中，所謂「衙音」，最重要的是兩韻：一是雞 ɯ韻，一是
鉤 ɯo 韻。《妙悟》有雞韻，《荔鏡記》曲詞中，也顯示雞韻與他韻不
同而自爲一類。但鉤韻卻在《荔鏡記》曲詞中不太明顯。全書可以找到
完整鉤韻的表現的是24出：

（旦）海棠花開滿樹兜，紅杏綠柳總堪眸。

（占）諸禽無計留春住，恨殺東風寫樣頭。

「兜、眸、頭」三字在《妙悟》鉤韻。但這不是曲詞，只是有韻的道白，而且是潮州人說的，押《潮語》交韻即可，近代潮音無鉤韻，大概不會唱鉤韻。

23出「頭愁溝頭較稍」前一韻可押鉤韻；但如果整曲押郊au韻更為一致。鉤韻在當時是否存在呢？《妙悟》有鉤韻，也有燒io韻（今泉州音鉤韻字大都讀為燒韻）；南管唱音中，《妙悟》鉤韻字有獨特的唱法，而且字例不少，我們不能因為韻腳字未出現鉤韻字，就逕直認為《荔鏡記》中沒有鉤韻的唱法。

本韻無論泉、潮音，皆可押au韻，卻是文白混合押韻，白讀佔多數。潮州字書文白比較難劃分，以泉音來說，23出前四字讀泉音鉤韻，則為文讀。較、稍（應作梢）、罩、包等字是文讀，其餘是白讀，「到」字《妙悟》列為文讀，應是俗讀。

由《荔鏡記》的押韻情形，可知閩南韻語的押韻是「文白混合」的（尚有其他韻部之例）。我們可以歸納為一個通則：

閩南話有一字多音的現象。這種一字多音通常是讀書音和說話音兩種，它們各自成為一個系統；但在韻語中，是互相包容在一起，擴大了它在押韻上的方便。

附註：林倫倫《潮州方言與文化研究》p44.45。

十一　(泉)珠、(潮)龜——u

20出：論句遇[定]負[思]久

韻字篇：

「久」文音讀鳩、秋韻，語音用龜、珠韻。論字至久字筆者全可讀u韻。

按：原文：

娘仔且聽簡勸諭。恨無好話說幾句。張拱鶯鶯曾相遇。

姻緣都是天注定。想姻緣定不相負。枉割吊萬金身軀。

無狀林大莫枉尋思。好姻緣須著待久。

　　遇，《兩音》音ngo，近於 u韻，勉強可叶韻。「定、思」可列爲
逗字。

26出：主父[你]婦句(u)

　按：「你」是逗字，見一、居韻。

十二、(泉)飛韻，(潮)歸韻──ui

	出	ui	i
潮唱	3	開隨蕊沸誰對悴圍費規翠	
潮唱	6	位開　　　　對	伊祇
泉唱	21	飛垂隨虧累誰歸	
潮唱	34	開隨(翠)誰對鬼爲(圍)對碎	
潮唱	41	開隨水	
潮唱	49	氣累隨水	飢

(一)各組押韻情形：

　3 出：首句爲「入花園，簡相隨。」南管套曲< 花園外邊 >，《指譜》

　　　「園」音huiN5 ，但今南管唱者皆唱hng5。「園」字如音hng5，則

作逗字亦可。

6　出：韻字篇：「祇、伊」二個（潮）枝、（泉）基韻字押在歸韻間。

21出：韻字篇：生唱，飛讀文音韻。

34出：韻字篇：

原本無「醉」字，酌上下文脈及韻腳，以意擬補。「爲」應作「圍」一借同音。

　　按：原文「若還不中恁厝爹媽，乜改爲。」

　　吳氏校勘：「改爲」當作「解圍」。

41出：韻字篇：氣字讀歸韻者，今潮語作「愲」。

　　按：本組「氣、飢」屬(潮)枝、(泉)基韻，「氣」之白讀爲khui3，
　　今猶存此音。「飢」原文作「肌」。

(二)韻部分析：

　　潮音押歸韻、泉音押飛韻，皆收ui，皆可通讀。其中 6出有「祇、伊」二字，屬(潮)枝、(泉)基韻字，押在歸、飛韻間，收音皆爲 i，可通押。

十三、泉潮金im韻

泉白	2出	深　淫陰
潮唱	8出	深心　音
合白	33出	深心　金
泉唱	41出	深心　錦

陰心深金錦諸字皆押泉、潮金韻。

十四、(泉)賓in韻、(潮)圁 ɯn in ing、經ing韻

	出	(潮)ing		換韻
		(泉)賓in	ing	im
潮唱	9	親陣辛恁　因	秤肯	定
潮唱	15	親陣　恁稟　面		陰
泉唱	18	恁　憑　神身		(深)吟心
潮唱	24	鬢引　恁　(面)引　冷		深沈音心
泉潮	25	親　恁　因　盡緊	情輕	深
合唱	29	親　恁　面神身	情	深錦金心
潮唱	36	倖	縱(蹤)	甚　金心
潮唱	41	程辛恁　面	重	深金
潮泉	42	親　憑盡緊應	情卿明	心
潮唱	46	親塵　鬢　盡　應	腫輕	深吟錦心

泉唱	49	陳辛 稟 民認	整	
		以下皆為下場詩		
泉唱	2	身		沈 金
潮唱	15	身		金心
泉潮	28	眠		金心
潮唱	44	身	城明	
潮唱	30	親 因	嚏	
潮唱	13	七(拭)直七[神]吉(急)		

　　本韻組字，泉賓、潮囻、經韻中尙夾雜金韻，吳氏另立一「-ŋ」韻，包含以上三韻。但押韻情形複雜，不用「-ŋ」韻亦可，可用遙韻、交錯韻處理。

(一)各組押韻情形：

　9 出：親陣辛恁因定秤肯

　　韻字篇：

　　「肯」為經韻字，此外皆囻韻字。囻經二韻之字，潮安人均讀ing韻，則本曲可以ing韻讀到底。恁、您二字在戲文中通用，為第二人稱複數之指示代名詞。恁字，澄海讀nin2，潮安ning2，揭陽亦同。

《潮語》囙韻他紐陽去聲有一「佮」字,解曰「使之均也。」本曲
之陣字,音、義皆須從此字,音thin7。

按:《潮語》囙韻無「定肯恁」三字,《兩音》肯音khing2。經韻無
「定」字,但收从定之「椗錠掟」三字,「定」字應是漏收。

囙韻有「陣」字,但此曲的「陣」應是借音字,即囙韻的「佮」。

許成章《臺漢辭典》二冊p2360:

> 分量相等、勢力不分高下曰「相thin7」。凡議婚家欲求門戶相
> 對曰相thin7。

「陣」音thin7。相陣,應作「相媵」。《說文》:「媵,送也。
」《釋文》:「古者,同姓娶夫人,則同姓二國媵之。」媵本謂嫁
女,引申有「應許」之意。相陣,有順從對方,與對方相配合之意
。媵,《廣韻》:「又音孕,以證切。」以母屬喻四,喻四古歸定
,聲母讀th;證在曾攝開三,其字白讀有in音,故媵音thin7。(
註一)

如押泉音賓韻,只有「定」字不入韻,原文:[四邊靜]林大唱

> 我今央你去求親。我拙年無厶受艱辛。

> 姻緣都是天注定,媒姨捍斗秤。

> (合)再三央求卜伊肯。若得姻緣就,大雙金釵答謝恁。

> (丑、媒婆)林郎聽我說來因。你今央我去求親。

> 五娘伊是天仙女,不是頭對不相陣。

「定」字可列爲逗字。《泉志》:「秤tshin3」「肯khin2」「恁
lin2」三字,《妙悟》未收。《指譜》注音「肯」字音khin2。

15出:陰陰/稟親陣面親恁

韻字篇:略去「陰」字,本曲韻腳即可一致。

按:原文「開向花蔭,深拜祝太陰。盡將心事含哀告稟。....」兩「
陰」字在曲之前,可獨立爲韻,與下文押不同韻,亦即轉韻。如押
泉音賓韻,其間夾一「面」字,其白讀音bin7。

18出：心[想](深)/神身恁/吟/憑

韻字篇：

生唱，不能應用泉州音韻讀。「想」《兩音》收siang7 sieN7二音。「身」董錄：「廈、泉讀in韻，龍溪讀ing韻，揭陽讀ing韻。」筆者讀ing韻。參看ŋ韻尾字表。

按：此屬泉州人唱，不一定要押潮韻。曲文如下：[北上小樓]：

私情事志掛人心。眠邊夢內思想。

假意西廂下讀書，伊冥日費盡心神。

看伊萬般計較，力玉盞打破賣身。

若得共姻緣就，阮情願甘心學恁。

坐來思量暗沈吟。也恐畏一時作笑，一時作笑有乜憑。

「想」應入韻，音不合，疑「想」後漏一「深」字。「思想」為「想念」之意，此詞本書多見，如15出「惹我思想，腸肝寸痛。」17出「心思想，步難進。」26出「好思想伊。」首二句「心深」叶韻，與末行「吟」字遙韻。中間則「神身恁憑」叶韻。

24出：深心/鬢而(面)引/心沈冷音/恁

韻字篇：

旦唱。「而」應作「面」，形誤。「冷」《潮語》未收此字之文音。

按：鬢之正字為鬢。《潮語》圐韻收「鬢面引」三字。《潮語》經韻雖未收「冷」字，但有从「令」聲母之「鈴柃玲蛉令羚姈舲零笭泠聆苓」諸字，「冷」字顯為漏收。本曲可分二韻：[望吾鄉]

(旦)值處人得桃更深。伊共恁一般愛月心。

伊對月思雲鬢。

我只處賞花，憶著伊人面。

(占)都是關情有意，可惜線無針引。

正是心事不須重祝訴，嫦娥與我是知心。

(余文)更深月落靜沈沈。燈殘燭盡爐香冷。

　　　　風送聽見人聲恁。窗外恐畏人說恁。

前二句「深心」押金韻，以下「鬢面引冷恁」押潮音▢韻、泉音賓韻，「心沈音」押金韻，全曲構成金、▢（賓）交錯韻。

再從另一角度來看，如不顧及潮音▢韻的特色，純就韻腳來觀察，本曲有三組韻腳：im（深心沈）、in（鬢引）、ing（面冷）。如將之視為三組交錯韻，在一短曲內連用三韻，變化太繁，恐不宜聽者之耳。我們必須正視潮音▢韻的特色，在這項韻部內將今閩南語收in與收ing視為同一韻。

25出：（生）輕因[情]盡（占）/緊(急)深/（生）盡恁（占）情親輕

按：全曲泉、潮接唱。曲文如下：[水車歌]

　　(生)你障說，改（解）得我病輕。煩小妹，你說拙來因。

　　　　勸恁娘仔記念前情，到只處話說無盡。

　　(占)勸你寬心莫得性緊。莫枉屈刈吊你只相思病深。

　　(生)煩你只去話說卜盡。姻緣成就，結草含環卜報答恁。

　　(占)我見你乜傷情。俉恁成就只姻親。即會改得你病輕。

生唱「前情」的「情」不必入韻，作逗字，其他皆押泉音賓韻。占唱押潮音▢ing韻，唯「深」字韻腳難以解釋。竊疑「性緊」的「緊」或是「急」的另一種寫法。

48出「批文緊急力私情。」「緊急」是同義複詞。49出「望首領莫急氣。」「急氣」與「性緊」同義。如作「急」字，則與「深」同押im韻，全曲皆押▢韻中夾金韻，造成夾韻。

29出：錦心深深錦心/身情恁/心神金心面親/深

韻字篇：

生旦接唱。此曲潮泉語音皆不能應用，又若不劃分生(泉)、旦(潮)，祇可用ng韻尾韻讀，且本曲似為「ng韻尾」之典型。

按：原文：

(生)見說洛陽花似錦。果然娘仔有只眞心。

(旦)江水雖深。無恁人情深。

(合)雙人做卜如花似錦。思想起來，悶刣人心。　　——im

(旦)爹媽若卜得知了，爲君喪身。勸君千萬莫得忘情。

　　　阮今生死那卜爲恁。　　　　　　　　　　　——ing

(生)娘仔你莫得心悶，阮不比王魁負心。天地責罰，定都如神。

(旦)君你有意，阮今惜恁如金。穿線入石，也卜共恁一樣心。

(尾聲)有緣千里相見面。那憑荔枝結姻親。記得今冥恩愛深。

前三行押im韻，次二行押ing韻，以下則交錯押韻。

36出：倖/心金甚/縱(蹤)

韻字篇：

「縱」應作「蹤」，同「踪」。从「從」得音之字，閩南系語言有
轉讀經韻之可能。縱是如此，本曲韻腳形成金、經韻，參看ŋ韻尾
字表。「踪」《指譜》羅馬字注音作tsing。

按：蹤，正字爲踪。套曲<趁賞花燈>「燈情踪徑聲承明」叶韻，《指
譜》踪注音tsing1。散曲<恨薄命>「命盈濚冥鳴形酊徑承行程踪成
淸明廷」叶韻，韻腳皆爲ing。倖在經韻，蹤（踪）字圉韻、經韻
未見，全曲爲im（金）韻、中間夾ing　（圉或經）韻。曲文如下：

　　[繡停針](外)惜仔如惜金。誰知伊心去同別人心。

　　　　　　討耐陳三可僥倖。力仔焉走不見蹤。

　　　　　　死賊奴，你虧人至甚。

41出：辛程面/金深/恁重

按：押《潮語》圉韻，「重」在《潮語》經韻。《潮語》經韻未收「
程」字，但有「呈」及从呈之「桯裎郢醒」等字。全曲爲圉韻中夾
雜金韻——金韻夾於他韻中間，筆者謂之「夾韻」。曲文如下：

　　[四邊靜](旦)值曾識出路，受只艱辛。

　　　　　　今旦爲君，識只路程。玉露濕透胭粉面。

　　　　　　　輕風吹送柳搖金。英臺山伯冤魂結深。

　　　　　　　是阮前世湊合恁。今旦為君，論乜山嶺萬重。

42出：盡憑/心/親明/心/應卿情盡緊

　按：本曲為旦生旦輪唱，曲文如下：[蠻牌令]

　　　(旦)(白)「官人」姻緣說卜（袂）盡，恁丈夫人口說無憑。

　　　　　　莫待去到你厝虧心。(白)「益春」到只處誰人是親。

　　　(生)有神明在（佴＝替）阮做證明。

　　　　　　到我厝若虧心。娘娘你報應譴責伯卿。

　　　(尾聲)(旦)君恁有心阮有情。到其段說無盡。三人一齊行做緊。

　　　旦唱第三句、生唱第二句構成金韻，則為交錯韻；或在全曲中不必

　　入韻，則全押雷韻。

46出：錦深吟[鬖]心/親腫盡塵應輕

　韻字篇：「瞳」潮語讀經韻音，在筆者為語音。

　按：全曲為金韻轉雷韻。　曲文如下：[虞美人]

　　　(占)恁相惜如花似錦。常說恩深怨也深。

　　　　　(白)「啞娘」強企起來莫沈吟。

　　　　　整花冠梳起雲鬖(鬘)。伊人有恁恁即有心。

　　　　　姻緣到底會結親。莫苦切面青目腫。

　　　　　乜罪過，收來未盡。

　　　(旦唱)眠床未透，枕頭生塵。(白)「三哥」值見有叫討無應。

　　　　　　忽然滿面團圓，改我心頭即輕。

　「鬖」可視為逗字，「瞳」字最好入韻，則自「親」字以後押eng韻
。

49出：稟辛民認陳整

　韻字篇：

　　　生唱，書信文，須循泉州讀書音韻讀。「整」文音讀卿韻，須轉讀
　　賓韻纔得納入韻腳。（吾臺漳州系人確猶讀賓韻）

按：「整」為末句末字，必須押韻。只有把前面收-in 之韻字依潮音

讀-eng，收韻才能一致。

2 出：身沈金

按：此為下場詩，首句可不入韻，則押金韻。

44出：身城明

按：此為下場詩，押潮音□韻。

15出：身金心

按：本出下場詩：爹媽惜仔如惜金。那因不從仔兒心。

　　　　　　　　緣分終久有日到，莫得見短送金身。

三字押韻，難解釋。

28出：心金眠

按：下場詩，三字押韻，難解釋。

13出：淨白：七(拭)直七[神]吉(急)

韻字篇：

須循潮州系音韻讀，□韻字，朝陽、普寧讀in(it)，揭陽讀ing(ik)

，潮安讀ing(ik)。 戲文中常借潮、泉文、語不分之「吉」(kit4)字

表達有破音讀法之「急」字（文音讀金韻、語音讀□、賓韻）。「著

急」在本書中多作「著吉」。

按：此為潮州人的詼諧口白，諸字皆見於《潮語》□韻。如讀in，則押

泉音賓in韻亦可。其中七、吉是借音字，本字是拭、急。但《潮語》

吉屬□韻、急屬金韻。《妙悟》急屬金韻，賓韻收「急」字：「土話

，著急。」可見當時「著急」的急，俗讀有音kit4者。

依本書潮州韻字，應讀-ing(-ik)韻。但塞音入聲-k不能與舒聲陽聲

韻尾-ng叶韻，原文「人又叫我無神，喒話人便著吉。」全首皆押入

聲韻，「神」字在單句末字，可列為逗字。

本書很少以入聲為韻腳，此是特例。

(二)韻部總論：《潮語》囧韻字，揭陽讀ing(ik) ，潮安讀ing

　　　吳氏韻字篇p59下：

　　　　　將全書韻讀一過，發現：荔鏡記戲文之曲詞，除去可用潮、泉俗
　　　　　音加以韻讀者以外，有一部分韻腳似只能應用[-ng] 韻尾讀。如
　　　　　容立此韻類——-ŋ 韻，則夢、雲至奔、雙諸字皆可納入韻腳。

　　　吳氏所列「-ŋ 韻尾韻腳字表」，包括三種韻尾：-n -ng -m ，韻
字見於今《潮語》囧、堅、金三韻。今潮語多數地區無-n韻，-n韻大多
讀成-ng 韻；而金韻、兼韻，潮安讀ing iang。自南宋紹興十年(1140)
起至元代，潮州領海陽（今潮安縣）、潮陽、揭陽三縣，明、清的潮州
府轄區更大，都以潮安爲行政中心，潮安縣城話就是潮州話。故吳氏所
立[-ŋ] 韻，似乎符合當時潮州話的代表語言。

　　　但我們觀察以上各組韻字的押韻情形，也不必一定要將-ng、-m 押
同一韻部。先就音的演變的性質來說：

1 《潮語》有金im韻與囧韻，各有它收音的特性。如將im讀爲ing ，即
　無金韻存在的必要。或謂「《潮語》是今日韻書，不能據此認定明朝
　當時必有金韻。」但據本文十二、泉、潮金im韻之例，證明確有金韻
　獨立韻部之存在。

2 「-ŋ 」韻與《潮語》經ing 韻到底有何區別？

本韻部《潮語》經韻字有「重卿明瞳銘」等字，其他「城京冷情」等
雖未見，但各有其所从之聲母字（如冷字，經韻有从「令」聲母之「
鈴枔玲蛤令羚姈舲零等泠聆苓」諸字，「冷」字顯爲漏收。），應爲

漏收。如以泉音讀之，《潮語》□韻字都收《妙悟》賓in韻字，只有
「叮玎娗緄鎰溢隘面輕」諸字收泉音ing 例外（但「面輕」的白讀是
收in）。而□韻字卻與經韻字同押，似乎明朝當時□韻與經韻韻部相
同，亦即泉音收in之字，潮音讀爲ing ，與現代潮汕音in→ing 相同
。那麼《潮語》□韻與經韻就可以合爲一部了。吳守禮《荔鏡記・韻
字篇》列□韻之近代擬音爲：

澄海	潮陽	潮安	揭陽
ɯn	in	ing	ing

我們從韻部的實際整理中，發現幾個現象：

1 有些韻字讀in亦可，如9 出「親陣辛恁因定秤肯」（「定」字列爲
　逗字）15出「陰陰　稟親陣面親恁」（二陰字視爲另一韻）。

2 有些韻字非讀ing不可，如46出「親塵鬂心盡應吟深錦腫輕」爲im
　、in之交錯韻，但in中又夾一經韻的「腫」字， 如其非逗字，則
　非讀□韻的ing 不可。42出「盡憑親明心應卿情盡緊」除金韻字（
　二「心」字）外，是「明卿情」夾在諸in韻字中，二韻分開固可，
　但還是唱同一韻較和諧。此例與24出同，在一短曲中連用三個不同
　的韻，似乎失去了押韻的作用——押韻是同一韻母的有規律的重複
　，猶如樂曲中反復出現的一個主音，整曲樂曲可以由它貫串起來。
　（註二）

　又如29出「同逢放等房襯」叶韻，「襯」在末句末字，讀tshang3
　才能叶韻； 3出「窗房蜂瓶動弄叢翻干」叶韻，「瓶翻干」收-ang
　才能叶韻（其他例詳見十七、）。可知當時潮音收-n的某些字確實
　讀爲-ng。

3 一曲的韻字中，出現金韻字，吳氏用-ŋ 韻把包括三種韻尾：-n、
　-ng、-m（《潮語》□、堅、金三韻）合爲一韻——ng，用韻未免太
　寬。雖說今「吳語大都只有一個[-ng]，而無[-m]、[-n]，如「金」
　字古音收[-m]，「斤」字古音收[-n]，「京」字古音收[-ng]，這三

個來自不同鼻音韻尾的字，在上海都合流了，一律念爲tsing53。

（少數地方如無錫，有[-n]而無[-ng]）。（註三）

我們從潮州話形成的歷史中，可以看出潮州話可能受吳語的影響；但在資料不足的情況下，還是要就押韻的實際情形謹慎、妥善地處理。自詩經以來，押韻的形式是繁複多樣的，並不都是一韻到底的，有「轉韻」、「遙韻」、「交錯韻」等（詳見第三節）；《荔鏡記》押韻情況亦如此。因此，筆者嘗試用多種押韻形式來檢驗這個韻部字：

轉韻如46出由「錦深吟鬢心」金韻，換爲「親腫盡塵應輕」圊韻。

遙韻如18出「心[想]神身恁吟憑」，「心深」與「吟」遙遙呼應。

交錯韻如24出「深心 鬢而(面)引 心沈 冷 音 恁」二個不同韻部（金、圊）字交錯出現。

夾韻如41出「辛程面 金深 恁重」，中間夾「金深」韻。

如此處理，可以如實呈現其押韻情形，避免「想當然耳」的毛病。

當然，本韻部如此處理，並未完全解決問題。譬如18出的「想」字，應入韻，韻腳卻不合，姑且視爲「想」字之後疑漏「深」字。25出占（潮州人）唱「緊深」的「緊」姑且視爲其同義詞「急」的另一種寫法。

就《荔鏡記》一書押韻的性質來說，我們必須考慮各種不同的情況：

1 民間戲曲的文學形式和押韻往往較隨便、較寬、較不嚴謹，未若文人作詩詞那樣講究。吳氏謂「荔鏡記戲文....幾乎每句押韻。」（韻字篇）但有時隔好幾句才押韻；正常情形可視爲偶數句末字必押，但有時又要依句意的完整而定，如 9出：

(合)再三央求卜伊肯。若得姻緣就，大雙金釵答謝恁。

即是首句末字押韻。

2 韻字的認定或錯、漏字也影響韻部的認定。如25出生唱，吳氏認爲「輕因情盡」是韻字，但「情」字實可列爲逗字，則可押泉音賓韻。18出「心想神身恁吟憑」是生唱，「想」應入韻，音不合，原文「思想」爲「想念」之意，疑「想」後漏一「深」字。則首二句「心深」叶韻，與末行「吟」字遙韻。中間則「神身恁憑」叶韻。25出「緊深」之「緊」，亦可視爲「急」的另一種寫法。

　　關於漏字之確證，舉iN韻爲證。13出原文：

燒香點燭神龕前。林厝今日送定禮，上告堂上高曾祖考。

降來姻緣，湊合五百年前，都是月老相推排。

「前禮考緣前排」叶韻，原文可能有漏字。吳氏謂：「考必須加入韻腳，疑應作『妣』。上下文韻腳形成皆(ai)肩(aiN)韻。」筆者幾經推敲，並查證其他資料，終於確定「考」後漏一「妣」字；「推排」後漏一「比」字。（詳見三一i、iN韻13出說明）本曲韻腳字「前禮妣比緣」皆收 i、iN韻。又如：

41出原文：

做緊做緊，且趁日頭未，那恨襪小弓鞋短。爲著人情到只處。

又畏爹媽趕來尋。定是惹出一場禍。彩雲易散琉璃脆。

此曲泉音押科韻，一韻到底。潮音押二韻，前三韻字「落短處」叶韻（哥韻），吳氏疑「未」字之後漏一「落」字。後面「尋禍脆」叶韻（瓜韻）。

　　曲文中，可能有交錯韻的現象；但在下場詩中，韻腳只有二、三個，15出「身金心」、28出「心金眠」金、圛韻字押韻，可能是音變的關係，在韻腳「金心」都收-m的情況下，「身眠」很容易隨著-m韻尾而讀成sim、mim，二音誤讀習慣以後，遂認爲「身眠」本有sim、mim音。一般人對於自己所說的語言並沒有清楚的了解，有些字誤讀而不自知。筆者學唱南管，也發現同伴有將「身」讀成sim 的例子。這是經由實證所得

的結論，雖然不是碻論，卻是研究方言書面文學必須留意的。

附註

一：滕之音義，聞諸廈門大學周長楫教授。

二：袁行霈《中國詩歌藝術研究》p118，五南圖書出版公司，1989。

三：詹伯慧《現代漢語方言》吳方言的語音特點p115.116。新學識文教出版中心，1991。

十五、(泉)春un韻、(潮)君ung韻

潮唱	20出	悶迸　衰(滾)雲
潮白	26出	悶　昏　魂　門

韻部分析：循潮、泉讀書音皆可，潮君ung韻，泉春un韻。

十六、(泉)卿韻、(潮)圂、經韻——ing

2出：京銘天

按：此爲泉州道白，可押《妙悟》卿韻，但「天」(thian1)不入韻。

閩南語收-ian韻之字，白讀有轉爲-ing(ing)者，如：

	ian	ing	白讀詞例
千	tshian1	tshing1	一千
研	gian2	ging2	研藥粉
前	tsian5	tsing5	頭前(前面)
先	sian1	sing1	頭先(首先)
棟	lian7	ling7	苦楝

故泉音「天」之白讀亦有讀卿韻之可能。「天」在《潮語》堅韻，
音thiang1。

44出：城明身，說者爲潮州知州，當說文讀音，故「城明」（文讀）與
「身」(ing)押韻。

十七、(潮)扛、(泉)毛——ng

唱角	出	ng		
潮唱	6	光	粧	全返
潮唱	7	昏門		方
潮唱	14	損 睏　勸長光當	瞞郎(囡)返轉	
泉唱	16	昏門　　軟長遠		
潮唱	22	(惛)床　　　遠	粧	轉
潮唱	22	粧 中湯 黃	瞞郎 方	
潮唱	24	床 中		
泉唱	25	損 床斷中 長 當		
潮唱	27	昏　　惶長光		

泉唱	29	昏	斷	光				(昏)
潮唱	30		扛	捲		郎	行	
潮唱	31	門		長	當	郎粧		
潮唱	32			長光		庄	全返	
潮白	33		斷	遠				
潮唱	35			湯	酸	廊粧		
潮唱	41			光	酸			
潮唱	41		亂	黃光		瞞粧		
泉唱	45	損問		(擂)當	酸		方	霜
潮唱	45		飯	當遠酸腸	瞞	行		
潮白	48			長		郎粧		
潮唱	48	損昏	斷	長光	酸	粧行	荒	
潮白	50	門(聞)			腸	方	返	
泉唱	51	損門	斷	當	酸		方	轉

泉白	55	門	中			全

(一)各組押韻情形：

　6 出：全光返

　　韻字篇：

　　　　淨（林大）末（老卓）接唱，須循潮州音韻讀。「女」讀潮州語音
　　　　——扛韻，才能叶扛、毛韻。《潮語》失收語音。實則今潮州方言
　　　　於語音猶轉讀扛韻。「全」潮安今多用讀書音——光韻，語音漸被淘
　　　　汰。吾臺文、語並用，但音字脫節。

　　　按：原文「東家女，西家女，出來赤淡梳粧。」「女」字不入韻亦可
　　　　。故全曲亦可押泉音毛韻。《兩音》女音nng2。《潮州詞匯》記「
　　　　全」的白讀音tsng5，《潮語》未收。《妙悟》毛韻：「全，備也
　　　　。」音tsng5。今口語猶如此說，如「十全」、「十路全」（多才
　　　　多藝）（註一）。南管「從」字音tsng5，多寫作「全」，如：
　　　　　　＜一路行＞：我全頭卜來訴起我君聽。
　　　　　　＜強企行＞：全頭共君恁細說。
　　　　　　＜情人分散＞：全伊去後，阮亦守孤單。
　　　　　　＜當初貧寒＞：全今後沒奉甘旨。

　7 出：昏門方

　　韻字篇：

　　　　「昏」字多押在扛、毛韻間，可是《潮語》漏收此字之語音，《妙
　　　　悟》亦失載。實則「昏」字之扛韻音，今潮、泉二系方言皆猶常用
　　　　。《潮語》扛韻喜紐有「曛」字，注曰：「夕曛，日入餘光也。」
　　　　字異義可通。

　　　按：《泉志》：「下昏(hng1)，晚上。」合音ing1。

14出：損轉頓暱郎勸長光當返頓瞞藏(匹)

韻字篇：

潮州人物唱，韻目上卻多泉州音。「損」潮州語音可轉讀扛韻。（
《兩音》、《潮語》皆失載）「轉」常與「返」字通用，多押在扛
、毛韻間。兩音收tsuan2、tng2可證。「頓」《兩音》收tun3、
tng3。「睏」《潮語》、《妙悟》皆漏收此字語音。其可轉讀扛毛
韻，與「昏」字同理。「損」常押在扛、毛韻間，讀語音。其文音
爲春、君韻。今潮、泉猶如此分別使用。

「當」《兩音》收tang1 tng1二音，一文一語。

按：原文「力我頭鬊採落就土下頓。」《泉志》「頓(tng3)骹(kha1)
」。許成章謂：

用力打曰tng3，用力踏地曰tng3，字相當於頓。《史記》酷吏<
王溫舒傳：「溫舒頓足嘆。」韓愈<送窮文>：「抵掌頓腳。」（
註二）

《潮州詞匯》：「tng3，下跌，重物跌落地上。例：索一下斷，箱
tng3(頓)落去到散去。」土下頓，今曰「土跤kha1頓」，頓兼有上
面二義。

「藏」《潮語》未收，但江韻：「囥(khng3)，藏也。」；《妙悟
》毛韻「藏(khng7)物」。藏是借義字，其本字應是囥。《集韻》
：「囥，藏也。口浪切。」浪在宕攝一等唐韻，此等字白讀有音ng
者，如當湯唐堂郎倉桑康缸傍喪鋼等。故囥之白讀音khng3。原文
：「將只金釵收入去藏」。萬曆本《荔枝記》作「控」。

「瞈」《潮語》未收，《潮州詞匯》：「ng3，依靠。」《妙悟》
毛韻：「ng3，瞈望。」《泉志》作「映(ng3)望，希望。」原文
「不肖仔，將無可瞈。」南管多用此字，《指譜》皆音ng3。如：

< 十載寒窗 >：「冥日許處倚門長懸瞈。」

< 這般相思 >：「阮目瞈都成穿。」

套曲<對菱花>第三出<孤撫枕>：枉我此處睹物思人，我今倚門空

瞈。」

「郎」《潮州詞匯》音nng5，泉音lng5。

轉音tng2，回去之意；「返」是「轉」的借義字：二字義同。轉在山攝合口三等知母，知紐中古讀如端母，聲母爲 t；此等文白對應爲uan→ng ，故轉音tng2。返亦同攝等，但屬非母，中古讀如幫母，音huan2或ping2。

22出：床轉湯遠眠(惛)粧

韻字篇：

原文「眠」字疑爲「睧」字之誤刻，而「睧」字又與「惛」字音同義通。查《妙悟》春韻「惛」字，有注解曰「心不明也」。此義正可通用於本曲「眠」字。其語音，若以「昏」字於語音轉讀毛韻例之，亦可讀毛韻。

22出：中粧瞈黃郎方瞈

韻字篇：

旦占接唱。「中」下文韻腳皆爲扛韻。《指譜》注音正是tng1。《潮語》收：公韻（形容詞）、經韻（動詞）二音。閩南祇讀香韻（但有破讀）。「黃」《潮語》誤收在居韻，今正之。《兩音》收huang5、ng5。

按：「『中』的白讀[tng1]，現今泉州方言僅保留在『湖中』等個別地名當中，其他詞語已不再使用這一讀法。」（註三）

通攝合口三等字的文白對應有iɔ ng：ng 之例，如長央張丈兩眔銃重中從宮窮雄龍松鐘胸種供等字。故「中」的語音可讀爲tng1。

南管唱詞，中音tng1，如：

　　＜心中悲切＞首句、＜杯酒勸君＞：「值只百花亭中。」

　　＜不良心意＞：「又掠阮禁落冷房中。」

　　＜荼蘼架＞：「揚子江中。」

泉州手抄歌仔冊＜孟姜女＞：

定約收聘酒筵中(tng1)，女兒親事配杞郎(lng5)。....月落星稀
天暫光(kng1)，姜女行出樹林中(tng1)(原作「當」，亦音tng1)
。四劫來到雪山門(mng5)，日來落雪冥落霜(sng1)。....二更過
了三更中(tng1)，獨對孤燈心又酸(sng1)。倒落床中割心腸(
tng5)，冥日思想范杞郎。....

「中」皆音tng1。上舉爲錦歌<孟姜女>，得自泉州人陳逕之，書首
註明「烏鎮家抄本，僅校正明顯錯誤」。錦歌之流傳時間可能相當
長，可見較早時期的泉州人，「中」仍音tng1。

27出：昏惶長光

韻字篇：

循潮州語音韻讀，「惶」字須轉讀扛韻。查潮州音光、惶同讀光韻
，而光字語音轉讀扛韻，則惶字亦有此可能。

29出：昏光昏斷

韻字篇：

生唱。本曲有二「昏」字，「漸昏」之昏字可讀春韻，當逗字看。
「冥昏」之昏字讀毛韻納入韻腳。

30出：扛捲郎行

韻字篇：

「行」本書中多押在扛、毛韻間，查《指譜》注音，正作hng5。

按：行有hng5音，行字在中古是匣母庚韻開口二等字，與「衡」同音
（衡从行聲），至後代，衡音未變，而行則聲韻微變（註四）。

南管如此唱：

< 三更鼓 > ：返行頓光酸....

< 拙時無意 >：妝遠返瞞損車頓問行穿

< 中秋時節 >：光酸方返斷傍床行瞞長黃損

< 因爲杞郎 >：頓長遠行腸門當全酸軟荒瞞返

套曲< 空房清 >：當門長床行返方郎

諸韻字皆押ng韻。行讀hng5音，可能是吳音的遺留。許成章謂：

《正字通》：

淘，吳音「何乃淘」，猶言那行。《世說新語・排調》：

劉眞長始見王丞相。時盛暑之月，丞相以腹熨彈棋局曰：「何
乃淘。」劉既出，人問：「見王公云何？」劉曰：「未見他異
，唯聞作吳語耳。」

《通雅》曰：「八庚與七陽通。淘當作『亨康切』，吳人之聲。
以爲何如，則呼『那行』。行亦如『淘』音。（註五）

「亨康切」的白讀音hng1。《妙悟》、《泉志》行字皆無此音。

「郎」音lng5，臺語「牛郎織女」皆音gu5 lng5。南管大多唱lng5
，如：＜記得當初＞：「記得當初，共我劉郎分開。」

　　　＜茶薇架＞：「親像牛郎織女，銀河阻隔在東西。」

33出：斷遠

　按：原文「話說卜斷，路行卜遠。」斷，約定之意，今臺語猶存此義
　　。此處潮、泉音皆讀白讀tng6、hng6較妥——韻尾、聲調一致。

35出：湯酸廊桩

　韻字篇：

九郎妻唱。廊字下文韻腳多扛韻字，可知此字亦該讀扛韻；查《潮
語》、《妙悟》均失載，惟有《雅俗通》收在鋼(ng)韻陽平聲柳紐
。

　按：廊从郎，郎有lng5的語音，參見30出。

41出：亂黃光瞬桩

　韻字篇：

「亂」有轉讀毛韻之可能（以卵—川韻字—語音讀毛韻爲例），惜
無料證。「瞬」通作映，照也。舊音於慶切、去聲、敬韻—iing。
在本曲轉讀ng韻。

　按：山攝合口一等字的文白對應有uan→ng之例，如斷卵酸管貫算轉

鑽段亂等字，故亂字可收毛韻。

瞨音ng3，《荔鏡記》中有三種意義：

1.希望、期待，見14出說明；

2.昏眩模糊：「照見我雙目瞨。照見我顏色瘦青黃。」此字應作「暈」；

3.照：本出原文「菱花鏡抱來瞨，照見啞娘面青黃。」

45出：損問[擂]當酸方霜

　韻字篇：

　　生唱，因本曲有一飛韻字—擂—故除用潮、泉音韻讀以外，似可試用漳屬之ui、uiN韻。

　按：原文「四更過了腳手冷成霜。五更人發擂，聽見人刑罰，實惡當。」「擂」可當逗字，不入韻。uiN爲漳州音，泉州不應有此音。（《妙悟》有「管」韻，但無字。）

45出：飯當遠酸腸瞨行

　韻字篇：

　　旦唱。「飯」潮州讀邊君切(君韻)，澄海、揭陽之語音確讀扛韻。

(二)韻部分析：

　　《妙悟》毛韻注「此音俱從俗解」，本韻皆白讀。白讀音若無文字記載，後世多遺失，亦即辭典有漏收者。《潮語》漏收「昏中惶行全亂方荒」等字，《妙悟》漏收「昏中惶行」等字。但有後世口語中常用者，如「方」（地方）、「荒」（拋荒pha1 hng1）「全」、「昏」（「下昏」合音ing1）；保存於南管唱詞者如「中」、「行」、「全」（常用「全」代「從」）。至於「惶」、「亂」，則找不到語例。但依文白對應：

　ong：ng ，如唐、光、郎、榜、廣、堂....

　uan：ng ，如斷、軟、算、勸、轉、脫....

惶音hng5、亂音lng7，當時應有此音。

本韻字雖分潮、泉唱，實則不論潮、泉，皆可押韻，可視爲同韻。

附註

一：蔡培火《國語閩南語對照常用辭典》p782，正中書局，1969。

二：許成章《臺灣漢語辭典》二冊p2222.2223，自立晚報文化出版部。

三：蔡湘江<論南音唱詞的歷史積澱>，泉南文化，1992年第一期

四：裘錫圭《文字學概要》p194 ，萬卷樓圖書有限公司，1994。

五：同註二，二冊p1531。

十八、(泉)丹an韻、江ang(潮)江ang韻

唱角	出	(泉潮)江—ang	(泉)丹an
潮唱	3	窗　　　　夢	
潮唱	3	窗　房　蜂　動　弄　叢	翻干瓶
潮唱	6	巷人像雙　痛　翁	
潮唱	10	人房	難喘
潮唱	13	人　雙　鬆　逢	
潮唱	13	人　雙　筒紅　放動	
潮唱	17	窗人　　　香望	
潮唱	17	人　捧紅　光	緣

泉白	25	人	逢		安
潮唱	26		房雙 紅		
潮唱	26	東人 香捧	紅痛通 弄降		歡君
合唱	29	同 房	逢放		等襯
潮唱	39	人工空	蜂 蕩		
潮泉	39	痛人	紅 動		
泉唱	41	朧人	雙(鬆) (放)		
潮唱	48	房	放夢重		陳
潮唱	51	人忙		難趄(趁)	
潮唱	53		雙 紅逢		

下場詩

潮白	忙紅空	3出
潮白	人房逢	5出

潮白	人同逢	11出
潮白	人紅逢	13出

(一)各組押韻情形：

3 出：房窗弄翻動瓶房干蜂叢

韻字篇：

　　旦唱，押潮州韻，夾泉州韻腳——窗字。凡泉州韻腳形成丹、江韻例者，為潮州曲。因為「窗」字潮州音雖不讀江韻，翻、瓶二字更不能協泉州江韻，所以本曲須循潮州音韻讀。窗《兩音》tshong1(文) thing1(語)。動，董同龢《四個閩南方言》揭陽方音著錄「動」字讀江韻陽上調。董錄記龍溪「瓶」字讀ang 韻，這是臺灣之閩南三系所無之現象。

　　按：吳氏所謂「凡泉州韻腳形成丹、江韻例者，為潮州曲。」謂使用潮州韻讀，非潮州音樂。其中有泉音丹韻字「瓶干翻」三字，其他為江韻字（動字《妙悟》漏收）。原文：

　　　　(旦)整日坐繡房。閑行出紗窗。牡丹花正開，尾蝶同飛來相弄。

　　　　　　上下翩翩。阮春心著伊惹動。

　　　　(占)拆一枝，挽一枝，插入金瓶。

　　　　(旦)畏引惹黃蜂尾蝶，尋香入繡房。

　　　　(余文)牡丹花開玉欄干，管乜尾蝶共黃蜂。須待鳳凰來穿花叢。

　　　　「翻干」或可列為逗字，但「瓶」字非押韻不可。

　　　　「翻」在《潮語》光韻，音huang1。

6 出：巷人像翁痛翁雙人

韻字篇：

　　「像」須讀潮州堅韻，才得以ang 韻尾叶江韻。《兩音》收siang7 tshieN7 sieN2三音。「翁」《兩音》收ong ing 二音。而於「公

」字內收kong ang二音。此ang 音應歸還「翁」字。納入本曲韻腳。「雙」筆者讀siang1(語) song1(文)，本曲以潮州音為主，夾用漳州系音；但用筆者口音讀之，大都上口。

按：「痛」字《潮語、妙悟、兩音》皆只著錄thong3音。南管「痛」唱thang3。如「苦痛」。《泉志》：「忝痛(thang3)，疼愛」。

通攝合口一等字的文白對應有ong：ang之例，如東通同銅聾籠叢公通工功空紅翁董桶動凍弄送甕等字，故通音thang3；翁字亦然，白讀音ang1。原文「我今無厶，伊定無翁。」民間「夫妻」替用「尪婿」，「尪」音ang1，是方言擬音字，說文：「跛曲脛。」與夫婿不相干，宜作「翁婿」。

10出：難房人喘

韻字篇：

押潮州韻。「喘」字之潮州音可以ang 韻尾叶江韻。

按：喘屬《潮語》光韻，音tshuang2。如唱泉音，則房人叶韻，難喘叶韻，房人可視為夾韻——夾在中間的韻。

13出：人雙鬆逢

韻字篇：

「逢」今潮屬多讀公韻。25[鎖]白確押潮州韻——而「逢」字卻仍在江韻中。《指譜》羅馬字注音，封逢皆讀江韻。

按：「逢人」《潮語》未收，《潮州詞匯》人音nang5 ，《潮語》江韻有篷，《潮州詞匯》有縫(phang7，屋頂的瓦坑，計算屋子闊度的單位)、蜂(phang1)等字，逢在本書中共出現四次皆在江韻。南管<幸逢太平年>，音pang5。押泉音亦可。

13出：人雙筒紅放動

按：「放」字在《潮語》光韻，音huang3。

17出：窗香望人

按：《荔鏡記》全書未用「芳」字，蓋因作者不知閩南語音phang1的

漢字就是「芳」。《說文》：「芳，香草也。」《玉篇》：「芳，香氣貌。」芳，宕攝合口三等敷紐、古無輕唇音，故音phang1。本書「芳」義往往用「香」字代替。如3出「香花發得通看。」15出「梅花開透頂面香，阮厝又有是大人。」以及其他押韻處，皆可確定「香」是借義字。香、芳二字，《潮語》江韻未收，香字收於堅韻，音hiang1。《妙悟》江韻：「香(phang1)，土解，香味。」本韻亦可押泉音。

17出：光紅捧人緣

按：緣字在《潮語》光uang韻，音uang5，收ang韻叶江韻，與10出「喘」同。《妙悟》屬軒韻。

26出：東人香捧紅痛通[針]弄降君歡

韻字篇：

須循潮州音韻讀（有川韻腳不得適用泉韻）。「東」荔枝記作「窗」。「香」原句「腦、麝香」，腦麝（樟腦、麝香）均作名詞解，香當形容詞，讀江韻phang1。

「通」當「可」解，讀作thang1，音與字脫節。

「痛」1讀東、公韻（文音）2讀京韻（語音，妙悟作「疼」）3讀江韻（語音）。此處若在「痛」字斷句，則該讀江韻。通查全書押江韻者原句皆爲「苦痛」。

「針」《潮語》之甘韻，潮安音併入江韻，讀tsang1。此處正可納入韻腳。「堪」《潮語》收在甘韻，讀潮安ang韻，正可納入韻腳。「君」潮屬有un ung二韻之音，在本曲若須參加韻腳，全曲須改讀ng韻尾。（如堪字入韻，此「君」字可留作逗字。）「歡」潮州音之ang韻尾可叶江韻。（查荔枝記在此「歡」字下補一「慶」字。慶字古讀去羊切—據戴侗六書故）。

按：南管「苦痛」皆唱江韻thang3，是語音。原文：

....針線箱繡篋，益春常捧。內有五色絨線綠間紅。

銅箱交剪對金針。伊人琴棋書畫盡都曉通。那是阮娘仔無心去
弄。盡日憫憫不知憶著乜人。別人私情，益春俩伊人苦痛。

勞堪逢著一好清秀郎君。共伊人合歡。恰親像十五月光光降。

「針」之前後都是韻腳，「針」不一定要押韻，可列爲逗字。

「勞堪」似是勞煩之意，緊接下文，不必列爲韻腳。

「歡」在《潮語》光韻。

「曉通」，今國語曰「通曉」。洞曉事物曰通，《淮南子‧主術
》：「孔、墨博通。」此「通」字與閩南語「毋通 m7 thang1」
（不可）「通好做」（可以做）當「可」解之「通」用法不同。

29出：同逢放等房[金]襯

韻字篇：

占唱。「等」潮屬破讀經韻（文）、江韻（語）二讀，（閩南語音
讀丹韻）。金襯不能叶上文江韻腳，須自爲韻，襯音tshang3 。

按：原文「今恰是玉邀金，一般相襯。」「金」可作逗字。襯，潮音
tshang3 ，可納入韻腳。

39出：蜂工空蕩人

按：《潮語》江韻有「蕩」字。

41出：朧人雙(鬆)心(放)

韻字篇：

生旦占接唱。「朧」之語音可據轉讀條例，唸江韻。例如：燈籠、
土礱、耳聾，从龍之字。原文「不甘心」，心字不叶韻，今改爲「
放」。

按：原文「人情相惜不甘心」，作「不甘心」文義不通，參見下面48
出「牽著君手不甘放」。「朧」宜補列入通攝合口一等，參見本韻
6出說明。

48出：陳房放[攬]重夢

韻字篇：

陳字至夢字押江韻。陳→鳴，借陳字之音表「鳴響」義。泉州謂樂
器、機器發響聲曰tan5，而族姓之「陳」字讀音正與之相同，故借
用。在潮州則不構成表音字。「攬」今潮屬潮安音讀江韻，正可納
入韻腳。

按：原文：

> 聽見四更鼓陳。夢見我君入到眠房。牽著君手不甘放。翻身一轉
> ，力君來攬。鴛鴦枕上，一般情重。驚惶醒來，是我狂夢。

「攬」字是否爲韻腳字，大可商榷。《兩音》攬音lam2。《潮州詞
匯》覽及从覽之欖皆音nam2。依文義，此處必用「攬」字，如列爲
逗字，則在其後之「上」（潮音siang7），補列爲韻腳字。戲曲的
押韻，不見得處處要求整齊，本曲押ang韻，「上、重」連續押韻
，已可補救「攬」字未押韻的不足，如詩律之「拗救」也。

51出：人忙趁(趁)難

韻字篇：

淨（北山驛丞）唱，押潮州韻。趁= 趁，泉漳讀an韻；難，泉漳讀
an韻，皆不能叶江顯。

按：如唱泉音，則本曲可列爲轉韻：「人忙」一韻，「趁難」一韻。

(二)韻部分析

本韻部多屬潮州人唱，押《潮語》江ang韻。其中有「喘、緣、歡
、翻、放」五字收《潮語》光uang韻，則爲江光通押。而「針、堪」本
韻部在金韻，列爲韻腳字。其中泉州音有丹、江韻夾雜者，凡泉州韻腳
形成丹、江韻例者，概屬潮韻。

十九、(潮)江ang光uang、(泉潮)川uan丹an

唱角	出	(潮)江	(潮)光
潮白	20	難	般歡關
潮白	27	難 痛	絆阮
泉白	18		專般煩
合唱	55		團還緣

韻部分析：

20出：循潮音讀之，「難」屬《潮語》江韻，其他屬光韻。押泉音亦可

27出：押潮韻，「痛」語音白讀thang3。難、痛收-ang韻，其他在光韻
，收-uang ，故江、光韻互叶。

18出：為下場詩，押泉音川韻，潮音光韻。

55出：押潮韻，皆在《潮語》光韻。若押泉音，則為川韻。

二十、(泉)東韻、(潮)公韻——ong

韻部分析：

48出：封濃風(潮唱)

51出：蒼瓏功(泉白)

　按：48出「封濃」屬《潮語》公韻，「風」屬光韻。押泉音亦可。封
、濃二字，《妙悟》漏收。

　　51出屬《妙悟》東韻。

二一、(泉)香韻、(潮)恭韻——iong

潮唱	48出	娘上容想凉中窮從
泉唱	54出	障[祿]鄉常裳鄉場

韻部分析：

48出：韻字篇：

旦唱，曲詞內容爲書信，須循潮屬讀書音韻讀。韻讀表上所見韻腳
既不整齊，參合潮屬方音亦不一致。（若讀泉州音，則「娘」字以
外成一致，筆者更是連娘字全讀iong韻。）

按：此爲五娘致陳三之信，如用潮音讀書音唱，則：

「從窮容」屬恭iong韻，「涼上」屬堅iang韻，「中」屬公ong 韻
，「想(siang3)娘(niang5)」（《兩音》），共同韻尾是ng。

「娘」字，泉州的文讀音liong5（《泉志》）。南管音liong5，
<回想當日>「.逢腸桩場鍾防娘香胸鳳釘裳床慌放郎欄廂鴦」叶韻—
—ong、iong合韻。南聲社蔡小月唱。上揚公司CD.。

54出：韻字篇：

欠標角色，文脈續前，可循泉州音韻讀。本曲韻腳，「祿」字除外
，泉州文音皆讀香iong韻，語音皆讀箱iuN韻。章=障? 此字音與義
皆未詳。

按：原文「享福不邪障。口食俸祿，雙馬符驗返家鄉。」「祿」當逗
字，不必列爲韻腳。「祿」是通攝合口一等，無 i介音。參見八、
（泉）箱韻。

二二、(泉)軒ian韻、(潮)堅iang韻

韻部分析：

49出：韻腳：貶千懸緣仙顫前

韻字篇：

生唱，須循泉州讀書音—軒韻—韻讀。本書中押軒韻之曲，除此以
外，尚有下場詩一例而已。直接前一曲雜潮州韻腳，此曲則須讀泉

州音。

53出：鮮邊緣

按：此爲下場詩，可押泉音軒ian韻，潮音則「鮮邊」屬堅iang韻，緣
屬光uang韻，押 ang韻韻腳。如押白讀，則收音皆iN。（緣字參見
三一 i、iN 13出說明）

二三、(泉)丩韻、(潮)柑韻—— aN

韻部分析：

19出：担(擔)挑仔三(aN)

韻字篇：

生唱。「擔」動詞讀陰平，名詞讀去聲。《潮語》動詞用「擔」字
，名詞用「担」字。《妙悟》丩韻收「担」字，舉例「挑担」。「
挑」文、語皆讀潮韻。此處疑訓爲taN1，否則留作逗字。「仔」當
名詞詞尾用，泉屬多讀丩韻，潮屬多讀京韻。

按：仔，泉音kaN2，本字作「囝」，爲閩人特有的詞。其他閩南次方
言皆音kiaN2 。《集韻》：「囝，九件切。閩南人呼兒曰囝。」原
文「我是官員有蔭仔」，「仔」當「兒子」解。

二四、(泉)花、歡、嘉韻

(潮)柯、官、膠韻——ua、uaN、a

	出	ua	uaN	uah	a(N)
潮唱	3		看 趕		
潮唱	5	破帶舵　倚	半看單伴　乾寒	宿	
潮唱	5		半看　安	活	
潮唱	15	大何	寬肝		
泉唱	16		伴　安　散		
潮唱	19	破　化我	寬	殺	飽膽
潮唱	26	掛	伴　單安　線般		
潮唱	26	大何	伴　丹	宿	
潮唱	26	花我　炁	安　散	刈	
泉唱	25	磨　我　沙	般看	刈	
韻腳	46	外大掛花我倚	伴看滿　散	刈活	孝
潮唱	46	我　紙	慢　寒		
潮唱	50	何花	伴		

(一)各組押韻情形

　5 出：單伴宿乾破半帶舵倚寒

　　韻字篇：

　　　本曲有「宿」字押在ua韻間，潮州韻腳較整齊。《指譜》音注作

　　soah4 。《潮語》柯韻有「宿」字。　「半」語音讀官、歡韻，

《妙悟》失載。「倚」字語音轉讀花、柯韻，《妙悟》失載。

按：「宿」南管音suah4，此爲特殊潮州音，如<繡成孤鸞>：「又繡一叢綠竹，須待許鳳凰飛來宿。」《泉志》：「倚(ua2)，依靠。」倚，文讀i2，白讀ua2，南管<年久月深>：「伊耽誤我一身無依倚。」音i2；<魚沈雁杳>：「冤家去遠，枉阮睹物思人，引惹倚門空瞵。」音ua2。《妙悟》：「乾(kuaN1)，（土）解。」「乾」的白讀音kuaN1，凡物經日光晒成硬塊叫kuaN1。此曲皆白讀音，押潮音官uaN、柯ua韻，泉音亦可通讀，押歡uaN、花ua韻，但須借一潮州音「宿」。

5 出：半看活安

按：皆讀白讀，安音uaN1，《潮語》《妙悟》俱載，地名「同安」音tang5 uaN1，今臺灣已漸失傳。

15出：何大肝寬大

韻字篇：

《妙悟》漏收「肝」語音。

「大」《兩音》收tai7 ta7 tua7 thai3，《妙悟》失載語音。

「何」據上下韻腳，知須讀柯、花韻。韻書失載，俗語中亦音字脫節，但可從「無奈何」「無乜何」音韻音證取。（「非同小可」，俗曰「不是小可」—可字讀ua韻。族姓之柯字，亦讀ua韻）

按：《泉志》：「無奈何bo5 ta7 ua5：無可奈何。」南管之例：

　　<繡成孤鸞>：親像阮對著許丁古賊林大，無好緣分，切人只心
　　　　內無奈何。（本書原文爲「親像我對著許丁古林大，無好頭
　　　　對，實無奈何。」）

　　<嬌養深閨>：阮弓鞋來踏倒拖，腳又痛，阮腹又飢。千金到只
　　　　，阮但得無奈何。

民間語如：「克虧我囝無奈何。」（<周成過臺灣>）（註一）

《妙悟》刀韻：「ho5，奈何。」大槪nai7 ho5/hɔ 5與ta7 ua5 二

種說法同時存在。今日民間已說成無nai7 ho5。

全書「何」字當韻腳皆音ua5。而「如何」之「何」，泉音hɔ5。

「何卜」之「何」，南管唱音hua5，如：

<我為你>：何卜輕身下賤，只處受恁娘嬭輕棄。

<遙望情君>：早知冥日有只相思悶，何卜共君鸞友鳳交。

<君去有拙時>：當初何卜勸君求一科名題字。

19出：膽破飽化我寬殺

　按：原文「看你一場乜合殺。」吳氏校勘：「荔枝記73葉下作『合宿』。」《妙悟》花韻：「煞(suah4)，止也。」《潮語》柯韻「宿殺煞」（皆音suah4）三字皆收。結束、收場叫「煞」，今臺灣猶流行此語。「乜合殺」，如何收場也。膽白讀音taN2，飽白讀音pa2，本曲以主要元音 a相同叶韻。

26出：線掛線般單(uaN)　　[內調]颰安伴單(uaN)

　韻字篇：

　「颰」字下文韻腳多歡韻字，因疑應讀花韻，全音與「簸」同讀pua5（潮安）。《潮語》邊柯切陰去聲欄內載「播、簸」二字。私疑本曲「北風颰」之「颰」，音與義均與上引二字有所關連。查《妙悟》「颰、簸」二字同收在高韻邊紐，又同音。而「簸」字語音轉讀花韻—可資佐證。

　按：「颰」字必須押韻，本曲原文[內調]：

　　一更鼓打北風颰。裡打燈另打燈打丁，

　　娘仔思君心居安。裡打燈另打燈、裡打丁打丁，

　　值時共君成火伴。裡打丁另打丁、裡打丁打丁，

　　即便得被燒枕不單。裡打丁另打丁、裡打丁打丁，裡打丁打丁。

　《妙悟》「颰：風台也。」「颰」是俗字，借其字音pua6。

26出：丹宿伴大何

　韻字篇：

旦唱，潮州韻腳較爲整齊。「丹」用在旦角唱詞中，潮州讀官韻。

按：本曲[望吾鄉]<繡成孤鸞>，爲南管常唱之曲，曲詞幾乎全同。今唱者皆唱「丹」爲tan1。然本曲韻腳皆爲ua、uaN、uah，《潮語》丹在官韻，故「丹」應音tuaN1 。南管雖以泉州爲正音，其中仍保留特殊潮州音，如本曲的「宿」(suah4)和「呾」(taN3) 。「丹」字之tuaN1音卻沒有保留下來。

26出：散刈我安焄花

按：「焄」爲閩南方言字，《妙悟》：「焄(tshua3)，相焄。」《潮語》亦收此字，但標陽去聲。潮音八聲分明，泉音則陰陽去不分，黃謙寫作《妙悟》，可能已分不清陰陽去，但又執著於八聲的格式，把二調強切割爲二，分填入陰陽去二欄內（註二）。根據潮州音及今音，焄應是陽去聲。

割，原文大多作刈，只有15、25出二處作「割」。《說文》：「刈，芟草也。」《唐韻》魚肺切，音gue7。《說文》：「割，剝也。」《爾雅·釋詁》「割，裂也。」疏：「謂以刀裂之也。」《唐韻》古達切，白讀音kuah4。刈爲借義字，用刈之義而讀割(kuah4)之音。《妙悟》花韻收「割」字，注明「（土）解」。《潮語》柯韻亦收「割」字。

46出：滿散活外伴孝刈花我大掛看倚花

韻字篇：

旦占接唱。「外」潮語無此字，可讀柯韻。《兩音》收柯、乖二韻之音。原文「相叫孝」孝字必須參加韻腳，但韻音不叶、字義不詳。原句「相叫孝」在原本27葉上欄尚有同一用法。

按：孝的白讀音ha3，《泉志》：「孝(ha3)，帶孝。」此詞今口語常用。19出「飽」(pa2)「膽」(taN2)，26出「膽」，與收ua、uaN等字押韻，故本曲「孝」音ha3 ，可與其他字叶韻。孝本義爲孝順，引伸爲對人好或照顧之意，原文「一無親二無火伴，伊怙誰早晚相

叫孝。」《新刻增補戲隊錦曲大全滿天春・一捻金點灯》：

　　謝恁爹媽門下相留，看阮恰是親生子兒。今來娘子又相叫孝，**俋**

　　敢推**辭**。（註三）

「相叫孝」有「相照顧」之意。此詞萬曆本《荔枝記》作「相叫喚

」。喚之文讀音huang3（潮）、huan3（泉），其白讀可讀huaN3。

山攝合口一等字的文白對應有uan→uaN之例，如般盤瞞端官寬歡伴

滿款綣役碗半判幔段緞換喚等字。

　　原文「一腹恨氣值時會花。」花同化，化的文音有hua3、hua1二音

。《普閩辭典》p329：「化hua1：（火或光）熄滅，火化去。」「

恨氣花（化）」，謂心頭恨氣熄滅。

46出：　寒紙幔我

　　按：《潮語》官韻收幔字，《妙悟》未收，但有同从曼之「鰻」字。

(二)韻部分析

　　本韻主要收ua韻，鼻化韻uaN與喉塞韻尾uah並不影響其嘴形，故可

同押；　a韻與ua韻收尾韻相同，故亦可同押：由此可看出閩南語押韻的

靈活性。

附註

一：《台灣鄉土民謠　勸世歌》中華廣播製作社，呂柳仙唱。

二：洪惟仁《彙音妙悟與古代泉州音》p32，國立中央圖書館臺灣分館，

　　1996。

三：錄自龍彼得輯《明刊閩南戲曲絃管選本三種》，原本為1604年版。南

　　天書局。

二五、(泉)嗟京嘉韻
(潮)佳京膠韻——ia、iaN、a

	出	ia	iaN		iah	a(N)
泉唱	2	爹	城 程　痛情慶嶺	聽		
潮唱	5		聲　情　兄	聽		
潮唱	13		鳴　定行仔慶錠	廳		
潮唱	14		成　定行　影營			
潮唱	15		成　定痛情影聖命			
泉唱	16		驚　程			
	16		驚城　行　　聽			
泉唱	16		城　程痛　聖嶺			
泉唱	19		城倩　　鏡			
	19		驚成　　情　聖			
潮唱	22		成正　定　　命	額		

潮唱	24		聲　行情影　聽		
泉唱	24	麝	行情影	拆	
泉唱	24		聲定行情　兄　聽		
泉唱	25		成正　痛　鏡命	拆	
泉唱	25	爹	驚聲　痛情		
泉潮	26	爹	驚　定痛行情　鏡命		
潮唱	28		成　聲　行情　命聽 驚惶定　　影鏡		
潮唱	29		驚成　定行情　命		
潮唱	29		明聲痛行情影　命聽		
潮唱	30		明　　情仔　聽		
潮唱	32		名　行　　聽		
潮唱	33		驚　　行情		
泉唱	33	捨	城正程整　影　嶺	力(掠)	

潮唱	37	爹靴				勞
潮唱	38		名京平			
泉潮	39		行情　兄　聽			
潮唱	40		情　兄　聽			
泉唱	45		驚　聲　　　兄			
內唱	48	斜	整正痛		宿	
泉唱	49	遮	驚城聲行影仔嶺命痛		食歇	(仔)
泉唱	54		城明聲　　　鏡迎		力(掠)	
唱	54	車	城　聲平行痛　兄迎		驛	

(一)各組押韻情形：

2　出：　程聽慶痛嶺情慶爹城

　　韻字篇：

　　　慶字語音讀京韻者，今在吾台只傳在南管樂部唱詞中。潮屬不用京
　　　韻音。潮屬「五經」之經字讀京韻，慶字文音讀經韻，所以其語音
　　　可能曾經讀京韻。

　　按：南管唱詞如<幸逢太平年>：「處處人盡慶賞元宵。」慶音khiaN3
　　　。<嶺路欹斜>「聲聽影慶情疼程行」押韻，韻腳爲iaN。

除爹tia1字外，其他皆有鼻化韻。韻腳皆ia。

13出：廳行定仔錠慶[響]鳴定

韻字篇：

此爲潮腔，須用潮州音韻讀。「響」據潮州「向」字語音轉讀京韻推之，此字可能亦曾讀京韻。《指譜》之羅馬字注音作hiuN2 。因未得適當讀音，且留作逗字。「鳴」亦爲可轉讀京韻之經、卿韻字。鳴、響二字，必須有一字參加韻腳，否則與下文「緣」字，連續有三逗。

按：梗攝開口三等字的文白對應有ing→iaN之例，如平（平仄）明（見下29出）京驚迎丙影命鏡慶碧隙(khiah4)名精情程（姓氏）鳴正聲成城贏餅領嶺請整倩聖壁關跡隻赤射益易等字。故鳴可音biaN5。南管<聽見杜鵑>「聲行鏡遮鳴廳命情行」叶韻。原文「鑼鼓聲響，哨角又鳴。障好姻緣，都是前世注定。」「響」在單句末字，宜列爲逗字。

14出：定成營(贏)行聲定

按：原文作「死虔婆，你口說卜營。」營是借音字，本字是「贏」。

24出：麝拆/香人/影行影

韻字篇：

生旦占接唱。「麝」《妙悟》漏收此音，吾臺讀sia7。「香」用在生角唱詞中。《妙悟》不著錄香字之京韻音。可是在本曲中須讀京韻。吾臺謂強烈之香味曰hiaN1 是也。《雅俗通》作「馨」。17 [駿]之「香」字押江韻，26[銷]曲有押ang 韻尾用例。

按：此曲最好作夾韻處理，原文：

園內花開香蘭麝。想我在只牆外，礙手惡去拆。

一陣風送一陣香。著許花香來刈吊人。　——香人押ang 韻

不見花形影。我強企起來，在只月下行。

待許賞花人聽見，即知阮貪花人有心情。

霽拆影行情押ia、iaN韻，中間夾ang 韻。

25出：痛鏡正命拆成

韻字篇：

「痛」：1 讀東、公韻(文音) 2讀京韻(語音，妙悟作「疼」) 3讀
江韻（語音）。

按：《妙悟》京韻：「痛(thiaN7)，腹痛。疼同。」《潮語》京韻：
「痛（thiaN7），病痛。」

拆：3 出「拆一枝，挽一枝，插入金瓶。」拆音tiah4 ，《潮語》
佳韻地紐：「摘tiah4 ，以手取之曰摘，摘花。」拆、摘音近通用
，本字應是摘。本曲原文「得病做俩解拆」，「拆」是拆散的「拆
」，音thiah4。《潮語》佳韻他紐：「折(thiah4)，折散、折夥。
」字應作拆。《妙悟》嗟韻他紐亦有「折」，亦應作「拆」。

28出：成聲行情命聽驚惶定影鏡

韻字篇：

潮腔，且占生接唱，八換韻。「惶」押在京韻間，原句「驚惶」，
用在旦角唱詞中，可是今潮屬不讀京韻。查《甘典》所載，則於「
驚惶」讀京韻，筆者亦同。

按：「驚惶」，惶音hiaN5，泉音亦如此，不只漳音。

29出：行情定驚命成(iaN)/眠(ing)

韻字篇：

旦唱。行字至成字，若讀潮、泉語音京韻，曲末之「眠」字即成孤
立，不得納入韻腳。29出曲末三韻腳，亦與此眠字情形相同。

按：此韻若押文讀音ing韻，眠字可叶韻。 但通觀全書唱曲讀音，此
韻非讀白讀音不可，則「眠」字難叶韻。詳見下文。

29出：聲聽影聲明情聽情命痛行(iaN)/眠宮親(ing)

韻字篇：

占旦接唱。「明」原文「分明」，今潮屬不讀京韻。本曲若應用潮
、泉語音，則眠、宮、親三字不叶韻，此三字今潮安音全讀ing 韻
。

按：南管「分明」皆唱hun1 biaN5。如套曲<請月姑>「說分明」。
「眠宮親」在本曲之最後三個韻字，可押另一韻—ing。「眠親」
見十三、ing韻；宮的白讀是king1，在《潮語》經韻。本出二曲連
接，上曲[大河蟹]末句「你因乜障貪眠。」緊接下曲[勝葫蘆]

你因乜不肯說分明。簡知啞娘你是爲人情。....
說起前日心都痛。益春，邀你輕步跐腳行。
一段對話後，再唱：
三哥因乜障貪眠。姮娥偷出廣寒宮。今冥在恁成就只姻親。
「眠宮親」自爲韻，而與上曲[大河蟹]的末句「你因乜障貪眠」
構成遙韻。「明情痛行」亦與上曲韻腳字遙韻。

33出：城程整正影嶺捨力(掠)

韻字篇：

「力」爲掠字之俗寫，而是「扐」字之簡體。（扐字見《妙悟》卿
韻柳紐陰入聲。）

按：《潮語》佳韻、《妙悟》嗟韻具有「掠」字：「掠(liah8)，擒
而獲之曰掠，掠人。」《妙悟》：「掠(liah8)，(土)解，掠人。
」卿韻柳紐陰入無「扐」字，「力」亦非「扐」字之簡體。
「力」爲掠字之俗寫，「力」之文讀lik8、今泉音liak8 ，塞音韻
尾弱化爲喉塞韻尾，即liak8→liah8。《荔鏡記》全書「掠人」（
43出「誤掠無放」「掠來去」）「掠只」（3 出「掠只寒衣」，掠
，拿也）之「掠」，皆作「力」。

37出：爹勞靴

韻字篇：

「勞」字須參加韻腳，今音、義難明。臺諺曰：「日時走拋拋，暝

時點燈勞。」勞字一讀la5、一讀ba5。音可解，義仍不解。

吳氏《綜合臺灣閩南語基本字典初稿》上冊p457：

　　膋、朥、膋，語音la5(文音liau5)，例：豬膋、板膋油。

按：說文：「膋，牛腸脂也。詩曰：『取其血膋。』膋，膋或从勞省聲。」省聲謂所从之字省其形體，而與所从之字之聲音有關。故膋、膋與勞之聲有關連。《泉志》：「膋la5，脂肪。點燈膋＝點油燈。」《泉志》又有「撈」音la5。撈从勞，可知「勞」有la5音，「暝時點燈勞」之「勞」，本字應作「膋」。勞在效攝開口一等，效攝開口一二等字之文白對應有au→a 之例，如早交膠敎飽炒鉸絞巧咬鬧罩敲孝等。

48出：整正痛[靜]宿斜

韻字篇：

　　「整」字至「斜」字押佳、京韻。

　　「宿」《潮語》破讀柯、佳二韻，一文一語。此處可應用佳韻。「靜」韻讀表上所見，不叶京韻，但必須是韻腳之一。

按：原文「二更三點鐘嗎(碼)，繡出牡丹，無心去整。且力針線收拾去宿。看見孤床枕不端正。仔細思量，腸肝寸痛。更深寂靜，月落西斜。」本曲押潮佳韻，靜字可不必押韻。

49韻腳：行聲[散]影遮嶺驚痛仔城食歇命

韻字篇：

　　生唱，原題「潮腔」。潮州韻較爲整齊。「散」留作逗字，視爲官韻叶京韻亦可。「歇」讀潮州音纔得叶京韻。

按：《潮語》佳韻收「歇宿」二字。《兩音》歇音hiah4。

　　本曲爲泉州人唱，最好押泉韻。原文最後幾句：

　　　　{嗏}那爲五娘仔乞人屈斷，配送崖州城。

　　　　腹飢飯又袂食。無處通可歇。

　　　　怨切身命。怨切身命。目滓流落，無時休歇。

泉音「歇」音hioh4、落音loh8，中間夾「命」biaN7，可視爲交錯韻。「散」字可視爲逗字，亦可爲韻字。如唱泉音，則「仔」應音kaN2，仍叶韻。

54出：城聲鏡明力(掠)迎

　韻字篇：

　　生旦末（陳家僕人）唱，可循泉州韻讀。「迎」字今潮屬不讀京韻。

　　按：《妙悟》：「迎(giaN5)，接也。相迎。」今臺語口語常說，如「迎鬧熱」、迎接之白讀爲giaN5 tsih4。

54出：驛車迎聲城痛兄行平

　韻字篇：無角色標記，通押佳、嗟、京韻。

(二)韻部分析

　　本韻主要收鼻化韻iaN韻，與少數喉塞韻尾iah、元音ia同押。由此可看出閩南語押韻中鼻化韻的普遍使用。

二六、（泉）嘉弎嗟京花歡韻

（潮）膠柑佳京柯官韻——a　aN　ia　iaN　ua　uaN

	出	ia	iaN	iah	ua	uaN	uah	a	aN
潮唱	6		成整正			看	活		
潮唱	13		定廳			看晏般			
潮唱	14		名命		何大我磨	觀歡爛			
泉唱	17		成城整行		帶	看			
潮唱	19		影整 情鏡廳						淡
泉唱	19		驚成情(成)聖	破					
泉潮	19		明定 (面)	破耍					
潮唱	21		(仔)聲行 鏡廳						仔三膽
泉潮	21	斜	行情鏡廳						仔
泉唱	22		驚聲 廳			般			呾
合唱	22		營			看 般	潑	差	敢呾膽
潮唱	26		城名 行 仔		我				膽
潮唱	33	捨	名		何大紙我磨				
泉潮	46		城程聲行情領廳		我				
泉唱	47		平聲 鏡			滿			
潮唱	50		兄程聲行影仔嶺痛			看伴			

(一)各組押韻情形：

　6 出：成整活正/致拼(棄)/看

　　韻字篇：

　　　「整」在本書中常出現於京韻間，雅俗通、甘典皆收aN韻音，可知
　　　《妙悟》確漏收語音。「拼」《兩音》有phoiN7音，與「看」字之
　　　潮州俗音thoi2叶韻。

　　　按：吳氏校勘謂拼應作拼。此字應讀棄khi3之音，與上句「致」字叶
　　　　　韻，看讀khuaN3 ，不讀thoi2（應作thoiN2）；全書「看」「睇」
　　　　　（本書寫作「体」）並行，「睇」才讀爲thoiN2。《兩音》之拼
　　　　　phoiN7不能用於此處。「眞正是好景致，實是惡棄。恁今相隨，再
　　　　　來去看。」「惡棄」是「難以拋棄」之意。本韻押泉音亦可。

　13出：定廳晏看般

　　　按：《潮語》官韻：「晏(uaN3)，日上已三竿，乃云時晏、日晏。」
　　　　　《妙悟》亦載此字。此字來源甚古，《玉篇》：「晏，晚也。」西
　　　　　漢《儀禮・士相見禮》：「問日之早晏。」「早晏」是「早晚」的
　　　　　意思。

　14出：命歡何大觀磨名大我爛

　　　韻字篇：

　　　　「觀」讀語音，妙悟收在歡韻求紐陽去聲。「爛」妙悟漏收語音。

　19出：影整情鏡聽掞

　　　吳氏釋「掞」：

　　　1 擲、丟。音taN6(35)。《潮語》柑韻地紐下上聲有「淡」「擲」
　　　　　同音。

　　　2 錯。柑韻地紐下去聲有「𤲣」：凡事作不著曰𤲣，又物之換𤲣。
　　　　　𤲣」音taN7(11)。惟上文韻腳皆爲京韻。

　　　「掞落」的「掞」和「認掞」的「掞」，同字異義。臺語裡「算錯

」「聽錯」的「錯」有時說成taN7者，原來就是這潮州系的閩南語。（註一）

按：《妙悟》未收此字。《泉志》：「說誕(taN3)：說錯。」談音taN3，台語此音猶有此義，原文「人有相似，恐畏認談。」

19出：明定面定破耍

韻字篇：

生占外接唱。「耍」潮、泉讀書音用柯、花韻，語音用扛、毛韻。「明」原文「分明」。明字今讀經、卿韻，據韻腳音，可知舊日語音確讀京韻。「面」夾在京韻間，古時或有京韻音，今則無從證取。此處押在益春唱詞中，可以潮屬圄(ing)韻叶經韻；但上下韻腳多可轉讀語音，故仍留爲逗字。

按：《妙悟》花韻：「耍(sua2)，戲耍。」《潮語》未收「耍」字。耍字應是借用官話。「耍破」爲益春（潮州人）唱。

21出：聲行仔鏡聽三膽

按：「三膽」屬潮音柑韻、泉音弍韻，與其他字韻腳收 a。「仔」屬《潮語》京韻，音kiaN2。

21出：聽仔鏡行情聽斜

按：「聽仔鏡行情」爲生（泉州人）唱，泉音「仔」音kaN2。南管唱泉音，陳三五娘故事中，雖是五娘唱，仔亦唱kaN2。故上曲「聲行仔鏡聽三膽」中的「仔」，雖是潮州人唱，仍應唱kaN2。

22出：廳驚呫般聲

韻字篇：

生唱。曲詞中有潮州方言「呫」字，爲潮汕方言之俗字。《妙悟》未收。本書中咀、呫二形互用。《雅俗通》用「說」字讀taN3（卷六p6）之陰去聲。泉南樂部行家曰：「陳三戲，旦角謂講曰『呫』，生角曰『說』。」

吳守禮<閩南方言的「咀」字及其周邊>：

「呫同咀，《潮語》《兩音》皆未收「呫」字。「呫」从「店」，「咀」「擔」同音，疑擔、店曾經混用。《妙悟》未收「咀、呫」等字。《雅俗通十五音》酵韻地紐收載「說」字，注曰「說話」，因知漳州以ta3 音讀「說」字。（註二）

按：潮州人「說」曰taN3，字或作「咀」、或作「呫」，《荔鏡記》全書二字重複出現。

廣韻談韻，上古的文白對應是：am→aN、iN、iaN。談文音tam5，語音taN5（註三）。潮音「咀」音taN3，與「談」的語音應有關聯。

22出：膽看呫般敢乂(差)營潑

韻字篇：

旦生占淨接唱。旦生二角分別用「呫」與「說」，合於潮、泉本色。「乂」原文是「認來又畏乂」，這乂字確是韻腳之一。沈君云：「乂、乂形近，乂、差音同。應作差。」「差」「捘」義同。

按：萬曆本《荔枝記》亦作「認來又畏乂」。「乂」是俗寫表音字，《潮語》：「差(tsha1)，差錯、悮(誤)。」正字是「差」。與他字叶韻──主要元音都是 a。

28出：成聲行情命聽驚惶定影鏡

韻字篇：

潮腔，旦占生接唱，八換韻。「惶」押在京韻間，原句「驚惶」，用在旦角唱詞中，可是今潮屬不讀京韻。查《甘典》所載，則於「驚惶」讀京韻，筆者亦同。

按：「驚惶」，惶音hiaN5，泉音亦如此，不只漳音。

33出：阮(我)磨捨名何紙大

韻字篇：

「阮」須讀花韻（複指代詞當單指用）才得納入韻腳。

按：吳氏校勘將「爲阮」改爲「爲我」。南管唱詞，阮、我常常相混

，或「阮」唱做「我」音，或「我」唱做「阮」音。阮音guan2 ，
我音gua2。

46出：程城領聽情程聲[我]行領行

韻字篇：

生旦丑接唱。「領」《潮語》柳京切，舉「首領」爲例，音義正適
合本曲原文。「我」用在京韻腳間：1 可以a 韻尾叶音；2 若下文
「做緊行」三字併入曲文，則此「我」字可留作逗字。

47出：聲鏡[滿]平

韻字篇：

外（陳伯延）唱。「滿」語音讀歡韻，可以a 韻尾叶音。此處用在
絕句形式之第三句，可留作逗。

(二)韻部分析

本韻字凡韻尾收 a音字皆可通押，亦不論鼻化韻或喉塞韻尾，是閩
南語寬韻的運用。由於韻寬，潮、泉都可唱。

附註

一：吳守禮<釋「掞」>，大陸雜誌16卷 4期。

二：吳守禮<閩南方言的「呾」字及其周邊>，大陸雜誌18卷 7期。

三：參考楊秀芳《閩南語文白系統的研究》p87。

二七、（泉）開　（潮）皆韻 —ai

		ai
泉唱	4 出	牌事知
潮唱	6 出	泰綵咳知來萊排愛
潮唱	7 出	知來
泉唱	17出	西來來海內愛懷
泉唱	19出	西知來
泉唱	21出	臺海知采事使知
潮白	22出	來眉知
泉唱	25出	臺來內知
潮唱	30出	排眉事
合唱	39出	知來篩知
潮唱	41出	西事喈丐采(睬)

下場詩

	出	ai
合唱	7	排　來萊
合唱	9	才諧　臺
潮唱	17	西　來臺
潮泉	29	開栽來
合唱	35	才知
潮唱	41	哀眉知
潮泉	54	排知來

(一)各組押韻情形：

　4 出：牌事知

　　韻字篇：讀泉州韻音比較整齊。閩南系之「事」字，於語音轉讀ai韻，但《妙悟》《雅俗通》皆失載。潮州音文與語皆用居韻。

　　吳守禮<事情本字考>(註一)：

　　　事有su7、tai7二音，tai7非訓讀，乃轉讀，直承古音，章太炎《新方言》卷二：

　　　大雅「上天之載」傳：「載，事也。」詩、書皆以「載」爲「事

」。事、載本一聲之轉。今福州猶謂「事」為「載」，讀如「戴

」。古音「載」本如「戴」也。詩「載弁」即「戴弁」。

就聲韻來說，「事」「寺」二字，中古音皆讀「志」韻齒音。而从

寺的字—侍、時、峙三字讀志韻，「等」字則轉讀海韻（待字今亦

讀ai韻）；寺、侍、時讀齒音，等峙則轉讀舌音。就閩南音來說，

這正表示「寺」的紐音可t 可s ，韻音轉i 轉ai。由此可以推知「

事」字的su,sai,tai,lai等音（據廈門音新字典），互相立在轉讀

的關係，亦即是同出一源。事的讀書音是su7，白話音是tai7、

tsi3，事讀tsi3，因事的中古音屬床紐，床紐字轉讀閩南語「曾」

「出」二紐的比例大約參半，tsi3音也相當於「事」的日譯吳音。

故「事志」的本字是「事事」，如「接接」tsih4 tsiap4之例。

按：本書「事志」多見，只有26出作「大志」：「娘仔，今冥大志不

通相耽誤。」萬曆本《荔枝記》二詞並見，如：

1 出：家後事志，穩心莫疑。

9 出：今旦好日子，亦是好大志。

39出：刑罰障生，只一大志通怨誰人。

46出：浩（後）生人誰無私情代志。

大，文讀音tai7，可知事音tai7無疑。

附註

一：吳守禮<事情(tai7 tsi3)本字考>，臺北文物6 卷4 期

二八、（泉）開、熊　（潮）皆、肩 —ai　aiN

	出	ai	aiN
泉唱	19	萊　臺　　知	前
泉唱	21	埃　愛彩　在知	前畔
泉唱	22	事來　使攋　知	前
合唱	34	牌西隘海　　知	前
合唱	46	來　海攋哀	佃(冇)

(一)各組押韻情形：

　21出：埃畔愛彩前在知(ai　aiN)　機婢棄邊脂時棄(i　iN)

　　　(意)臺海知采事使知(ai)　潮腔，生唱。

　韻字篇：

　　本曲潮州韻腳成皆、肩(aiN)韻，今爲揭陽、潮陽音。泉州韻目形
　　成開、熊韻，雖可認爲押i韻尾，若熊韻改讀同安系之aiN韻，則
　　成正押。「畔」《妙悟》之關、熊二韻皆有畔字，此字實爲決定熊
　　韻韻音之關鍵。此處上下文多開韻腳，今祇可應用同安音。「意」
　　可認爲上文韻腳之延長。

　按：《潮語》肩韻：「畔(paiN5/poiN5)，半也，一物分二曰對半。
　　」林倫倫《潮汕方言與文化研究》p160：

　　　坌(poiN5)，塊形物體或空間的一半。《集韻》平聲删韻：「坌

步還切，片也。刪韻字潮汕話白讀有作[oiN]者，如「還(債)、
斑」等字。原文「好花掛二畔。」「二畔」，泉音、今臺語讀
lng7 ping5，字作「二爿」。

「臺海」韻的上面是押「機婢棄邊邊脂時棄」韻(i iN)，故「『意
』可認爲上文韻腳之延長」，命之曰樺韻。

22出：事來知使擡知前

　韻字篇：

　　生唱，循泉州音韻讀，「前」字借同安音。「擡」原文「磨擡」。
擡，擊也。（據《妙悟》字解）

　　按：《妙悟》開韻：「擡(tai5)，擡舉。」「抬(thai5)，擊也。」
台爲臺之簡體，抬擡實同一字。《妙悟》「抬，擊也。」，若非字
誤，即應補一「刣」字。《潮語》皆韻他紐：「抬，舉也。」「刣
，人持而刣，刣人、刣畜也。」二字皆音thai5。《荔鏡記》原文
作「受盡人磨擡」，意謂被人折磨凌割，依閩南方音，音thai5，
字應作刣。光緒本《荔枝記》亦作「受盡人磨刣」（伯卿掃厝）「
只處受磨刣」(刺繡孤鸞)。明刊本《新刻增補戲隊錦曲大全滿天春
》(1604年出版)14頁上< 七犯子 >：

　　　　因爲著冤家一去，只處受盡磨刣。（註）

34出：(生)西知　(旦)海隘牌前

　韻字篇：

　　「隘」《兩音》只收ai3 一音，（潮安亦同）。「前」字讀tsaiN5
（潮音第五聲）與今泉州之tsuiN5、澄海之tsoiN 不一致：卻與揭
陽、潮陽語音叶韻。此段爲旦角唱詞，潮州韻目雖不整齊，猶合於
「唱潮州戲多用揭陽、潮安音」之傳說。

46出：海佃(「冇」)擡來哀

　韻字篇：

　　旦生接唱。「佃」，適用潮陽、揭陽音纔得叶韻。字應作「冇」。

潮語肩韻地紐陽去聲有「冇」字，字解曰「物之實曰冇。」（《妙悟》亦有「冇」字。但須讀同安的aiN 韻。）

按：《潮語》肩韻地紐陽去聲：「有：物之實曰有。不實曰冇。」疑是誤寫，原文應作： 「冇：物之實曰有。不實曰冇。」柑韻：「不實曰冇空。」《潮州詞匯》：「怕pho3，不堅實。」《妙悟》「冇」在弍韻，音phaN7。「冇」音taiN7(toiN7)。《潮語》同韻紐陽上有「佃」字：「耕人之田曰佃。又門之下曰佃。」佃冇同音不同調，字應作冇，寫「佃」字爲音近借字.。本曲原文：

阮人情深都如海，膠漆不如阮堅佃。

此爲潮人唱，應讀潮州音taiN。

(二)韻部分析：

本韻部收泉音開ai韻、雙aiN韻（讀同安音），潮音皆ai韻、肩aiN、oiN韻。

附註：收於龍彼得輯《明刊閩南戲曲絃管選本三種》，南天書局。

二九、（潮）家、庚──e eN

9出：冥靜更冥年

按：潮州人唱，潮音本組字有二音：iN、eN。唱任何音皆可，但下曲[賞宮花]押 i、iN韻，唱iN音較一致。

48出：更冷債冥下(低)病[嗎]

韻字篇：

旦唱。本曲中有「家」韻腳（下、嗎）字不能轉讀泉州音者，必須讀潮州音。「冷」字泉屬不能轉讀青韻。「冥」字押在家、西韻間者，本書中惟此一例。《潮語》「夜」文庚切。「下」《潮語》家韻求紐陽上聲「下」字，解曰：「高下，低曰下，土音也。」又於

「低」字解曰：「全上，高低也」。異字同讀，又通用。《潮語》
未收「嗎」字，但馬字確收在家韻中。而「嗎」从「馬」發音。

按：原文：(內唱)

　　城樓鼓打初更。自君出去，眠房清冷。

　　是我前世欠君債。今旦收來孤過冥。

　　殘燈挑盡，且力羅帳放下。障般煩惱，切人成病。

　　二更三點鐘嗎，繡出牡丹，無心去整。

　　且力針線收拾去宿。看見孤床枕不端正。....

自「更」至「病」字，押家 ε 韻、庚eN韻，「嗎」字疑是誤寫，可
視爲逗字，不必列入家韻內。其後即押整、正等佳韻字。

梗攝開口二等字的文白對應有ing→eN 之例，如盲撐生更坑省哽硬
彭膨棚爭冷耕櫻等字。故冷字當時應有leN2之音。

韻部分析

　　依南戲以泉腔爲本色、以泉州方言爲正音來說，應該唱泉音、押泉
韻，大陸高甲戲《陳三五娘》即皆唱泉音，只有少數特殊潮州音——如
呾(taN3)、睇（今潮音thoiN2，今泉州音說成thuiN2，o 、u 只是後元
音高低略爲不同，當時可能同音）、宿(suah4)。故如8出「冥各棚靜更
市冥致淺池」，前面是潮州人唱，後面是泉州人接唱，韻例應一致——
都押《妙悟》青韻。

　　但在48出，不能押泉州青韻，同樣是「冥更」之字，在 8、9 出（
旦）唱biN5、kiN1，48出則唱beN5、keN1，。合理的解釋是：當時有一
字二讀的現象，冥可音biN5，亦可音beN5。今潮州韻書，「冥」皆音
beN5，但明朝當時大多音biN5，本書之例，如：9 出「冥年」叶韻、20
出「冥圓」叶韻，年圓皆在《潮語》天韻；5 出「冥自」叶韻（自爲借
義字，音ti7）、6出「冥起」叶韻、49出「冥司市」叶韻，起司市皆在
《潮語》枝韻。「冥」是本字，潮州字書皆作「夜」，《潮語》庚韻文

紐：「夜(beN5/biN5)：日夜、晝夜，夜則眠，日則作。」萬曆本《荔枝記》是純粹潮州方言劇本，beN5/biN5之音皆作「夜」，試比較二書用字：

《荔枝記》	《荔鏡記》
19出：無意點胭脂，夜日思量那好啼。	12出：冥日厭厭醉如痴。
6出：夜昏正月十五，天宮賜福。	27出：共伊斷約是冥昏。

（註一）

冥（夜）在庚韻，可讀biN音，可知庚韻某些字亦可讀-iN音，如更爭井靜生姓盲硬青星醒等。

　　梗攝三四等諸字，今泉州音白讀皆收前高元音iN，《荔鏡記》所呈現的明朝音亦然。潮州音部分字不讀高元音，而讀中元音eN、eh（註二）；但明朝當時的潮州音如何？就《荔鏡記》的韻例來看，只有48出的「冷債下(低)」（諸字皆在二等）收e 、eN，其餘如「冥（四等）、靜（三等）、更（二等）」等字今潮州音皆收eN韻，當時潮州音可讀iN、ih。

註：

一：二書用詞之比較，詳見施炳華<談荔鏡記與萬曆本荔枝記之潮州方言>，成大學報第五期，1997.6。

二：張光宇《閩客方言史稿》p209。

三十、(泉)基、(潮)枝——i

	出	i
泉唱	2	里己(紀)　伊悲　比
泉唱	21	枝　婢　　弟
潮詩	23	意　時　依
合唱	24	理意　婢啼　地
潮唱	25	意時詩
合白	26	記　期　〔枝〕(原文不明，酌補)
潮詩	27	枝　期　伊
泉詩	26	啼依　　　棲　(潮白)
潮唱	27	記時(辭)伊　弟兒
潮唱	28	起意時(辭)喜是置疑
潮唱	28	意義　志易地　兒
泉唱	55	里　　世喜　比

潮詩爲「潮人下場詩」。26出爲泉人作詩，潮人說白

(一)各組韻字分析

2 出：里里己(紀)〔去〕悲伊比

韻字篇：

「去」字多押在i (枝、基)韻間。《潮語》之居韻字，澄海音讀ɿ
韻，潮陽讀i 韻（據《兩音》緒言）；正如泉州之ɿ 韻字，漳州變
讀i 韻，《甘典》：去khu3（文）khi3（白）。

按：此爲泉唱，原文「仔兒卜去，焦我心悲。」「去」字可留作逗字
。

24出：理意地婢意啼

　韻字篇：

　　旦生接唱。「地」，《潮語》《兩音》只收ti7 一音。妙悟則收地
　　西切、他基切二音，而以後一音爲正。筆者讀與說多用te7 音，但
　　事物名稱則反映二系方音。如：「土地公」（神名）「掃地」，一
　　用基韻，一用西韻。董錄：「廈、泉ue韻，龍溪e 韻，揭陽i 韻。
　　」

　按：《妙悟》基韻未收「地」字。《泉志》地（ti3 ）爲讀音，如「
　　土地爺」。《潮語》枝韻「地」音ti7。「地」韻字屬旦（潮州人
　　）唱。

26出：依啼棲

　按：此爲生（泉州人）所作之詩，應押泉韻。《妙悟》基韻未收「棲
　　」字。然从「妻」之字有讀作tshiN1者，《泉志》：「淒(tshiN1)
　　慘」。南管< 無處棲止 >「止依冥時棄恥器璣企漓悽」叶韻，悽音
　　tshiN1。《妙悟》西韻與基韻往往有文白對應字，如：西韻「弟啼
　　締勢世謎」文讀字，其白讀收 i韻。故「棲」應有tshi1 之音。南
　　管套曲< 颯颯西風 >三出< 北風落雪時 >「時痺自味乜棲冥滴見」
　　叶韻。《潮語》枝韻「棲」音tshi1。

28出：起時(辭)[你]喜意置疑

　按：原文：「門開見是你，偷心歡喜。即知小妹有阮心意。」
　　「你」字可留爲逗字。

(二)韻部分析

　　本組韻字， i單獨押韻，屬獨韻。

三一、（泉）基、靑（潮）枝、天——i iN

	出	i	iN	ih
泉唱	2	兒二(膩)理義記里	姓見	
泉唱	5	致嬉宜思自　喜	天　佃　冥生	
潮唱	5	致嬉宜思自喜	天　佃　冥生	
潮唱	6	只移僻疑例	邊	
潮唱	6	時致只戲嬉	更年佃圓	
潮唱	6	二(膩)微起哩伊死	見冥淺	
潮唱	7	理伊例	纏	
潮唱	8	氣二致嬉	佃圓員	
潮泉	8	市致池	各棚靜更　冥淺	
潮唱	9		靜更年　冥	
泉唱	10	悲喜只里	天　各	接
潮唱	11	嗣侍枝	箭邊　天年　見	
泉唱	12	迷意例	邊　圓醒	
泉唱	12	致意里	(biNh)乜	
泉唱	12	理起意里二	見	
泉唱	12	弟理待(侍)二辭理悲	見	滴
潮唱	13	禮考(姊)　比	前緣	
潮唱	14	理伊欺己四宜理起死	天　病　現淺	
潮唱	14	義死兒記	性	舌
潮唱	14	義卓示崎(欹)世意	見	
潮唱	14	意死四機低	邊　性	乜
潮唱	14	遲例伊	硬	

唱	齣	文句			
潮唱	15	世理死議(誼)乜宜			乜
潮唱	15	四起離伊悲世理例記		緣見精	
潮唱	17	微氣味喜悲枝	扇		
潮唱	17	時枝喜時致記氣衣時	邊	緣見	乜蜜
泉唱	17	移衣字㤉市伊里利喜枝時	邊	佃	
泉唱	17	利微伊市	邊乾(垝)		
泉唱	17	伊意枝年記智		見	
泉唱	18	致枝喜庇		圓見	
泉唱	18	里(理)市枝伊意智依兒例	爭	圓	
潮唱	19	伊宜理		變　錢　生	乜
潮唱	19	米耳起死	箭	電　錢	乜
潮唱	20	起自脂是		平見纏	乜
潮唱	20	伊		年冥圓見纏	
潮唱	20	起是悲世離致　枝妭意庇枝		前　見生	
潮唱	21	機婢棄　脂時棄	邊		
泉唱	21	氣止枝起司		纏	
潮唱	22	脂啼	天鼻錢		
潮唱	22	是議例婢死起氣飼	性獮(染)		
潮唱	22	理起卑是刺兒婢欺帝飼		冥　見	乜遲
潮唱	24	理味悲意移	前		
泉唱	24	計只止倚起司		見纏	
合唱	24	是婢意辭機理		錢　纏	

唱	齣	曲文	字
潮唱		枝記婢兒理止氣	醒
潮唱	26	時脂冥	冥
潮唱	26	意戲	鼻乾(墝)圓員
潮唱	26	理機是意伊刺遲	見
潮唱	26	時記疕死起倚	淺
潮唱	28	里(理)至遲女婢	天
合唱	29	喜己(紀)比時	更　　　醒
潮唱	31	枝年	生
潮唱	31	時(辭)啼移	見
合唱	33	起世氏例期意司里(李)	錢　見圓
潮唱	33	時里意時	邊靜　纏
潮唱	36	備里疑志遲理起悲啼	鞭院　見
潮唱	36	疑	見 巳
潮唱	37	癡理司　禮兒	佃　鼻年緣見
合唱	39	喜	邊　錢
潮唱	41	起啼飢里	變　冥
潮唱	41	兒喜啼	邊　醒
神唱	42	旨遲比離	偏
合唱	44	起意知四遲死利(累)離	見
潮唱	45	理司氣伊 只「啼」遲	邊　年
合唱	45	起世　離遲啼俐離	鼻年
合唱	46	起志兒里	變　錢　見生
合唱	46	時喜義離　悲己(紀)自	鼻

唱	出	字				
潮唱	48	致枝只離自悲時起耳啼	邊遍	簾		醒
潮唱	48	意死志	邊			
潮唱	48	理裡來二(膩)已	箭邊			
潮唱	49	理里司市		邊	暝	
潮唱	49	市喜里		箭鞭	年	
潮唱	50	時		箭鞭		
泉唱	51	[貴]里吏伊				星
潮唱	51	是理兒		變		
泉唱	52	是擬遲字　是宜			見生	乜
潮唱	52	禮味遲			生	乜
潮唱	53	喜				圓
合唱	53	遲(治)微世義妻			圓	
		衣起議(誼)棄比		年		
合唱	55	比致微		天	圓	
合唱	55	起微欹隔世只字戲		天　錢	圓	

下場詩

12出：紀悲邊天——i iN

42出：伊司圓——i iN

(一)各組押韻情形：

2 出：兒二(膩)姓理義記[去]見里

　按：原文作「只去路上著細二。」「細二」應作「細膩」，二膩同音
　　li7 。「今旦相辭去，值日得相見？」爲泉州人唱，「去」留作逗
　　字。韻尾皆收 i ，「姓見」二字收鼻化韻 iN。

5 出：致嬉宜思自冥冥佃天喜冥

韻字篇：

　「思」，本曲及 25 出（白句）押在基、枝韻間。今廈門破讀珠、基
　二韻。

　「自」，本書中多押在枝、基韻間。獨自，《指譜》注音：ta1
　ti7 。汕頭、吾臺之一部分人用[ka1 ti7]，顯示「自」字訓讀 i 韻
　。「冥」《潮語》用「夜」字，文庚切；《妙悟》用「暝」字，文
　青切。《甘典》中，夜、冥二字之語音均讀[mi5] 而通用。「生」
　本書中多押在基、枝韻間《董錄》載：siN1（廈、泉）seN1（龍、
　揭）sng1（（廈）。可知廈門音較近於泉州。

　佃(tiN7，滿也)表音字。《潮語》、《雅俗通》作淀，注曰「盈滿
　」。佃字本屬軒韻，泉州軒韻字有於語音轉讀青韻者，本曲佃字押
　在基、青韻間，正合於此項變音條例。

　按：獨自，南管多唱 ta1 ti7。「自」文讀 tsɯ7，ti7 是訓讀。萬曆
　　本《荔枝記》作「交己」，如 5 出「日來交己食，冥來交己宿。」
　　交之白讀音 ka1 。本曲是潮州人唱，「生冥」皆屬《潮語》庚韻，
　　音 seN1、beN5（字作「夜」），當時應亦有 siN1、bi 之音，爲一字
　　二讀（依全書韻例，如欲求演唱時之韻腳一致，則《潮語》庚韻可
　　能有二讀，吳氏謂「據以上所見，今潮、泉之 e eN 韻字，似多可押
　　入 i (iN)韻間。」可證當時《潮語》庚韻字有兩讀的現象。詳下韻
　　部分析）；《妙悟》屬青韻，音 siN1、biN5（字作「暝」）。
　　林倫倫《新編潮州音字典》「思」音 siN1。
　　《泉志》：「tiN6 滇，滿。」許成章說：

tiN7 ，物多。充盛之狀曰tiN7 tiN7。相當於滇、闐。《漢書》
禮樂志：「泛泛滇滇，從如同游。」注：「應劭曰：滇滇，盛貌
也。」《廣雅》釋訓：「闐闐，盛也。」飽滿曰飽tiN7。（註一
）

軒韻字天、邊、篇、鞭、見、片、錢等字可轉讀青韻音iN，（見下
14出軒、青對應例字）《妙悟》地紐多從「眞」聲母，有「闐」（
盛也），無「滇」字，可補其字。「滇」應爲本字，「佃」爲方言
俗字。

6 出：只移邊避(僻)疑例

韻字篇：「例」字在本書中多出現於枝、基韻間。

按：原文作「逃僻」，吳氏校勘：

僻讀爲phiah4 ，雖今猶成義；疑是通作「辟」，即「避」(pi7)。
用「避」則入韻。避，文讀音pi7。例，《潮語》枝韻音li7，《妙
悟》、《泉志》未收此音。

6 出：時致只佃戲圓嬉更年

按：此爲潮州人唱，更，《潮語》庚韻音keN1，當時應亦有kiN1之音
，爲一字二讀。《妙悟》青韻音kiN1。

6 出：淺二(膩)微冥起哩見伊死

韻字篇：

淨(林大)唱，須用潮州音韻讀，但有二韻腳，必須借用泉州韻。「
淺」戲文中多押在枝、基韻間。此處原文「親淺」，《指譜》注音
作tshiN2。此音見《妙悟》青韻，但其字解不適用於本曲原文。此
字吾臺今不分文語，一律用出軒切之上聲。　「哩」字妙悟漏收。

按：《妙悟》作「淺布」，《泉志》作「淺紅」，俱音tshiN2。原文
「好諸娘是親淺。」「親淺」，親切而伶俐，用以稱贊女人。「親
淺」或作「親醒」，24出「我不謀伊親醒，肯受障般惡氣？」，南
管如：＜幸逢今旦＞：你著嫁親淺矼。

< 人生不趁青(春)期 >：親淺郎君。

< 早間起來 >：對著親醒好兒婿。　　< 更深寂靜 >：親醒姿娘。

《潮語》天韻未收淺醒二字。蔡俊明《潮州方言詞匯》P624：「tshiN2，淺藍。」

山攝開口三四等字的文白對應有ian→iN 之例，如鞭編篇偏綿錢鮮纏乾虔扇淺變箭裂舌折邊扁片麵薎天鐵年蓮(黃蓮)弦見硯現燕等字。諸字見於《妙悟》軒、青韻的對應：

	軒(ian)	青(iN)		軒(ian)	青(iN)
變	pian3	piN3	見	kian3	kiN3
蓮	lian5	liN5	纏	tian5	tiN5
年	lian5	liN5	篇	phian1	phiN1
邊	pian1	piN1	天	thian1	thiN1
扁	pian2	piN2	箭	tsian3	tsiN3
鮮	sian1	tshiN1	院	ian7	iN7
麵	bian1	biN7	燕	ian7	iN7

故淺字當時應有tshiN2音。淺冥不必借用泉州韻。

7 出：理[去]纏伊例

韻字篇：

「去」字須用潮陽音讀成i 韻。

按：原文「恁行開去，莫得來相纏。」「去」字可留為逗字，不必押韻。

8 出：冥[燈]吝棚靜更(iN)　　市冥致淺池(i iN)

韻字篇：

前段旦占丑（潮州人物）唱，應用潮州庚韻；後段「市」以下係生角（泉州人物）唱，應用泉音韻讀。如此則「冥」「燈」二字自不成問題。「燈、吝」二字本曲押在庚（潮）青（泉）韻間，8 [滴]

曲則在天（潮）靑（泉）韻間；疑須從泉州音求讀。

按：《潮語》庚韻eN有：棚、靜、更等字，冥、燈在經韻ing(ing)。

《潮州詞匯》p327有me5 hng1（夜昏），me5 字應作冥。《潮語》家韻：「夜(me5)，日入則爲夜，日夜、晝夜。」此爲借義字，其本字爲「冥」。《玉篇》：「冥，夜也。」《妙悟》靑韻作「暝」。本書 6、7 、16、27、29、48出皆有「冥昏」一詞。「燈」不管泉、潮，無收iN韻者。原文「正月十五冥。厝厝人點燈，是實可吝，三街六巷好燈棚。」如「燈」字視爲逗字，則全曲可押泉州靑韻。「吝」是「憐」的表音字（《妙悟》憐lin5、吝lin7），本書及南管皆押iN韻。戲曲表演重在聲音的表現、音韻的和諧。本曲雖是潮州、泉州人接唱，韻腳不宜隨潮、泉而不同，應一韻到底，故宜押泉州靑iN韻。

9 出：冥靜[厝]更更冥年

韻字篇：

淨（林大）唱，應循潮州韻讀。

「年」字今潮音卻無法轉讀庚韻。潮泉音今只讀i 韻。「厝」字在韻讀表上，出現於數種韻腳中，而以押在i 韻間者爲最多；可是單據現代方音，終不能納入韻腳。

按：原文「元宵景十五冥。燈今看了人什靜。移步還去厝，鼓打四更。」「厝」字視爲逗字，則可押泉韻。

11出：箭見邊嗣侍枝年天

韻字篇：「嗣」讀潮陽音可加入韻腳。

按：此爲潮州人唱。《妙悟》基韻「嗣」音si7。

12出：醒迷意邊例圓

韻字篇：循泉州音(i 韻)讀，則要留二逗字——迷、例。

按：泉州人唱。《妙悟》靑韻「醒」音tshiN2，爲白讀音，《潮語》音tsheN2。迷《妙悟》基韻「bi1，正音」，正音即官話音。《兩

音》音mi5。例字當時應有li7者，見上 6 出。

12出：致意里乜

按：乜，《妙悟》音mih4。作語末疑問詞，爲方言字。《潮語》枝韻
：「𪫺(bih4)者，不知之謂也。俗曰𪫺事、𪫺物。」天韻作「乜」
音biNh4。

12出：弟理待(侍)[去]二辭理去悲滴見

韻字篇：

泉州人唱，韻讀表上不盡一致。夾用廈門音則可一韻到底。原文「
奉待」若改爲「侍」則成下押。一俗一文。「辭」，本書中有二處
借「時」字爲其表音字。辭sɿ5（文音）、si5（語音）。

按：原文「爹媽老，怙你相奉待。」51出作「爹媽怙你奉侍。」南管
多作「奉侍」如：

   < 望明月 >：奉侍親幃。   < 聽伊言語 >：奉侍有半盞茶。

   < 自別歸來 >：阮幾遭親捧湯藥奉侍。

   < 小姐 >：今有誰人奉侍。

原文：

   (占)路上去，路上去，須著辨細二。(生)就拜辭。因世便起里。

   (合)今旦分開去。兄弟乜心悲。目淬滴。未得知值日再相見。

二「路上去，路上去」是首句重複，不必押韻；「今旦分開去」是
單句，也不必押韻。如讀泉韻，二「去」字可留作逗字。

13出：前禮考(妣)緣前排(比)

韻字篇：

潮州人唱，潮韻之成分較多。「前」潮屬揭陽讀aiN 韻，可叶下文
皆韻腳。（澄海、潮安讀oiN 韻）。本書中另有三處押在i 韻間，
參看19出。「禮」《兩音》收loi2、li2 二音。如不能轉讀ai韻，
亦可以i 韻尾叶音。「考」字必須加入韻腳，今卻無法證讀。疑應
作「妣」。「緣」潮泉音皆不能叶上下韻腳，15[五]17[大]37[四]

各曲皆押在i 韻間。查「圓九員圓緣」諸字，澄海音皆讀ien5，而前四字於語音轉讀iN，則緣字亦有同樣轉讀之可能，惟今無法證讀。

按：依吳說，本韻例的韻腳是ai。原文：[風入松]

燒香點燭神龕前。林厝今日送定禮，上告堂上高曾祖考。

降來姻緣，湊合五百年前，都是月老相推排。

「考」字必須入韻。吳氏疑「考應作妣」，實際上是「考」字之後漏一「妣」字；而且「推排」之後亦漏一「比」字。查萬曆本《荔枝記》10出，公（黃九郎）唱：

拜請堂上高祖曾顯考妣。女孫五娘收人聘禮：檳榔果盒、金花表禮。虔誠拜，虔誠拜，鑒納歡喜。姻緣合，姻緣合，永遠團圓。

婆白：

告稟祖公祖婆、浩生公浩生婆、列位考妣：....

上文「曾顯」二字中漏一「祖」字；「浩生」即「後生」。由上文可印證《荔鏡記》「考」後漏一「妣」字；並由韻腳可推想《荔鏡記》本曲是押i (iN)韻腳。（二書所用韻腳不一定相同，但可作比較參考。）再由南管唱詞印證，南管多做「排比」，如：

<幸遇良才>：論咱姻緣，都是月老推送排比註定，並無半點差移，不由排比。

<念月英>：只姻緣是天生，總不由人計較排比。

<有冤有仇>：命內八字皆障生，算來算去天排比。

<獨自怨嗟>：想起姻緣，都是月老推排比，不由人。

<小姐聽說>：事志須著由天，都亦不由人排比。

《荔鏡記》與南管「推排」、「排比」二詞並見。，推音tshui1，推排即催排，安排之意（註二）；排比，謂操辦、準備、安排（註三）荔書「推排」五見，「排比」一見，55出[排歌]：

祖宗富貴是無比。一家都團圓。算來都是天注定，一分無由人排比

。

如原文有「妶」字做韻腳，單獨一「妶」字則不成韻；那麼，其他字有無收 i或iN韻的的可能？

先看「緣」字。 查山攝合口三等字的文白對應有ian→iN之例，如圓員院緣等字，故緣可音iN5 。15出「緣」字與「四起離伊悲世理例記見精」等字叶韻（原文「成就姻緣，著再出世。」緣字亦可視為逗字），但17出「緣」字夾在「時枝喜時致記氣衣時邊緣見乜蜜」諸韻字中，本曲句句押韻，只有：

我邀君若卜有緣，不問千里終相見。

阮邀君若卜無緣，無緣對面拆二邊。

「緣」字當然可視為逗字，但如視為韻字，可能更好。37出「癡理司禮兒滿(佃)鼻年緣見」叶韻，「是我仔共你無緣，怨你呆痴。」緣字可叶韻，亦可列為逗字。

再看「前」字，它在山攝開口四等，此等內之字，轉讀為i 、iN之字更多，如邊扁片箋天鐵佃年蓮（黃蓮）捏見硯燕等字。20出「起是悲世離致枝姟意庇枝前見生」叶韻，除首句「告嫦娥」之「娥」不押韻外，只有：

元宵燈下見，一位郎君標致，又來樓前，拈落手帕荔枝。

「前」字看似不押，但在都是 i、iN韻腳字中，「前」字押韻可能更協律。其他出「前」字押於 i、iN韻中之例：

20「起是悲世離致枝姟意庇枝前見生」24出「前味悲理意移」叶韻。

故在眾多i、iN韻字中，夾一「前」字，當時此字可能音tsiN5 。

前字，無論收aiN（泉、同安音；潮、潮陽揭陽）uiN（今泉音）iN，皆可叶i 韻。

禮字，《兩音》收li2之音，本韻腳「禮」字皆潮人唱。《妙悟》

基韻無「禮」字，但有从豐之「澧醴」二字，可能當時泉音亦有li2之音。

故本曲應列入 i、iN韻。

14出：理現伊伊病淺伊欺天伊天己四宜[你]現理起死

韻字篇：

循潮州音韻讀，則須借用泉州韻腳二字。此曲泉州韻腳比較整齊。「現」字在本曲中出現兩次，必是韻腳，但今潮泉音皆不能納入韻腳。與「現」同音又同從見之「硯」字，語音轉讀iN韻。因推「現」字亦曾如此轉讀。

按：此為潮州人唱，全曲押 i韻，不必借用泉州韻腳。「病」，《潮語》庚韻音peN7，當時可能也有piN7之音，泉音piN7。「淺」字潮音有tshiN2音，見 6出。「硯」，《潮語》天韻音iN7 ，《妙悟》青韻音hiN7。

山攝開口四等之字，其文白對應有ian→iN 之例（參見 6出），故「現」應有hiN3音。「弦」字，今潮州音hiN5(《潮州詞匯》)。

「娶妻」之義，萬曆本《荔枝記》作悻、倖，如：10出「富如石崇，我不去爭，待伊早去別處倖。」 7出「我胡做世体灯，悻著一个與君，不免來去報阮阿姅知。」悻、倖音hing6，似無hiN3 音，是否當時潮、泉音不同，待考。

原文「誰人知你障狗詐，障好親情不中你，了無人敢現。」你(汝)在《潮語》居韻，吳氏雖錄今潮音有u、i （潮陽音） 韻，但當時應音 ɯ（或比 ɯ稍鬆）與泉音一致，較合戲劇音樂的表現，故「你」可列為逗字。

14出：性義舌死兒記

韻字篇：

循潮州音韻讀，須借用泉州韻腳一字。「性、姓」二字，泉州音同為卿韻，語音同轉讀青韻。查《妙悟》卿韻，「性」字收在陰去，

「姓」字收在陽去；而青韻中只有姓字，卻無性字。此當屬失載，吾臺泉州系人之口音可作印證。

按：《潮語》庚韻「性」音seN3或siN3。不必借用泉州韻。「性命」，鹿港人音siN3 biaN7。

14出：義卑示虔崎(欹)世見意

韻字篇：

「虔」今不讀iN韻，但可據軒韻青韻對轉條例及本曲韻腳證取。普寧讀庚韻。「世」戲文中多押在枝、基韻間，未見押家、西韻者。《妙悟》只收西韻一讀，實則西、基二韻，一文一語，各自爲用。

按：此爲潮州人唱，「世」，《潮語》枝韻「世(si3)，世情、在世、去世。」「虔」文讀：潮音khiang1、泉音khian5。

「虔」字詳上 6出。「嶢崎」之「崎」應作「欹」，二字同音khi1。

14出：硬遲例[嫁]伊

韻字篇：

「嫁」字今潮、泉均只有家(ε)西(e)一音，西、家韻字常有轉讀基、枝韻者，但此字轉讀 i韻之可能性殆無。

按：嫁字押在基、枝韻中有二例，一在本出，一在11出。11出在首句末字，可視爲逗字。本出原文：五娘之母唱：

賊婢仔你障性硬。

忤逆父母，合該凌遲。

不識人體例。

男無重婚，女無再嫁。

恁你口說出蓮花，也著嫁乞伊。

嫁字應入韻。硬、例有二讀：geN、le/ giN、li。本韻可視爲交錯韻：硬、例、嫁押家、西韻，遲、伊押基、枝韻；或「硬嫁」與「遲例伊」。

15出：見四起離伊精悲緣世理例記

韻字篇：循潮州音韻讀，須借泉州韻腳—精。

17出：乾(垰)邊利微伊市

　　韻字篇：

　　　　「乾」作「旁邊」解，妙悟用「嗎」字，注云「土解，不中也。」
　　　　《潮語》用「垰」字。

　　按：乾在當時應有kiN5音，詳見上 6出。今作垰。

17出：悲枝乜時蜜枝喜

　　按：吳氏謂「蜜」祇可留爲逗字。蜜，今音bit8，塞音韻尾無與陰聲
　　　　韻押之例。或許當時「蜜」音bih8。原文「荔枝清香甜如蜜，甜如
　　　　蜜」，應押韻。

18出：里(理)市枝伊意智依兒爭例圓

　　韻字篇：

　　　　生唱，循泉州音韻讀，須借潮州韻腳——「例」字。「爭」有庚青
　　　　二韻之音，均皆耳熟。

　　按：「例」字不必借潮韻。本書既皆押於 i、iN韻間，應有li7音一
　　　　讀。

19出：乜錢伊宜[生]理變

　　韻字篇：

　　　　「生」在本曲中可不加入韻腳。「變」《潮語》用「僾」字專讀「
　　　　變」字之語音——京韻。

　　按：此爲潮州人唱。《潮語》天韻：「僾(piN3)，有法力者。能僾、
　　　　僾形也。」《兩音》變音piN3。

19出：箭電乜米耳錢起死

　　韻字篇：

　　　　「電」原句「二目恰是相拿電」，音義未詳。電字確押在枝、基韻

間。《妙悟》之軒、基二韻皆有電字。基韻時紐電字注云「電媽」
。疑吾臺之sih4-na3。（閃、電光）明代寫「電媽」二字。

按：此爲潮州人唱。蔡俊明《潮州詞匯》p460：

　　sih4，(閃動、顫動)：燈sih4下了住過去。（燈閃了一下就熄滅
　　　。）

閃電即是閃了一下即消逝。古揭陽可能有以sih4音代表閃電者。

《妙悟》基韻：「耳(hi6)，土解。」青韻注明「耳(liN2)」屬文音

20出：起是悲世離生見致前枝見妸意庇枝

韻字篇：

旦占唱，循潮州音韻讀，則「生」(庚韻eN)須借讀泉州青韻。「前
」原句「樓前」，此字在本曲及24[夜]曲押在枝、基韻間，19[好]
、21[駐]及22[紅]則押在開韻間（肩、襲韻）。但總可以i 韻尾叶
音。「妸」爲姊(tsi2)之表音字，以「只」爲音符。《潮語》用妸
字卻讀作tse2。一文一語。

按：「前」字南管皆音tsuiN5，爲泉音。押在開韻者音tsaiN5，爲潮
音（《潮語》肩韻），同安音亦音tsaiN5。山攝開口三等字可以轉
讀iN音，如「箭」，又有从前之「煎、剪」二字。（參見13出）

《兩音》「姊」音tsi2，又音tse2。《潮語》家韻收妸、姐二字；
枝韻有「只」字，既以「只」爲表音字，則妸字當時應有tsi2音。

21出：氣止枝起司纏

韻字篇：

生唱。「司」《甘典》收su1（文音）、si1（語音）。此處原文「
陰司」及後文「官司、鋪司」三詞五例皆押在i 韻間。

按：《潮語》枝韻有「司」字，今臺語猶曰公司(kong1 si1)，《妙
悟》漏收此字。

22出：脂啼鼻天乜錢

韻字篇：

【貳拾】【七娘子】旦、占（益春）接唱。正曲及曲後白句皆可循潮、泉讀書音韻讀。

〈山〉此字今潮廈亦讀江韻，但據上下韻腳，可以類推。唱。泉廈韻腳較為整齊。〈平〉此處須借泉州音納入潮州韻腳，此字在本書中有兩種韻音。參看38西。【自】見5齣之〈息〉見5齣之〈冬〉文音讀鳩，秋韻，語音用龜誅韻。○諭字至久字筆者全可讀ㄨ韻。

九. 讀。韻腳〈冥〉字留作逗字，或借泉州音青韻，則「生」字須借讀泉州青韻。〈悲〉見之齣〈生〉見5齣之〈前〉原句「樓煎」若直承上文韻腳之「見」、「致」二字，則亦該納入

〈望音鄉〉旦唱，須循潮州音韻。循潮州音韻讀，此字在本書中

〈旅水金〉旦、占（益春）接唱。【傍妝臺】旦、占（益春）接

八. 此字在本曲及24夜曲押莊枝、基韻間，19好、21駐及32紅（ㄛ）則押在開韻間。此段在韻目表上形成肩、氋韻。故「前」字字音有待考訂，但總可以ㄤ韻尾叶音。參看13風ㄛ、19好、48倚、49毛ㄛ、〈負〉原文「元宵燈下見一位郎君標致」，為作韻讀，可在〈見〉字〈青韻〉斷句。〈如〉此為「ㄨㄟ之」〈妳〉三表音字，以「ㄥㄣ」為音符。潮語用如字卻讀作「ㄋㄛ之」。〈之〉語。

【貳音】【一封書】生唱。〈飛〉在本曲須讀文音韻。參看7長。○起、內、邊三字，皆可叶飛韻，但今全別出韻腳外。（1）為便文言韻整齊一致。（2）以內、邊二字為句不三兩句話，帶「說白」語氣。【駐雲飛】本曲潮州韻腳成皆肩（鎮）韻，今為

〈陸〉〈潮〉生唱。

〈時〉妳悄之閒貳韻，雖可認為押主韻尾，若從韻改讀同安系揚陽、潮陽音、泉州韻目形成閉口韻。此字實為決定雙韻之ㄤ韻，則咸正押。參看19好。〈事〉見六、〈意〉在本曲中園可叶潮韻音之ㄤ韻。此處上下文多開韻腳，今祖ㄣ應用同安音。2i韻，保可認為上支韻腳之延長。〈情〉見文大。〈處〉潮州訓語歌韻，不成

〈誤佳期〉旦占、生接唱。

〈意〉潮州訓語韻讀表上潮

〈司〉甘曲收su（文音）、si（語音）。此處原文「陰司

問題。參看8滴、11蘇。〈娶〉〈哥〉之形誤，又音誤。州韻韻較為整齊。及後文官司、鋪司、三封五例皆押在主韻間。

吳守禮《荔鏡記·韻字篇》

且占接唱。「鼻」《妙悟》普基切陽去聲，不帶鼻音。「啼」，《妙悟》西、基二韻皆有此字。筆者分讀西韻（文音）、基韻（語音）。

按：鼻，今音皆帶鼻音。楊秀芳認爲鼻化韻是一個後加的不穩定成分（註四）。廈門音即有phi7、phiN7二音。

22出：理起[誰]卑是乜理刺兒婢碎冥遲欺帝見飼兒婢飼

韻字篇：

「遲」《妙悟》地基切陽平聲，構成表音字，作「要」「愛」「肯接受」解。讀《潮語》出枝切，則不成義。

按：《妙悟》基韻陽平：「遲，緩也。」吾鹿港音「無人tih8」即「沒有人要」之意。原文「你卜現厶，將無人遲。」「遲」當「要」「愛」「肯接受」諸義，應讀入聲。光緒本《荔枝記》「代捧盆水出有「未出嫁个查某仔咲(笑)去口開，冥旦嫁了無人遲。」（了＝會）《普通話閩南方言辭典》作「挃」(tih8)，希望得到之意。例：不挃簿仔，卜挃紙。

「帝」，《妙悟》基韻未收此字，唯從「帝」之字，如蒂締滯（白讀音ti3）啼（白讀音thi5），《泉志》皆收 i韻，《荔鏡記》當時「帝」應有ti3音。《潮語》《兩音》帝音ti3。此曲爲潮州人唱。原文「見我是誰，敢來無尊卑。」「誰」「碎」當逗字或韻腳（收 i韻尾）皆可。

22出：是議例婢性死起氣染(獼)飼

韻字篇：

丑占淨接唱，須循潮州音韻讀。多押i 韻腳，只有「性」字潮州不讀iN韻。「染」獼同音，原文「猴染」應作「猴獼」。「飼」語音讀i 韻。據以上所見，今潮、泉之e eN韻字，似多可押入i (iN)韻間。因此一度懷疑製作當時或無e (eN)韻字。至後文48[生]曲始得全押e (eN)韻之曲詞。

按：通觀全書韻腳字，吳氏謂「據以上所見，今潮、泉之e eN韻字，

似多可押入i (iN)韻間。」可證當時《潮語》庚韻字有兩讀的現象

。

24出：見計只止倚起司纏

　韻字篇：

　　旦唱（生角留字），須循泉州音韻讀。

　　「計」字24[望]（旦唱）押在潮州雞韻間，本曲與26[剔]（占唱）

　　押在枝、基韻間。查《兩音》則兼收koi、ki 二音。因知潮屬確有

　　讀i 韻者。筆者讀與說皆用ke3 ，惟於「夥計」一詞之「計」字用

　　ki3 。此處可留作逗字。

　　「倚」破讀i2 ua2二音（一文一語），韻讀表上兩種音皆有。

　按：《國閩辭典》p741：「夥計ki3 ：1 夥計。2 姘頭。」（註五）

　　同一語彙，由於次方言腔之不同及南北差異，今臺灣南部偏漳腔「

　　做人雇工」叫夥計；北部偏泉腔「夥計」是「姘頭」的意思。

　　王廣慶《河洛方言詮詁》：

　　　河洛語二人以上合夥曰「閣火計」，名雇工亦曰「火計」，朋儕

　　　戲相呼亦曰「火計」。計轉為氣也。《說文》：「齊人謂人多為

　　　夥。」火計即夥計也。（註六）

　　計、氣只是不送氣與送氣之不同。王氏所指河洛為中州河南地區，

　　可知「計」本有ki3之音。

33出：時里意靜時邊纏

　韻字篇：

　　「靜」此處須借泉州音配合潮州韻腳。

　按：此為潮州人唱，《潮語》庚韻「靜」音tseN6，亦音tsiN3，為一

　　字兩讀。「月光風靜」本書多見，為當時常語。《妙悟》青韻「靜

　　」音tsiN6。 押潮、泉韻皆可。

33出：起世氏例期意司里(李)錢見圓

按：原文「翻來覆去，未有定期。」吳氏列「去」爲韻腳，此處不必
押韻，應爲逗字。

37出：見滿(佃)緣癡理司年聘(禮)兒鼻

韻字篇：

「滿」潮語用「淀」字讀地天切陽上聲，妙悟用「滿」字讀地靑切
陽上聲；皆爲訓讀。「禮」原文「禮聘」，今改爲「聘禮」。

按：「滿」之義，《荔鏡記》用「佃」字，其本字爲「滇」，見 5出
。禮，《兩音》收二音：loi2、li2。

42出：旨遲比偏離

韻字篇：

「偏」字上下韻腳皆枝韻字。「遍」字从扁，在本書中亦押巷在枝
韻間。可推此字本可轉讀語音，唸iN韻。

按：此爲神唱，唱泉、潮腔均可。

51出：[貴]吏伊星

韻字篇：

外（陳伯延）唱，押泉州韻。「貴」讀飛韻，可叶基韻腳，亦可留
作逗字。

按：原文「今旦身富貴，衣錦返鄉里。」「貴」作逗字亦可。

53出：遲(治)微世天義圓妻年衣起議(誼)棄比圓

韻字篇：

旦占（伯延妻）生丑（九郎妻）接唱。「微」在旦角唱詞中。「世
」用在伯延妻唱詞中，須借潮州韻腳。「妻」在生角唱詞中，要借
潮州韻腳。

按：伯延妻爲泉州人，《妙悟》世音si3 ，不必借潮州韻韻腳。《潮
語》枝韻「妻」音tshi1。《妙悟》基韻有从「妻」之字讀作
tshiN1者，詳見26出說明。故妻字當時泉州音有tshi1 音，不必借
潮州韻腳。

原文作「准做親仔成遲」，「成遲」不通。吳氏訂正爲「成治」。

遲音ti5，治有二音：ti7、ti5。

55出：起微欲隲世只錢字圓戲天

按：隲，文讀音tsit4，定也。書洪範：「惟天陰騭下民。」 tsit4

的白讀應爲tsih4 ，則可與前後字押韻。

(二)韻部分析

1.韻尾收 i，包括 i、iN、ih。

2.韻尾收 i，亦包括主要元音ai、ui。

3.其中有「去」字，若爲泉州人唱，則爲逗字；若爲潮州人唱，則音khi3。

附註

一：許成章《臺灣漢語辭典》二冊p2161。

二：蔡培火《閩南語國語對照常用辭典》p907：「推tshui1排：安排。」
「推」字，《廣韻》職追切。職是照母三等，上古正讀端母，故从隹
之字，聲母或讀t、th，是保存古音，如堆tui1、推thui1；或讀c、
ts，是唐以後之音，如椎錐tsui1、崔催漼tshui1。而推仍保存thui1
、tshui1二音。

三：見李新魁《潮汕方言考釋》p198。此詞來源甚古：
《齊民要術‧雜說》：「至十二月內，即須排比農具使足。」唐、
元稹< 遣行 >詩：「應嗟獨上潯陽客，排比椒漿奠楚魂。」白居易
< 潮上招客送春泛舟 >詩：「排比管弦行翠袖，指揮船舫點紅旌。
」

四：楊秀芳《閩南語文白系統的研究》p151，臺灣大學中文所博士論文，
1981。

五：蔡培火《國語閩南語對照常用辭典》，正中書局。

六：王廣慶《河洛方言詮詁》，中州古籍出版社，1993。

三二、（泉）基青飛開熊—i 、iN、ui、oiN、ai(N)
（潮）枝天歸皆肩

	出	i	iN	ui	ai	ai N
泉唱	4	致微置耳紀伊里比	邊佃　前年接(ih)		牌事知	
潮唱	7	致妓耳意喜時	見靜霓更年各	飛歸催		
潮唱	7	尾鼓(枝)				片還
潮唱	9	致　氣　啼	年	催		
潮唱	26	時　意　時	邊鼻天遍	**墿**		
合唱	44	兒是死　池時理置			使屎	
潮唱	48	致枝氣意戲 只離　自悲時啼起	邊醒簾遍前	對 箇		(前)

(一)各組押韻情形

　4 出：微致年己(紀)伊里比[前]接佃/牌事知/邊置里

　　按：「牌事知」為夾韻。「接」語音讀《潮語》枝韻入聲、《妙悟》

　　基韻入聲，音tsih4。「前」字可入韻，音tsiN5，如音tsaiN5，則

留為逗字。

7　出：咨致霓靜妓飛歸催耳意見年喜時更

　　韻字篇：

　　　　參合潮泉韻腳，方可韻讀完成。「霓」閩南三系皆讀e 韻。「咨」
　　　　疑是由「憐」字分化而出之表音字，韻讀表上多出現於靑（泉）庚
　　　　（潮）韻間。

　　按：《妙悟》賓韻：憐lin5、咨lin7。咨是憐的表音字，原文「花燈
　　　　可咨，看許鰲山上神仙景致。」 可憐，可愛惜也。南管「咨」收i
　　　　韻。如：＜輕移蓮步＞「媚咨圓邊致靑飢只」押韻。

　　　　《妙悟》靑韻「靜」音tsiN6。《潮語》未收此音。

　　　　霓，《潮語》天韻音gi5，《兩音》音ngi5 ，《妙悟》基、靑韻未
　　　　收。飛歸催收ui韻，本曲韻尾皆收 i韻。

7　出：片還尾片還尾鼓(枝)

　　韻字篇：

　　　　「片」潮安讀肩韻。「還」潮州讀肩韻(oiN、aiN)是語音。泉州之
　　　　䫌uiN韻，同安讀aiN韻。「尾」潮州破讀：mui2（文）bue2（語）
　　　　，前一音可叶枝韻，《妙悟》失載文音。閩南三系文音皆為枝韻，
　　　　語音分為科韻（泉）、杯韻（漳）、西韻（廈）。

　　按：《潮語》肩韻：「畔(paiN5/poiN5) ，半也，一物分二曰對半。
　　　　」林倫倫《潮汕方言與文化研究》p160：

　　　　呠(poiN5)，塊形物體或空間的一半。《集韻》平聲刪韻：「呠
　　　　步還切，片也。刪韻字潮汕話白讀有作[oiN] 者，如「還(債)、
　　　　斑」等字。

　　　　原文「恁今向片阮障片。」「片」，泉音、今臺語讀lng7ping5。

　　　　鼓，原文不清楚，擬作「枝」。

　　　　本韻字當時可收oi、ai韻，韻尾是 i韻。

9　出：致氣催啼[厝]年

按：原文：

彩樓好景致。滿街是貴氣。殘月更鼓催。雛螽啼。

天光但得返去厝，再卜得桃是來年。

「催」作逗字亦可。「厝」是逗字，不入韻。

26出：邊意鼻天墅遍時

韻字篇：

旦唱。「墅」《兩音》收：si3(文) sai3(語)二音。文音在本曲成
正押，語音亦可叶韻。漳、泉語音亦讀ai韻（《妙悟》失載）。「
遍」字在本曲似押iN韻。因扁字及从扁之「偏」「篇」今於語音均
轉讀天、青韻，故遍字亦有此可能。48[傷]尚有一例。參42[粉]偏
字。

44出：起意知見四遲死利(累)離起兒使是死屎池理置時

韻字篇：

「使」原文「運使」之「使」，今讀語音開韻，陰去聲，認爲以i
韻尾叶音。「屎」妙悟開韻時紐收「屎」字注曰「土解，大便。」
「知、池」二字同音不同調，一爲陰平，一爲陽平。但陰平連下字
讀則轉爲陽平。

按：就潮音言，陰平變調調值是23，陽平調值是55，「知」之變調與
「池」之本調仍不同調。吳氏蓋就「西川知州阮叔便是」句言。其
前後文「即共陳三結相知。」「你叔西川洗廁池。」「知、池」二
字皆在句末，不必變調。二句皆潮州人唱，潮音「知」音ti1(33)
，「池」陽平音ti5(55)，二字皆屬平調。本曲以使、屎，知、知
諧音作噱。使音sai2，屎音sai2，《妙悟》道光辛卯年薰園藏版，
開韻時紐：「屎，（土解）糞也。」原文「帶利」，疑應作「帶累
」，累音lui3，皆收i韻尾。

48出：氣[簡]意枝「對」前戲遍致枝邊醒邊只離自悲時「啼」簾起悲耳啼

韻字篇：

且唱。「箇」字雖有 i韻尾，暫留作逗字。　「對」原文「對對雙雙」，今改爲「雙雙對對」以叶韻。　「簾」押在i 韻間，吾臺謂「門簾」曰mng5 li5，可知「簾」字早有轉讀 i韻之用法。前、遍、簾三字除外，可用現代潮、泉音韻讀。

按：原文「看許開箇含箇畢目箇謝箇」，箇或作个、或作個，《潮語》皆音kai5。南管拖腔之法，kai 音通常是韻頭韻尾整個唱出，而以 i韻尾拖腔，此處運用好幾個「箇」字，自有其音樂表現的需要，故應視爲韻字。《妙悟》靑韻「簾」音liN5。

「前」字可入韻，音tsuiN5，如音tsaiN5，則留爲逗字。

(二)韻部分析

本韻字以押 i、iN韻爲主，間雜ui　oi　ai(N)，但其拖腔皆以i 爲主。依南管廈門派唱法，不管其主要元音爲何，凡遇韻尾收 i者，總是先唱完韻腹，再以 i音拖腔。故能靈活運用各種不同韻腳而收到協韻之效果。

第三節　韻部總論

《荔鏡記》之押韻情形及韻部既已分析如上，茲再分三點綜述於下：

一、用韻名稱詮釋

押韻之韻部可分爲三種類型：

1 獨韻：即獨自爲韻，不與他韻合押者。如泉音居 ɯ韻、恩 ɯn 韻，潮音家e 、庚eN韻。此類韻較少，顯出此韻所具有的次方言特色，也表示泉、潮音相異者少。

2 同韻：即泉、潮韻母名稱不同但皆用同一韻腳者。如泉珠、潮龜韻─u，泉飛、潮歸韻─ui，泉郊、潮交韻─au，泉毛、潮扛韻─ng，泉東、潮公韻─ong ，泉香、潮恭韻─iong，泉弍、潮柑韻─aN，泉花、潮柯韻─ua，泉歡、潮官韻─uaN，泉嗟、潮佳韻─ia，泉基、潮枝韻─ i，泉青、潮天韻─iN，泉開、潮皆韻─ai。

至於im韻，泉潮皆名金韻；iaN 韻，泉潮皆名京韻：則是同名稱同韻母。

此韻例特別多，可證明當時泉、潮音非常相近。

3 合韻：主要元音相同、相近，或韻尾相同，與其他韻合押；即韻母不同、韻部相同者。主要元音相同者如泉花歡、潮柯官韻(ua、uaN)，泉嗟京、潮佳京韻(ia、iaN)，泉開弍、潮皆肩韻(ai、aiN)，潮光(uang)堅(iang) ，泉雞 ɯe杯ue韻、潮雞oe瓜ue韻等；主要元音相近者如泉燒io、箱iuN韻，潮鳩iu、薑ioN韻。韻韻尾相同者如泉基飛韻合押、基開弍韻合押（韻尾 i相同）。除元音、尾音相同、相近外，並可與鼻化韻、入聲喉塞韻尾相押，顯示閩南語押韻的靈活性。

至於 ɯ韻，泉潮雖皆名居韻，但當時可能微異，如「去」字，泉音往往宜列爲逗字，而潮音或可入韻（依吳守禮說），筆者皆將之列爲逗字。

二、押韻之方法

在同一曲之內有幾種押韻方式：

(一)單一韻，指一韻到底，最常用，如 2出[菊花新]押 i韻：

(末丑)今旦仔兒卜起里，未知值日返鄉里？夫妻二人老年紀，仔兒卜
　　去，焉我心悲。

(丑)都是前世因緣湊合著伊，隨夫赴任廣南，眞箇榮華無比。

(二)轉韻，不分曲詞長短，隨曲詞內容需要而換韻，亦常用。分爲二種：

1 轉換不同韻母、不同韻部：如 3出[粉蝶兒]：

(旦)巧韻鶯聲，驚醒枕邊春夢。起來晏，日上西窗。　　夢窗(ang)

(占)見窗外尾蝶，雙飛相趕。日頭長，香花發得通看。　趕看(uaN)

又如 6出[大迓鼓]押三韻：

(旦唱)正月十五冥。厝厝人點燈，是實可客。三街六巷好燈棚。

　　　又兼月光風又靜。來去得桃到五更。　　冥客棚靜更　押iN韻

(占丑)元宵景有十成。賞灯人都齊整。

　　　辦出鰲山景致，抽出王祥臥冰。　　　成整冰　　押iaN韻

(占丑)丁蘭刻母，盡都會活。

　　　張拱鴛鴦，圍棋宛然，眞正障般景致，實是惡拚(棄)。

　　　恁今相隨，再來去看，再來去看。　　活看　押uah uaN韻

又如48出[生地獄](內唱)押五韻：

城樓鼓打初更。自君出去，眠房清冷。是我前世欠君債。

今旦收來孤過冥。殘燈挑盡，且力羅帳放下。

障般煩惱，切人成病。二更三點鐘嗎。

　　——更冷債冥(暝)下(低)病嗎(?)　　潮庚家e eN韻

繡出牡丹，無心去整。且力針線收拾去宿。看見孤床枕不端正。

仔細思量，腸肝寸痛。更深寂靜，月落西斜。

　　——整宿正痛斜(ia iah iaN)　宿音hiah4

三更月，暗西廂。後花園內露滴芭蕉，分明聽見我君叫。

心頭恍惚，好親像。開窗看不見。正是風吹葉。搖擺柳梢。

凄慘心焦。拔破紅羅帳。

　　——廂蕉叫像葉梢?焦帳(io ioN)

聽見四更鼓鳴，夢見我君入到眠房。牽著君手不甘放。翻身一轉，

力君來攬。鴛鴦枕上，一般情重。驚惶醒來，是我狂夢。

　　——房放上重夢(ang)

五更靈雞又啼。七星欹斜，珠星又起。西風一陣，撩人疑。

孤單帳內，邪我獨自。仔細思量那好啼。

君你莫做虧心行止，莫乞外人教議。　——啼起疑自啼止議(i)

2轉換不同韻母、但韻部相近：演唱時協韻悅耳，在使用韻腳字方面，
　空間廣大，可自由運用。

26出[水車歌]：

(旦)你障說我只心肝都痛。阮**俪**甘負恁人情。　　　　　—iaN

　　你**俪**曉得我心頭思想。　(旦)為君發業心悶惆悵。　—iuN

(旦)呾不出口，八死不少。

(旦)咱今相惜。在只心內，何用卜斷約。

(旦)你莫掛意阮有真心，力恁丈夫人心腹句**袜**著。　　　—io

(生)我堅心為你失了事志。你想我是一宰恩負義。

(旦)君你言語句句卜記。共君**斷**約。　　　　　—io、i 交錯

(旦)須等待今冥三更時。

上例用了二種不同的轉韻和交錯韻：京iaN轉泉箱iuN、潮薑ioN 是不
同韻部；泉音箱轉燒是主要元音不同、韻部相近，潮音薑轉蕉io是鼻
化韻與陰聲韻之不同，但都是同韻部；「著約」與「志義時」構成交
錯韻。真是極盡韻部變化之妙。

(三)榫韻：榫，閩南語音sun2。接合上下不同之韻，作為過渡韻腳，叫榫

韻。韻腳轉換之際，如有相近韻腳作爲過渡，使聽衆覺得叶韻而又不
知已轉韻。此類韻偶用，名稱爲筆者自創。如21出[駐雲飛](又唱)：

　　費盡心機。恨我一身做奴婢。受盡人輕棄。不得近伊邊。{嗏}

　　看見娘仔在繡廳邊。伊許處抹粉搽胭脂。不記得樓前時。

　　今旦返面力阮做障棄。　　　　　——以上押 i、iN韻

　　(唱)伊今做呆是乜心意。許處傍妝臺。我只處心悶如江海。

　　未知娘仔你知不知。{嗏}你今目高不秋采。誤我做只事。

　　我厝威儀，我兄做運使。今旦不說，娘仔總不知。

　　　　——重新起唱，首句末字「意」字押 i韻，延續上面韻腳，以
　　　　　　下改押ai韻。

(四)遙韻，韻字相隔遙遠，但仍有韻腳相連繫之作用（註一）。偶然使用
　。如18出[北上小樓]生唱：

　　私情事志掛人心。眠邊夢內思想。

　　假意西廂下讀書，伊冥日費盡心神。

　　看伊萬般計較，力玉盞打破賣身。

　　若得共姻緣就，阮情願甘心學恁。

　　坐來思量暗沈吟。也恐畏一時作笑，一時作笑有乜憑。

此爲泉州人唱，大多押in韻，惟「心吟」屬金韻，視爲逗字亦可，但
如當作遙韻更妥。

又如29出[大河蟹]：

　　....思量低頭獨自驚。爹媽得知都無命。未知緣分成不成。

　　你因乜障貪眠。

緊接下曲[勝葫蘆]：

　　你因乜不肯說分明。簡知啞娘你是爲人情。....

　　說起前日心都痛。益春，邀你輕步踱腳行。

一段對話後，再唱：

　　三哥因乜障貪眠。姮娥偷出廣寒宮。今冥在恁成就只姻親。

曲詞前面押iaN 韻，其末句爲「你因乜障貪眠。」下曲「眠宮親」自爲韻，而與上曲[大河蟹]的末句「你因乜障貪眠。」構成遙韻。「明情痛行」亦與上曲韻腳字遙韻。

(五)交錯韻，同一曲中，兩種不同的韻交錯出現。偶然使用。如24出[望吾鄉]：

　　(旦)值處人得桃更深。伊共恁一般愛月心。

　　　　伊對月思雲鬢。

　　　　我只處賞花，憶著伊人面。

　　(占)都是關情有意，可惜線無針引。

　　　　正是心事不須重祝訴，嫦娥與我是知心。

　　(余文)更深月落靜沈沈。燈殘燭盡爐香冷。

　　　　風送聽見人聲音。窗外恐畏人說恁。（恁，潮音nang2）

前二句「深心」押金im韻，以下「鬢面引冷」及末字「恁」押潮音閏ing 韻或泉音賓in韻，「心沈音」押金韻，全曲構成金、閏（賓）交錯韻。又如41出：

　　　　賊婢仔你障性硬。

　　　　忤逆父母，合該凌遲。

　　　　不識人體例。

　　　　男無重婚，女無再嫁。

　　　　恁你口說出蓮花，也著嫁乞伊。

此押潮韻。硬、例有二讀：geN、le/ giN、li。本韻可視爲交錯韻：硬、例、嫁押家、西韻，遲、伊押基、枝韻。

(六)夾韻，係於一曲原韻中，間雜他韻而成者。偶然使用。如 6出[大迓鼓]：

　　　　元宵景有十成。賞灯人都齊整。辦出鰲山景致，抽出王祥臥冰。

　　　　丁蘭刻母，盡都會活。

張拱鴛鴦，圍棋宛然，眞正障般景致。實是惡拚(棄)。

恁今相隨，再來去看，再來去看。

「成整冰」押iaN韻。「活看」押ua uaN韻，「活看」二韻字中間雜「致拚」i 韻。又如24出[望吾鄉]：

(生)園內花開香蘭麝。想我在只牆外，礙手惡去拆。

一陣風送一陣香。著許花香來刈吊人。　──香人押ang 韻

不見花形影。我強企起來，在只月下行。

待許賞花人聽見，即知阮貪花人有心情。

　　　──麝拆影行情押ia、iah、iaN韻

又如 2出[大河蟹]：

(外占生唱)拜辭爹媽便起程。叮嚀拙話仔須聽。

三年任滿轉鄉里，合家團圓，合家團圓。　──里圓押i 、iN韻

許時返來即相慶。　　　　　慶音khiaN3

(末丑)仔兒分開我心痛。只去隔斷在千山萬嶺。

(外生占)勸爹勸媽，莫得發業費心情。

(合)三年任滿，三年任滿，許時返來即相慶。

(尾聲)就拜辭媽共爹，安排轎馬便行程，值日得到廣南城。

安排轎馬便行程，值日得到廣南城。

　　　──程聽慶痛嶺情慶爹城　押ia、iaN韻

又如 4出[八聲甘州]：

(外生占上)東風微微。正是新春景致。憶著在厝，好酒慶賀新年。

雙親堂上老年紀。功名牽絆覓除伊。(合)心悲值日得返鄉里。

(又)富貴是無比。五花頭踏　前噪人耳。白馬金鞍，等接官員都佃。

(又)金印銀簇帶金牌。算來讀書強別事。(合)金榜掛名，天下都知。

　　　──牌事知　押ai韻

(尾聲)看日落在天邊。打緊驛內去安置。憶著家鄉在千里。

憶著家鄉在千里。

————微致年紀伊里比耳接佃邊置里　押 i、iN韻（佃音tiN6）

(七)韻腳的疏密與逗字

1 密韻：密於隔句用韻的韻。或句句韻，或四句三押韻，八句七押韻。
　　此爲民間文學押韻之通例。

　　句句用韻，如(六) 2出[大河蟹]之例。又如 8出[大迓鼓](生)唱：

　　　　潮州好街市。又兼逢著上元冥。來去看景致。

　　　　一位娘仔乜親淺。恰是仙女下瑤池。恰是仙女下瑤池。

　　韻腳是「市冥致淺池」，押i 、iN韻。又如11出[菊花新]：

　　　　當初十七八歲。頭上縛二个鬢袋。都少人問我乞生月。

　　　　我揀選卜著處。今老來無理會。人見我一面親像西瓜皮。

　　韻腳是「歲袋月處會皮」，押 8 韻。又如13出[風入松]

　　　　(外)斟起盞酒托媒人。幾轉諕你來行動。殷勤禮數好行放。

　　　　(丑唱)表裡十對金釵十雙。綵鳳書紙金筒。

　　　　(外)金花一對插你紅。

　　韻腳是「人動放雙筒紅」，押ang 韻。

　　偶而一句不押韻，如 6出[皂羅袍]

　　　　打千秋盡都結彩。滿街鑼鼓鬧咳咳。各處人聽知。盡都來。

　　　　簡今隨娘到只蓬萊。看許百樣花燈盡巧安排。遊賞好元宵，

　　　　人人心愛。

　　「宵」字不押韻。又如2出[菊花新]

　　　　今旦仔兒卜起里，未知值日返鄉里？夫妻二人老年紀，仔兒卜去，

　　　　焦我心悲。都是前世因緣湊合著伊。隨夫赴任廣南，眞簡榮華無比。

　　「去」與「南」二字不神韻。

2 隔句韻，指奇句不押韻，偶句押韻，如 3出[粉蝶兒]

　　　　(旦)巧韻鶯聲，驚醒枕邊春夢。起來晏，日上西窗。

　　　　(占)見窗外尾蝶，雙飛相趕。日頭長，香花發得通看。

　　　　————夢窗(ang)　趕看(uaN)押韻，單數句不押。

又如 5出[四邊靜] suah4

拙年無ム守孤單。青青冷冷無人相伴。日來獨自食，冥來獨自宿。

行盡暗𪐞路，踏盡狗屎乾。盤盡人後牆，屎肚都蹊破。

乞人力一著，鬃仔去一半。丈夫人無ム，親像衣裳討無帶。

諸娘人無婿，恰是舡無舵。拙東又拙西，拙了無依倚。

人說一ム強十被，十被甲也寒。

——單伴宿乾破半帶舵倚寒(ua uah uaN) 押韻，單數句不押。

又如 6出[婁婁金]：

元宵景，好天時。人物好，打扮金釵十二。滿城王孫士女，

都來遊嬉。今冥燈光月團圓。琴絃笙簫，鬧滿街市。

3 疏韻，中間隔幾句才押韻。在大多是句句押韻的情況下，隔二句不押，即可算是疏韻。如(五) 6出[大迓鼓]：

張拱鶯鶯，圍棋宛然，眞正障般景致。實是惡㧡(棄)。

恁今相隨，再來去看，再來去看。

「致㧡」押i 韻，其前「鶯然」不押。又如17出[大河蟹]：

手倚琅玕無熱氣。風送百花，自有淸香味。

到晚來，新月上，掛在許天邊。

「來上」不押。又如28出[醉扶歸]占唱：

閑來閑去，爲伊二人通消息。別人私情累阮生受。

管取今旦會成就。正是「窈窕淑女，君子好逑。」

押iu韻，「去、息」不押。又如48出：

....仔一个聲聲許處啼。怨一時雙雙飛入眞珠簾。惹起春心春愁，一時盡都攪起。又兼長冥惡過，聽見鼓角聲悲悲慘慘，鐵馬聲玎玎璫璫，越噪人耳。對只情景，擽我傷心那好啼。

全曲押 i、iN韻，「過慘璫」三句不押韻。

4 以文義內容爲主，押韻次之。偶然使用。如 9出是首句末字押韻，偶

數句末字不押：

　　(合)再三央求卜伊肯。若得姻緣就，大雙金釵答謝恁。

又如 8出：

　　好天時。好月色，實是清氣。好人物，好打扮，宮娥無二。....

　　可惜今冥天光，月員。人未團圓。

全曲押 i、iN韻。此非句句押，亦非偶數句末字押，隨文義而押韻。

又如48出[生地獄](內唱)：

　　聽見四更鼓鳴，夢見我君入到眠房。牽著君手不甘放。

　　翻身一轉，力君來攬。鴛鴦枕上，一般情重。

　　驚惶醒來，是我狂夢。　　——房放上重夢(ang)

「攬」應入韻，但其字音lam2，與韻腳不合。但除了用「攬」字外，
似乎無其他更適當的字來代替。於是在下句連用兩韻字——「上」，
潮音siang7，「重」。「翻身一轉，力君來攬。」兩句不押，可算是
疏韻。

(八)下場詩或口白

　　1口白，如唐人絕句，首句入韻。如 3出（七字句）：

　　　　(旦)幾陣鶯聲微微輕，雙雙紫燕叫黃鶯。

　　　　　　困人天氣未成熱，力只寒衣脫幾重。

　　　　　　——輕鶯重(ing)　押文讀(輕鶯)夾白讀(重)。

　　　　(占)三十六春日晴明，諸般鳥雀弄巧聲。

　　　　　　宅院深沈人什靜，懶依繡床無心情。

　　　　　　——文讀四字皆押ing韻，白讀押京韻，則明聲情押iaN韻。

　　雜言之口白或詩，如 6出：

　　　　元宵好景巧安排。鑼鼓鬧咳咳。

　　　　千金一刻元宵景，雖那客財也不吝財。

　　9出：

　　　　花色迷人醉。吟風嘯月而歸。看伊人物爽利，賽過廟裡一天妃。

13出（淨，丑角）說：

　　小七小七。做人骨直。不愛上山討柴，另愛走馬下值。

　　頭毛平坦去梳，鼻流不知去拭。人又叫我無神，啹話人便著急。

　　今旦好日好子。林厝卜來下定。呵公甲我掃廳。

　　媒姨因乜來障晏。不免行只門前去看。

　　前頭一陣人，親像下送喪一般。

2 下場詩

　　如唐人絕句，大多首句入韻。如 3出：

　　滿園花開綠間紅，花開花謝不胡忙。

　　一年那有春天好，不去得桃總是空。

　　　　——紅忙空　押ang韻。

三、韻部之分合

　　語言有其本身的系統性，才能完整地傳承下來，後人也才能根據今音上推古音。因此，各韻部不能單獨處理，必須綜合觀察，才能保存其正確性。在這個課題上，必須考慮幾個因素：

　　1 主要元音、韻尾相同或相近

　　2 文讀音與白讀音混合押韻

　　3 潮、泉音之一致或微異

　　4 舞臺表演，語言與音樂密切配合的一致性、實際語言與藝術化語言的分別。

　　茲就《荔鏡記》韻腳所分的三二部中，彼此有聯帶關係者分析如下：

(一)韻母分析與泉、潮韻母之不同

　　泉音的主要元音爲a ɔ o u e i ɯ ɤ 八個，潮音是六個——泉音ɔ，潮音讀爲ou，無 o、ɤ；今潮音居韻音ə（或 ɯ），當時可能作 ɯ，或比 ɯ稍鬆。

　　泉音介音有 i、u、ɯ。ɯ介音是泉腔——南管音樂——的特色。除了當作「於」（ɯ）襯音，做爲拖腔之用外，它特別表現在兩個音上，即 ɯe（雞韻）與 ɯo（鉤韻）上。其他介音的組合爲iu、io、ioN、ia、iaN、ue、ua、oe（潮音雞韻）。

　　韻尾有陽聲韻尾-n（潮音作-ng）、-ng、-m。分別是：- ɯn、-in、-un、-an（潮音-ing、-ung、-ang），-ian（潮音-iang），-ong、-iong，-im；陰聲韻尾-i、-e、-a、-ɔ 、-o、-ɤ 、-ɯ、-u。

　　閩南語之特色，除保留塞音韻尾-t、-k、-p 外，白話系統中尙有喉塞韻尾-h，它不使主要元音的基本音値受到什麼影響，所以也同樣使其跟同類口元音視爲同「韻」。

　　鼻化韻-N，也不影響主要元音的基本音値，它不只單獨成韻，如aN，也和其他同類口元音「合韻」。

泉、潮韻母之不同（列舉其相關者）：

　　雞韻：泉音 ɯe，潮音今音oi，當時可能音*oe。

　　高孤韻：泉音ɔ，潮音ou。

　　箱薑韻：泉音iuN，潮音ioN（或皆介於iuN、ioN之間）。

　　燹肩韻：泉音aiN，今潮音oiN，當時可能音 *aiN。

　　泉音-n、-ng分開，潮音-n、-ng不分，即收-n之字讀爲-ng：

　　泉：　　賓(in)　　君(un)　　丹(an)　　川(uan)　　軒(ian)

　　潮 ：經昌(ing)　君(ung)　江(ang)　光(uang)　堅(iang)

　　靑天韻：泉音只有iN一讀，潮音有iN(天韻)、eN(庚韻)二讀。

(二)各韻部之間的相關性

1 潮音皆、肩韻之擬音

　　　　(泉)開、(潮)皆是ai韻，而開**雙**合韻，開**雙**韻擬作ai、aiN　，已經
學者公認；若唱潮音，即皆、肩合韻，則皆肩韻亦應作ai、aiN　。今潮
音肩韻或作aiN，或作oiN，明朝當時疑作aiN。

2 潮音蕉、薑韻之擬音

　　　　今潮音蕉、薑韻或作ie、ieN 或作io、ioN　，據《荔鏡記》之韻字
「橋叫腰少約惜著」屬蕉韻，「漿量想恨」屬薑韻，而二組押在同一曲
中，則潮音蕉、薑韻應作io、ioN。

3 泉音高ɔ 韻與刀 o韻

　　　　高、刀韻雖各獨立一韻，但《妙悟》高韻、刀 o韻重出之字共55字
，高韻例字多（693字），刀韻例字少（137字）。從語言發展的情況看
，其變化應是：　　[ɔ]→[o]
高、刀韻字重出，正是後元音高化的現象。高韻某些字，其他漳、潮屬
多變爲刀韻，只有泉州、鹿港等泉音地區仍多保存ɔ 韻，但《妙悟》中
仍有二讀現象，故刀韻字往往亦可讀高韻，如24出「老梭操(錯)到(倒
、去聲)倒(上聲)」。《荔鏡記》高韻字不重出於刀韻，可知此韻字仍
保存ɔ 韻，而刀韻字則是由ɔ 至 o的演變當中。

4 雞韻與其他韻字之「體」「用」關係

　　　　本韻部字「低界截體易提街多衰底**髻**釵藝齊計切節八」，包括《妙
悟》雞、西、杯、開、科、諸韻內的字。《妙悟》有雞 ɯe韻，其介音爲
ɯ，ɯ音爲南管拖腔最重要的音素，故在舞台表演唱腔中，本韻部字當
時可能皆唱有介音的 ɯe。因此，以上不在《妙悟》雞韻的「低界體衰計
髻八」諸字如皆唱 ɯe，則有二種可能：

　　(1)《妙悟》漏收；(2)爲虛擬之音，非實際語言。
這是語言「體」與「用」的分際：「體」是語言的實際音，「用」是語
言在藝術表現上「聲音的美化」，不是實際的語言，屬於上列的(2)。如

栖的本音是sel，唱成sɯel；衰的本音是sue，唱成sɯel。二字唱音一樣，但本音不一樣。研究語言，必須將二者仔細分別開來。

至於四百年前「雞」韻的潮音如何？有一個現象值得重視，即雞韻與瓜韻合韻。

17出「多釵街底(雞韻)界衰鬠八(泉杯、潮瓜)」如唱泉音，押韻自然不成問題；如唱潮音，則是雞ai或oi與瓜ue合韻。依押韻之例，韻尾i、e沒有合押的道理。則明朝時的雞韻可能不是收ai或oi韻，假設是oe，才能與瓜韻合韻。亦即潮州雞韻之演變爲：

$$oe（明）\to \genfrac{}{}{0pt}{}{ai}{oi}（清）\to oi（現代）$$

由 e→ i，是前元音高化現象。o、u、ɯ之別，只是唇形開合（o、u）、圓展（o u、ɯ）之不同而已。

5 潮音-n→-ng諸韻例

今潮音大多地區是前鼻音拼入後鼻音，即-n→-ng。那麼，以前的潮音、明朝的潮音的情形如何？先看清朝的資料：

清嘉慶潮州人鄭昌時的《韓江見聞錄》約作於1797年，所記當時潮州音，反映了大約二百年前的潮州語音。它的最大特色是，顯示當時仍是收-n。李新魁< 二百年前的潮州音 >說：

> 鄭氏說：「眞文寒元刪先諸音無甚異，但略轉耳。」所謂「無甚異」，是與當時的「正音」（即官話）差別不大，可能仍收[-n]尾，尙未變[-ng] 尾。但又說「但略轉耳」，具體如何「轉」，並未明言。但不會是轉爲[-ng]尾。因爲上文已言及[-ng]尾韻的通轉，如果此數韻已轉爲[-ng] 尾，鄭氏不會不道及。所謂「略轉」，恐怕主要是指元音方面與「正音」的差異。鄭氏....反映的語音，應該是當時的潮安音，也就是後代潮州市區域內所流行的語音。（註四）

我們檢視《荔鏡記》的押韻情況，可以證明明代潮州音至少已有

-n→-ng 的現象（或趨勢）。請看以下諸韻：

1　《潮語》臣韻

如以泉音讀之，《潮語》臣韻字都收《妙悟》賓in韻字，只有「叮打姃綻鎰溢隘面輕」（綻鎰溢隘爲-ing之入聲）諸字收泉音ing 例外（但「面輕」的白讀是收in）。而臣韻字卻與經韻字同押，似乎明朝當時臣韻與經韻韻部相同，亦即泉音收in之字，潮音讀爲ing，與現代潮汕音in→ing 相同。那麼《潮語》臣韻與經韻就可以合爲一部了。如41出「程辛悬面金深重」押韻，「程辛悬面重」一韻，其中包含收-in 之「辛悬面」及收-ing之「程重」。（金深夾於他韻中間，筆者謂之「夾韻」）又如49出「稟辛民認陳整」押韻，雖是泉州人唱，卻非押潮音 ing韻不可，因末韻「整」字收-ing，只有把前面收-in 之韻字依潮音讀-ing，收韻才能一致。

2　泉丹江韻、潮江光韻

3 出「房窗弄翻動瓶房干蜂叢」押韻，其中有泉音丹韻字「瓶干翻」三字，其他爲江韻字（動字《妙悟》漏收）。吳守禮謂：「凡泉州韻腳形成丹、江韻例者，爲潮州曲。」「翻干」或可列爲逗字，但「瓶」字必須押韻。此爲旦唱，非押潮音不可。「翻」在《潮語》光韻，音huang1。江、光韻同押。10出「難房人喘」亦潮音江（難房人）光（喘tshuang2）韻同押。27出「難痛絆阮」亦江、光韻同押。

以上諸例，凡泉音-in、潮音-ing同韻，泉音-an、潮音-ang同韻者，必讀潮音始能通押。可證當時潮音至少部分收-n之字已有讀爲-ng者。

6 潮音金韻與臣韻之關係

金韻字與臣韻字往往出現在同一曲的韻腳，如視爲押同一韻，則三種韻尾：-n、-ng 、-m（《潮語》臣、堅、金三韻）同押，用韻未免太寬。潮音部分收-n之字讀爲-ng，故-n、-ng同押，但雙唇高鼻音-m與

後鼻音-ng同讀（依吳守禮-ŋ 韻字表，爲-m→-ng ）則難以解釋。最
好依其實際押韻情形來分析，故筆者嘗試用多種押韻形式——轉韻、
遙韻、交錯韻」來處理，依潮音之標準，可分爲-ng、-m二韻。

(三)入聲押韻之探討

　　所謂「韻腳」，是指主要元音和韻尾相同；就視覺看來，是指收音
的唇形、舌位相同。單就後者而言，陽聲韻尾與其相應的入聲韻尾是相
同的，即：

陽聲　　　入聲（塞音）

-n　→　-t

-ng　→　-k

-m　→　-p

陽聲韻尾是舒聲，可以拉長聲音，故利於押韻；而入聲塞音韻尾是短促
、截斷音的性質，無法拉長，不適合南管音樂「曲緩，表達細膩的情思
」的特性，因此《荔鏡記》曲詞無收塞音韻尾者。只有一處是用於口白
，13出，淨——丑角：

　　小七小七。佐(做)人骨直。不愛上山討柴，另愛走馬下值。

　　頭毛平坦去梳，鼻流不知去七(拭)。

　　人又叫我無神，店(呫)話人便著吉(急)。

全文收-t（潮音-k），「吉」爲音近借字，借爲「急」，《妙悟》土解
音kit4。《普閩詞典》：「蟄：文音tip8。白讀tit8，用如驚蟄。」文
白之對應：-p←→-t，此例罕見，卻值得注意。

　　此外，又有與陰聲韻相對應的喉塞韻尾，即

非陽聲韻尾(如a　i　o) → -h

ko →koh

閩南語白話音保留喉塞韻尾-h，它不使主要元音的基本音值受到任
何影響，所以也同樣使其跟同類口元音視爲同「韻」，如 a與ah叶韻。

這就使閩南戲曲（或可以音樂表達的閩南文學，如「七字仔」）既保有其方言特色——用不同的聲調（入聲）辨義，又能廣泛地應用於韻腳中。本書各韻部中，幾乎都有喉塞韻尾與陰聲韻尾叶韻，如：（加〔　〕者爲喉塞韻尾）

雞韻：14出：多易低體界〔提截〕

　　　17出：多釵街底界衰髻〔八〕

　　　24出：多齊計　　〔節切〕

刀韻：14出：惱　　　　〔著〕

　　　21出：哥無處寶做〔落〕

　　　48出：惱勞燥到倒〔索〕

科韻：8 出：處過倍短皮和〔月說〕

燒箱韻：26出：少想悵〔約著〕

花歡韻：26出：大何伴丹〔宿〕

　　　　5 出：半看安　〔活〕

　　　　19出：破化我寬飽膽〔殺〕

　　　　46出：外大掛花我倚伴看滿散孝〔刈活〕

嗟京韻：24出：孽行情影〔拆〕

　　　　22出：成正定命〔額〕

　　　　33出：捨城正程整影嶺〔力(掠)〕

　　　　54出：車城聲平行痛兄迎〔驛〕

京花歡合韻：6 出：成整正看〔活〕

　　　　　22出：營看般差敢唸膽〔潑〕

基天韻：　4出：微致己(紀)伊里比耳置里邊年佃〔接〕

　　　　12出：致意里〔乜〕

　　　　12出：弟理待(侍)二辭理悲見〔滴〕

　　　　14出：義死兒記性〔舌〕

　　　　17出：時枝喜時致記氣衣時邊緣見〔乜蜜〕

22出：理起卑是剌兒婢欺帝飼冥見〔匕遲〕

其中如「高秋郊龜飛開」等韻沒有喉塞韻尾。

這種押韻現象，在南管的表現就是：可用喉塞韻尾當韻腳字，並可拖腔，擴大詞彙選擇的範圍。

(四)文白同韻

漢語有所謂「文白異讀」，各地方言都有這種現象，但沒有一個方言在「文白異讀」的數量上和類型上可與閩南話相比的。閩南話的讀書音基本上保存了中古時期（唐宋）的語音系統，白話音則多保存了中古以前和中古以後不同時期的語音，二者都不是單一層次的。讀書音因有中古《切韻》音系做爲對照，顯得比較整齊；白話音卻是交叉錯雜，顯示出不同語音的層次重疊現象，但也更具有研究價值，可以說是閩南語發展史與漢語發展史的「語言化石」。閩南話白話音的特色是：韻母還包括鼻化韻母，如aN、iN；帶喉塞韻尾的入聲韻母，如ah、ueh ；鼻化入聲韻母，如ahN、ihN；聲化韻母，如ng、m 。這些韻母在讀書音系統裡一般是不出現的（註二）。

《荔鏡記》中的語言，隨著角色的不同，所使用的語言也有了差異：飽讀詩書的角色如陳三、五娘，較常說讀書音；扮演丑角如林大、媒婆，大多說白話音。唱曲也是如此。《荔鏡記》是南戲劇本，舞台表演要求通俗淺白，一聽就懂，所以使用白話音較多。在曲韻中，則是隨韻腳的需要，雜用讀書音與白話音，而以白話音爲多；白話音用韻寬廣、靈活，也是因素之一。以下檢視《荔鏡記》泉音文白混合押韻的情形：（潮音則特別注明。白讀用〔 〕標示，文白同讀是指只有一音，通常是文讀音）

1 雞韻

17出：〔多釵街底界鬖八〕哀

2 秋韻

47出：州憂就〔住〕

3 郊韻

　5出：〔愁樓〕鬧宵

　23出：〔頭愁溝頭〕較稍

　　　六字押同一韻，不分潮、泉，皆押郊（交）韻。如押泉韻，前

　　　四字讀鉤韻，則爲文讀。

　32出：罩〔到斗頭〕　　　　　46出：包〔到投哭流〕

4 飛韻

　3 出：〔開〕隨蕊沸誰對悴閨費規翠

　49出：〔氣〕累隨水

5 賓韻

　9 出：親陣辛恁因〔秤肯〕

　15出：親陣恁稟〔面〕

　41出：程辛恁面〔重〕──潮音

6 潮江、光韻

　27出：難絆阮〔痛〕

7 花歡韻

　26出：掛〔伴單安線般〕

　46出：掛花〔外大我倚伴看滿散刈(割)活孝〕

8 嗟京花歡合韻

　2 出：爹〔城程痛情慶嶺聽〕

　37出：爹靴〔勞〕(la5)

　19出：〔明定面聽破〕耍

　22出：差〔營看般潑敢呫膽〕

　33出：捨〔名何大紙我磨〕

　49出：遮〔驚城聲行影仔嶺命痛食歇〕

9 開韻

4 出：牌〔事知街〕　　　　　30出：排〔眉事〕

6 出：泰綵咳來萊排愛〔知〕　39出：〔知篩〕來

17出：〔西內〕來海愛懷　　　41出：〔西事〕喈丐釆(眯)

22出：來〔眉知〕　　　　　　35出：才〔知〕

25出：臺來〔內知〕　　　　　41出：哀〔眉知〕

10開㷀合韻

19出：萊臺〔知前〕─前音tsaiN5

21出：埃愛彩在〔知前畔〕

34出：牌隘海〔西知前〕

46出：來海擡哀〔佃(有)〕─有，潮音taiN

11基韻

21出：婢〔枝弟〕

24出：理意地婢〔啼〕

55出：里喜比〔世〕

12基靑飛開㷀合韻

7出：致妓意喜時飛歸催〔耳見靜霓更年咎〕

9出：致氣催〔啼年〕

26出：意時〔邊鼻天遍婿〕

44出：兒是池時理置〔死使屎〕

48出：致氣意戲對只離自悲時起〔枝啼邊醒簾遍前箇〕

以上只是文白同韻之例，未列出者，或都是文讀，或都是白讀，以皆押白讀者爲多。如十六、毛韻都是白讀。

(五)一字多音，分屬多種韻部

　　閩南語有文讀、白讀兩個系統，白讀又可能是多層次的，因此就有一字兩音、甚至是三音的情形。而所謂二音、三音，又未必皆收入於《妙悟》中，如受《妙悟》限制，在韻腳字的取捨上，就難免影響韻部的

認定。茲舉數例以明之：

1 和、會有三音，《妙悟》科韻未收hㄨ5、hㄨ7之音

　　8出「和處過鬐倍月說短說」叶韻，32出「說會賠」叶韻，皆泉州人唱，「和」屬刀韻，「會」「處」《妙悟》科韻皆未收，其他韻字皆屬科韻。

　　針對 8出，韻字篇說：「刀、科韻音相近，故和過二字可認為叶韻。」（22出「哥惱[說]倒落好」叶韻，「說」科韻字，其他是刀韻字，吳氏亦認為二韻同押；其實「說」是逗字。）其實泉州話科、刀韻分別甚清楚，此處因「和」有另一讀hㄨ5，吳氏不知，故認為刀、科叶韻。

　　針對32出，韻字篇說：「會，《臺日大辭典》共收三音——相當於《妙悟》之西、杯、雞韻，....說會賠三韻腳，此處可讀潮、泉通用之ue（杯、瓜）韻，或泉屬之e韻。」其實「會」有hㄨ7韻，應押科韻；會的白讀有e7音，但「說」字，泉屬不可能讀sueh4音。

　　故吳守禮「疑當時科、刀未分」之說，有待商榷。

2 「前」字有兩音：tsaiN5、tsiN5。前者在《妙悟》燕韻，後者《妙悟》未收。「前」字音tsaiN5押於燕、肩韻中固多見，但亦見於枝、青韻韻例中，如叶韻則音tsiN5。如20出「起是悲世離致枝妎意庇枝前見生」。故如13出「前禮考(妎)緣前排(比)」叶韻，吳氏認為「前」音aiN，與「排」為韻。但如補上漏字「妎、比」，則「緣」音iN5、「禮」音li2（詳見第二節三一），全曲押i、iN韻，所屬韻部即不同。

3 「冥」字今潮州音me5，在48出「更冷債冥下(低)病」中確押me韻，在大多數韻例多與mi音字押，如：9出「冥年」、20出「冥圓」叶韻，年圓皆在《潮語》天韻；5出「冥自」（自為借義字，音ti7）、6出「冥起」、49出「冥司市」叶韻，起司市皆在《潮語》枝韻。「冥」是本字，潮州字書皆作「夜」，《潮語》庚韻文紐「夜」音me5。

可見明朝當時「冥」字大多音biN5。如不能認清一字二音的現象，則48出就難以叶韻。

(六)單一韻與轉韻

詩、詞、曲押韻的方式很多，其中的單一韻（一韻到底）與轉韻（中間換韻）如果不加以區別，則可能會誤認韻腳字，引起韻部混淆。如46出是「錦深吟心」(im)轉「親腫盡塵應輕」(ing)。如視爲單一韻，則如吳守禮所定之ŋ韻，將前面im韻字讀爲ing。

又如41出「落短處尋禍脆」押韻，韻字篇：

且角唱，潮州韻腳不整齊。本曲如須循潮州音韻讀，則『未尋禍脆』四字必須借泉州韻音。

本出如押潮韻，其實是轉韻，不須借泉州韻音。前三字「落短處」屬哥韻（原文「且趁日頭未」，吳氏疑漏一「落」字，應可確定），後面「尋禍脆」瓜韻。與32出押韻方式相同——泉韻：「落無討」屬刀韻，「說會賠」屬科韻。

又如49「行聲影遮嶺驚痛仔城食歇命」押韻，末數句之原文爲：

腹飢飯又袂食。無處通可歇。

怨切身命。怨切身命。目滓流落，無時休歇。

《潮語》佳韻收「歇宿」二字。《兩音》歇音hiah4。讀潮音，押ia韻固可；但如讀泉音：泉音「歇」音hioh4、落音loh8，中間夾「命」當逗字，則「歇落歇」自爲韻，亦可視爲轉韻，本曲爲泉州人唱。

又如16出「橋叫腰漿量」押韻，泉唱。前三字陰聲韻，屬燒io韻；後二字鼻化韻，屬箱iuN韻；構成轉韻。但爲何二韻押在一起，自有其音理相似之處，即當時可能正處於ioN→iuN的變化之間。

(七)借義字、借音字與韻腳

民間文學多借義訓價字、借音字，分析《荔鏡記》曲牌之韻腳，必

須留意借義字、借音字之成分，才能通讀韻字，解決疑惑。

1 借義字：借用漢字之義而讀閩南方言同義詞之音，叫做借義字，又叫
　　訓讀字；如閩南方言謂漂亮曰sui2，有人寫作「美」而讀sui2之音。
　　如43出原文：

　　　首領哥哥，聽阮告說。無奈何，千萬乞一面皮。犯姦八十有乜大罪
　　　。做一些仔人情，免阮受災禍。

　　　送銀十兩爲阮回去。由伊卜監卜禁，由伊卜斬卜砍。乞阮三人做一
　　　處。今到只處。....

　　此曲可視爲轉韻：「說皮罪禍」瓜韻，潮州人唱；「砍處處」哥韻，
　　泉潮合唱。「砍」爲借義字，閩南語以利器砍物曰chho3，其器具叫
　　「銼仔」(chho3 kiaN2)（《潮州詞匯》p633）。

　　若不悟「砍」爲借義字，將造成韻字太疏，無法完滿說明韻例。

　　　　5出「拙年孤單獨自。有厶緣分，那就今冥。」「自冥」叶韻。
　　自爲借義字，音ti7。南管「獨自」大多唱tal ti7。「自」文讀
　　tsɯ7，ti7是訓讀。萬曆本《荔枝記》作「交己」，如5出「日來
　　交己食，冥來交己宿。」交之白讀音ka1。《荔鏡記》作「日來獨自
　　食，冥來獨自宿。」

　　　　14出「低界截體易提多」、24出「切節齊計多」叶韻。諸韻字大
　　多屬雞韻，然「多」字之本音，潮音讀歌韻，泉音讀高韻，此音皆不
　　能與其他字叶韻；故「多」是借義字，《妙悟》雞韻有「眾(tsɯe7)
　　：多也，不少也。」（眾字亦借義字）。潮音tsoi7謂「數量大」，
　　亦屬雞韻。今閩南語「數量大」叫tsue7。或謂其本字作「濟」，《
　　詩經・清廟》「濟濟多士」。

　　　　14出「摃轉頓睏郎勸長光當返頓瞞藏」叶韻。原文：[漿水令]
　　　五娘仔力我打得障摃。將只禮聘甲我送轉。....
　　　只聘禮收卜落當。只檳榔俩通送返。
　　　打你罪過都是我當。不肯仔，不肯仔，將無可瞞。

將只金釵收入去藏。

「轉」音tng2，是本字，「返」音huan2，是借義字。本曲二字同時出現。

「藏」字必押韻，但音不對。「藏」是借義字，其本字應作「匼」。「藏」《潮語》扛韻未收，但江韻：「囥(khang3)，藏也。」；《妙悟》毛韻「藏(khng7)物」。藏是訓讀字，其本字應是囥。《集韻》：「囥，藏也。口浪切。」

　　17出「窗香望人」叶韻。原文：[駿甲馬]

　　　高樓托起碧紗窗。風送蓮花分外香。

　　　牽開樓門倚窗望。不見灯下賞燈人。

「香」的文讀音hiong1（泉）hiang1（潮），白讀音hiuN1（泉）hioN1（潮）。其本字應作「芳」，音phang1。

　　26出「散刈我安焄花」叶韻。本書原文大多作「刈」，只有15、25出二處作「割」。《說文》：「刈，芟草也。」《唐韻》魚肺切，音gue7。《說文》：「割，剝也。」《爾雅·釋詁》「割，裂也。」疏：「謂以刀裂之也。」《唐韻》古達切，白讀音kuah4。刈為借義字，用刈之義而讀割(kuah4)之音。原文：

　　　想起人情，切我魂魄散。心頭憔悴如刀刈。

2借音字：不寫音義俱合的「本字」，而用其他同音或音近的字來表音，叫做借音字。

(1)同音借字

　　22出「天光白日罩，老鼠偷食豆。」32「等得日都罩，九郎今即到。」其本字應作「晝」。晝，泉文讀tiu3，白讀tau3。潮文讀tiu3，白讀tsau3。是從天亮到天黑的一段時間。如中晝、日晝，即中午。罩晝同音tau3，本組用泉音唱較叶韻。

　　14出「定成營行聲定」叶韻。原文作「死虔婆，你口說卜營。」

「營」的白讀音iaN5，與「贏」的白讀同音，營是借音字，本字是

「贏」。

33出「城程整正影嶺掠力」叶韻。原文：

打緊走來去，水畏人趕力。

擒而獲之曰掠(liah8)，如「掠人」。「力」為借音字，「力」之文讀lik8、今泉音liak8，塞音韻尾弱化為喉塞韻尾，即liak8→liah8。萬曆本《荔枝記》（潮州劇本）「掠人」之「掠」皆作「掠」。可知「力」字為泉州借音字。

22出「膽看呫般敢乂營潑」叶韻。「乂」是俗寫表音字，《潮語》：「差(tsha1)，差錯、悮(誤)。」正字是「差」。

(2)音近借字

24出「老梭操(錯)到(倒、去聲)倒(上聲)」叶韻。原文：

蛇邪無頭值處會梭。勸恁娘仔共我匹配不操。我到只不成去到。思想起來惹得相思病倒。

此曲有二處借音字：「梭」為潮音so5（匍匐）之借音字。「操」與「錯」同音tsho3，字應作「錯」。

「梭」潮音so1，意為「作之字爬行」。今潮音陰平為33（中平調）。上曲「不覺見月上如梭。」此用「梭」之本義，即《妙悟》高、刀韻陰平之「梭」。本曲「蛇邪無頭值處會梭。」此「梭」為借音字，《妙悟》刀韻時紐陽平有：「匐(so5)：匍匐平行。」「匐」為借義字。so5之音義，《泉志》作「趖，爬行。」今泉音陽平為24（中升調）。潮音陽平作55（高平調）；潮音趖、梭同為平調，故二字得相借。

37出「見滿綠癡理司年(禮)兒鼻」叶韻，「滿」亦借義字，音tiN6，即「滿」之意，其本字應作「滇」。《泉志》：「tiN6滇，滿。」tiN6音《荔鏡記》多作「佃」，如6出「時致只佃戲圓嬉更年」叶韻。佃為方言俗字，屬借音字。

53出「遲(治)微世天義圓妻年衣起議(誼)棄比圓」叶韻。原文

： 　殷勤致意拜姆姆，准做親仔成遲。

「成遲」不通。吳氏韻字篇訂正爲「成治」。遲音ti5　，治有二音
：ti7、ti5。

　22出原文：

　　你是阿公粗使女婢，衣裳又破碎，腳跛目青盲。你卜現厶，將
　　無人遲。

「遲」音ti5　，如讀其本字，則不成義；遲是表音字，作「要、愛
、肯接受」解，應讀入聲。《普閩辭典》作「挃」(tih8)，希望得
到之意。例：不挃簿仔，卜挃紙。

　24出「麝拆影行影」叶韻。原文：

　　園內花開香蘭麝。想我在只牆外，礙手惡去拆。

《潮語》佳韻地紐：「摘tiah4　，以手取之曰摘，摘花。」佳韻他
紐：「折(thiah4)，折散、折夥。」字應作拆。拆、摘音近通用，
本字應是摘。25出「得病做倆解拆」，是用其本字。

(八)寬韻與窄韻

　有些韻部的韻字多，稱寬韻；有些韻部的韻字少，稱窄韻。即寬韻
字常用，窄韻字少用。常用與少用，與音樂表達有關。如：
1 i 韻，易於收音、拉長（即拖腔），故除單獨用以外，也與其他收 i
　韻尾之韻部合韻：
　　6 出：伊祇(i)與「位開對」(ui)叶韻；
　　49出：飢(i)與「氣累隨水」(ui)叶韻；
　　7 出：致妓耳意喜時(i)與「見靜霓更年吝」(iN)「飛歸催」(ui)
　　　　　叶韻；
　　9 出：致氣啼(i)與「年」(iN)「催」叶韻；
　　　　　——以上與飛韻合韻
　　26出：時意(i)與「邊鼻天遍」(iN)「墦」叶韻；

44出：兒是死池時理置(i)與「使屎」叶韻；

7 出：尾枝(i)與「片還」叶韻；

48出：致枝氣意戲只離自悲時啼起(i)與「邊醒簾遍前」(iN)「對

」(ui)「箇」(ai)叶韻；

——以上與飛韻、靑韻、開韻合韻。

以上合韻，南管有兩種唱法：

(1)廈門： i是當韻尾，其韻腹只是過渡音，短暫過渡以後，仍以 i

拖腔。

(2)泉州：主要元音拖腔，至結束時才與 i結合。

<花園外邊> 潮陽春 倍思管 D=1

$$\underline{5}\ \underline{5}\quad \underline{1\,1}\ \underline{6\,\overset{\cdot}{6}\overset{\cdot}{5}}\ |\ \underline{6\,6}\ \underline{1\,1\,1}\ \underline{6\,1\,6\,5}\ |\ \underline{5}\quad \underline{3\,3}\ \underline{5}\,\underline{5}\ \underline{1\,1\,1}$$

放丟我媽爹後頭 身無 所 依i ———

$$\underline{1\,2}\ 3\quad \underline{3\,5}\ |\ \underline{2\,3}\ \underline{2\,2\,1\,1}\ \underline{7\,6}\ \underline{7\,6\,6\,6}\ |\ 1\quad 1\quad \underline{0\,1\,1}\ \underline{7\,6\,6\,6}\ |\ 1\quad 1\quad 1$$

——————————倚i ——————————

<暗想暗猜> 短相思（過倍思） 五空管

$$\odot\ \underline{3\,3}\,\underline{5\,3}\quad |\ \underline{2\,2\,2}\ \underline{1\,2\,2}\,\underline{3\,3}\ |\ 3\quad \underline{6\,7}\ \underline{6\,6\,6\,5}\ \underline{3\,3}\ |\ \underline{6\,6}\ \underline{7\,7\,7\,6}\ \underline{5\,6\,6}\ |\ 6$$

暗 想 不女暗 猜tshai———

.... | $\underline{3}\ \underline{6\,6}\ \underline{6\,5}\ \underline{3\,3\,5\,5}\ \underline{3\,2}$ | $\underline{1\,1}\ \underline{3\,2}\ \underline{2\,5\,5}\ \underline{3\,2}$ | $\underline{6\,6}\ \underline{7\,7\,7\,6}\ \underline{5\,6}\ \overset{\smile}{6}\ \overset{\smile}{6}$ |

爲何不見伊 來la— i只 處 栽tsai —

以上爲南聲社的唱法。而大陸錄音帶唱「栽」音時，是以 a拖腔，至

將結束時才與ai結合；這是泉派唱法：

$$\underline{6\,6}\ \underline{7\,7\,7\,6}\ \underline{5\,6}\ \overset{\smile}{6}\quad \overset{\smile}{6}$$

泉州：栽tsa—————i

泉州梨園劇校潘愛治老師亦如此唱。（註三）

2a 韻亦然，分爲三組： a、ia、與ua（含鼻化韻與喉塞韻尾），或二組

、或三組合韻。

ia、ua　　6 出：成整冰(iaN)活(uah)看(uaN)

　　　　　13出：定廳(iaN)看晏般(uaN)

　　　　　14出：名命(iaN)何大我磨(ua)觀歡爛(uaN)

　　　　　17出：成城整行(iaN)帶(ua)看(uaN)

　　　　　19出：驚成情(成)聖(iaN)破(uaN)

　　　　　19出：明定面定(iaN)破耍(ua)

　　　　　46出：城程聲行情領聽(iaN)我(uaN)

　　　　　47出：平聲鏡(iaN)滿(uaN)

　　　　　50出：兄程聲行影仔嶺痛(iaN)看伴(uaN)

a、ia　　19出：影整情鏡聽(iaN)捘(aN)

　　　　　21出：聲行(仔)鏡聽(iaN)仔三膽(aN)

　　　　　21出：斜(ia)行情鏡聽(iaN)仔(aN)

a、ia、ua　22出：驚聲廳(iaN)般(uaN)唔(aN)

　　　　　　22出：營(iaN)看般(uaN)潑(uah)差(a)敢唔膽(aN)

　　　　　　26出：城名行仔(iaN)我(ua)膽(aN)

合韻之拖腔爲聲母與韻頭先結合，拖腔至末音時，i、u才結合a 而結束。如：

<因送哥嫂>　短相思　五空管

<u>5 5</u> 3 <u>33</u> <u>2 2</u> 3 | <u>6 6</u> <u>7776</u> <u>5 66</u> <u>6 5</u> | <u>6 6</u> <u>3 3</u> <u>6 5</u> <u>3 3</u> | <u>6 6</u> <u>7776</u> <u>5 6 6</u> | 6

因　送　　　哥　　嫂　　於卜 去 廣 南　　城siN ————iaN

套曲<鎮寒窗>首出　中倍　古輪臺　五空管

<u>2 22</u> <u>3 5</u> | 2 　 <u>2 2</u>#<u>1777</u><u>2 2</u>3 　 3 　 3 ⊙ 6 　 6 　 6 　 <u>6 6</u><u>5 5</u>3 　 3

行　出許　欄　　　　　杆

⊙5 　 <u>5 5 6</u> 　 6 　 6 ⊙6 　 <u>6 6</u>5 　 5 　 5 　 <u>6 6</u>5 　 <u>6 6</u><u>5 5</u>3 | 3 　 3 　 3

　外gu——————————————————————ua

3 聲化韻ng韻亦爲寬韻，不管在句中或句末，皆易於拖腔，故韻字多，

共39字

。如：

<魚沈雁杳>　錦板　五空管

　　　　　2 1 6 6 6 1 ｜3 3 055 3 5 3 2 ｜1 1 2221 6 1 7 6 ｜

魚沈雁杳伊並　無　　封　　書ts ɯ——　寄k ɯ——　a

5 5 66 #1 7 ｜#1777 2 1 6 1 7 5 ｜ ʕ　ʕ　ʕ

返tng ——————————————————————

　　窄韻韻字少，以其不適合拖腔故也。

　　閉音節不容易拖腔，故曲牌中沒有入聲字；而鼻音韻尾也無法拖長，通常都是主要元音拖腔至最後才與韻尾結合而收音。如：

(1)ng韻尾　<因送哥嫂>　短相思　五空管

3 2 ｜1 1 3 2 3335 3 2 ｜2 6 7776 5 6 ʕ

喜遇　上　元　燈　月　　明bi————ng

<回想當日>(相思引　五空管)「逢腸粧場鍾防娘香胸鳳釭裳床慌放郎欄廂鴦」叶韻，其韻母爲ong 、iong合韻。由於不利於拖腔，都加一「於」音，如：

2 2 ⊙3 3 2 ｜2 2 6 6 2 1 1 1 6 5 5 ⊙ ʕ ʕ ｜ ʕ ʕ ʕ .....

斷　　於 ɯ　腸tiong 於 ɯ ——————————

2 11 1 2 3 　5 5 3 3 2 ｜2 2 6 6 2 1 1 1 6 5 5 ⊙ ʕ ʕ ｜ ʕ ʕ ʕ ......

阮　是窈　窕　　娘liong於 ɯ ——————————

2 11 1 2 5 5 ⊙3 3 2 ｜2 2 6 6　2 1 1 1 6 5 5 ⊙ ʕ ʕ ｜ ʕ ʕ ʕ

何　必兩　意　　防hong於 ɯ ——————————

(2)n 韻尾　<花園外邊>　潮陽春　倍思管　D=1

2211 ｜ ʕ 1 11 6 1 6 5 ｜ ʕ 5 5 6 6 ｜ 1 11 1 2 3　3 5 ｜

卜來　答　　　　謝si———a 神si————

2 3 2211 7 6 7666 ｜1　1

——————n 天thiN

<望明月>(中滾　四空管)「圓倦郎戀環穿」叶韻。其韻母爲uan 。由於不利於拖腔，都加一「於」音，如：

4 4 5 4 2224 2 16｜1 16 6 22 1　1

攬　人不　女睏　　倦kuan於 ⸌──

5 66 5 4 2 44 14｜1 44 2 1 2 6 21｜1　4 4 2221 6 1｜6　6 6

今於 ⸌──旦　誤卻　情於　　郎　於 ⸌　──無　　　　　伴phuan

2 2 1　｜1

於 ⸌───　　　　　　　　　1 16 6 22 1　1

但泉州唱法則不加「於」音，唱：　倦kua ─── n

(3)m 韻尾　金韻字少，惟「陰心深金音錦」諸字，其中只有兩處用唱的，──8 出、41出。查遍南管曲詞，只有一曲< 槐陰茂樹 >押im韻字──淋陰林沈。南管非韻腳字出現-im 收尾字時，往往後面再加「於」以便於拖腔，亦以其不易拖腔故也。

以「心」字拖腔者如：

<一路行> 二調　下山虎　四空管

2　11 2 22 4 4 2　2 ◎｜4　4　4 ◎ 5　5 65 5 4 4 2　2 2　4⊙ 4 4

湘　江　　　　水　　不　女　滿

2　2　2 2　｜11 6̣ 2　2 4 2 2 11 2　2　2　22 1　1 11 16

　　於　略　　解k ⸌───────e 心si──

5 5 66｜2 2　2

────m寬

「陰」字後再加「於」以便於拖腔者如：

<盤山過嶺> 倍工　八寶庄　五空管

6　6 76　6　7　77 66 5 5 3 3　2 ⊙　2 2 #1777 ⊙　11 2 2 3　5 53

阮　身　　　　　　　險hiam於　　　不 女 險 送

5　2 2 3 3 33 3 2 3　3　3 ⊙ 5　5 ⊙ 5 5 3 3 3333 1　1　1

落　陰im　於　　　　　　　　　　司

「深」字後再加「於」以便於拖腔者如：

<河漢光萬里>　外對薔薇花　五空管

1 1 6　6　5 5 6　6　6 3 3　|2　2 2 3　3　3　3 3 2 2 2 1

誠　　　　　心si—m 於　月

6　6　6 1 1 5 3 3 3 2 3　3　|3 ⊙ 6 5 5　5 5 3　3 3 2 2 3 3 3 2

下　　來 深tshi——————————————————— m 深

1 1 2　2　2　3 3 2 2 2 1　|6　6　6　5 5

於　　　　　　　拜

(九)韻頭與合韻

　　一般押韻的規則是：韻母主要元音相同（或相近）和韻尾相同即可押韻。但閩南語押韻時，對韻母的韻頭（介音）也頗注意；最好韻頭也相同——可能出於聽感上更嚴格要求主要元音音響度的相同。就是說，a 寧可跟aN、ah相押，也儘量不跟ia、ua的字相押；除非是不得已——儘管它們是同韻部。（註四）

　　我們來看《荔鏡記》押韻關於韻頭的合押情形：

1 軒ian與川uan（潮音堅iang、光uang）主要元音與韻尾相同，但韻頭不同，故二韻字常不相押；只有一例押韻，53出「鮮邊緣」如讀潮音文讀，「鮮邊」屬堅韻，「緣」屬光韻，同押ang韻腳。

2 ua與uaN同韻部，ia與iaN同韻部，各自相押，如二三、二四。二六ia、ua歸納為同韻部（見第三節韻部表），但有些韻例如果把它分為前後二韻，當成換韻處理——雖換韻，主要元音卻相同——可能更好。如：

　　6 出是「成整冰(iaN)」一韻，「活(uah)」與看(uaN)中間有「致棄(i)」一韻，是遙韻。

　　13出「定廳(iaN)」一韻，「看晏般(uaN)」一韻。

14出：原文（見下）「何大我磨(ua)觀歡爛(uaN)」都是ua、uaN韻
　　字，只有首句與中間句「命名」構成遙韻；視爲同韻，亦未嘗
　　不可。

　　(旦)窮富是仔命。任伊富貴，仔心不歡。郎君句無乜何。卜力仔
　　　嫁乞林大。（白）「媽媽果卜力仔嫁乞伊。」情願出掃院觀。
　　　剃落頭髮，去做尼姑甘受磨。....我落得一身清淨好名。

　　(丑白)「烈女无你分。」你只賊婢，我飼你拙大。
　　　生共死便都由我。

　　(旦白)「林大賊冤家。」若愛我共你做厶婿，等待海水會乾，
　　　石硼爛。

17出：「城整」與「行成」(iaN)中間是夾韻「看(uaN)帶(ua)」。

19出：「驚情(成)」與「驚聖成」(iaN)中間夾一「破(uaN)」字。

19出：「耍破(ua)」後接「明定面定(iaN)」。

46出：「程城聽情程聲」與「領行」(iaN)中間夾一「我(uaN)」字

47出：雖是曲，實如四言絕句形式，「聲鏡(iaN)滿(uaN)平」「滿
　　　」在第三句末字，不押韻亦可。

50出：兄程聲行影仔嶺痛(iaN)看伴(uaN)
　可視爲同韻部，亦可視爲交錯韻——看伴夾在iaN 韻中。原文：
　　(旦)忽然聽見小七叫聲。連忙趕去看。

　　　有一孤雁飛過一影。伊是無伴，即叫慘聲。

　　　憶著伊人，腸肝寸痛。早知相見障惡，不如共伊去行程。

　　　　　吳氏校勘：「連忙」之前有「卜是我君有書信返」八
　　　字，疑爲道白。

　上述諸例說明一項事實：某些曲韻韻腳字，視爲同韻部固無不可；
但那只是表面現象，仔細分析，其中仍有換韻或交錯韻等其他押韻的不
同技巧在內。而其關鍵就在於韻頭不同的細微差異。

　ia與ua雖是同韻部，亦可視爲同韻腳——韻腹相同，但在音樂的表

現上卻大異其趣。南管唱法，先唱聲母與韻頭（介音）的結合音，拖腔至欲結束時，韻頭與韻腹結合同時發聲而結束，如：

城：siN————iaN

看：khuN————uaN

齊齒細音（城）與合口（看，實際唱時，唇形較u 稍張）的響度與情趣是不同的。譜例見(八)寬韻２。

附註

一：《中國語言學大辭典》p144：

遙韻，指同一詩句隔章押韻。如《詩經・周南・麟之趾》：

麟之趾，振振公子，于嗟麟兮。

麟之定，振振公姓，于嗟麟兮。

麟之角，振振公族，于嗟麟兮。

「麟兮」為遙韻，逐章重復。（江西教育出版社，1992，二版）

以下韻之名稱與定義皆參考此書。

一：李新魁<二百年前的潮州音>，《廣東社會科學》1993年第一期

二：周長楫《詩詞閩南話讀音與押韻》p15.16。

三：南管起源於泉州，再向外傳播，外地則以廈門為最盛；所以南管的唱奏有泉州派與廈門派。二者的不同，詳見王耀華、劉春曙《福建南音初探》PP143-146：

1 貫字與插字：貫字是唱字在拖腔中化成歌聲直貫至終，做到「聲中無字」的演唱方法，泉派用之；插字是把唱字直呼加上襯字的演唱方法，廈派用之。如<重台別>：重台(於)別。

2 收音：潤腔中，泉派大都必須收音，特別是大韻，廈派一般不收音，有時反而將聲音逐漸放開。如<山險峻>，泉派「山」字收「垵」、「峻」字收「聞」，廈派不收音。（施按：「峻」字必收「聞」(un)音，如不收此音，就是「叫字」不正確。此例不明其所謂。）

3 歸韻：語音不同而形成歸韻的差別。如<遙望情君>中，「君」字的大韻拖腔，泉州出「龜」音，圓唇收「溫」(un)；廈門出「龜」音則轉「哥」(on)音。

4 歇氣：芝菴《唱論》：「凡一曲中，....有偸氣、取氣、歇氣、就氣。」南音的歇氣，是指前半拍的休止。廈門派視歇氣爲禁忌，而泉州派則非常重視歇氣，認爲這樣才有韻味，才能造成一種聲斷意不斷的含蓄美。泉派的歇氣有「八分」和「十六分」兩種休止符，並常在擊拍時停聲，擊後再發聲，如<恍惚殘春>。

　　泉派與廈派的風格，其韻味是要在欣賞中去品味的。

施按：在收音方面，漢唐樂府曲師王心心謂：

　　　　收音是唱 7̲6̲ — 5　　不收音是唱 7̲6̲ —
　　　　　　　　山　　　　　　　　　　山

張炎《詞源》謳曲指要說：「忙中取氣急不亂，停聲待拍慢不斷。」（引自鄭孟津、吳平山《詞源解箋》p486，浙江古籍出版社，1990）南管唱法往往一字數拍，引曼悠長，不善調氣者，即有氣短的窘態；「停聲待拍」實爲重要技巧。如：<感謝公主>

　　3 3̲3̲ 6̲3̲ 5　唱成 0̲3̲ 3̲3̲ 6̲3̲ 5
　　南 柯　　　　　　南　　柯　「南」字先擊拍而後唱

而所謂「歇氣」的另一種表現法，是指唱至中間氣一頓，北調比較常用，如<冬天寒>（錦板五空管）、<告大人>（南北交　五六四仅管）末韻：（有*記號處稍用力而停歇）

　　2̲2̲3̲3̲ | 3 5̲5̲5̲ 2̲2̲2̲1̲ | 2
　　不 女　　　 *

四：同　註二 p53。

第四節　《荔鏡記》韻部與韻字表

韻母和韻部不同：「韻母只管它的主要元音和韻尾，同一個『韻部』

的字，是指主要元音和韻尾相同的字。如閩南話的『巴』pa1、『遮』tsia1、『瓜』kua1，它們韻母的主要元音是a，儘管韻頭不同，但仍把這三個字當作是同屬一個『韻部』。韻部一般大於韻母，一個韻部通常由幾個韻母組成。」（註一）所押之韻腳字，是讀書音與說話音混在一起，而且由於是戲劇現場演出，爲求演出者出口即能使觀眾領會，故是說話音居多。茲將《荔鏡記》之韻腳分爲18部（註二）。

一、《荔鏡記》韻部表

	名稱	韻部	包　含　韻　母	泉韻(妙悟)	潮韻(潮語)
1	飛機	i	i ui iN	基青飛	枝天歸
2	需求	u	u iu iuN	珠秋箱	龜鳩
3	好橋	o	o io ioN	刀燒	歌蕉薑
4	皮科	ɤ		科	
5	嘉華	a ua	a aN ia iaN ua uaN	嘉弍嗟京花歡	膠柑佳京柯官
6	姑蘇	ɔ ou		高	孤
7	西堤	e	e eN		家庚
8	居處	ɯ		居	居
9	街界	ue	ɯe ue *oe e	雞杯西	雞瓜
10	臺前	ai	ai aiN	開㧐	皆肩
11	頭宵	au	au iau	郊朝	交驕
12	新春	in	un in ɯn	賓春恩	
13	精光	ng	ng ing ung	卿毛	扛圌經君
14	江風	ang	ang iang uang	江風	江光堅
15	安全	an	an ian uan	丹軒川	
16	金音	im		金	金
17	昂揚	ong	ong iong	東香	公恭
18	投鈎	ɯo		鈎	

說明：

1：i 與 ui 皆來源於支韻，前者開口三等，後者合口三等，主要元音是 i，所以列於同韻部。

　　主要元音 i 與 a 相差太遠。如三一、i 與 ai 叶韻，是偶叶。

2、3：u 與 iu 同韻部，因主要元音都是 u；iuN 亦同韻部，因鼻化韻 N 並不影響 u、iu 的唇形。3 o 韻部亦然。

3、4：泉音科、刀韻可分別押韻，但可能有合押現象。《潮語》只有歌 o 韻，無 ɤ 之韻。

5：韻部的分法，主要是決定於主要元音（韻腹）和韻尾，但對韻頭（介音）也頗注意。最好在韻頭方面也相同。就是說，a 寧可跟 aN、ah 的字相押，也儘量少跟 ia、ua 的字相押；除非不得已（註三）。故二二 aN 單獨叶韻，而不與二三 ua uaN、二四 ia iaN 相押。a 與後者相押，只有二出：19 出「破化我寬殺飽膽」、46 出「滿散活外伴孝刈花我大掛看倚花」。

7：今潮州家韻、漳州嘉韻為 ɛ，上表擬為 e。二者舌位緊鄰，ɛ 稍低。但 ɛ 與泉州西 e 韻無辨義作用，故家韻擬為 e，以便與其鼻化韻庚 eN 韻一致。庚韻一字二讀：eN、iN，e 與 i 舌位緊鄰。

　　此部專屬潮韻。泉韻西 e 韻多讀白讀 i 或 ai，其本韻（文讀）音 e 南管多唱 ɯe，與雞 ɯe 韻同押，故列於 9 街界韻。

9：泉音雞、杯合為一韻，因 ɯ 與 u 是展唇、圓唇之別，南管唱音凡遇 u 韻處，唇形略展即成 ɯ，故二組字叶韻。潮音雞韻試擬為 *oe，由 oe → oi（今潮音），是元音高化現象。

10：今潮音肩韻為 oiN，但較早時期（如清代）應有 aiN 的讀法（註四），故擬為 aiN，與皆 ai 韻一致。

＊：全書收塞音入聲韻尾唯一例，即 13 出直、七押韻（泉 it、潮 ik，（見 p299 ）。因曲詞多說話音，而且說話音入聲喉塞韻尾-h 之字已與其他陰聲韻尾同押，如三、提(thueh8)與「低界截體易多」叶、八

(puch4) 與「街多衰界底鬓釵」叶、切(tshueh4)節(tsueh4) 與「
齊計多」叶。故不列入韻部。

* ：單就泉音論，7西堤屬潮韻，可去掉，則泉音有17韻部。

　單就潮音論，4科、12新春、15安全、18投鉤可去掉，則潮音有14
韻部。

新刊絃管時尚摘要集目錄

玩月趣　主仝　較閱

霞漳洪　秩衡　梓行

背双調錦　　一段

○冷宮怨　　一段

○○槐明別　　一段

○○○說身巳　　一段

○○○宗冰寫書　　一段

○○○梳粧綰正了　　一段

明刊本書影

二、《荔鏡記》韻字表

根據上節分析，將《荔鏡記》的韻字以上列韻部爲綱，依泉音《妙悟》韻母的名稱列於其下，潮音與泉音不同者，特別注明。

(一)飛機韻

基 i：三十，里已(紀)伊悲比枝婢弟意時依理啼地詩記期棲時(辭)兒起喜是置疑義志易世；

見三十合韻，二(膩)理微致耳致嬉宜思自只移疑例戲嬉年哩死氣二市池悲嗣侍迷(妣)欺四卑示崎(攲)世見意機低遲議(誼)離氣味衣移字俐利俐智庇米脂是妸棄止司欺飼計倚刺至期備癡禮飢知吏妻欹𠊎字；僻接滴舌遲(挃)—喉塞韻尾。

十二合韻：祇

青 iN：三一，姓見邊年佃天冥生更圓淺纏圓員客棚靜箭邊醒前緣病現性硬精扇乾(墘)爭錢電平鼻鞭院變偏遍簾星。

三二合韻：霓簾遍；乜蜜—喉塞韻尾。

飛 ui：開隨蕊誰對悴閨費規沸翠位祇飛垂虧累歸鬼爲(圍)碎氣累水

三二合韻：催

(二)需求韻

珠 u：諭句遇負久主父婦句。 豫處(潮韻)

秋 iu：流秋舟逑受就州遊收憂住手秀柳

箱 iuN：娘揚張傷量上羊強常娘場障裳鄉

九、燒箱轉韻：槳想悵（潮薑 ioN）

(三)好橋韻

刀 o：有惱歌(哥)無處寶做𠰷腦梭早作朵托老梭操(錯)騷可桃賀討羅懆好勞燥到倒；著落索—喉塞韻尾。

燒 io：九、燒箱轉韻：橋叫腰少；約著謔惜—喉塞韻尾。（潮蕉）

(四)皮科韻

　科 ɤ：處過倍短皮和會袋尾賠禍脆尋罪[去]：月說—喉塞韻尾。

(五)嘉華韻

　嘉 a：未單獨押韻，但有獨韻亖 aN 韻，見二二，嘉韻字「差」出現於二
　　　　五合韻中；「孝」字出現於二三合韻中；「勞」字出現於二五合
　　　　韻中。

　亖 aN：二三，擔(擔)挑仔三；飽膽(二三合韻)。

　嗟 ia：二五合韻：爹麝捨靴車；額拆力(掠)驛—喉塞韻尾。

　　　　　二六合韻：斜遮；食—喉塞韻尾。　　（潮佳）宿歇—喉塞韻尾。

　京 iaN ：二五合韻：城程痛情慶嶺聽聲兄鳴定行仔慶錠聽成影營聖命驚
　　　　　　　　　　倩鏡正惶明

　　　　　　二六合韻：嶺平

　花 ua：破帶舵倚大何化我掛(卦)花毛磨沙外掛紙；刈活殺—喉塞韻尾。
　　　宿 潮韻)

　歡 uaN ：看趕半看單伴乾寒安寬肝伴散線般丹滿幔

(六)姑蘇韻

　高 ɔ：圖路舞都苦故謀厶悞(誤)虎訴舖捕(哺)等字。（潮音 ou ）

(七)西堤韻

　家、庚 e、eN （潮）：更冷債冥下(低)病（「更冥病」有另一音 iN ）

(八)居處韻

　居 ɯ：居思絮豫處語除去

(九)街界韻

　雞 ɯe ：截易提街多底釵藝齊切節

　杯 ue ：衰界髻八

　西 e ：體計低

(十)臺前韻

開 ai：牌事知泰綵咳來萊排愛西海內懷臺釆使眉篩喈丐釆(睬)才諧開栽哀。　二八、合韻：埃彩在擡牌隘哀

毢 aiN：前眸(冇)　三二、合韻：片還

(十一)頭宵韻

郊 au：頭愁溝頭較稍兜眸罩到斗流走投口草後鬮爻留包哭樓鬧宵

(十二)新春韻

恩 ɯn：恩勤坤

春 un：悶迶衰(滾)雲昏魂門

賓 in：親陣辛恁囚秤肯稟面憑神身鬂引盡緊應塵陳民認哂眠輕

(十三)精光韻

毛 ng：光粧全返昏門方損暗勸長光當瞵郎(囥)返轉軟遠(惛)床中湯黃斷惶扛捲行庄酸廊亂霜飯腸荒(聞)

卿 ing：京銘天城明　（此韻字與潮圄、經合爲一韻）

（潮）圄 ing：親陣辛恁囚秤肯稟面憑神身鬂引盡緊應塵陳民認程哂眠輕

經 ing：定冷情縱(蹤)重卿明腫整城明

（潮）君 ung：悶迶衰(滾)雲昏魂門

(十四)江風韻

江 ang：窗夢房蜂動弄叢巷人像雙痛翁鬆逢筒紅放香(芳)望捧東捧通降同工空蜂蕩朧雙(鬆)忙　　　　　（潮江韻）

（潮光）uang：般歡關絆阮專煩團還

（潮堅）iang：貶千懸仙顚前鮮邊　緣

(十五)安全韻

丹 an：翻干難喘緣安等襯陳赼(趁)瓶君

軒 ian：貶千懸仙顚前鮮邊　緣

川 uan：般歡關絆阮專煩團還

(十六)金音韻

　　金 im：陰心深金錦　十五，吟沈音甚　　（潮金）

(十七)昂揚韻

　　東 ong ：濃風蒼瑭功　封　　　　　　（潮公、光韻）

　　香 iong ：娘上容想涼中窮從障鄉常裳鄉場　（潮恭韻）

(十八)投鉤韻

　　鉤 ɯo：頭愁溝兜眸斗口後投樓

　　　以上諸字，可補入《妙悟》漏收者，可作為研究《妙悟》之寶貴資料
亦可作為民間文學押韻之參考。

附註

一：韻部參考周長楫《詩詞閩南話讀音與押韻》p21.22 。

二：同上註，p23 。

三：同上註，p53 。

四：李新魁<二百年前的潮州音>：

　　鄭昌時《韓江見聞錄》又云：「先讀近腮，前近哉，千近才，肩近
　　皆，蓮近能。」表明一批原收[-n]的字變為鼻化韻。「先」[sai] ——
　　「腮」[sai]；「前」[tsai]——「哉」[tsai]等等。這些字在現代潮州音
　　中有兩種讀法：一是汕頭、潮安、澄海、饒平、南澳一帶為[oi]韻母
　　；一是潮陽、揭陽、普寧、惠來一帶為[ai]韻母。可知這些字的潮安
　　音從清代的[ai]變為現代的[oi]韻，而潮陽等地念[ai]韻，較潮安為近
　　於古。

劉鴻溝《指譜全集》有工尺書影

《摘要集》拍位書影

第六章
《荔鏡記》音樂與語音之關係

　　《荔鏡記》是產生於明朝泉州的南戲戲文。談到《荔鏡記》的音樂，是指戲文裡的曲牌。曲牌的來源，有北曲、南曲、地方小曲。但不管來源於何處，進入泉州，都已泉腔化——語言與音樂改變為特殊的泉州風格。泉州本地的語言與音樂，大大不同於其他地方，有其悠久的歷史與頑固的保守性。扼要地說：

　　泉州話在四世紀時已形成，北方西晉永嘉之亂（311）前後，中原人士逃難避居到福建南部的泉州，把當時中原的語言帶到泉州，與當地少數閩越民族的語言混合，形成泉州話。由於福建封閉地形的影響，泉州話比較少改變地保存到後代。與其他北方方言或閩南次方言最大的不同是：ɯ音普遍地保存在泉州人的口語中及聲調的差異。（詳見本書第四章第一節）

　　南管音樂起於何時，雖然沒有正式的記載，但可能在唐、宋時已孕育於泉州。唐末至宋、元期間，泉州是中國、也是世界有名的大商港。經濟的繁榮，再加上後來宋代北方淪於異族之中，使漢族的政治、經濟、文化南移，毗鄰臨安（南宋都城）的泉州成為重要的據點，促使戲劇、音樂、人文鼎盛；唐宋大曲的音樂、形制多保存於泉州音樂中。可以說，南管音樂是泉州本地的音樂，這是由泉州語言與相傳古樂——包括南北朝至唐宋的一些音樂現象——結合形成的音樂。當外地音樂進入泉州，即南管化了。（詳見本書第三章第四節）

　　研究《荔鏡記》的音樂，必須從泉州語言與南管音樂的特性去追溯明朝泉州的音樂。泉州語言至今尚留存在泉州人及泉州腔系（如臺灣鹿港）人的口語中，是不爭的事實；而南管音樂也是自古至今傳唱不絕，故有「千載清音」的雅稱；被稱為「南戲遺響」的梨園戲——猶膾炙人口於今日

泉州：兩者都是難能可貴的「活化石」。尤可慶幸的是，我們還發現了晚於《荔鏡記》約五十年出版的明刊本南管曲簿——龍彼得輯《明刊閩南戲曲絃管選本三種》，其中的音樂術語（如北調、相思引）與南管相同，很多曲詞亦大同小異（詳見本書第三章第四節）。由「南管與明刊本絃管的雷同」、「明刊本與《荔鏡記》同時代」二條線索的連接，使筆者大膽地用今日南管音樂來研究分析四百多年前的《荔鏡記》曲牌音樂。本章的研究重點，是根據上章的語音分析，將泉州語言與南管音樂相結合，探討語言與音樂的關係。

吾師謝一民教授精研聲韻與國劇，他說：

> 一個劇種，必定有它特異於其他劇種的音律規範。秦腔有秦腔的音律規範，越劇有越劇的音律規範，川劇、漢戲、歌仔戲，無不如是；國劇自然也不例外。如果某一劇種失去了它的音律規範，也就不能成爲名副其實的劇種了。尖、團字在唱唸中的明白區分，是國劇藝術家歷經多年的實際應用，所形成的共識，已經成爲國劇唱唸的音律規範了。（註一）

探討、擷發南管音樂特殊的音律規範，就是在闡明《荔鏡記》曲牌音樂的音律規範。本章所述，雖然偏重在今日南管音樂與語言的關係，與《荔鏡記》的關係在似有若無之間；筆者將儘量採用與《荔鏡記》相關的曲文加以論述，庶幾對《荔鏡記》音樂的特性有所闡明，也對南管音樂的研究與發揚有所助益。廣陵雖亡，紹承絕響，正在吾輩，豈容廢業！（註二）

附註

一：謝一民<國劇唱唸藝術探究・聲母篇>，成大中文學報第五期，1997。

二：由於臺灣文化長期受忽視，社會環境變遷急遽，傳統藝術的尊嚴受到嚴重摧殘。傳藝者無法嚴格要求，習藝者對「藝術」的認知不深入亦不夠嚴肅，無怪乎廣陵散絕。筆者跟隨南聲社張鴻明先生學習南管，見聞所及，感慨南管傳承之不易：最大的障礙就是語言問題。南管唱音以大陸的泉州音爲正音，臺南人的語言偏漳州腔，青年人學唱南管

已經很難唱出泉州正音；說得白一點，是因對南管藝術認識不深而不認真學習。一民師嘗慨乎言之：「國劇，已經是精緻的藝術了，無論唱、唸、做、打，都可以說是高難度的技藝，要想臻達完美的境地，勢須經歷一番磨練。有了困難，就應當以積極的心態與行動，去求得解決，才是正確的處事態度；如果以爲分辨尖、團困難，就妄言廢棄，這不僅不是愛護國劇，簡直是在摧殘國劇了。」（同上註）

第一節　音樂與語言的關係

漢語的平仄、四聲，本身就已包含著音樂上的旋律因素。每一個字各有高低升降的傾向；連接若干字構成歌句之時，前後單字互相制約，又蘊蓄著對樂句進行的一種大致上的要求。……片面強調這種字調對音樂要求的重要性，否定了根據內容要求，創造音樂形象的重要性，而企圖僅僅消極地、機械地、形式主義地讓音樂被動地隨著字調的高低升降而高低升降，成爲內容空虛、毫無生氣的一串音符，並且就把這串音符，視爲「音樂作品」；那是從根本上否定了音樂創作，是我們所應當反對的。但在另一方面，若絕對忽視語言的要求，而寫成一些與歌詞字調要求背道而馳的樂句，則也決不能成爲一個成功的好的作品。反之，若能適當注意字調，同時又能發揮音樂上的獨創性，不受字調的束縛，則寫成的作品，必然能有更高的價值。（註一）

語言本身的高低升降，就是一種音樂旋律。南北方言的調值，經過長期歷史的演變，互有出入，但陰平、陽平的調值大致差不多。我們以此二調爲例，說明語言字調配音的規律：（註二）

		1 陰平	2 陽平
本字音調之進行	腔格	單音腔升高或降低一二度後回復原位，成三音腔。如： 1 2 1 ‖ 1 6̣ 1 ‖	低起，上行一二度，成二音腔。如： 1 2 ‖ 5̣ 6̣ ‖
		三音格向略高略低處留連纏續。如： 6 — ¦ i̱.6̱ 5̱6̱ 5̱ 3 ‖	隨二音腔格更略上行後回頭，留連纏續。如： ²⁰ 3 3 5 ¦ 2 3̱3̱2̱ 1̱0̱1̱ 6̱6̱6̱1̱ ‖
	跳腔		上跳，如： 1 5 ‖ 3 6 ‖
前後字音調之關係	1 陰平	1.1 同度 1.1 高低一二度 1.1 兩字合用一腔格	1.2 略低或同度
	2 陽平	2.1 同度，略高或上跳。	2.2 同度略高或上跳。

　　南管的工尺譜是琵琶指法譜。琵琶只奏曲中骨幹音，所以又稱「骨譜」。而洞簫、二弦和演唱者的唱腔常加上許多潤飾音，使樂曲豐富而有變化，稱爲「肉腔」，這是演奏（唱）者即興潤飾，富於自由表現的有藝術生命的東西。如何加裝飾音？就必須正確把握泉州音本調與變調的規律與調值，使語言與音樂的創造性配合，「先字後腔，字腔交融」，再「以腔入曲，以腔傳情」（註三）這是欣賞或唱好南管音樂的基本條件。

　　如果音樂高低旋律的進行和語言本身的高低音調相反，讓聽者聽不懂或誤會歌詞的意思，就形成「倒字」，這是歌者的大忌。

附註

一：楊蔭瀏《語言與音樂》p36，丹青圖書有限公司。

二：同上註，p37插頁表。

三：王耀華<閩劇唱腔風格的形成>，《福建師大學報》。哲學社會科學版
　　1983，第二期。

第二節　泉州音的特色

與《荔鏡記》、南管音樂的關係

一、南管樂譜簡介

南管的譜字均與一定的固定音高相關。其基本譜字與固定音高如下：

譜字：　　╳　工　六　甲　乙

音高：　　c　d　e　g　a

若與我國民間通行的「工尺譜」比較，南管的音高與「工尺譜」七調中的
「上字調」譜字及其音高有某些相符之處：

上字調譜字：　上　尺　工　凡　　六　　五　乙（註一）

上字調音高：　^{b}b　c　d　^{b}e　f　g　a

南管基本譜字：　　　　╳　工　　倍六　甲　乙

南管基本譜字音高：　c　d　　e　g　a

其中╳音tshe1；「甲」讀「士」，音s ɯ7，與「五」的低八度「四」相
通、同音──四音s ɯ3，泉音陰去與陽去同。僅「六」相差半音：
上字調為 f，南管為 e。

南管一般用四個調（另有㐅 ^{b}B調，少用）其譜字與音高如下（註二
）：

固定音名	c1	#c1	d1	e1	f1	#f1	g1	a1	♭b1	b1	c2
工尺譜	Ｘ	倍工	工	倍六	六	毦	甲	乙	乇	㐅	仅
五空管(G)	清角	變徵	徵	羽		變宮	宮	商		角	
四空管(F)				(變宮)	宮		商	角	清角	變徵	徵
五空四仅C	宮	(應)	商	角	(清角)		徵	羽		(變宮)	
倍思管(D)	(閏)	變宮	宮	商		角	(清角)	徵		羽	

再以五線譜表示其音階關係：

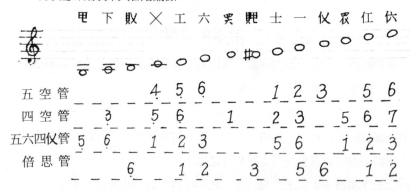

爲打字方便，採用簡譜記法，四空管(F)、五空管(G)、五六四仅管(C)皆用固定唱法記譜；倍思管(D)用首調唱法記譜，即D=1。

南管採用傳統的五聲音階固定調記譜法。譜式爲直排式，分成三行，包括音符、指法、撩拍(拍板)（參見本書末葉附圖）。指法爲琵琶彈奏的指法，又稱爲「指骨」。不同的琵琶彈法有不同的唱法，簡譜無法如實表示，茲僅擇兩種特殊琵琶指法符號說明之：

⊙：全撚，1 每一樂曲開始，連續彈第一音，由慢而快。

　　2 一音之前，連續彈該音，時值佔一拍。本章記號多指此而言。如　⊙　6 = 66666　6

⌐：掄指，由無名指起依次接替掄下，再用母指挑起；時值佔1/4 拍

，如 $\overset{\frown}{3\,2}$ =3‧22222

　　南管的拍法分七撩拍、三撩拍、一二拍、疊拍，以及散拍。「拍」字指拍板之「拍」，以「○」表之，每兩個「拍」(○)之間爲一小節。撩是指每次拍板後之音樂間隔，以「、」表之，每撩有二拍（此拍非拍板之「拍」，是指計算拍數之拍）。例如七撩拍，理論上每小節有八拍，但實際的聽覺上卻有十六拍。三撩拍爲八拍，一二拍爲四拍，疊拍爲二拍，緊疊爲一拍。

二、襯音—於（ɯ）、不女（m7 l ɯ2）、吁（u）

　　泉州音系中，[ɯ]當元音或介音，是一個很大的特色；但我們在《荔鏡記》戲文中看不出來；這只是表面現象，ɯ音的存在是一個事實。南管唱詞中，「於」(ɯ)字做襯音是普遍的現象。泉州人（或鹿港人）說話，幾乎每一、二句就有ɯ音，如「來去(kh ɯ3) ɔ ° ！」、「汝滯在佗(l ɯ2 tua3 t ɯ6 to2？」應用在音樂上，以ɯ來「起音」、「收音」並作襯音是很自然的事。記錄南管音樂有兩種方式：一是只記曲詞，或有「於」或無「於」字；一是詞譜兼記，必有「於」「不女」字，前者音ɯ，後者音m l ɯ。我們先拿南管與明刊本絃管相對照：

明刊本《滿天春》上欄	吳明輝《南音錦曲選集》
雀踏枝	長滾鵲踏枝
暗想君去因功名	暗想君去因功名
力只鴛鴦拆二邊	掠宛央折(不女)二邊
見許肌膚瘦細	看阮肌膚瘦(不女)細（註三）
羅裙摺	羅(不女)裙摺
悶人怨殺冥昏	悶人怨殺(於)黃昏
悶人怨殺冥昏	阮悶人句亦怨殺(不女)冥昏
對守孤燈	對只(於)孤燈

越添我悶損	越添阮(於)悶損
兼風送有几點	兼風送有幾返(不女)
鍾聲直透入我紗窗	鐘聲直透入阮紗窗
烏人畏聽	(不女)烏人(於)畏听
只相思那爲人情	只相思　阮那爲著人情
不覺見月上半庭雲鬢開	不覺見許月照半(於)庭雲展開
一輪光鏡	一輪光鏡
對嫦娥說拙分明	對嫦娥我今問拙分(於)明
伊知我心是定	伊今知阮心性定
伊許處討無伴	伊許處獨自討無伴
照見阮影	照見阮孤影
恁齊來深又拜	咱(於)今齊來深拜(不女)
願天有靈聖	望天地靈聖
保庇阮官人金榜早早帶名	保庇咱官人金榜伊著早早帶名
那畏咱身泊命	那畏阮身薄命
勸奴仔把定心情	勸娘仔須著把定心(於)情
恁夫妻天緣注定	恁夫妻是天緣註定
何用心著驚	何用爾心著驚
想伊不學王魁負恁人情	想伊不比王魁卜來負咱(於)人情
	想伊不比王魁伊卜來負除咱人情

再比較南管與《荔鏡記》曲文：

《荔鏡記》[皀羅袍]旦唱	吳明輝《南音錦曲選集》長潮陽春
早起日上花弄影。	早起日上花弄影(不女)
卜做針線無心情。	提起針線無(於)心情
聽見乜人叫磨鏡。	聽見外頭叫磨鏡(不女)
聲聲叫得是好聽。	聲聲叫出甚(於)分明
好一風流人物，	好一位風流(於)人物

生得各樣齊整。	生得有只十分(於)端正
疑是許馬上官人，	**嫺**即認是馬上(於)官人
想伊不來磨鏡。	想伊**俪**肯假學做磨鏡
人有相似，	人有相似(不女)
恐畏認捒。	益春汝著仔細(於)認定
（捒音taN3，錯誤）	夭人有只相似(不女)
	益春汝著仔細仔細認定

　　對比之下，可知明刊本、《荔鏡記》只記錄曲詞，而今南管則是完整地記載曲詞與襯音。南管教唱者歷來皆以口口相傳、口傳心授的方式進行，有曲譜當然最好；沒有曲譜，只有曲詞亦可，也不必特意寫下「於」「不女」字，唱時記住 ⚹及m7 l ⚹2 之旋律即可。《荔鏡記》劇本亦如此。

<h3 style="text-align:center">(一)襯音的作用</h3>

　　漢字屬於單音節。某些單音節不適合拉長的字，在音樂表現上就要採取一些補救之道。朱光潛說：

> 襯字在文義上爲不必要，樂調曼長而歌詞簡短，歌詞必須加上襯字
> 才能與樂合拍，如詩經、楚辭中的「兮」字，現代歌謠中的「咦」
> 「呀」「唔」等字。歌本爲「長言」，「長言」就是把字音拖長。
> 中國字獨立母音字少，單音拖長最難，所以於必須拖長時「襯」上
> 類似母音的字如「啊」(o)「咦」(i)「呀」(ia)「唔」(oo)等以湊
> 足音節。這種襯字格是中國詩歌所特有的。西文詩歌在延長字音時
> 只須拖長母音，所以無襯字的必要。（註四）

中國使用的漢字是單音節，西方使用的拼音文字是多音節；多音節意謂一字當中有多個母音，可以隨時拉長。如電影「眞善美」(Sound of Music)
插曲<Edelweiss>（中譯「小白花」）：

　　3 — 5 | $\dot{2}$ — . | i — 5 | 3 — . ‖

　　E　　del　weiss　　e　　del　weiss

如以一個漢字翻譯edelweiss ，「單音拖長最難」，即需借用其他母音—
—a e i ɔ u，中國詩歌中的虛字即是發揮母音拉長、調節樂調曼長的作
用。

　　中國音樂的發展與形式，可分爲二線：

1民間小調：有它基本的旋律，在此基本旋律內，小部分容許唱者自由發
　揮變化，歌詞中加上「呀」「喂」往往是一種襯音的作用。如臺灣< 勸
　世歌 >：

　　　<u>6 23 2 5</u> ｜ 3 — ｜<u>2 53 3 12</u>｜ 3 — ‖
　　　我來 唸歌　囉　　互恁 聽　　噫

「囉」「噫」就是襯音，起著拉長音的作用。

2文人作品　詞有所謂「泛聲」，曲有襯字，皆是因應音樂與內容的需要
　而長短其句。

　　南管特重滾門、曲牌（註五）的特性，不同的歌詞使用同一滾門或曲
牌時，歌詞的長短、情感表現亦因之而異，爲配合音樂的表現——即旋律
的長短、快慢，就須要襯字（音）來調節。「更何況有些字長達十餘拍，
一聲七、八折的情況比比皆是，尤其有『大韻』的樂段或詞韻轉折處，適
當地輔入襯字，即是在補助字韻與樂韻的協調性。」（註六）

　　南管的襯字大多是「於」(ɯ)「不女」(m7 l ɯ2)，有時用「吁」(u)
，「去」(kh ɯ3) 字偶見（註七）。彼岸學者稱「於」爲襯音，「不女」
爲「襯詞」（註八）。說「襯音」，是取其音而不重其字，說襯詞，是除
了做襯音外，某些實例尚有詞意；但收韻都是 ɯ。 ɯ音是泉州音的最大特
色。《妙悟》有居韻，收 ɯ元音，除了當收音外，在聲、韻中間，做爲拖
腔之用。所謂「拖腔」，就是歌詞中的一個字，在歌唱中，在這個字上往
往會用曼長、婉轉的唱法，而且在需要時，又會運用我國特有的「頭、腹
、尾」聲韻因素，層次分明，便於歌者用來曲折地傳送他的歌音的一種技
術。（註九）

(二)襯音的類型

1、用「於」字作襯音（有的抄本作「于」字，如吳再全本），其形式有幾種：

甲、作樂曲之起音，如　套曲<鎖寒窗>次齣　中倍　怨王孫　五空管

6 6　7　7 7 6　6 6 7 7 6　6˙　5 5｜6 66 6 5 6　6　6

　於　北　風　　　　　於　吹

套曲<我只處心>次齣　長潮陽春　倍士管　D=1

2 2　1 1　2 1 7 6 6 6　1｜1　1 1 2　2　2 3 3 2 2　1　1 1

　於　移　　步　遊　賞　　於　景　　致

套曲<一路行>首齣　倍工　五空管

3 3 2 3　2 2 3　3　3｜3 2 #1 7 7 7 2 2 3　3　3　6 6 5　5 5 6　6

　於　一　　於　　　　　　　　於　路

乙、作樂句的開頭，如<盤山過嶺>　倍工　五空管

　　　　　　3 3　6　6 6 1 1 1 1 1 6 1 1

為著人情(於)阮亦長掛在心內於　自

#1 7 7 7｜2 ⊙　2　2　2　3　3　3 3 2　2 2　#1 7 #1 7 7 7 2　2　2...

　於　生　　　　　　長

3 3 2　2 2 3　⊙｜5　5 5 6 6 6 6 5 3　3　5 5 6　6 7 6　6....

　於毒　　害　　　打　得阮　身　險

　　　　　　　　　2 2　　　⊙　　6 6 5 5 6 6｜2　2　2　⊙3

於不女險送落陰司內....於 記　　　　　　　　當

3　2 1 3 3 2　2 1 6 6 1 1 2　2　2 6 6｜7　7 7 6 6 5 5....

　　　初　　　　　　於　花

丙、做樂曲之收音

　　<綠柳殘梅>　相思引　五空管

3 2｜#4 4　3 3 3 2 1 3 3 3 2｜2 1 6 6 2 1 1 7 6 5 5

真是　儌　心　薄情　　人　　　於

丁、用於樂曲中

(1)調節歌詞與旋律的配合度

<出漢關> 長潮陽春 倍思管 (首調記譜)D=1

$$\underline{1}\ \underline{1}\ \underline{2}\ \underline{1}\ \underline{7}\underline{666}\ \underline{1}\ \underline{1}\ |\ \underline{2}\ \underline{22}\ \underline{2}\ \underline{1}\ \underline{3}\ \underline{3}\ \underline{2}\ \underline{2}$$

出　　　　於　　漢　　關

用「於」作襯音過渡，使漢字之音提高爲高平調55。（「漢」字的本調陰去(41)變調爲陰上(55)）

<茶蘼架>：

$$\underline{6}\ \ 6\ |\ \dot{2}\ \dot{2}\ \underline{7}\underline{7}\underline{6}\underline{65}\ 6\ \ 5\ \ \underline{5}\underline{3}\ \ 2\ \ \ 2$$

茶　　　於(ɯ)蘼　　架

「茶」的本調陽平(24)，變調爲陽上(22)低調。

<思想情人> 相思引 潮相思 五空管

$$\underline{3}\ \ 3\ \ \underline{5}\underline{5}\underline{3}\underline{3}\ |\ 2\ \ \underline{2}\underline{2}\underline{1}\underline{1}\ 2\ \ 2\ \ \underline{3333}\ |\ 3\ \ 3\ \ 3\ \ \odot\ \underline{6}\underline{6}$$

思　(於)　　想　　　　　　　　　　　　　不

$$\underline{7}\underline{7}\underline{7}\underline{6}\underline{6}\ \underline{6}\underline{5}\ 3\ \ \underline{3}\underline{3}\ |\ \underline{6}\underline{6}\underline{6}\underline{7}\underline{77}\underline{7}\underline{6}\underline{5}\underline{5}\underline{6666}\ 6\ \ 6\ |\ 6\ \ 6\ \ 6$$

女　情　　　　人　　於

「思」字唱兩拍後有緊攆，唱者略停，接唱時即用「於」拖腔（實際上是「思」音尾韻 ɯ 的連續。「想」字爲陽上(22)必自低音起，故「思」音必拖長至「3」音結束，才自「2」音起唱「想」字。「人」字主要元音爲開口「a」，不適於拉得太長，故用「於」作爲過渡。

(2)使唱詞明晰

<爲伊割吊> 短相思 五空管

$$6\ \ \underline{6\cdot\underline{5}}\ |\ \underline{3}\underline{3}\underline{5}\underline{3}\underline{2}\underline{2}\underline{3}\ |\ 3\ \underline{2}\underline{3}\ \ 6\ \ \underline{6\cdot\underline{5}}\ |\ \underline{3}\underline{6}\underline{6}\underline{6}\underline{5}\underline{3}\ \underline{3}\underline{55}\underline{3}\underline{2}$$

頭眩　目於暗　　不女 頭眩　　目於　暗

「目」字的收音爲ak，k爲入聲韻尾——截斷音，唇內的動作，唇

形仍保持 a，「暗」音am3，起音也是 a，如不用「於」音隔開，
則二字連唱成爲bam3，聽者即不明所唱爲何音。

<無處棲止>　北相思　五空管

⊙1　11 2　2　2 2 1｜6　6 6 2 11 1 6 5 5　6 6　　6 6｜2
又　　兼　　於　逢　著　　　　　　　月　暗

2 2 3　3　3 2 2 2 1　6　6 6｜2　2 2 1 1 2　2　3　3　3　｜3
於　　　　　　　　　　冥

「暗」音am3，「冥」音mi5，暗的收音與冥的發音都是雙唇音，中
間必須用「於」隔開，二字的叫字才能清楚。

(3)凡遇入聲字，該截斷，不利於拖腔，往往用「於」音拉長。

<記得當初>　水車歌　四空管(F調)

1 2 2｜5 6 6 5 4 2 4 2 2　4　5 4 2 4
從伊　　一於ㄐ 去 並無封 書 寄返
　　　　　　tsit8

<思想情郎>　七撩潮陽春　倍思管　D=1

⊙ 5　5 6　5 5 2 2 5　5˙3 2　2　2　5 5　3 3 2 1
恰khap4於　似 相　如　　　於　今　來

<拙時無意>　中倍　九串珠　五空管

2　2 2 3　3　3　5 5 3 3 2 2 1　1　1　3 3 5　5 5 3 3 2 2｜1
屈khut4於　　　　　指 待　我 君　　　　記

1 1 2 2 1　1 1 2　2 2　3　3　3　5 5 3 33 3 2 1 1 2 1
梅　花未 曾發　　於　　　　　蕊

<回想當日>　相思引　五空管

⊙2　2˙1　6 6｜2　2 2 1 1 2　2　⊙3　3｜7　7 7 77 7 6 5 5
回　　想　　　　當　　　　日

6　6　6 5｜3　3 2 3　3　3　⊙3 3 5 5｜7 6 6　6 6 5　5 ....
lit8　於ㄐ 佛 殿　　奇　逢

6 6<u>6 6</u> i̇   <u>7 7</u><u>6 6</u> | 7 7 7 <u>7 6</u> <u>5 5 6</u> 6 <u>5 5</u> | 6 <u>6 6</u>7 7

喜　於今　　宵　　　　　　得tit4於 ɯ接　繡　　闈

「一」「恰」「屈」「日」「得」爲入聲，該截斷，用「於」音拉長。

(3)不適宜拖腔太長時，用「於」接續拖腔

(繡成孤鸞>　長潮陽春　倍思管　D=1

<u>2 3</u> <u>2 2</u><u>1 1</u> <u>1 6</u> i   1 | 1 <u>2 2</u> <u>1 1</u><u>1 1</u> <u>1 2</u> | 5 5 5

繡成只孤鸞於繡　牡　　　　　　　　丹

<u>6 5</u>　| <u>5 3</u> <u>3 3</u><u>2 2</u> <u>3 3</u>

(於)

此曲原譜「丹」字之後無襯音「於」，大陸錄音帶李白燕如此唱。

但南聲社蔡小月所唱，則有「於」音。此由於各人體會不同之故。

2 用「不女」作襯音

甲、最常用的是隔開相同的句子

<爲伊割吊>　短相思　五空管

<u>2 2</u> <u>3 3</u> 3 <u>6 6</u> <u>5 3</u> <u>5 2</u> 3 | 3 <u>5 5 5</u>3 <u>2 3 3</u> <u>2 3</u> | 3 <u>6 6</u> 6 <u>5 3</u> <u>5 5</u> <u>3 2</u>

越　自傷　情　　　不 女越自那 傷　　情　　　..

<手抱琵琶>　福馬　五空管

5 5 5 2 　| <u>3 3 3 2</u> 3 1 2　2　<u>2 2</u>　5 5 <u>5 5</u> | 3 ―　<u>3 3 3</u> 1

憶 著　　君　王　　不汝憶 著 我　漢　　王　(註十)

<思想情人>相思引　五空管

思想情人，伊今一去，　　不女　君今一去

<輕輕看見>

相如琴調，不女　相如琴調，阮亦無心通去操。

看阮緣分，不如　看阮緣分，今來是有是無。

乙、代替「於」的作用：「於」是一音，「不女」是二音，襯音的作用較

明顯。

<爲伊割吊>　短相思　五空管

6　<u>6.5</u>｜<u>3 3</u>　<u>5 3 2 2 3</u>｜<u>3 5 5</u>　<u>2 33 2 3</u>｜<u>3 66 6 5 3 55 3 2</u>..

天　涯　路　　遠　　　不女　崖州　个　路　　　遠　隔別

丙、作爲「錦板」「長寡」結束句的專用詞和「特韻」。

　　<冬天寒>　　錦板　五空管

<u>6 5</u>｜<u>5 33 3 6 5 5 3 3</u>｜<u>5 5 2</u>　2　3｜3 <u>3333 3 3</u>　2｜<u>2 2 1 1</u>

伊　共　　　　君　　　　　　　相

<u>2 2 3 3</u>｜<u>3 2 22 1 1 6 6</u>｜<u>5</u>　<u>5 5 2 2 3 3</u>｜<u>3 5 5 5 2 2 2 1</u>｜2

　　　　　　　　見　　不女

　　<奏明君>　　寡北　五六四伬管

<u>3 3 3 1 3 2 2 1 3</u>｜<u>1 1 1 3 33 2 3</u>｜2　<u>2 11 1 2 1 6</u>｜<u>1 66 6 5</u>

黃河水都有只 澄　清　　　再　　　來

<u>3 3</u>　<u>5</u>｜<u>5</u>　<u>6666 6 1 5 5</u>｜<u>6</u>

不　女

　　<紗窗外>　　長滾　越護引｜四空管

　　　　　｜<u>4 4 4</u>　<u>5 5 4</u>　<u>4 5 4 44 4 2</u>｜<u>1 1 1 2 2 4 4 2 2 4 1 1</u>｜2

割吊得阮腸　肝 做　於寸　　斷　不　女

2　2　2　2　<u>2 2 4</u>　1　2

丁、使叫字明晰

　　<紗窗外>　　長滾　越護引｜四空管

　　　⊙6　<u>6·5 4 4 5</u>　<u>5 6</u>　<u>6 6</u>｜6⊙　<u>6 6 5 5 6</u>　<u>6 i</u> 6　<u>5 5 6</u>　6

月正光　　　　　　不 女阮　今　　思

「阮」的本調是(55)，變調是(35)，不管是否變調，都應該高拔，故
用「不女」做過渡襯音，從「阮」開始高拔唱出。

戊、作爲樂段的半終止及承接用

　　<暗想暗猜>　　短相思過倍思管　G調轉 D調

　　　　　　　　<u>1 1 3 2 2 5 5 3 2</u>｜<u>6 6 7 7 7 6 5 6</u>　<u>6</u>｜<u>6</u>　<u>1 2</u>

東園桃李何不移來只 處　　　栽　　　　　　不女

過倍思管

#4 4 3 2 | 3 22 2 3#4 4 4 3 | 3 2 2 3332 7 7 7 66 6 5 0 6 6 6

阮 一 身

　阮身恰似牡丹花含蕊未遇著蜂蝶來探。

【相思引】或【短相思】，往往在樂曲進行的四分之三處轉調爲【長潮】、【中潮】。【相思引】、【短相思】屬五空管（C、G宮調綜合交替），【長潮】、【中潮】屬倍思管（D 宮系統），由五空管變成倍思管稱爲「落倍」。落倍處往往是感情的轉折之處，或是需要特別強調的某些詞組，通常用「不女」作爲過渡。（註十一）

己、是一種「意會詞」，用於不同詞中有不同的「意」。

<年久月深> 長潮陽春 倍思管 (首調記譜)D 調

5 5 6 6 6 5 5 | 3 3 3 6 5 5 5 33 3 2 1 1 2 2 | 5 5 5 3 3 2 2

年 久 月 深 惡 竪 起

3333 5 5 5 5 5. 3 1 1 2 1 7666 1 1 | 2 22 2 1 3 3 2 2 3 22 2 3

不 女 趁 早 抽 身 返 去

2 2 1 1 | 2 1 1 1 6......

鄉 里

「不女」帶有「不如」的意思；但這只是偶然的巧合。

3用「吁」字當襯音

　在拖腔方面，除了 i、ɯ是最常用的以外，還有「吁」(u)音。

甲、是前一字韻母的延長

(1)<回想當日> 相思引 五空管

⊙ 3 22 2 1 6 6 6 | 3 3 2 2 3 3 #4⊙ 4 4 3 32 | 3 3#4 2 |

背 母 吁u————————

2 2#4 33 3 2 #1 7 1 7 | #1 777 6 6 6 5 5 5 ⊙6 6 | 7 7

————————————————————————————— 私

7⊙ 7 7 6
　　奔

「吁」實是「母」字韻母的延長，但在中間換氣，改用「吁」拖腔。

(3)<記得當初>　二調哭春歸　四空管　p16

　⊙ 6 5 5 6　6　6　6　6⊙ 7 6 6 6 5 4 ⊙ 4　4 4 6　6 5 5 4 4
　　誰　　　　　　　　　　　　料　　　　吁

　5 4 2｜6 5 5 5 4 2 ⊙1　2 2 1 1 2 2 4　5 5 2　2 2 4 4 2　2 2 2
　　想　　　　一 場　的 恩 愛　　　於

覓 在 不 女 西 東

乙、與前一音韻母相近，作拖腔用

<輾轉亂方寸>　錦板　相思北　五空管

1 33 1 3｜2 ⊙ 2 2 #1 7｜#1 7 7 7 2 2 1 11 1 2｜3　3 5 2 33 3 2
但得值只 中 天　　　　　　叫 吁 u ——

2 11 1 2 2 66 6 5｜6̣ ⊙ 6̣ 6̣｜6 6 6̣ 6 66｜7 7 6 6 7
—————————　勸 娘 子

7 7 7 6 66｜5 66 6 5 3 3｜6 6 7 7 7 7｜6 ⊙ 66 5
　　　　　　聽 嫻 訴 因

5 6 6 3 3 3｜6 66 7 7 7 6｜6 55 5 6 5 33 3 2｜3 ⊙ 3 3.....
　　由 吁u————————————

5 5 6 6 6 7｜5 5 5 6 6 5｜5 6 6 3 3 3｜6 66 7 7 7 6
越添 得阮悶 憂　　　愁 吁u————

6 55 5 6 6 33 3 2｜2 3 ⊙ 3 3｜3

「叫」音kio3、「由」音iu5、「愁」音tsʰɯo5，「母」音bɯo2。

丙、做過渡襯音，後面再加「於」字

<聽說當初時>　中滾簿媚滾　四空管

6 6 2 2. 1̂ 6 6 | 2 22 1 1 2 22 2 6 | 4 4 6 4 5554 2 2 | 1 1

群 臣 集 奏 吁   於 群 臣 於 集 奏

<梳妝纔即了>　大倍　水底月　五六四仅管

2 2 2 33 2 2 ⊙ 1 | 1 22 3 22 2 1 1 1 1 6 6 5 ⊙ 5 5

吩　　吥枝　頭 鳥 吁u———————　於 若　見

我君

丁、單純做襯音用

　　<滿空飛>　昆腔寡　五六四仅管

5 55 3 55 3 5 | 6 55 5 6 2̇ i i 2̇ 3̇ 3̇ 2̇ i ii 6 i | 5 5

腰 間 繫著 一條 爛　　絲　　　　　　　　蔴

0 ii 6 66 6 5 | 3 3 5 2 33 2 1 | 6　 6　 6

(吁)

原譜無「吁」字，但南聲社皆多唱一「吁」字，用以拖腔。此曲用官話唱；蔴音ma5。

　　關於「吁」字襯音，並不是非有不可。<滿空飛>原曲譜「蔴」後無「吁」字，大陸丁榮坤專輯所唱，用 a音拖腔至最後。「吁」前一字如收 u韻母的，譜上不寫「吁」亦可。

三、ɯ作元音與介音

　　ɯ音除作為單獨的襯音外，亦作元音及韻頭（介音）。《妙悟》有居韻，即以 ɯ為元音，此韻收字甚多，泉州音系人說話，收 ɯ之字是很平常的。如：　汝 卜　去　不？（你要不要去？）

　　　l ɯ2 b ɤ h4 kh ɯ3 m˚ ？

居韻字，《荔鏡記》韻腳字收「居思絮豫處語除去」八字。

　　作為韻頭的 ɯ，使用於拖腔時，更表現南管演唱的特色。泉音《妙悟

》恩ɯn韻、雞ɯe韻、鉤ɯo韻，皆以ɯ爲韻頭。在《荔鏡記》曲文中雞韻字仍突出地表現其特色，總計其韻腳字，共收「低界截體易提街多衰底鬢釵藝齊計切節八」十八字，其中有《妙悟》漏收者；恩韻收「恩勤坤」三字；鉤韻共收「頭愁溝兜眸斗口後投」九字。除此之外，在實際的演唱中，《妙悟》生ɤng韻的入聲字「德則刻黑」等字亦有ɯ韻頭。蓋ɯ、ɤ只是唇形鬆緊之別，ɯ略鬆即成ɤ。「德則刻黑」諸字今泉音收iak，ɯ後接低元音 a ，唇形自然略鬆，即發成在ɯ、ɤ之間，或ɤ。

梨園戲或南管的「演唱內容，不是抒寫以抒情、寫景爲主的『閒詞』，就是表達男方愛情、佳人閨怨的『情詞』。這樣的內容，勢必影響南管的演唱風格，表現出清雅細膩，以『腔多曲緩，須於靜處見長』爲主的特點。」（註十二）所謂「清雅細膩」「曲緩」，ɯ音不管作爲收音或韻頭的拖腔，都是很重要的表現。

(一) ɯ作收音

南管有居韻作韻腳者，如<手倚欄杆>二調　醉扶歸　四空管　七撩：

手倚欄杆，坐來細尋思。恨殺冤家覓阮去。無蹤無影，舉筆寫書。
無一妥當人通寄去。梅香你那雖乖，不識得值一路去。再尋思。
暗躊躇。花牋紙上寫透，怎說得拙言語。那恨阮無翅通飛去。
今有麼路會得稱心，稱心恰是水遊魚。

.... | 5　5　5　⊙5　5　5　4̲4̲　5⊙5　5̲6̲　5　5̲5̲4̲4̲2　2̲4̲4̲
　　　坐　　　來　　　於 細　　　尋　　　　於

| 6̲5̲5̲5̲4̲5　5　5　⊙2̲2̲4̲4̲5　5　5̲6̲6̲5̲　6̲6̲6̲6̲5̲5̲ | 4
　思

| 4　4　4　⊙2̲2̲4　4 ....
　　　　　恨

2̲2̲1　1　1　1̲1̲2　2̲͡1̲6̲6̲1̲1̲ | 6̌　6̲6̲1　11⊙1̲1̲6̲6̲2　2　2...
於值　　　一 路　　　於 去

..｜6 <u>5 5</u>6　6　6　<u>6 6</u><u>5 5</u><u>4 4</u>2　<u>2 2</u>4　4　4　<u>4 5</u><u>4 4</u>　2　2

　稱　　心　　　　恰　　是　水　　　　遊

｜4 <u>1 1</u>2　2　2 ⊙ 2　2 2　4　4　<u>6 5</u>　4　<u>5 5 5</u><u>4 4</u>　2｜2

　魚

以 ɯ 拖腔，連續十六拍，眞是極盡纏綿之致。以「不女」(m l ɯ)做
結束句者亦以 ɯ 收音（例見上述「襯音」「不女」），有「句盡而情
不盡」之意。

(二) ɯ 作介音

　　梨園戲或南管演唱時，講究行腔「做韻」。「做韻」或稱「銜音」，
銜音khaN5 ，即閩南話中的「交銜」——關聯之意。銜音有聲音互相連帶
的意思。據資深曲師林淑文解釋：銜音是拖腔或大腔的潤腔。（註十三）
　　一個字的唱法分爲字頭、韻頭、韻腹、韻尾四個部分。「有韻頭先唱
韻頭（指聲母與韻頭結合），無韻頭先唱韻腹，一直延續到本字拖腔末了
臨收句時，才歸韻收音。」韻頭即介音。 如：
　　　　連(lian5)唱成：li——an；看(khuaN3)是唱成：khuN——aN。
　　　　望(bang7)唱成：ba——ng；來(lai5)唱成：la——i 。
李漁《閒情偶寄》說：「字頭字尾及餘音，皆爲慢曲而設。」南管中「慢
曲」甚多，常有拖腔。講究行腔，自然要求發聲、收音的正確——即所謂
「叫字」。至於「快板曲」，吐字與說泉州話基本相同（註十四），叫做
直（呼）音。
　　做韻中，最要注意的就是韻頭「ɯ」。此音夾在聲母與韻尾中間時，
更不可忽略。「銜音」，最常用的是兩韻：一是雞 ɯ 韻，一是鉤 ɯo韻。
《妙悟》有雞韻，《荔鏡記》曲牌韻腳也顯示雞韻與他韻不同而自爲一類
。鉤韻在《荔鏡記》曲牌中不明顯，在當時是否存在此音呢？《妙悟》有
鉤韻，也有燒io韻（今泉州音鉤韻字大都讀爲燒韻）；南管唱音中，《妙

悟》鉤韻字有獨特的唱法，而且字例不少，我們不能因爲韻腳字未出現鉤韻字，就逕直認爲《荔鏡記》中沒有鉤韻的唱法。

是不是會唱南管，可以從下面的例子來判斷：

<孤栖悶>　潮疊　倍思管　D=1

⊙5 66766　5　｜2 2 3｜5 5 6 6　｜5 66 5 3｜5 2 3 3

孤栖sɯ—e　悶　　懶怛　入繡　　房

「栖」字的本音是se1（西韻），但不是唱se1，也不是唱sue1，而是sɯe，關鍵在於中間的介音ɯ的拖腔。此音未唱出來，即無情韻。

茲逐韻演示：（所記皆爲琵琶譜）

　　　1 雞ɯe韻

(1)<朝來報喜>　錦板　五空管

　6 6 6 7　7 7｜2̇ 2̇　6　6 7｜7 7 7　6　6 6｜5 66 6 5　3　3｜3

記　當　初tshɯ————————————————————e

(2)<鼓返五更>　錦板　五空管

　　　　　　　　　　#
　1 66 6 1　5 33432｜1　2 2　1　6 6｜1116　5 5　6̧　6̧

靈　　　雞kɯe——　於　亂　　啼

(3)<共君斷約>　長滾　大迸鼓　四空管

　4 4 6 5｜4　4 4　6　5　5　5.⌃4 2　2 2｜4 22 21 6 6 1　1

又　畏　靈　　雞kɯ ———e聲　啼

(4)<懶繡停針>　中滾　百花圖　四空管

　4　4.⌃2 1 4　｜2 1 2　2　4　4 6 5 4　4 4｜5　5 5 6　6｜6 i i i 65　6

閑ɯiN 掠只　丹青　畫ɯe於ɯ略　　解kɯ——e　愁吁u　懷
　　　　　　　　　　　　　　　　　　　　　　　　tshɯo

(5)<望明月>　中滾　四空管

　⊙2 2 6 6　｜4 22 2 2 11 6̧｜6̧ ⊙i i 6　6 5｜6　6　6　i

且 回hɯe步　　　　　且　回　步

<回想當日> 相思引　杜相思　五空管

⊙2　2.1̂6　6̇6̇ | 2　2̇2̇1̇1̇2　2　⊙3　3̇ | 7　7　7̇7̇7̇7̇6̇5̇5̇6̇6̇

回h ɯe———想　　　　　　當　　　日

(6)<値年六月>　序滾　五空管

6̇2̇ | 2̇6̇6̇5̇6̇　3̇2̇2̇2̇1̇ | 6̇6̇6̇6̇1̇　6̇

在阮樓　　上繡工　　藝g ɯ———e

3̇5̇5̇2̇5̇ | 2̇　2̇2̇2̇6̇6̇5̇3̇ | 2̇　2.7̂6̇1̇1̇6̇2̇ | 6̇6̇3̇2̇2̇2̇3̇3̇2̇1̇

說汝騎馬　遊遍　街k ɯe　市　　定是　共人　提　文　走

6̇6̇6̇6̇1̇　6̇　6̇

報　　　　　　　　　　　　　　th ɯe

(7)<請月姑>　翁姨歌　四空管

4　4 | 4̇4̇4̇2̇4　5　5　4 | 4　4̇5̇6̇6̇6̇6̇i | 5　5.4̂　2̇2̇　4 | 4̇5̇5̇

亦　有　耳鉤　共釵　尾　梳s ɯe　亦　有　金

6̇6̇6̇5̇3̇ | 2̇　2̇3̇5̇5̇5̇5̇6̇ | 3̇　2̇2̇3̇　3 |

針　通來　刺　繡　　鞋 ɯ———e

(8)<恨薄情>　相思引過短相思　五空管

⊙2̇2̇3̇3̇2̇　3̇3̇ | 6̇　6̇6̇5̇5̇3̇3̇5̇3̇2̇2̇3̇　3̇ | 3 | 3　⊙5　5.3̂2̇2̇

不念　著夫　　妻tsh ɯ———e　汝　不

2 鉤 ɯo 韻

(1)< 感謝公主 >　福馬　五空管

7̇7̇6̇6̇7̇7̇7̇6̇5̇6̇ | 6̇　6̇　7̇7̇7̇7̇6̇6̇3̇6̇ | 3̇3̇7̇6̇Ȯ7̇7̇6̇5̇

記　得　當　初　在許　玉　樓l ɯ———o

6̇3̇3̇　3̇5̇　3̇3̇　2̇ | 2̇ tsh ɯe

前ts ɯ———iN

樓字如唱lio5，，前字如唱tsuiN5，就是直音，不能表現它特殊的情韻

。「初」屬雞韻，字音中有 ɯ 音，如唱成tshe1 ，就成了「當差」，豈不是鬧笑話？

(2)<望明月>　中滾　四空管

$$2 \quad 2 \mid 4\,4\,5\,4\;\underline{2\,2\,2\,4}\,2\;\underline{1\,6} \mid 1\,1\;\underline{6\,6}\,2\,2\,1 \mid 1$$

拔落　金 釵 扣 了門　　環　　於

th ɯe kh ɯo

(3)<半月西窗>　潮陽春(望吾鄉)　倍思管　D=1

$$\underline{6\,6\,6}\,\underline{6}\,5\,6 \quad 6 \mid 6\;\dot{1}\;\dot{1}\;\;6\,\underline{5\,5}\,5\,6 \mid 5 \quad 5 \quad 5 \quad 6\,5 \mid 5\,\underline{3\,3}\,3\,2\,2\,3\,3\,\underline{1\,1}$$

思 ɯ—————————————君　　　　　　　　　　　　於

$$2\,\underline{3\,3}\,2\,1\,1\,6\,1 \mid 1 \quad 2\,\underline{2}\,1\,\underline{1\,1}\,1\,2 \mid 5 \quad 5 \quad 5 \quad 6\,5 \mid 5\,\underline{3\,3}\,3\,2\,2\,3\,3 \mid 3$$

心　　愁tsh ɯo 悶　　　懷

(4)<愁人怨>　錦板　五空管

$$\odot 3 \quad 3\,\underline{5\,5}\,3\,3 \mid \underline{5\,5}\,2 \quad 2 \quad 3 \mid 3\odot\underline{3\,3}\,2 \quad 2 \mid 2 \quad 2\,\underline{2}\,5\,\underline{2\,2}\,3\,3 \mid$$

愁tsh ɯ———o人　　　　　　　　怨　　長

$$3 \quad 2\,\underline{2}\,1 \quad \underline{6\,6} \mid \underline{1\,1\,1}\,6\,\underline{5\,5}\,6\,6 \mid \dot{6}$$

　　　　　冥

(5)<因送哥嫂>　短相思　五空管

$$\odot\underline{6}\,\underline{6\,6} \quad 3\,6 \mid 3\,\underline{6\,6}\,6\,5\,3\,\underline{5\,5}\,3\,2 \mid 2\,\underline{1\,1}\,1\,2\,3\,\underline{5\,5}\,3\,2 \mid 2\,\dot{6}\,\underline{7\,7\,7\,6}$$

汝掠　荔枝　揀　　落 卜來 共　我眼裡偷　情

thɯo

$$\underline{5}\,\underline{6}\,\dot{6}\quad\dot{6}$$

(6)<春今卜返>　長滾大迄鼓　落北青陽　四空管

$$\dot{1}\,\dot{1}\,6\,\underline{6\,6}\,\dot{6} \mid \dot{1}\;\odot\dot{1}\,\dot{1}\;6\;6\;\underline{6\,6}\,\dot{1}\,\dot{1}\,\dot{1}\,6\,\dot{1}\;\mid\dot{2}\;\dot{2}\;3\,3\;\dot{2}\,\dot{2}$$

伊 曾　掠只　機　頭th ɯo 斷　　棄 不女　機

$$\dot{1}\,\dot{1}\;6\;6\;\dot{1}\,\dot{2}\,\dot{2}\mid\dot{1}\,\dot{1}\,\dot{1}\,\dot{1}\,\dot{1}\,\dot{1}\;\;\dot{1}\;\odot\dot{1}\,\dot{1}\,6\mid 6\,\dot{1}\,\dot{1}\;6\,\underline{6\,6}\,6\,5\mid$$

頭th ɯ—————————————— ɯ———o　不　女

(7)套曲<自來生長>次出<咱雙人> 二調 一封書 四空管

$$\underline{45}4\quad 4\quad 2\quad 2\quad |\ 2\ \odot\ 4\quad 4\quad \underline{55}\underline{44}\underline{2}\underline{22}\underline{2}\underline{1}\underline{6}\underline{1}\underline{4}\underline{44}$$

那畏譙樓鼓角更　　　　　　　　　　　　　　漏1ㄩ 一

$$\underline{24}\underline{11}\overset{\frown}{2}\underline{1}\dot{6}\dot{6}\underline{11}\ |\ 4\quad \underline{55}4\quad 4\quad \underline{44}\underline{4}\underline{22}\underline{11}2\quad 2\quad 2\quad \underline{44}$$

———————————o 短

$$2\quad \underline{24}\underline{22}1$$

3 恩 ㄩn韻

(1)<舉起金杯>首出 寡北 弋陽腔 五六四伬管

$$\odot 3\quad 3\quad 3\quad \underline{55}\ |\ 6\ |\ \dot{1}\ \ddot{1}\ \dot{1}\ 6\ |\ \underline{55}6\ \dot{1}\ 6\ 6\ |\ 6\ \odot 6\ 6\ |\ 5$$

想　　　阮　懇ㄩ————————————————

$$\underline{55}3\underline{32}\ |\ 3\quad 2\quad 2\quad 3\ |\ 3\ \odot 3\quad 3\ |\ 3\quad \underline{55}3\underline{33}\underline{32}\ |\ 1\ 02\underline{11}\dot{6}\ |\ \acute{6}\ \acute{6}$$

— n 勤kh ㄩ————————————————————n

$$\acute{6}\ \underline{55}\underline{66}\ |\ \acute{6}\quad \underline{12}\ \acute{6}\quad \underline{22}\ |\ 3\quad \underline{35}\underline{22}\underline{32}\ |\ 3\quad 3\quad 3\ |\ 3\ \odot \underline{22}$$

盡　在 此　於 杯

$$\underline{32}\ |\ 1\quad \underline{11}\underline{22}\underline{33}\ |\ \underline{33}\underline{2221}\dot{6}\dot{6}\underline{1}\ |\ 2\quad \underline{2}\underline{33}\underline{33}2\ |\ 1\quad \underline{2}\underline{22}\ 1\ 2\ 1\quad 1$$

中

(2)<感謝公主> 福馬郎 五空管

$$\odot\underline{77}6\quad \underline{66}\underline{53}2\ |\ 3\quad \underline{22}3\underline{22}3\ |\ \underline{66}7\underline{66}\underline{77}\underline{65}\ |\ \dot{6}33\quad \underline{35}$$

感謝　公　主　汝 只 深恩ㄩn無　比

$$2\ |\ 2....\odot\underline{2}\underline{33}\underline{35}\ |\ 2\quad \underline{32}\underline{27}\dot{7}\underline{72}\ |\ \dot{7}\quad \underline{22}\underline{77}\underline{76}\underline{53}\ |\ \acute{6}\ \acute{6}\quad 0$$

報　　答公　主汝 只 深恩ㄩ 一n 義

(3)<恨著奸臣> 長潮陽春落五開花 倍思管 D=1

$$\odot\quad \underline{11}\underline{21}\underline{7666}\underline{11}\ |\ \underline{5}\underline{33}3\underline{23}\underline{32}\underline{23}\underline{22}\underline{3}\underline{22}\underline{23}\underline{22}\underline{11}\ |\ \underline{2}\underline{11}\underline{16}\underline{5}\underline{5}\underline{7666}$$

恨hㄩ 一n 著 奸 臣 賊 於 盧 杞

(4)<當天下咒>　潮陽春　三腳潮　倍思管　D=1

⊙ 5 5͡.3 ｜2 55 3 2｜1 1͡·6｜5 5 1 6｜5 55 5 6｜1　1

　　收　　拾　　　錢　銀g ɰn在 嫺 身　　　邊

(5)<白雲飄渺>　錦板　五空管

　3　3 3 2 2｜1　1 1　3 3 2 2｜6̣

　鞠　　躬　　近k ɰn 前 參　拜

4 生 ɤng韻(入聲 ɤk)

——入聲 ɤ 的實際發音在 ɰ與 ɤ之間

(1)<懶繡停針>　中滾　百花圖　四空管

　⊙ 6 5 4 5｜6　6　6 6 5 5｜i̇　5 5 6　6｜6

　　算 人　生s ɤng 都 一　　同　　於

(2)<恨著奸臣>　長潮陽春落五開花　倍思管　D=1

　5 3 3 2 1｜6̣ 6̣ 6̣ 1　1｜1　3　3 3 2 3｜1　1 1 3 22 2 1｜

　雙　人　亦　　曾ts ɤng 雙　人 阮 亦　　有

　1 2 2 1 22 1 6｜5̣ 5̣ 3 33 3 2｜1 1 2 22 1 2 1｜1 7 6̣ 7666｜

　臨 別 詩　　　詞s ɰ————————————

　5̣｜5̣ 6　6̣

(3)<啓公婆>　北青陽　四空管

　⊙ i̇ i̇ 6 6 6 5 3｜2 2 2 3　3｜3　5 5 6 66 6 i̇｜5　5 5 6 6

　　出　街k ɰe去kh ɰ 遊　蕩　　　於 爭ts ɤng 鬥t ɰo—

(4)<遠望鄉里>　錦板　四朝元　五空管

　2　2 2 1｜6̣ 6̣ 6̣ 1 1 6̣｜6̣ 3 2 2 11 1 2｜5 33 3 2 3　3

　見　許　層ts ɤng巒　　於 疊　嶺

　　泉州有一個特殊的入聲字，收-iak。其字如：的tiak4、畜thiak4、力liak8、燭、叔tsiak4、栗tshiak4、色siak4、刻khiak4、激kiak4、逆giak8、或hiak4、肉hiak8、益iak4、室siak4 等，在《妙悟》中無如此讀法，其中某些字是生ɤng韻的入聲字。如克、刻、德、塞、特、則、黑、默等。

　　泉音特別強調低元音 a，如ian、iat，其他閩南方言大多已變爲 ε（漳州）、e（廈門）。發音順序由前高元音 i降至低元音 a再上升至舌尖音n、t，真是煞費周章。人在說話，以自然、簡易爲原則，故ian、iat往往說成iεn、iεt或ien、iet，即前元音稍降、立即上升至舌尖音。只有泉州人仍保持原來的發音形態，南管亦必如此唱，如：

(1)<因送哥嫂>　短相思　五空管

5 3　2 33 2 3 | 3 66 6 5 3 55 3 2 | 1　3 2　2 55 3 2 | 2 6 7776　5 6 6

我　一心望卜共　　汝　喜會　荔枝　　緣i—an 盟

(2)<感謝公主>　福馬郎　五空管

66　| 3 77 66 77 63　| 6 56 66 77 65 | 6 33 35 3 3 2 | 2

愛卜　共我哥　恁　結成　連li ————an 理

　　生韻的入聲是 ɤk，音響度不大，在歌唱表現時，ɤ與 k之間加個過渡音—— a，就比較好發音而且清晰，於是就唱成ɤak—— ɤ是介於ɯ與ɤ之間；大陸藝人王阿心即如此唱：

<山不在高>　序滾　五空管

6　6　6.5 3 3 | 6 3 6 5 0 3 2　| 3　3 32 1 66　| 2 22 11　2

水　不　在　深　　有龍　則ts ɤ ak靈

2　| 2　2 26 11 16 | 5　6 65 56　| 3　3　3 66　| 5 33 35　6

斯　是　　阿室　　惟吾　德t ɤ ak馨

6 5　5 ⊙3 3 2　| 2

其他之例，如：

(1)<山險峻>　中滾十三腔　四空管

<u>2221</u> | 𝄞 <u>2 2</u> <u>2 33</u>　<u>3 5</u> | <u>3 2</u> <u>3332</u> <u>1 22</u> <u>3 5</u> | 3　<u>5 5</u> <u>3 33</u> <u>3 2</u>

擘　目　一　看　黑於　水　滔　天　越惹得阮　思　憶　君　親

　　　　　　　　　　　　　　h ɤ ak

(2)<感謝公主>　福馬郎　五空管

⊙<u>6</u> <u>11</u> <u>6 1</u> | <u>1 33</u> <u>3 2</u> <u>3 1 2</u> | 2 ⊙　<u>5 33</u>　<u>3 5</u> | 2　<u>3 3</u> <u>3 22</u> <u>2 6</u>

念　著　朱　弁　　　刻kh ɤ ak骨銘　　心　我

<u>2 2</u> <u>3 2</u> <u>2 33</u> <u>2 1</u> | <u>6 66</u> <u>6 1</u> 𝄞　𝄞

須　當　謹　　記

說話求自然、簡易，故由 ɤ ak→iak。這應是泉州-iak產生的原因。收iak
之例：

(1)<因送哥嫂>　短相思　五空管

2　<u>3 33</u> <u>2 2 3</u> | <u>6 6</u> <u>7776</u> <u>5 66</u> <u>6 5</u> | <u>3 3</u>　3　<u>7 7</u> | <u>6 6</u> <u>7776</u> <u>5 6 6</u>　6

幸　逢　　　六　　　月　恁在　樓上　適siak興

(2)<阿娘聽嫺>　長潮陽春　倍思管　D=1

1　<u>1 1</u> <u>2 2 1</u>　1　6　<u>6 6</u> <u>5 6</u> | 5　<u>3 3</u> 5 ⊙<u>1 1</u> <u>2 1</u> <u>7666</u> <u>2 2</u> | <u>5 3 3</u>

西　川　　知　　州　　是伊　人　叔

<u>3 2</u> <u>1 1</u> 2　2　<u>3 3</u> <u>2 2</u> <u>1 1</u> | <u>2 11</u> <u>1 6</u> <u>5 5</u> <u>7666</u> <u>1 1</u> <u>2 2 1</u>　1

　叔tsiak　於　名　　字

(3)<阿娘差嫺>　長潮陽春　倍思管　D=1

5　<u>5 5</u> <u>2 2 1</u>　1　<u>1 1</u> <u>6 6</u> <u>5 6</u> | <u>5 5</u> 3　3　<u>5 5</u> 6　6　<u>3 2</u> | 1

人　事　不　　省　　　　　不女　默

<u>1 1</u> <u>3 3</u> 2　2　<u>3 3</u> 2　<u>1 1</u> | <u>2 11</u> <u>1 6</u> <u>5 5</u> <u>7666</u> <u>1 1</u> <u>2 2 1</u>　1 | 1　1　1

　默biak　於　無　　言

(4)<繡成孤鸞>　潮陽春　望吾鄉　倍思管　D=1

⊙3 55 3 3 | 5　5 55 3 5 3 3 | 2 3 1 1 2221 2 2 2 |

又繡一欉綠li————ak　竹ti————ak

（此爲大陸唱，臺灣或唱文音liok8 tiok4，或唱lik8 tik4）

(5)<風打梨>　寡疊　五六四仅管

3 2　3 5 | 2 ⊙ | 3 2　1 2 | ६　3 3 | 3 3 3332 | 1 1 2 1 | 6 1 ६

消息通撞 耳　　暢都 袂得 是 暢　　 都　袂　得 是

　siak

「消息」是撞耳之器具。

(6) <燒酒醉>　寡疊　五六四仅管(依南聲社曲薄)

2　0 66 1 1　6 6　६ | ⊙1 22　6 6 ६

食　盡豬肝 共牛肺　　多粉共肉 碎

　　　　　　　　　hiak4

(7)<共君斷約>　水車歌　四空管

1 22 1 2 | 5 66 5 4 5 4 4 2 | 4　5 2 2 55 5 2 | 2　5 5

若還　　 負　　君 天地責 罰　黃 氏 五 娘

　　　　　　　　　tsiak4

(8)<共君斷約>　長滾　大迓鼓　四空管

4　44　६ ६ ६ | 2　2 2 1 1 | 4 22 2 1 6 6 1　1 2　2 2

促tshiak命　　 冤　　 家

　　　　　5 uiN韻

《妙悟》燊韻，本書擬作aiN韻，屬同安音；但南管此韻字大多唱uiN
音。唱時，u 由圓唇稍變爲展唇 ɯ，亦即強調 ɯ的拖腔。

(1)<感謝秀才>　福馬　五空管

<u>7 7</u> 6 6 <u>7776</u> 5 6 ｜ <u>2 2</u> 7 7 <u>7766</u> 3 6 ｜ 3 3 7 6 O <u>7 7</u> 6 5

記　　　　得　當　　初　在許　玉　樓l ɯ——o

<u>6 33</u> <u>3 5</u> <u>3 3</u> 2 ｜ 2 tsh ɯe

前ts ɯ————iN

(2)<秀才先行>　福馬郎　五空管

⊙<u>7 7</u> 6　6 <u>5 32</u> ｜ 3　2 2 <u>33</u> <u>33</u> 7 ｜ <u>6 7</u> 0 <u>7 7</u> <u>6 6</u> <u>5 32</u> ｜ 3　2 2

秀　才　先s ɯiN行　　　　於秀　才　請先　　行

(3)<有緣千里>　長潮陽春　倍思管　D=1　　372

⊙<u>1 1</u> 2 1 <u>7666</u> 1 1 ｜ 2 <u>22</u> 2 1 3 3 2 2 3 <u>22</u> 2 3 2 2 1 1

有　　　緣　千tsh ɯiN里　終　　於相

<u>2 11</u> <u>1 6</u> <u>5 5</u> <u>7666</u> 1 1 2 2 1　1 ｜ 1

見

(4)<一間草厝>　望遠行　五六四仅管

⊙6　i　i ｜ 6　i　i　6 <u>66</u> 6i ｜ <u>5 5</u> 6　6·5 3 32 ｜ 3　3 3 <u>6 6</u> 5 ｜ 5

一　間k ɯiN 草　　厝　　於低都　成　　巳

⊙2 <u>55</u> <u>3 2</u> ｜ 3　3 2 2　<u>3332</u> ｜ 3　5　5 <u>3332</u> ｜ 1　3 3 3 <u>22</u> 2 1

門前都是　蜘　蛛　　經　絲　蚊　飛來　咬　於人

(5)<懶繡停針>　中滾　百花圖　四空管

⊙<u>4 4</u> <u>2 2</u> ｜ 5 <u>22</u> <u>44</u> 4 <u>22</u> 2 <u>16</u> ｜ 1　<u>6 6</u> 2 <u>44</u> <u>4 2</u> ｜ 2　2 <u>2 5</u> 5　4　4

懶繡　停於針　　無　悶於　彩

4　4 2 <u>14</u> ｜ <u>2</u> 1 2　2　4 ｜ 4　<u>6 5</u> 4　<u>44</u> ｜ 5　<u>5 5</u> 6　6 ｜ 6

閑 ɯiN掠只 丹 青　　畫 ɯe 於略　　解k ɯe——愁tsh ɯo

6 箴 ɤm韻

<輾轉亂方寸>　錦板　相思北　五空管

<u>6 6</u>5　　<u>6 6</u>│<u>ɤ ɤ</u> 7 7 <u>7 6</u><u>6 5</u> 6│3　　<u>3 3</u> 6 <u>6 6</u> 6 ɤ│7　<u>7 6</u><u>5 6</u>6

伊 又 來　　買　胭 脂 共 阮 弄　　嘴　　　　於　　斟tsɤm

<u>5 5</u>　│<u>5 3</u><u>3 3</u> <u>2 1</u><u>1 2</u>│2　3　3　3│3　⊙ <u>3 3</u>2

唇

7 ɯa韻(妙悟嗟韻)

《妙悟》居、恩、鉤、雞等韻之有 ɯ韻，是有系統的；然南管除上述諸韻外，亦有以 ɯ爲介音而不見於《妙悟》者，如：

恩韻之前的嗟(ia)韻：**攑**(舉)、寄、豎(徛)、騎諸字，有介音i ，在止攝開口三等，今泉音無介音i，音kah8、ka3、kha7、kha5，可能保存較古之音。其聲母k爲舌根音；ɯ音爲高、舌後、展唇，近於舌根音；a音爲舌後低元音：故當 k與 a聯結時，中間加一 ɯ音，非常順當，藉此可表現南管唱音的藝術。如

(1)<一陣狂風>　北青陽　四空管

5　<u>5 5</u><u>6 6</u>4　│0　5　<u>5 6</u>6 │5　<u>6 i</u>　6　<u>6 6</u>│5　<u>5 3</u>2

攑kɯah 目　　不　見　　長 於　　　安

(2)套曲<趁賞花燈>次出<踉步近前>　中倍　白芍藥　五空管

<u>3 3</u><u>2 2</u><u>2 2</u><u>2 3</u>│ɤ <u>1 1</u> ɤ　⊙2 #<u>1 7 7 7</u>2　2　2　⊙ 3　3　3 <u>3 3</u><u>2 2</u>

於你　　只　頭　　　攑kɯ————

<u>2 1</u>│ɤ　<u>6 6</u><u>2 2</u>#<u>1 7</u> <u>1 7 7 7</u>2　<u>2 2</u><u>2 2</u><u>2 1</u> ɤ ɤ　ɤ　<u>1 1</u> ɤ　<u>6 1</u><u>6 6</u> ɤ ɤ

ah都 不　　　　　　　　　起

(3)<恨冤家>　中滾　三遇反　四空管

　　⊙<u>1</u>1 <u>2</u>2　|<u>5</u> <u>66</u> <u>5</u> <u>4</u> <u>2</u> <u>44</u> <u>2</u>2　|<u>4</u> <u>4</u> <u>5</u> <u>4</u> <u>2224</u> <u>2</u> 6　‧|<u>2221</u> <u>6</u> 1 1

　　從　君　一 於　　去　並無 封 書 寄 返鄉　　里

　　2　2　2　　　　　　　　　　　　　　k ɯa

(4)<年久月深>　長潮陽春　倍思管　D=1　　371

　　⊙<u>5</u> <u>5</u> 6　<u>6</u> <u>6</u>|<u>5</u> <u>5</u> 3　<u>3</u> <u>3</u> <u>6</u> <u>5</u> <u>5</u> <u>5</u> <u>33</u> <u>3</u> <u>2</u> <u>1</u> <u>1</u> <u>2</u> 2|5　<u>5</u> <u>5</u> <u>3</u> <u>3</u> 2　2

　　年　　　久 月　深 惡　　豎kh ɯa 起

　　⊙3　3　3

(5)<值年六月>　序滾　五空管

　　<u>3</u> <u>55</u> <u>2</u> 5　|2　<u>2</u> <u>2</u> <u>2</u> <u>66</u>　<u>5</u> 3　|2　<u>2</u>‧<u>7</u>

　　說汝 騎馬 遊 遍　　街kɯe　市

　　　　　kh ɯa

　　　　　　8 南管唱 ɯ，《妙悟》無 ɯ音之探討

　　南管唱音強調 ɯ介音的拖腔，不只上述幾個韻母，如：

(1) 今泉音uiN，南管唱 ɯiN（見５）；

(2) 《妙悟》嗟(ia)韻部分字，攑(舉)、寄、豎(徛)、騎諸字，今泉音無
　　介音i，音kah8、ka3、kha7、kha5，南管則多一介音 ɯ（見６）。但
　　有少數字如教、假，亦有唱k ɯa3者，　可能是上列諸字的類推，張鴻
　　明認為應唱ka3。

　　<值年六月>　序滾　五空管

　　<u>2</u> <u>22</u> <u>2</u> 5|2　<u>3</u> <u>3</u> <u>3</u> <u>55</u> <u>5</u> <u>32</u>|3　2

　　亦著 去 讀 書　教kɯa 學（註十五）

(3) 杯ue韻字往往唱成雞韻字。

　　「回」字文讀音hue5，屬杯韻，不屬雞韻；然南管多唱h ɯe5：

<望明月>　中滾　四空管

⊙2 2　6 6 | 4 22 22 11 6̣ | 6̣　⊙i i　6 65 | 6　6　6　i　i i i

　且　回h ɯe步　　　　　　且　回　步

<回想當日>　相思引 | 杜相思　五空管

⊙2　2̂·1 6̣　6 6 | 2　2 2 11 2　2 ⊙　3　3 | 7　7　7 77 7 6 5 5 6　6

　回h ɯe———　想　　　　　　　當　　　　日

「怪」字白讀音kue3，應屬杯韻；然南管多唱k ɯe5：

<念月英>　雙閨　五空管

5 22 3 2 | 5 5 2　2 22 6 1 | 1 33 3 2 3 1 2 | 2　2 2 3 3 2 2

恐畏 伊人 等 待 久 長 那是 怪k ɯe 咱　　　 去 可

5 55 3 5　5 66 | 6

遲

「魁」字屬杯韻，音khue1 。南管多唱k ɯe1：

<恨王魁>　中滾十三腔　四空管

⊙5 | 5 i i　6 66 5 4 | 6 5 5　i　6 66 5 | i　i 5 5　5 66 6 5 | 2 44

恨　於　王　　魁　汝　是 不 仁　不　　　義

4 5 4 4 2　| 2

————————

<出畫堂>　中滾　百鳥圖　四空管

⊙6　6 | 6 6 5 5 4 42 | 4　2　2 1 6̣ | 6̣　1 1

出　　於 畫 ɯe 堂　　　且　看

<爲伊割吊>　短相思　五空管

⊙6　6.5 | 3 3 5 3 2 2 3　| 3　2 3 6　6.5 | 3 66 6 5 3 55 3 2 |

叮 嚀 拙　話 ɯe—— 不女叮 嚀　言於　語

<孤栖悶>　潮疊　倍思管　D=1

⊙ 5 66 6 5 ｜ 22　3 ｜ 5 5 66 ｜ 5 66 5 3 ｜ 5 2　3 3

孤栖sɯe 悶　　懶怛　入繡　房

簡評:

1 uiN 音唱成 ɯiN，以便於拖腔。也是爲了表情的美觀—— ɯ是展唇，微笑貌；u 是圓唇，唇形太突出，不雅觀。

2 攑(舉)、寄、豎(徛)、騎諸字是泉州的特殊音，敎、假，亦有唱k ɯa3 者，應是類推作用。

3 回字應唱白讀還是文讀，各人唱法不同，有唱白讀者，如鹿港黃承桃(h ɤ5)；有唱文讀而易 u爲 ɯ者，如吳素霞、張在我(h ɯe5) 。張先生特別強調拖腔自 ɯ起（註十六）。<望明月>大多是文讀音，似以唱hue5(h ɯe5) 爲宜。回字不屬雞韻，但仍唱雞韻音。

4 e 音唱成 ɯe ，如「栖」字。

以上四組字，在藝術表現上，是直音（ u、a、e ）與細膩婉轉（ ɯ、 ɯa、 ɯe等音用 ɯ拖腔）之不同；也是實際語言與藝術唱音之不同。有ɯ者可能是藝術唱音的虛擬音。茲列表如下:

妙悟音變	ue→ɯe	uiN→ɯiN	e→ɯe	a→ɯa	ɤk→ɤak (iak)	備註
杯韻	怪衰魁話畫回					虛擬音？
熊韻		先前千荔蓮間閒店				虛擬音
西韻			計低體栖妻			虛擬音
嗟韻				寄舉(攑)騎立(徛)		
嘉				敎假		虛擬音
生韻					德則刻特黑默	
卿韻					德緣竹白百責色肉極息	

明確標明「虛擬音」者爲藝術唱音，不是實際語言；杯韻字加「？」號，表示不確定；生、卿二韻字爲泉州特殊音，卿韻字音現尙存在於泉州人口中；嗟韻字（收音a ）可能保存泉州古音，但是否有 ɯ介音則不得而知。

尙有鉤韻字，語言學家擬《妙悟》此韻字爲ə u（註十七），如參考南管唱音，應作 ɯo。此韻字今日皆併入燒io韻字，由 ɯo→io是順當的。或許由明至淸曾經經過這樣的演變：

ɯo→ə（ɤ)u　ɯ稍降爲 ɤ(ə)、o 高化爲 u。

故鉤韻字如樓(l ɯo5)、頭(th ɯo5) 等字可能不是虛擬音，有待進一步研究。

上面不憚煩地介紹南管的演唱藝術，目的在強調[ɯ]這個音素在泉州音系中的重要。曲師嚴格要求唱者，觀眾執著地以唱正音（泉音）才是藝術。千年來，透過梨園戲與南管，將[ɯ]這個音素保存到現在。

筆者是鹿港人，保存很多的泉州特殊腔音。當筆者學習南管時，在「銜音」方面，自然天成，一點也不困難。雞韻的[ɯ]音雖然已不存在於口語中，但只要特別注意，就很自然地唱出來了。如：

　　　　　口語　　唱腔

　　做：tsue3 →ts ɯe3

唱詞

4 4　2 33　2 3　| 3 2221　6 6　2 1　| 1　4 4 2221 6 1　| 6̣　　6̣ 6̣

高　文擧　汝　障　　做(ts ɯ— ɯe) 可 不　　　是

在上例中， ɯ起 拖腔的作用——發出第一音ts（或k ）後，嘴形馬上換爲展唇高後元音，一直延續直至最後，才以 e收音。若不強調此音，就是直音，殊少情韻，就不是正宗的南管。

[ɯ]是高、後展唇元音，嘴形比較緊，戲曲中如此嚴格要求，表現它的藝術特色——在實際演唱中，嘴唇不見得要那麼緊，仍以自然爲要。在口語中，是否也如此發音呢？現代閩南方言中，尙有 ɯ韻母或以 ɯ(ɤ)爲

介音者，鹿港老人仍說：ts ɤ l a2（這兒）、h ɤ l a2（那兒）。泉州人發此音是很自然的事。但說話求自然、簡易，如果把ɯ的展唇放鬆些（即變圓），就變成u了。所以ɯ音在現在泉州音中，某些地點消失了，做(ts ɯe3)說成tsue3 。

四、介音（韻頭）u與o的唱法

　　閩南語有拼音文字，是西洋傳教士來中國傳教而發明的，叫做「白話字」，又叫做「教會羅馬字」。教會羅馬字雛形與其使用，已有三、四百年歷史；但其規律化並普遍使用的是1850年制定的「廈門白話字」（註十八），是一種易學、易寫的拼音文字。現在的台語文大概都是用這一套、或者稍加改良。其中有一個當介音的 o，與國際音標不同，試列表比較如下：

元音系統表

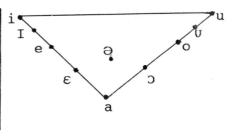

教羅	oa	oai	oe	oan	oat
國際音標	ua	uai	ue	uan	uat

　　閩南話的發音，「[i]、[u]在介音和韻尾時，口腔常常較開而鬆，近似[I]　[ʊ]，並且以構成發音的蓄勢為主，不能讀出標準的實際音來，因此，[ia]、[ai]、[ian]等韻母的讀音為[Ia]、[aI]、[Ian]；[ua]、[uan]、[au]韻母的讀音為[ʊa]、[aʊ]和[ʊan]，教會羅馬字將[ua]、[ue]、[uan]韻母寫成[oa]、[oe]；[oan]，正是基於這個道理。」（註十九）本書音標採改良式羅馬字音標，介音皆作u。歌唱以自然為主，故u的實際發音實

介於u 、ʊ、 o之間。南管起源於泉州，推廣流行於廈門，故南管的演奏
（唱）也分泉州法與廈門法。「如<遙望情君>中，『君』字的大韻拖腔，
泉州出『龜』音，圓唇收『溫』；廈門出『龜』音則轉『哥』音。」
（註二十）意謂泉州收 u 音，廈門收 o 音。如：

<君去有拙時>　玉交枝　五六四仅管

⊙ 6 6̲6̲ | 5　5　i̲ i̲　6̲6̲ | 5̲5̲5̲5̲6̲5̲　5 | 5̂.3̲2̲2̲2̲5̲5̲3̲2̲ | 2

　君ku—n去　君　　去　　　　　　有　拙　　時

南聲社蔡小月「君」字唱「ko—n」。

<紗窗外>　長滾　越護引　四空管

⊙ 6　6 i̲ i̲　6̲6̲6̲5̲5̲6̲i̲ | 5　6　6　6̲6̲5　5̂.4̲2̲2̲4̲4̲ | 6　6̲6̲

　伊　肯　學　許　　王　　　魁　　負　除　桂

5　5

英

大陸楊雙英「魁」字唱「kho—e」。

<踍步行來>　相思引　五空管

　⊙ 2̲2̲3̲3̲2　3̲3̲2̲ | 3　6̲6̲5̲6̲　5̲5̲5̲3̲3̲3̲5̲3̲3̲2̲2̲...

　行　　到　　花　　　園

　⊙ 3　3　3　7̲7̲ | 6　6̲6̲5̲5̲3̲3̲5̲3̲2̲2̲3̲　3　3

　誤　　阮　青　　春

大陸周雪燕唱「園」、「春」的介音（韻頭）都是 o 。（註二一）

　事實上是 u 的唇形較緊，o 較鬆、較自然；不須分泉州派、廈門派。
由此可印證閩南語的介音可能介於 u、o 之間。

五、入聲喉塞韻尾-h 之拖腔

閩南語的特色是保存古代入聲。閩南語的入聲分兩種：塞音韻尾(-t、-k、-p) 與喉塞音韻尾(-h)。前者屬讀書音，後者屬白話音。由唐至宋一部分入聲漸漸弱化，其演變規律爲：

　　　-t、-k、-p——→-h

　　　　　弱化

二者雖皆爲促聲、截斷音，但在音樂表現上截然不同：塞音韻尾屬閉音節，無法拉長，不適宜音樂上悠揚曼長的表達，故《荔鏡記》與南管的唱腔無塞音韻腳字。喉塞音韻尾(-h)字則保持元音脣形，呈開放式，其音可拉長，至結束時才收煞（但-h 音已不明顯），故可作爲音樂表現的韻腳用。

先來看看入聲字（包括塞音韻尾）在音節短時的特性：

(1)強企行上幾里　山坡里　　五六四仪管

⊙1̲1̲1　2̲2̲| 3　3̲5̲3　3̲3̲2　2̲3̲2̲2̲1̲1̲6̌　6̲.6̲2　6̲.6̲1　1̲2 |
又學　許　殺sat4妻　求　　將　　　魏　　吳　　不　　女

1̲1̲6̲.6̲ |5̌
　　　　　起

聽泉州梨園老師潘愛治唱「殺」字，收音特別用力，表達充滿憤慨的感情。

(2)<共君斷約>　　長滾大迌鼓　四空管

　　　　　6　6̲6̲2̌7̲7　7　7̲6̲6̲6̲5̲4̲4̲5̲5 | 6　6　6　⊙7̲7 |
若卜不來，罪　　過　　於　　平　　　天　　　即tsiah4

6　6　7̲7̲|6　6　6　5̲5̲6̲5̲5̲6̲5̲5̲4̲4̲2̌|4　2　2　4̲4̲5̲5̲5̲4̲
知　恁　乾埔　人話　說無　　定

臺北閩南樂府林新南先生謂：「自小聽家父唱『即知』的『即』，是短促、不拉長 。這是「歇氣」(hiat4 khui3)唱法的一種。」事實上是用入聲字的截斷音來表達激烈的感慨。（註二二）

再看喉塞韻尾拖腔的例子：

套曲<惰梳粧>七出<一年景>　中倍　石榴花　五空管

⊙7 ⊙2̣ ⊙6 ⊙5 5 ⊙6 ⊙6̲5̲ 3̲2̲3̲2̲3̲ 3 3̲ 3̲ 3̲ 3̲ 3 3 3

　　春　於　秋　自有　好　花　　　月g ɤ h ——————

3̲ 3̲ 3̲ ⊙6 ⊙6# 1̲7̲ 2̲3̲ 3 3̲ 3̲ 3̲ 3̲ 3̲ 3̲ 3̲ 3̲ 3̲ 3̲ ⊙3

—— 　夏　有　南　風　　　　　　　　　　　　　多

⊙ 2 ⊙3 3̲5̲3̲2̲1̲2̲3̲ 3 3̲ 3̲ 3̲ 3̲ 3̲ 3̲ 3̲ 3̲ 3̲

　有　不　女　　雪s ɤ h ————————————

<自來生長>　二調　皂羅袍　四空管

　　　　　6 6｜5̲5̲5̲ 6̲i̇ 6 6 5 5 5 6̲6̲5̲6 5 5̲5̲5̲5̲4̲ 2 2̲5̲

受盡風霜於　　正　　　是　　　　　　　　爲

4̲4̲2̲2̲｜1 1̲1̲2 2 2 ⊙ 2̲2̲4̲4̲5 5 5 6̲6̲5 5̲5̲4̲4̲2 2

　　　　　乜mih————————————————

套曲<金井梧桐>次出<繡成孤鸞>　北調　幽閨怨　五空管

　　　　3 5̲5̲5̲3̲5̲3̲2̲｜2 #1̲7̲7̲7̲2 2 ｜2 ⊙ 2̲2̲3̲5｜3̲ 3̲3̲3̲2

馬上官人親　　　　　手

#1̲7̲7̲7̲6̲ 6̲｜5̣ ⊙ 6̲ 6̲ #1̲ 7̣｜#1̲7̲7̲7̲ 2̲ 2̲2̲6̲ 7̲6̲5̣｜6̣ 6̣ 0

　　　　接tsih4 ————————————————

以韻尾 i拉長，結尾時並未截斷作收。

附註

一：楊蔭瀏《中國音樂史綱》（上海萬葉書店，1952）：

現在民間比較最爲流行的工尺譜調名，是以笛爲標準。調名凡七：
是上字調、尺字調、小工調、凡字調、六字調、正工調和乙字調。
在譯成國際調名時，小工調爲 D調、其餘六調均以其工音所當之小
工調音名爲其三度，可由三度推得其主音....。

（引自鄭孟津、吳平山著《詞源解箋》p209）

二：參考王愛群<泉腔論>，《南戲論集》p383。

三：吳本作「瘦敕」，張振興本作「瘦細」。

四：朱光潛《詩論》p12，正中書局，1971，臺四版。

五：王愛群<泉腔論>：

　　「滾門」是把宮、節拍相同，旋律節奏型較相似的曲調（即曲牌）
　　，其調式不一定相同，歸納爲一門類。

六：陸傳傑編傳<南管賞析入門>，中華文化復興運動總會製作，1994。

　　王耀華、劉春曙《福建南音初探》P78：

　　所謂南音音樂的「韻」，就是樂曲中最具代表性、最爲典型，因而
　　也是最有特性的音調。它們在曲調的反復循環中，在一定的結構地
　　位中保持不變或基本不變。

　　不管是滾門性腔韻或曲牌性腔韻，都有它特別的音調。當配上不同歌
　　詞時，就需要襯音來調節，使語言的高低升降配合旋律的高低升降。

七：< 共君斷約 >（水車歌）：「須待今冥人(於)困靜。」或作「須待今
　　冥人(去)困靜。」< 一路行 >（二調小下山虎）：「到今旦致惹番使
　　臨(於)去城。」呂鍾寬註：「此「去」字亦爲聲辭，無意。」（《泉
　　州絃管指譜叢編》下編p72。

八：據劉春曙信函所說。「襯詞」意謂除作襯音外，亦有實詞之作用。「
　　不女」或作「不爾」「不汝」。以下「不汝」襯詞之分類，亦據劉函

九：楊蔭瀏《語言與音樂》p35：

　　單音節文字的每一個字都可有它相對的獨立性。由於每一字每一音

節都能傳達相當完整的意義，所以，在我們歌詞中會有較多的由一
個字構成的歌句，在歌唱中，在這個字上往往會用上曼長、婉轉的
拖腔，而且在需要時，又會運用上我國特有的「頭、腹、尾」聲韻
因素，層次分明，便於歌者來曲折地傳送他的歌音的一種技術。

十：據註二呂書下編p284，原書註：「不汝」爲聲辭，「福馬」調之下句
皆疊唱，疊唱時都加此聲。

十一：王耀華、劉春曙著《福建南音初探》p116，福建人民出版社。

十二：同上註p135。

十三：同上註，p136。

十四：參考陳士奇< 南音演唱行腔吐字規律初探 >，《泉南文化》，泉州
歷史文化中心出版，1992，1 期。

十五：據大陸錄音帶，王阿心唱。另<恍惚殘春>：「敎人㑑呢會不恨伊。
」亦唱kɯa3。王氏爲大陸藝人，嫁與臺北「漢唐樂府」陳美娥之兄
，現居臺灣。

十六：以上南管唱音，訪問臺灣南管曲師吳素霞、張鴻明，及廈門張在我
——二張爲兄弟，78歲、82歲，並參考大陸南曲錄音帶。

十七：如黃典誠<泉州彙音妙悟述評>、洪惟仁<彙音妙悟的版本及音讀>。

十八：黃典誠、李樂毅<敎會羅馬字>，許長安、李樂毅編《閩南白話字》
p27。

十九：施炳華、周長楫《臺灣鹿港話記略》二韻母。初稿，尚未刊行，
1997.6。

二十：同註五劉書p144。

二一：南曲錄音帶「魚沈雁杳」，福建省音像出版社。「踮步行來」見南
曲「思想情人」，廈門市集安樂隊伴奏。張鴻明老認爲「魁」字唱
khoe1是不正確的；應唱khɯe1。

二二：全世界唯一的梨園劇校在泉州，是保持戲劇活化石的公辦學校。該

校旦角老師潘愛治（四十八歲）應邀來台敎臺北「江子翠劇團」梨園戲。筆者有幸與晤談，解決本文許多疑點。

第三節　叫　字

所謂「叫字」，即發音要正確，咬字要清晰。發音正確實是一種地方劇種有別於其他劇種的重要標幟。正如平劇分尖、團，尖團不分，即失去平劇的特色。泉州方言保存很多古中原的語音，表現在戲劇與音樂方面，更突顯它古典的特色。由於南管的唱詞都是世代相傳、十分嚴格的，本節將由南管的唱詞來印證《荔鏡記》的語音。

除了上節特殊泉州音外，又因樂曲性質的不同，而有不同的讀音：

1文讀：指讀書音，是唐朝兩批移民從中原帶來的，比較接近於官話。（官話以今北京話爲代表，是宋代以後慢慢演變形成的。）

2白讀：即說話音，與讀書音相對而言，是閩南話發展歷史中最早形成的泉州話，它保存了很多漢、魏時期語言的殘跡（也有一部分是唐以後演變成的）。

3方音：南管演唱以泉州（今稱鯉城區）方言爲標準。但因故事內容或角色不同，有時雜用其他方言。南管演唱內容以陳三五娘故事爲最多，其中人物有潮州人——以五娘爲主，故唱詞中夾雜潮州話，如<繡成孤鸞>的「等待許鳳凰飛來宿」的「宿」(suah4)，此音雖是潮州音，卻已成南管的常用音，如套曲<輕輕行>三出<那恐畏>末段「寒殘憚外宿」叶韻，宿亦音suah4；泉音siok4。<花園外邊>是五娘與陳三欲逃往泉州，其中唱詞如「一身愛到我君鄉里」，「一」音soh8，是莆田音，「鄉」音hiong1，則是潮州音；泉音hiong1。<當天下咒>「七月十四」的「月」字音gueh8，是潮州音。套曲<鎭寒窗>「心頭長掛」，「長」音thiuN5，可能是長泰(tio5 thuaN3)音。（註一）

4官話：即藍靑官話（舊稱夾雜方言口音的不純粹的北京話），由於南

管故事的發展不限定在閩南地區，或因角色的不同——如做官者的唱詞，
爲符合其實際身分，唱詞中遙夾雜官話。「凡官吏、胡人、賣藝人，都唱
藍青官話。」（註二）夾雜官話見於「南北交」樂曲中，如<鵝毛雪>、<
刑罰>、<心頭悶憔憔>、<告大人>等，是泉州話和官話交叉唱出。

李國俊說：閩南人唱官話不標準，因閩南語中無舌尖後音[tʂ、tʂ、
ʂ、z]，輕唇音[f]，撮口音[y]，遇到這些音時，經常以相近的音唸出
。如將[tʂ、tʂ、ʂ、z]唸做[ts、tsʻ、s、l]，[f]唸爲[x]，[y]唸爲[i]
等。南管<班頭爺>曲詞內容是敷演《荔鏡記》第46出「敘別發配」的情
節，是益春與衙役對唱，衙役唱官話：

[南音](益春)班頭爺暫且停威息怒........愛卜錢銀，無處擺佈，人說善
　　　　心終有報，莫得兇悍如虎狼........

[北音](衙役)你看你看這個查ㄙ嬭，說共伊非相干........我只衙門人當
　　　　差著辦，並無作水，也無生理通討趁，等有禮數來分頒。

[南音](益春)金簪一枝。

[北音](衙役)金簪一枝乜稀罕，不打王五共陳三，那恐汝身受艱難。
　　　　水流落地向下灘，是汝引誘將線牽。......

一南一北交替應用，形成相當特殊風格的樂曲。除了語言不同外，音樂的
表現也不同：

　　　唱南音時較多長音拖腔，北音則否；

　　　唱南音往往是大三度級進，唱北音比較有音程大跳；

　　　唱南音往往比較低沈，唱北音則比較高亢，音域較高。（註三）

5古音：如「太守」的「守」音siu3。

6外語：指漢族語言以外的語言，就是通常說的「外來語」。如<聽見
雁悲>中馬夫唱的「巴圖兒稟上娘娘你聽」，「巴圖兒」即蒙古語「拔都
」，是元代對勇士的美稱。（註四）

一、文讀和白讀

本小節所要論述的是文讀與白讀音。南管演唱，大多是用白讀音：

由於南音唱詞主要來自民間，因此，與詩、詞甚至散文比較起來，口語色彩更爲濃厚，表現在語音上，就是使用白讀音爲主。這一點與現實生活中的泉州話十分接近。但是，南音唱段在創作、流傳的過程中，也難免會受到文人墨客的加工潤色，用上一些詩文詞句或書面語詞，這些地方就往往要用文讀。文、白讀的巧妙混用，很好地體現了南音唱詞雅俗兼備的特點。（註五）

我們來看南管唱詞文讀、白讀出現的情形：

1 全曲文讀較多

《西廂記》是演唱讀書人的愛情故事，故多文讀音，舉<望明月>（中滾四空管）爲例：（有「」者爲白讀。）

望明月，如鏡團圓。坐對薰風，攪人睏倦。追想昨夜私情，杯酒談心。怎料「到」今「旦」，誤卻情郎「無」伴。吾芳卿，「想」伊是嚴慈拘束，奉侍親幃，奉侍親幃，伊「即」(tsiah4)「不敢」把此情戀。「聽見」叮噹「聲響」，忽然「聽見」叮噹「聲響」，疑是我心意人。「拔落」金「釵」，扣了門「環」，心慌忙移步迎接。開門望，「寂」無蹤。掩身再聽，原來是「風」擺銅「環」。且回步且回步，入書齋。翻身就寢，莫把此雙眼望穿。翻身就寢，莫把此雙眼望穿。

「風」的文讀是hong1，曲末唱白讀huang1，是爲了表現泉州音的特色「到」音kau3、「寂」音tsip8是俗讀。

2 文白讀交替

曲師爲求唱詞富變化，在同曲中的同一個詞，往往文讀、白讀交替出現，如：

(1) 五娘與陳三私奔，逃出花園時所唱的<當天下咒>中，「阿娘頭上釵」第一遍唱文讀音：a1 liang5 tho5 siang6 tsha1；第二遍唱白讀音：

a1 liuN5 thau5 tsiuN6 th ɯe1。(《荔鏡記》33出作「娘仔你頭上釵」。)

(2) 鄭元和迷戀青樓妓女李亞仙，千金耗盡，淪落街頭時所唱的< 三千兩金 >中，「三年一望」第一遍唱文讀音：sam1 lian5 it4 bong7；第二遍唱白讀音：saN1 ni5 tsit8 bang7。

(3) <懶繡停針>中「殘霜滿眼」的「殘」唱文讀音tsan5；「冬殘景盡」的「殘」唱白讀音tsuaN5 。「算人生都一同」的「人生」唱文讀音lin5 s ɤ ng1；「人生若不趁少年」的「人生」唱白讀音lang5 siN1。一般都如此唱，但廈門的張在我說：「『人生』都要唱lang5 siN1。」

(4) <三更鼓>：中「恩愛情長，相愛相惜，情意如蜜調落糖。」「情」唱文讀音tsing5，下面「林大汝掠阮情人阻隔去外方。」「情人」唱白讀音tsiaN5 lang5。

3 文白讀的規律：

南管唱詞中文白讀的運用是否有一定的規律呢？答案是肯定的。其基本規律正如黃典誠所說：

白讀見於口頭語，舉凡基本核心詞、語法成分莫不用之；文讀見於書面語，舉凡詩詞用字古文詞句莫不用之。(註六)

如「方位詞」是基本核心詞，就要用白讀：

<阿娘差遣>(長潮)：燈前(tsuiN5)樓下(e5)件件誆騙。

<山險峻>(中滾十三腔)：除非著蝴蝶夢裡(lai7)化作鴛鴦，枕上(tsiuN7)即會鸞鳳栖止。

<脫落>(越恁好)：羅帕包定繡弓鞋，爲記放覓懷中(tng1)底。

<娘子有心>(舞霓裳)：那畏去後(au7)爲君恁切病成相思。

而使用文讀音詞語大都爲非口語詞，如<因送哥嫂>(短相思)中的「月明」、「絕色」、「起程」、「離別」、「轉回」、「駿馬雕鞍」、「

往往來來」、「意馬心猿」、「眼裡偷情」、「喜會」、「夙世前緣」「今日」、「送幽冥」等。

又如<君去有拙時>（玉交枝）「苦在心頭」、<花園外邊>（潮陽春）「放丟我爹媽，後頭心無所依」，「心頭」「後頭」是基本詞，「頭」字必唱白讀音thau5；「在」的語法成分是當介詞用，故唱白讀音t ɯ6。

不過，由於音律的要求、語詞結構的固定性或師承的不同，在文白讀的使用上也有一定的靈活性：

(1)音律的需要：<因送哥嫂>：「離別我胞兄」都是文讀音，兄音hing1，因其前數韻腳字都押ing韻；受「胞兄」文讀的影響，「我」也唱文讀音ngɔ 2（「我」在唱詞中一般都唱白讀音gua2）。一字有二音，也要看它的唱音是否適合表現：如「果」字文讀是kɔ 2，白讀是k ɤ 2，<共君斷約>（水車歌）「感謝阿娘果有真心」，唱kɔ 2 音比較好唱。<念月英>（雙閨）「恐畏伊人等待久長，那是怪咱去可遲。」「怪」字唱白讀音kue3(→k ɯe3)，是藝術化唱音的要求。

(2)語詞結構的固定性：某種語詞有其特殊的含義，必須讀某音，否則不成詞，如<啓公婆>（北青陽）「背除先生出街去遊蕩」的「先生」，是「老師」的意思，必須讀sian1 siN1──一文一白；「先」字在其他詞組中大多唱白讀suiN1，如<秀才先行>（福馬郎）。<喜今宵>（雙閨）、<暗想暗猜>（短相思過倍思）的「月老」必須唱文讀音guat8 nɔ 2

(3)師承的不同：唱南管應以泉州音爲正宗，但由於長時間師徒相傳及流傳外地（廈門、臺灣、南洋僑社）的結果，文白讀音難免有出入。如<非是阮>（雙閨）的「招商店」，漢唐樂府王心心（四歲習唱南管，十七歲入泉州園劇校習藝五年，二十八歲來臺灣）皆唱文讀音tsiau1 siong1 tiam3，臺南南聲社「店」字唱白讀音tuiN3。

至於習慣用語，如「路上(tsiuN6)」、「人情(lang5 tsiaN5)」、「千般(tshuiN1 puaN1)苦痛(thang3)」等，已經成爲南管唱音的習用語了。

　　以下試將一個字的白讀音常出現於《荔鏡記》、南管曲詞中者，依南管之唱音舉例於下。

舉（攑）：文讀音kɯ2，白讀音Kɯah8。

　　1 kɯ2，19出「小客見說恁府上有一鏡卜磨，望小姐抬舉。」

　　　　南管套曲<舉起金杯>。

　　2 kɯah8　15出「我自拙日頭攑不起。」

　　　　　　　　24出「攑目看攑目看，不覺見月上如梭。」

　　　南管：<一陣狂風>：舉目不見長安。

　　　舉（攑）字的白讀，《妙悟》在嗟韻，應音kiah8，但今泉音kah8，

　　　kah8(kɯah8)音應是古音的殘跡。

強企：白讀kiuN5 ni7。

　　22出：「娘仔強企捍身命。」吳氏荔校p496：「勉強也。」（註七）

　　34出：「娘仔強企行上幾步。」

　　南管<強企行上幾里>。

呆：gai5　37出：是我仔共你無緣。怨你呆痴。

　按：《泉志》：呆板。《妙悟》開韻：獃gai2，痴獃。

　　　南管<年久月深>：恨我當初太呆痴。

相：1 文讀siong3　44出：告相公乞聽說起。念陳三官蔭仔兒。我兄廣南
　　　　　　　　　　　　做運使，西川知州阮叔便是。

　2 白讀siu3　　51出：見相公著急是因乜，小心近前來問因依。

　按：音siong3 kong1為舊時對官員的尊稱。「告相公」是陳三告訴知州官。
　　　51出是妻子對丈夫的敬稱（註八），音siu3 kang1。「相」字的白讀，
　　　《妙悟》、《泉志》及今音皆有鼻化韻，南聲社張鴻明老師謂「相思
　　　」的「相」無鼻化韻，與戲曲所說相合。《彙集雅俗通十五音》（漳
　　　音）茄韻「相害」「相借」之「相」音sio1，亦無鼻化韻。

捍：huaN7，　22出：娘仔強企捍身命。
　　　南管<冬天寒>(短滾)：阮相思病重，只處懨懨性命惡捍。
　按：捍、撐皆白讀，為借音字。支持、把持之意。

荒：hng1　48出：幾番思量，腸肝寸斷。空房障青荒。

　　南管<因為杞郎>：壙野青荒，舉目無親，今有誰人看顧。

　　本曲押ng韻。

推：文讀thui1

　1 文讀又音tshui1

　　15出：勸娘仔把定心情。不信月老推排無定。但願天地推遷靈聖。

　　南管<心頭苦切>：投告天地共神祇，推遷保庇母子早相見。

　　　　<一卜梳妝>：望天恁推遷，乞阮對著有義郎君。

　　　　<獨自怨嗟>：想起姻緣，都是月老推排比，不由人。

　　　　<一路行來>：見許番軍重疊，推緊如箭。

　2 白讀thɤ1　24出：「大人言語惡推辭。」

　　　南管<幸遇良才>：秀才不必推辭。

　按：推音tshui1。或作「催遷」(20出)，有「催促、保佑」之意。

　　　蔡培火《閩國辭典》p908：推tshui1遷：把雙方的主張距離縮短。

痛：文讀音thong3，白讀音thang3、thiaN3。

　1 thang3

　　6 出：我今無ム，伊定無翁。想伊心內，共我一般苦痛。

　　南管<為伊割吊>：千般苦痛，都是為著荔枝。

　2 thiaN3

　　22出：啞娘拙痛伊，莫得潑伊。

　　26出：感謝娘仔痛疼(thiaN3 thang3)。

　　2 出：仔兒分開我心痛，只去隔斷在千山萬嶺。

　　南管<那恨僥倖>：今旦日有誰人痛疼。

　　南管<一路行>：偌會記得我只心內會痛。　全曲押iaN韻。

慶：文讀音khing3，白讀音khiaN3。

　　2出：勸爹勸媽，莫得發業費心情。三年任滿，許時返來即相慶。

押iaN韻，慶音khiaN 3。

南管<幸逢太平年>：處處人盡慶賞元宵。

數：

1 文讀sɔ 3　13出：殷勤禮數好行放。

南管<杯酒勸君>：佳音捷報，免阮數歸期。

2 白讀siau3 32出：我正卜用你記數，你又病，返去調治。

南管套曲<舉起金杯>次出<旅館望雲>：「忉得我只心頭酸，更籌空自數。」全曲押iau韻。

賽：白讀sɤ3，《妙悟》科韻。相誇勝曰賽。

5出：莫說我田園廣闊，錢銀無賽，邢是婚頭遲，未有一厶通伴眠。

6出：元宵好景值千金。一陣阿妹賽觀音。

9出：花色迷人醉。吟風嘯月而歸。看伊人物爽利，賽過廟裡天妃。

南管<懶繡停針>：海棠任伊那色賽胭脂，倆值得許嫩幼牡丹可觀可愛。

套曲<自來生長>次出<咱雙人>：咱雙人同賞中秋月，攜手並肩在阮樓上瀟灑眞無賽。　全曲押ɤ韻。

二、俗　　讀

所謂俗讀，就是不符合文白對應，只取其字義，其音則依各地方使用習慣而讀者，也就是借義訓讀字：

1 什靜：什音tsap8，寂音tsip8或tsap8。字應作「寂靜」，寂音tsik8，卻誤讀爲tsip8。可能由「寂寞」連讀而致誤。寂寞音tsik8 bok8，連讀時，前一字的收音k 受後一字聲母b 雙唇音的影響，變爲p 。即tsik→tsip，與其他字構成詞時，亦音tsip。寂靜，俗寫作「什靜」，又依「什」字之音唸爲tsap。（《荔鏡記》「雜種」皆作「十種」：9、13出「十種烏龜」。十音tsap8，故什亦音tsap8。）其例如：

3 出：宅院深沈人什靜。　　15、48出：更深什靜。

48出：空房寂靜恨夜長。　　　　48出：更深寂靜。

句法相同，可證「什靜」即「寂靜」。南管皆作「寂靜」：

<三更鼓>：更深寂靜兼冥長。　<聽見杜鵑>：更深寂靜。

大陸李白燕、臺灣南聲社蔡小月唱，寂皆唱tsip8。<頭茹鬘欹>：「爲著心頭寂寞」，楊雙英唱，寂音tsap8。（註九）

2 到：此字文讀音to3或tɔ3，白讀音tau3（到底），俗讀kau3。

(1)kau3　6 出「來去得桃到五更。」「娘仔相隨到只。」此例很多。

南管如<虧得是昭君>：「虧得是昭君著出塞，來到只，看見許番軍....。」<山險峻>：「阮那爲著紅顏，即會到只。」

(2)tɔ3　如<因送哥嫂>：「才到潮州，喜遇上元燈月明。」

(3)to3　「返回」之意。《荔鏡記》之例：

6 出「伊今到去了，俪得伊著？」

22出「元初懶啞公去巡田，却(khioh4)一个卵到來。」

懶＝咱，我們。　却，拾取。

24出[梁州序]「嚵好腦咋到梭」叶韻，全曲押 o韻腳，「移步抽身懶且到」，到音to3。

48出[齊雲陣]「惱勞到索燥倒」叶韻，全曲押 o韻腳，「人去崖州值日到」，到音to3。

3 殺：音suah4。

(1)同煞，終止之意，《妙悟》：「煞(suah4)，止也。」《荔鏡記》之例：

14出：「婆仔乞伊打一頓，那障殺除！」　「除」爲語末助詞。

19出：「人客，恁歌唱被唱，又宿除做乜？」　被、便音近。

19出：「看你一場乜合殺。」　　　宿，潮音suah4。

29出：「起也是你，殺尾也是你。」

(2)副詞，有多麼、真是之意。

　　3　出：怨殺窗外啼子規。

　　19出：諸禽無計留春住，恨殺東風寫樣頭。

　　南管：<昭君出塞>：恨殺延壽。　恨殺漢元帝。

　　　<薄情人>：恨殺知州不公平，掠我三哥發配崖州城市。

　　　<門樓鼓>：恨殺賊林岱，掠阮鴛鴦拆離。

(3)音sat4，爲其本義，

　　南管：<強企行上幾里>：又學許殺妻求將魏吳起。

　　　<大展雙眉>：殺死梅倫畜生。

4　處：文讀音tsh ɯ3，俗讀音t ɤ3。

(1)ts ɯ3　26出「你念著荔枝再莫猶豫，....今問娘仔乞一開處。」

　　　「豫處」押居 ɯ韻。

　　南管<無處棲止>　<秀才先行>：各處張掛。

(2)t ɤ3　9　出：等待李哥嫂只處過。

　　　16出：只處正是值處？　（潮音「處」音to3）

　　南管<爲伊割吊>：阮只處孤栖無伴，伊許處孤單獨自。

5　尋：文讀音sim5，俗讀音tsh ɤ7

(1)sim5　6　出：尋春愛月，不是孝娘人體例。

　　　27出：燕雀爲巢鳩占居，無狀林大杜尋思。

　　南管：<手倚欄杆>：手倚欄杆，坐來細尋思。

(2)tsh ɤ7 5出：行來去尋老卓。

　　　41出「短處尋禍脆」叶韻，「又畏爹媽趕來尋。」

　　南管：<玉簫聲和>「和倍尾尋處過歲吹說」叶韻，全曲押 ɤ韻，

　　　「掠父母共妻兒不顧尋。」「來只處相尋。」

　　　<一盞孤燈>：卜親身許處去尋伊。

6 易：文讀音是ik8、i7，白讀音是iah8，但《妙悟》雞韻亦有k ɯe7音。

　(1)i7

　　26出：說伊卜求官都容易，那貪共娘仔愛結成連理。　押　i韻。

　　南管套曲<金井梧桐>次出<繡成孤鸞>：「馬上官人愛見都容易。」

　　押、i、ih、iN韻。

　(2)iah　用在「益春」之名，《荔鏡記》書中多見。南管有<益春不嫁>

　　　<早起日上>：益春你著仔細認定。

　(3)k ɯe7　《妙悟》雞韻：「易，無難也。」

　　14出「界截體易提多」叶韻，押雞 ɯe韻，「仔今棄死句可易」，

　　「易」音k ɯe7。　「句可易」，還比較容易。

　　30出「一年一歲人易老」，「易」字也可能唱k ɯe7。

　　南管：<輾轉三思>：自古道是光陰易過，青春豈有再來時。

　　　套曲<懶惰梳妝>七出：「一年景不覺易過。」《指譜》音koe7，

　　　南管曲師皆唱k ɯe7。

7 在：文讀音tsai6 ，俗讀音t ɯ6。如

　　　3 出「娘身是牡丹花正開，生長在深閨。」在可能　音tsai6。

　　　5 出「誰人在許內？」　　　　　　　　在音t ɯ6。

8 值：文讀音tit8，白讀音tat8。但《荔鏡記》及南管用「值」字表ti6

　　之音，其義爲表疑問詞之「何」，唐詩多用「底」。如：

　　　2 出「未知值日返鄉里？」「值日得到廣南城。」

　　《泉志》：「底ti6時(何時)；待t ɯ6，在也。」但南管往往用「

　　值」字代表二義。此二義之用字實當分別清楚，叫字才能正確。

　　當「何」解，音ti6，下接時間詞。如「值年六月」。

　　當「在」解，音t ɯ6，下接處所詞，在何處。如：

　　　<無處棲止>：「值處安身己」。

　　　5出「值(ti6)簡仔在(t ɯ6)許內討檳榔食。」

南管<值年六月>：

值(ti6)年六月，不在(t ɯ6)阮樓上迭迱，值(ti6)曾不食荔枝。在(
t ɯ6)阮樓上繡工藝。（註十）

9　獨自：俗讀ta1 ti7。

20出：阮甘孤單守獨自。

5 出：日來獨自食，冥來獨自宿。

南管套曲<繡閣羅幃>：邪虧阮紅羅帳內孤單獨自。　全曲押i 韻。

按：南管唱ta1 ti7。萬曆本《荔枝記》作「交(ka1)己」，蔡俊明《
潮州方言詞匯》作「膠己」，音ka1 ki3。泉州梨園藝校老師潘愛
治謂梨園「獨自」一詞，有唱ta1 ti7者，也有唱ka1 ti7者。

10 立：文讀音lip8，　　19出：你立三年工僱文字，日子滿了，便乞你返去
　　　。　　2出：須記得這四句是大丈夫之志，立身揚名，以顯父母。

俗讀音kha6（今泉音）　kh ɯa6（古泉音），其本字應作「徛」

39出：坐人不知立人苦痛。

7 出：阮唱山歌乞恁聽。待恁坐聽立也聽。

南管作「竪」，<年久月深>：年久月深惡竪起。

三、方言音字

《荔鏡記》與南管曲詞都是閩南方言的白話文學，其中有許多方言音
、方言字，必須正確讀出其音，才能了解其義。

(一)方言音

方言音就是借用漢字而讀閩南自己的音以表達意思。除少數字（如「
度」音thɔ 7是音近借字、「夭」是文讀）外，大多是白話音。

卜：文讀音pɔ k4，南管唱做bɔ h4，今音白讀b ɤ h4(泉)、beh4(漳)。

要、想要之意。入聲字文白的對應是：-t、-k、-p→ -h ；p、b只是
清濁的不同，某些字的清濁音無辨義作用，如八（或作捌，認識、曾

經之義）泉音pat4，漳音bat4；錦，或音gim2，或音kim2。故卜音bͻh4，合於音理的演變。《荔鏡記》之例：

　　5　出：卜打手指（戒指）乞（給）你。

　　8　出：傷心卜共（kang7，今音ka7）誰說？

　　11出：男婚女嫁，古人有只例。也卜門戶相當，郎君有志氣。

　　或作「要」為借義訓讀字，14出：媽媽逼要成親，死不從。

　　　　6　出：點燈要乜用？

南管<感謝公主>：愛卜相見，除非著南柯夢裡。

　　<嶺路欹斜>：阮夫妻所望卜相隨同歡慶。

卜是，「或許是」之意，19出：那卜是益春打破，叫益春出來。

<娘仔>：娘仔恁只病痛，卜是憶著馬上郎不見影。

夭：音iau2，當(1)「還....」(2)連接詞用

　1 22出：你現(明明)磨鏡，夭句(還又)相箭(諍)。

　　22出：厝夭不掃，淹潛滿處。

　　26出：死賊奴乜大膽。我只處洗面夭敢看。

　　南管<來到只>：穿紅裙，夭句巧。

　2 22出：夭都連我乜都罵！

　　19出：「只歌莫唱。」「做乜莫唱？」「許个阮識(pat4)。」

　　　　　「夭恁都識。」

　　南管<請月姑>：年紀亦句通、亦句未，夭阮一個姑仔即有三歲。

　　　　<昨冥一夢>：人說雁會傳書，夭人常說叫鴻雁汝會傳書。

　　　　或作「要」，<珠淚垂>：你只麼般行止，要你只麼般所為。

揆：1 古音taN3，今音tan3(ㄉㄢ3)，擲的意思。

　　26出：是我錯手揆荔枝。

　　17出：安童，看許樓上娘仔揆乜落來？

南管<值年六月>：荔枝挍落，只是阮益春伊人挍迌迌。

    <嫺隨官人>：待嫺手提石頭來挍乞伊死。

2 音taN6，點也。26出作「點胭脂」（註十一）。「挍」字本是舒展
鋪張的意思，戲文中用爲「挍胭脂」的「挍」。（註十二）

20出：抹些兒粉，挍些胭脂。

罔：音bong2，姑且的意思。

19出：都無人來聽。(占)你罔唱，阮有人來聽。

26出：鬼仔，你罔呾(taN3，潮州話，說)，我不聽。

南管「罔」爲「雖然」之意，今台語有「雖罔」一詞。26出亦有此義
。

<呵娘>：阮今腳罔疼。

套曲<花園外邊>次出：山罔高，總亦抉得接得天；腳罔痛，著放鬆腳

                纏，走出外鄉里。

共：文讀音kiong7，白讀古音kang7，今音鼻音韻尾遺失，讀成ka7。

3 出：來啞！益春，今旦正是新春節氣，不免相共行到花園內賞花。

「相共」就是「一起、一同」的意思。說文：「共，同也。」

「相共」還有一個意思：互相幫助。如「鬥相共」，爲今日慣用語。

南管<輕輕行>：趁賞花燈，相共行到花亭邊。

    <娘嫺相隨>：相共當天祈願。

「共」做連接詞、介詞，有下列幾種用法：

(1)和，當連接詞用：5 出「世上若無花共酒」、13出「大人安排桌共椅」、
「苦桃共澀李，終有好食時。」

南管<開鏡盒>：今旦日布裙共竹釵。

    <聽伊言語>：阮厝亦有乾官共乾家。

(2)跟、和，當介詞用：5 出「共恁啞爹呾(說)」、8 出「傷心卜共誰說」、
14出「若愛我共你做厶(某)婿」。

　　　南管<萬紫千紅>：阮共誰人對酒吟詩。

(3)把、給、將，當介詞用：

　　　6 出：益春，恁啞娘木屐〔擺〕了，快共伊移正。

　　　南管<客鳥叫>：掠衣裳共伊抽把。

以上用法，南管皆音kang7。

句：擬音字，音ku3。字義如下：

　　1 又：如 9出「我句袂做媒人。」「我句袂白賊。」

　　2 還：　14出「伊句嫌阮村人。」

　　　　　　17出「安童記得句有一李公在只潮州磨鏡。」

　　3 更：　14 出「我打一雙金釵句可重伊人个乞你。」

　　　　　　　　　　　　可音khah4，，可重，比較重。

　　4 夭句=還又：11出：今阮二人今年食五六十歲，阮公(翁)夭句可疼我。

　　　句卜=還要：13出「媒人莫得嫌少，親情完了，句卜大謝你。　」

　　　南管或作究、具，如：

　　　<對菱花>：阮當初曾發海山盟誓，割恩共斷義，究亦未成。

　　　<請月姑>：年紀亦句通、亦句未。（《指譜》作「究」。）

　　　<不良心意>：挑水挨礱，尚具不稱恁心意。

爻：音gau5，本是「卦爻」的意思，台語此音是傑出、有辦法的意思。

　　　14出：恁母子爻，隨你去做。

　　　13出：媒姨，你向爻做媒人，共我做一个。

　　　24出：陳三，你倒爻呾話。　　　（潮音ngau5）

　　　南管<眞人聽說起>：聰明爻讀冊。

　　　　<前世修來>：嫁著爻尪有本領。　（尪應作翁，丈夫之意）

仔：音kaN2，兒子、兒女的意思。《集韻》：「閩南人呼兒曰囝。」字應

　　作「囝」。

　　　2出：仔你去做官，莫得貪酷百姓。

　　21出：小人在厝也是富貴人仔。

由兒子之義又引伸爲「小」的意思。

　　9 出：許正是後溝黃九郎孬(姿)娘仔，名叫五娘。

　　　姿娘(人)是婦女，姿娘仔是女孩。

　　18出：明日甲我師仔來磨。

　　20出：娘仔啞，姻緣都是天注定。

大陸高甲戲、臺灣歌仔戲都叫做niu5 kaN2（漳音kiaN2）

南管或作「子」，皆唱kaN2，如

　　<孤栖悶>：伊是官蔭人子。　　<春今卜返>：恐畏阮教子不成。

　　<請月姑>：一個姑仔即三歲。

得桃、敕桃：音thit4 tho5，「遊戲」的意思。今通作「迌迌」。

　　《荔鏡記》皆作「得桃」，　5 出：來去得桃到五更。

　　28出：小妹，你共我只處得桃一下。

　　南管<二更鼓>：慢慢邀君來敕桃。　　<娘嫻>：迌迌人盡遊賞同心意。

度：文讀too7　11出：光陰相催緊如箭，一年一度也易見。

　　俗讀thoo7 14出：番羅緊緊送去度伊。（給予之意）

　　南管用「度」字，如：

　　　<值年六月>：就勸阮厝爹媽將汝寫个契書提來度汝。

　　　<我爲汝>：掠荔枝....挨落度我爲記。

　　按：洪惟仁認爲此音此義以「予」字音義較明確（註十三）。予，語居

　　切，又戈諸切，上古屬魚部，魚部在漢朝時收音ɔ；聲母屬喻母，上

　　古歸定母，故予有音thɔ7的可能。《荔鏡記》有時用「付」字

　　　3出：「一點春心，今來交付乞誰。」

　　　19出「(生)見是障說，交付小妹。(占)度阮。」

　　套曲<鎖寒窗>：「千般怨恨，交付落花。」林鴻《指譜》「付」音

　　thɔ 7。套曲<金井梧桐>首出<賀新涼>：「一慔寫書去付伊。」慔同

卜。劉鴻溝《指譜全集》作：「一卜寫書去度伊。」

(二)方言字

先有語言，後有文字；文字因語言而創造。不同方言地區的人在用字時，除了遵循原有的、共同使用的漢字外，又隨自己的語音而造新字，以濟文字不足之窮。

㤪：音oh4，「難」的意思。南管多作「惡」。

　26出：小人卜應舉求官，有乜㤪？

　28出：言詞寄探你，十分㤪推辭。礙恁人情，知你是假意來阮厝行。

　48出：又兼長冥㤪過，聽見鼓角聲悲悲慘慘。

　南管<春今卜返>次出<聽見機房>：萬緒千端，阮㤪說起。

　　　<對菱花>：卜寫封書，淚滴紙淡(tam5)惡寫。

　　　<對只菱花>：對只菱花寶鏡，惡比舊時。

　　　<嬌養深閨>：真個是惡捨又惡分。

焄：音tshua7，有引導、娶、引得(使得)、尋四種意思

　9 出：今即(tsiah4)在值處(t ш6 t ɤ3)焄一觀音來看燈？　——引導

　30出：約定只九月卜焄娘仔(囝)。　　　　　　　　——娶

　21出：好畫掛二畔，花香焄人愛。　　　　　　　—— 引得

　26出：三哥，阮出來久長，子恐阮啞媽焄我不見，阮卜入去。——尋

　南管<獨自做个>：警戒世上不通焄雙某。　　　　—— 娶

　　　<門樓鼓>：越自焄乜八死（羞恥）！　　　　——引得

　　　<告相公>：你障說，真個焄人乜羞恥。　　　——引得

个：音ge5,此字可視為「個」「箇」的簡寫，「個」，唐朝音ko，近代（元明）變成ge。一個，漳州腔、泉州腔都說成tsit4 ge5。聲母由 k → g 只是清濁的不同；韻母由o → e。現代臺語又省掉聲母k(g)，說成e5。

1 相當於國語表所有的附加詞「的」

    6 出：只正是月內个宮殿。

    8 出：只一位娘仔正是後溝王九郎个諸娘仔。

    南管<恨薄命>：邪虧阮少年个夫妻。

2 單位詞

    5 出：老卓，你值時討一个媳婦拙爽利？

    17出：元來是一條手帕包一个荔枝。

    南管<一陣風寒>：再畫一个水鴨。

3 名詞詞尾

    14出：老个，今旦日好事好志，你只外頭打簡打兒。

    南管<客店名家>：客店名家要我个，客店實是名家。....

               有个卜食飯，有个卜洗腳。

乜：音mih4，多麼、什麼。「乜」的音義，來源甚古，六朝口頭習語，用
    於表疑問，往往作「何物」，《荔鏡記》表示該義用「物」之借字「
    乜」（註十四）。由「物」變成（簡寫）「乜」，是由名詞變成疑問
    代詞，音則由陽入轉爲陰入。「乜」是民間的俗寫借字。由「物」又
    派生出一系列複合詞：「某物」（什麼，用於人）、「是物」（什麼
    ）、「甚物」（什麼）、「物仔(a2)」（相當於國語中表任指的「什
    麼」）等等。

    5出：不知是乜人，元來是林大兄。

    3出：牡丹花開玉欄干，管乜尾蝶共黃蜂。　　——什麼

    5出：(末白)林兄小神。(淨)大身翁乜小神！　——多麼

    南管<感謝公主>：今卜有甚乜路會報答公主恩義。　——什麼

    <想起當初>：看許荔枝靑紅乜生意，一時適憪，伸手摘一枝。

                          ——多麼

倆：音tsai6

1 疑問代詞，今作「怎」。

2 出：干礙爹媽在堂，不得前去赴任。做佴得好？

22出「書上可做佴說？」

南管<懶繡停針>：「佴值得許嫩幼牡丹可觀可愛。」

2 替....

25出：我見你乜傷情，佴恁成就只姻親，即會改得你病輕。

南管套曲<你因勢>：尔因勢將只香囊佴阮送去度伊。

一恮：恮音tsun1。　今或作「即陣」，這個時候。一音tsit8，即音tsit4

　　25出：小妹，我一恮口乾，你入內去討一鍾茶我食。

　　南管<無處棲止>：風滄(gan5)寒，一恮飶(tshin3)微微。

按：滄或作「顏」，南管套曲<為人情>三出<風打梨>：燒水燙顏腳。

許成章《臺灣漢語辭典》一冊P362：「腳手gan5，手腳冷也。」

飶的本字是「凊」，《說文》：「凊，寒也。」《禮記‧曲禮》「冬溫夏凊。」

四、一字多音

閩南語既分成文讀與白讀，白讀又有不同的層次，故一個字不只有文白讀二音，甚至是三音、四音。茲以南管之唱音印證《荔鏡記》之讀音：

今：1 今旦(kin1 tuaN3)，亦作「今旦日」，即今(kin1)日，

　　2 出：今旦仔兒卜起程。　　13出：今旦是好事(tai7)志。

　　14出：今旦日好事好志。　　5 出：今日好人來相逢(pang5)。

南管：

　　<不良心意>：今旦貪戀相府千金兒。

　　<開鏡盒>：記得當初乜穿帶，今旦日布裙共竹釵。

　　<因送哥嫂>：今日邪卜虧心，汝騙我恁曆空行。

2 今冥(kim1 mi5)

　　5 出：今冥是元宵景致。　　6 出：今冥月光風靜。

　　南管：<共君斷約>：共我三哥斷約，須待今冥人睏靜。

3　今卜(taN1 bɔ h4)「今」的本義是「現在」，由時間副詞轉爲連接
　　詞或語首助詞，音taN1。如晉朝北方姚秦鳩摩羅什譯《佛說阿彌陀
　　佛經》：

　　　從是西方，過十萬億佛土，有世界名曰極樂，其土有佛，號阿彌
　　　陀，今現在說法。

　　「今」後又說「現在」，今字明顯爲語助詞。臺語猶說「今卜按怎
　　？」

　9 出：我今卜央你去求親。　　26出：今卜做倆思量？

51出：今卜返去厝見恁爹媽。　24出：春今卜轉，花謝障多。

　　南管：套曲<春今卜轉>，今唱taN1。

　　　　<感謝公主>：今卜有甚乜路來報答汝深恩。

　　　　<無處棲止>：咱雙人今卜值處安身己。

何：1 何卜(hua5 bɔ h4)，何必、爲何要。

19出：三錢二錢算還伊，何卜討小輩人平宜。

26出：再三勸，甲伊返去，說伊厝乜樣富貴，豈無玉顏之女共伊匹
　　　配？何卜做障般勾當。

　　南管：

　　　　<我爲你>：何卜輕身下賤，只處受恁娘妗輕棄。

　　　　<遙望情君>：早知冥日有只相思悶，何卜共君鸞友鳳交。

　　　　<君去有拙時>：當初何卜勸君求一科名題字。

2 何不(hɔ 5 m7)

18出：李公，阮啞娘叫寶鏡拙時上塵埃，因何不見李公來？
　　　　　　　　(叫：引他人之言)

25出：只一个鶯，因何不宿只柳枝上？

32出：陳三你是好人仔，來我厝，因何不說乞我知？

南管：

　　<暗想暗猜>：那恨著月老，汝因何不推排。

　　<那恨僥倖漢>：望天你今何不障鑒察。

　　<輾轉三思>：菱花障憔悴，我蒼天何不佐賜甘霖雨？

3　無奈何(bo5 ta7 ua5)

　15出：見許井水悠悠，焄我心悲。無奈何來到只。

　26出：孤鸞共鸚鵡不是伴。親像我對著許(白)「丁古林大」無好頭

　　　對，實無奈何。

　33出：(占)你那卜去，做儞捨得啞公啞媽？

　　　(旦)阮起頭割捨得，到只俱段是無奈何。

　　　　　　　　　　　(俱段=機頓，時機)

　34出：為君辛苦無奈何。

南管：

　　<繡成孤鸞>：無好緣分，切人只心內無奈何。

　　<嬌養深閨>：腳又痛阮腹又飢。千金到只，阮但得無奈何。

　　<思憶當初>：擾亂走散，乾家媳婦割捨無奈何。

行：文讀音hing5　，白讀音hang5、kiaN5、hng5。

　1 hing5

　　2 出：好說大人得知，行李打疊便了。

　　6 出：婦人夜行以燭，無燭則止。　　21出：黃五娘你可無行止。

　南管如<打疊行李>。　　<恨冤家>：恨冤家，汝可見無行止。

　2 kiaN5

　　3 出：今旦正是新春節氣，不免相共行到花園內賞花。

　　5 出：有乜好客在外廳，手捧檳榔出外行。

　　51出：不長進做障行儀。

　南管<看日色>：阮步行寬，兜緊弓鞋。　　又<秀才先行>。

　　　　<虧得是昭君>：看見許番軍，那障各樣行宜。

3 hng5。

　　45出「你那卜不食，越割我心腸。目滓流千行。」

　　48出「三更鼓，翻身一返。鴛鴦枕上，目滓流千行。」

　　　皆押ng韻，行音hng5。

　　南管<憶梳妝>次出<空房淒>「目滓千行」，押hng韻，「行」字，

　　　　　　劉鴻溝註：「行音圜（語音）。」即唱hng5。

中：文讀音tiong1、tiong3，白讀音tng1、ting3。

1 tiong1　14出「若愛奴身配林大，情願將身投井中。」

　　　　　　27出「共伊斷約爲荔枝，桑中濮上不負伊。」

　　南管<回想當日>：汝莫鄙阮是桑中濮上女。

2 tiong3　南管：<恨王魁>：喜今日汝得中狀元。

3 tng1　22出「鏡在臺中。頭髻欹斜懶梳妝。照見我雙目瞕。」押ng

　　　韻，中音tng1。

　　南管：<荼蘼架>：揚子江中　　<不良心意>：又掠阮禁落冷房中。

4 ting3　14出「我做其事倆年都不中仔意，隨恁母仔去做。」

　　　　　　19出「叫伊工夫那中娘仔想，娘仔二三分銀也不論。」

可：音khah4 、khɔN2。khah4 有三義：

1 可惜

　3 出：好花不去賞，也可惜除！

　　南管：<懶繡停針>：「可惜許多天景盡。」

　　　　　<孤棲悶>「可惜東君悵歸去。」《指譜》音khah4。

2 表肯定語氣

　　14出「可見無道理！」

　　南管音khah4 kiN3，<恨王魁>：可見非理。

　　　　　　　<恨冤家>：恨冤家，汝可見無行止。

3 疑問副詞

8 出：可曉得只一陣娘仔正是值街巷上人？

17出：可曾娶過門來？　　　22出：書上可做俪說？

據大陸泉州高甲戲<春草闖堂>及陳三五娘錄音帶此字音khah4 ，如
：「三哥，汝卜返去，可有共阮阿公阿媽相辭嘸？」(陳帶)；

南管<繡閣羅>：「可曾知我舊情？」《指譜》音khah4

khɔ N2　可咎（可憐）。咎是憐的借音字。

6出：正月十五冥。厝厝人點燈，是實可咎。

南管：如<懶繡停針>：「俪值得許嫩幼牡丹可觀可愛。」

(南聲社蔡小月唱)

<爲著命怯>：「可憐，雁車傳檄有只告急頒陳。」（大陸南英錦
曲精英.昭君出塞系列之二，陳小紅唱）

「實是焉人可憐(khɔ N2 lin5)。」（大陸陳三五娘錄音帶）

4 比較之意。

6 出「今人行下門可多。」

南管<你因勢>次出：莫待到許時，反悔著可遲。

「可」之隋唐音爲kha，「可」屬「歌」部，此部自西漢至五代的擬音
爲a ，宋元明淸爲ɔ（註六）。《泉志》《妙悟》及鹿港皆音
khɔ N2。本書與南管大多音khah4，惟《妙悟》無此音。

長：文讀音tiong5、tiong2，白讀音tng5、thiuN5。

1 tiong5　23出「悶如長江水，江水不斷流。」

南管<嶺路欹斜>：兼又茫茫長江水。（大陸錄音帶丁育芳唱）

2 tiong2　44出「黃中志是糧長之家。」

18出「老个見說定永豐倉林長者厝。」

3 tng5　24出「宅院淸幽日頭長，焉人平坦倚繡床。」

3 出「生長在深閨。」

南管套曲<自來生長>，生長音siN1 tng2。

    <一封書>：枉阮長冥只處爲君恁割吊。

4 thiuN5　23出「悶如長江水，江水不斷流。一點相思怨，長掛在心
頭。」

按：南管「長」字，大多唱thiuN5，劉鴻溝所謂「特別偏音」（註十五
）。如套曲<鎖寒窗>首出：「盡日思君怨春殘，心頭傷春長掛。」

    <所見可淺>三出<咱雙人>：「障般恩愛君您長卜記。」

    <爲人情>首出：「忘餐廢寢長掛念。」皆音thiuN5。

<秀才先行>：「返頭看，看不見我爹伊人後面差嫺來留....各處張掛
。」張音thiuN5，本字疑作「悵」，不如意也。宕攝開口三等，其字
有iong→iuN之文白對應，从「長」之字白讀多音iuN，如校「長」、
「張」先生、「帳」簿、飽「漲」等。悵掛，惆悵掛心。故事出自《
彩樓記》，敘述劉月娥爲其父趕出家門，與呂蒙正回轉破窯沿路之情
景及感懷。「各處張(悵) 掛」，謂月娥每到一處都惆悵掛心，期望看
到父親派人來挽留她。「張掛」也可能是「長掛念」的省寫，下文「
爹爹你是鐵打心肝。」掛肝叶韻。《妙悟》箱韻「長」音thiuN5。
故《荔鏡記》「長掛在心頭」的「長」也可能音thiuN5。

重：文讀tiong7，白讀tang7、ting5。

1 tiong7　26出：你不見古人說：「物輕人意重。」恁既愛重物，
只桌椅來不好？　　南管<討魚人>：重陽節。

2 tang7 48出：夢見我君入到眠房。牽著君手不甘放。翻身一轉，力
君來攬。鴛鴦枕上，一般情重。

    南管<蓮花滿池紅>：伊人聲聲句句恩情重。

3 ting5 3 出：幾陣鶯聲微微輕，雙雙紫燕叫黃鶯。困人天氣未成熱
，力只寒衣脫幾重。

    南管<看番軍>：番軍重疊在許關外。

　　以上諸字音，事實上是與《荔鏡記》的讀音互相印證的。

　　由於社會環境變遷、地域不同，後生對泉州音已比較陌生。今日如欲推廣南管，使後生易學，就必須將南管的曲詞整理成一套有系統的資料。

　　除上述不同音讀外，筆者特列一特殊讀音表，使學者一目了然。

常見特殊讀音表

荔韻	妙悟	例	字		
居	居 ɯ	於女去在　除茹語魚虛許舉	i	漳	
		慈書思敘子諸史恕詞事私死處此	u	廈	
科菠	科 ɤ	飛果課髻短袋皮推退賽尾未 灰火回貨過靡妹吹髓尋	ue (e)		
		郭 缺 絕 雪 禍	eh		
恩	恩 ɯn	慇懃恩銀恨近	un		
投鉤	鉤 ɯo	樓陋漏鉤苟扣叩偶愁鬥 投偷頭瘦母侯後挑窕	ɔ		
街界	雞 ɯe	雞改街易底題溪地釵做初齊疏 洗細矮鞋藝　　　節提切狹	e	音	

精光	生 ɤng	能朋曾增僧爭層贈生旌	ing
姑蘇	高 ɔ	保高果柯靠多道ᠠ坐座草操豪號何	o
臺前	幾uiN	蓮間閒店前先千研	ing
安全	軒ian	胭燕緣仙	ien
	ɯa	寄舉騎豎	ia
	生 ɤng 入聲iak (ɤak)	叔色刻肉室綠竹黑默適得白迫	
其 他	中tng1 亭tan5 宿suah4 殺(煞)suah4 黃蓮liN5 拙tsuah4 從tsng5 生長tng2 長thiu5掛 話畫 ɯe7 強企kiuN5 ni7 風huang1霜 掞taN3 卜bɔ h4		

註：挑窕非鉤韻字

附註

一：莆田音、長泰音，根據南聲社張鴻明老師所說。明嘉靖時曾有莆田翁
　　氏望族移民潮州（詳見林倫倫《潮汕方言與文化研究》p30 ）。「一
　　」音soh8，或許與此移民有關。根據第五章語音分析，潮音無泉州科
　　韻，凡泉音科韻字大多讀作ue。故「月」字音gueh8，應是潮州音。

二：陸傳傑編傳<南管賞析入門>南管樂曲解說，中華文化復興運動總會製
　　作，1994。

三：李國俊<南管「南北交」樂曲研究>，83年全國文藝季《千載清音—南

管　學術研討會論文集》，彰化縣立文化中心編印。

本曲有南音錦曲精英　陳三五娘系列錄音帶。

南北音的特點第三點為筆者所加。

李氏又謂：

> 明代萬曆年間刊刻的《潮調金花女》中，某些唱腔即標明「正音」
>
> 正音即指「官腔」，也相同於南管南北交樂曲的北音。....《金花
>
> 女》在判官出場時，判官代表權威，故唱「正音」，在「劉永祭江
>
> 」出中，劉永從水鄉路過龍溪，龍溪驛丞出迎，也標明「正音」。
>
> 可見在南方戲劇中，官家說官話是經常出現的一種現象。

四：以上讀音部分參考王、劉著《福建南音初探》p137.138。

五：王建設<泉州方言與地方戲曲>，華僑大學學報，1995年第三期。

六：黃典誠<彙音與南曲>，第一屆南音學術研討會論文。

七：吳守禮《清光緒間刊荔枝記校理》。

八：《詩詞曲小說語辭大典》p381。

九：據大陸錄音帶李白燕唱、臺灣南聲社蔡小月，寂皆唱tsip8；張在我
、鴻明兄弟亦如此說。<頭茹髻欹>，楊雙英唱，《陳三五娘》系列
錄音帶。

十：吳明輝《南音錦曲選集》，菲律賓金蘭郎君社。

十一：吳守禮<釋「扻」>，大陸雜誌16卷 4期。

十二：曾憲通<明本潮州方言綴述>P179。第二屆閩方言學術研討會論文集
，暨南大學出版社。

十三：洪惟仁《雞雞若啼‧字解》，黃勁連台語歌詩選。台笠出版社，
1991。

十四：王建設< 從口語代詞系統的比較　看《世說新語》與閩南話的一致
性>「何物」條：

　1 帝問曰：「夏侯湛作<羊秉敘>，絕可想。是卿何物？有後不？」

（言語）

　　2 盧志於眾坐問陸士衡：「陸遜、陸抗是君何物？」（方正）

何物，六朝口頭習語，用於表疑問，可釋作「什麼人」(例12)、「
什麼」或「什麼東西」以及「什麼樣的」。

　　泉州話中的疑問代詞有個「物」，顯然即源於六朝的「何物」。如：
物儂（什麼人）、物款（什麼樣子）、物代（什麼事情）等等。
十五：劉鴻溝《閩南音樂指譜全集》增訂本書前序——語音與字音。

第四節　琵琶譜與裝飾字

　　南管音樂演奏的樂器，所謂「上四管」是指琵琶、洞簫、三絃、二絃
，唱者手持拍板，人聲和器樂聲和諧地奏唱出幽靜閒雅的音樂。

　　樂器方面的合奏，以和為貴，互為陰陽。彼此之間的關係如下：

「主」者琵琶——南管音樂係以琵琶指法定譜，彈奏規範嚴格，音色鏗鏘
　　　　　　　宏亮，掌握全曲架構，輕、重、疾、徐，操控於琵琶。

「輔」者三絃——與琵琶如影隨形，指法一致，音色渾厚沈穩，彌補琵琶
　　　　　　　迴韻之不足。琵琶是陽，三絃是陰。

「導」者洞簫——根據琵琶主旋律，按音度曲，引吭絆字，加裝飾音，主
　　　　　　　宰旋律之悠揚。

「助」者二絃——依簫聲而行，絲絲入扣，充實樂器有時盡之空間，貫穿
　　　　　　　全曲，使之圓柔滿盈。簫絃者，歌韻之聲形也。簫是陽
　　　　　　　，二絃是陰。（註一）

「樂之用在和。」和諧是人生的最高境界。南管的演奏，確實達到心與器
、個人與團體的和諧：

　　1 不看譜，要熟記譜，心、手與樂譜（音樂）合一，是整個人與音樂
合一的境界。

　　2 各種樂器的陰陽和諧：以琵琶為主，其他樂器為副，又各分陰陽：

琵琶是陽，三絃是陰；簫是陽，二絃是陰。陽無陰，則過於剛烈，其音或中斷；陰無陽則不能自立。陰陽相輔，剛柔並濟。

　　3 樂曲進行時，隨感情的需要而有強弱快慢的表現。演奏時無指揮者，（但拍板與琵琶隱然有指揮的作用）卻能快慢如一、強弱不紊，這是團體中各人心意相通的和諧。

　　就欣賞的角度來說，是欣賞歌聲之美——字韻、曲韻、節拍的協調呼應，凝聲如鍊，曼歌待拍，迴氣作韻，婉轉得當。就樂器演奏的角度來說，是體會純如繹如、剛柔並濟的和諧境界。其中以琵琶為最重要：其「音色鏗鏘宏亮，掌握全曲架構，輕、重、疾、徐，操控於彼；但雖為樂器之首，領率簫絃，卻不能桀驁孤行，指揮任意。必須觀察眾器，撩拍穩當，潛移默示。」（註二）南管的曲譜就是琵琶指法譜，亦稱「骨譜」，它是南管的核心，潤腔的依據。其他三種樂器，依此而奏，洞簫、二絃依此而潤腔。

　　依據骨譜所演奏出來的僅是基本旋律，且由於琵琶彈奏音的短促，因此需要藉管（洞簫）及絃（二絃）引吭絆字，加裝飾音，主宰旋律之悠揚。綿長的旋律將琵琶明確的節奏交織成連續不斷的音調，這就是所謂「潤譜」——在琵琶的基本旋律上加上裝飾音。唱者與洞簫配合，在主旋律上下範圍內有限度的自由發揮，形成美妙的、有變化的旋律。但在實質意義上，它不同於西洋音樂的裝飾音：後者以主要音為主，裝飾音只是它的附屬品、裝飾品；前者的裝飾音仍佔旋律結構的重要部分。如：

<孤栖悶>　潮疊　倍思管　D=1

　琵琶指法譜　5 66 6 5 ｜ 2 2　3

　　　　　　孤栖　　　悶

　歌者旋律譜　5 6676 53 ｜ 2 2#4 3

如將裝飾音的部分去掉，旋律即顯得生硬。故在南管音樂乃藉這種裝飾法產生完整的、如歌的旋律。（註三）

　　所謂「骨譜肉腔」，肉指人聲，亦指洞簫、二絃的裝飾音旋律。只有「骨」，顯得貧瘠、單調，要加上「肉」，才能表現肌理細膩豐腴的美姿。雖然旋律裝飾法數百年來已形成固定的方式，但在與語音結合方面，實有研究的必要。本節將在這方面加以探討。

一、先字後腔，字腔交融

　　唱曲之法：第一，講究撩拍，嚴守每字工尺的撩拍，最忌失之撩拍散亂；第二，講究唸詞，必使每字的「頭、腹、尾」皆清晰，在疊拍曲中，因字多腔少，類似朗誦調，求字音的清晰即可，例如<孤栖悶>等疊拍曲；第三，講究曲情，樂曲有輕快、悲傷，唱時必須把握樂曲的感情；最後講究曲容，亦即演唱時的姿態容貌，坐姿端莊，執拍於胸前，且高不過鼻。（註四）下面專論曲詞與音樂的關係。

　　饒宗頤論中國古樂謳唱之法，頗可作爲「骨譜潤腔」的參考：

　　融字：歌者改變字之聲調以就樂之旋律。

　　道字：先將該字道出，加上裝飾音後使其字音接近原來之音高。（
　　　　　張炎云：「須道字後還腔。」）

　　帶字：加上裝飾音於字後，唱上、去聲時可用之。

　　就字：改易旋律以就字音。（註五）

　　筆者將之運用於南管唱腔上，說明如下：

(一)融字：南管首重大韻（或叫腔韻），即樂曲中最具代表性、最爲典型的音調；亦即滾門或曲牌所代表的律。雖然配上不同的歌詞，也要改變字的聲調以牽就音樂的旋律。如滾門長潮陽春的大韻是：　　D=1

⊙5̣5̣6　66̇5̇5̇｜3　33̇6̇5̇5̇　5̇3̇3̇3̇2̣1̣1̣2̣2̣｜5　5̇5̇3̇3̇2　2　3　33

(二)就字：不是大韻之處，可以改易旋律以就字音。如：長滾　C=1

三更鼓　♭11 ｜33 1｜1　113 22 21 ♭6 6｜
　　　　就來　答謝　　恁阮　　　都不

聽鐘鼓　♭1 16｜1　1｜1　113 22 21 ♭6 6｜
　　　　就來　奉送　　恁阮　　　都不

二曲同滾門，旋律不在大韻處，＜三＞曲「答謝」是由高而低，故唱

33 1　1；＜聽＞曲「奉送」都是低調(22)，故唱　1　1　1　。

(三)帶字：用於字調本身有高低升降的字，在泉州音是陰陽去(41)、陽平

(24)、陽入(24)、陰上連讀變調(35)。如：長滾　三更鼓

　　　2　　23 1　1　1　11 6 66 5 6｜
　　　　再　　拜　　於嬸

「拜」是去聲(41)，下降音，故加上裝飾音唱 16　1

(四)道字：饒氏引張炎云：「須道字後還腔。」鄭孟津解釋說：

　　唱家有「腔包字」「字包腔」之論：字包腔，字與腔必求貼調，旋

　　律與字聲融合。今字音與曲調既不一致，故須先吐字後還腔，避免

　　爲本腔所累而倒字，應俟出字之後，仍依定譜歌唱，庶不致有走樣

　　腔情。腔包字，爲有聲無字之腔，腔字含糊，縱然悅耳，不爲賞音

　　者所取。……若能依字行腔而旋律流暢，則高下縈縷，圓融自如。

　　沈括所謂「善過度」「如貫珠」。（註六）

此條最爲緊要。提示「字音與曲調不一致時」的唱法。如：長潮陽春

　　＜早起日上＞　D＝1

　　3 22 3　1｜3 2 12 2 33 21｜16 1

益春 汝著　仔細　於認　定

(以上曲譜、曲詞舉例，皆見本節第二小節「曲牌舉例」)

細字爲陰去(41)，由高而低，而旋律卻是 12 ，由低而高，這就是「

字音曲調不一致」，補救之法，就是要「先吐字後還腔」，加上裝飾

音，唱 312 ，即「先出字」——31，「仍依定譜」歌唱——再回到

　　<u>2</u>，「庶不致有走樣腔情」。

　　王耀華論唱詞，有「先字後腔，字腔交融」的原則（註七）。「字」指叫字，叫字包括發音與聲調。發音指對該字的正確認識（如文讀、白讀、偏音）和唇形開合、聲韻婉轉（韻頭、韻腹、韻尾）的正確表現，聲調指對一個字的高低起伏的正確把握。「腔」指音樂的旋律。「先字後腔」就是要先唱出正確的曲詞，然後唱旋律；「字腔交融」就是曲詞的高低起伏與音樂旋律發展的密切配合。學唱南管者除了嚴守師承外，對於曲詞語言如有真正的了解，必有助於南管藝術的繼承與發揚。

　　在琵琶指法的基本旋律上加裝飾音，南管人叫做「轉韻」(tng2 un1)。蔡郁琳透過廣泛的田野調查，得出一個初步的結論：不管上行、下行，多為大二度、小三度、大三度。各人轉韻的音形不一，有些甚至南轅北轍（註八）若欲論其優劣，應與對語言的了解度有關。南管的唱音以泉州音為正音。（泉州音的聲調見P211）一個字有本調與變調之分，本調是原有調值；但如果不在一句或一個詞組的最後音節，往往必須變調。對於本調與變調規則的把握，世代說泉州話的泉州人，雖然不見得了解調值與變調的規則（註九），大概都能夠很好地把握泉州音的規則。但目前在臺灣，如果不是說泉州話的人，對南管唱音的調值與變調規則，恐怕很難把握；因此，裝飾音的上行、下行就大有疑問了。

　　有時我們也會碰到聲調與琵琶音形走向不十分吻合的現象，這是屬於音樂創作領域的問題——不能片面強調字調對音樂要求的重要性，否定了根據內容要求，創造音樂形象的重要性。

　　以下筆者試著舉幾個例子說明聲調與音樂的關係：

1　<望明月>　中滾　四空管

琵琶譜　　　　⊙i̇i̇ 6665　|5 5 i̇ 5　5　6665　|5 4　5

　　　　　　　想伊是　嚴慈　　拘　　束

唱　譜　　　　　　　5 5 i̇2 5　5 66654　|56 4 5

琵琶譜慈(ts ɯ5)的本調是陽平(24)，由低而高，故唱者必須在 i 上加

一高音，才符合「慈」字自然語言的聲調。（註十）

2　<思想情人>　相思引　潮相思　五空管

　　　琵琶譜 6　6͡5　|　33　2 2 0 22 2 1 | 1 66 6 1 3 3 2　| 2

　　　　　　慊慊　一　病　了　會　爲　　君

　　唱　譜 6 7 6 75 | 3 32 2 2 0 223 2 1 | 1 66 6 1 3 312　| 2

慊(iam2)的本調是陰上(55)，變調後變成(35)，故唱譜升高大二度。

3　<不良心意>　中滾　四空管

　　　琵琶譜　⊙　6̣ 6̣　4 4 | 4 22 2 2 1 1 6̣ | 6̣

　　　　　　　　誰　思　疑

本曲其他地方同音形皆作「4 22 2 2 」。南聲社卻唱做「2 22 2 2

」（呂明揚記譜）。「思疑」音 s ɯ1(33) gi5(24)，「疑」字起音屬低

音，較合音理，於音樂之美亦無妨礙。這是曲師在演奏（唱）的過程中

，注意到語言與音樂的關係而自己調整的實例。

　　我們還可以舉出更多的例子，證明在兼顧音樂美學的情況下，使語言

與旋律的高低一致，將會收到更好的效果——聽眾聽得懂，唱者唱得順嘴

。歌唱者、演奏者與聽眾產生默契，聲、器相和；歌、樂情感交融。

二、《荔鏡記》的曲牌舉例

　　本節將選二曲《荔鏡記》曲牌與南管相同的曲子，分析其音樂與語言

的關係，及轉韻的情形。字後之「＊」表讀本調。「-」後之數字表變調

後之調值，未標者表其本調調值，調值皆記於拼音之下方。

(一)<早起日上>　長潮陽春　倍思管　D=1　　　　　D 調

　　（琵琶譜見本書末葉）

唱　5 576 .76 65554 | 3 23 3 6 535　5 33 3211 1 2 2 | 65 56543#432

譜　⊙5 5 6　6 6 5 5 | 3　3 3 6 5 5　5 33 3 2 1 1 2 2 | 5　5 5 3 3 2

　　早　　起*　日*　上*　花*　弄　　影* iN———

字音 tsa2　　khi2　lit8　tsiuN6　hue1　lang7　iaN2

調值 -35　　　55　24　　22　　33　　-22　　55

2 ⊙3 3 3#4 3 | 32⊙3#43#421 123177665 1 1 | 22232 13#42 25#422 2 3

2 ⊙3　3　3 | 3　⊙3　3.2 1121 7666 1 1 | 2 22 2 1 3 2 2　3 22 2 3

　　　　　　　aN　　不女 提　　　起　針　線*　無　於

　　　　　　m l ɯ the5　　khi2 tsam1　suaN3 bo5ɯ

　　　　　　　　　-22　　　　-35 -33　　　41　-22

2 231 1 | 2311 176557665 1 13232 11 1 | 1　1　1 ⊙

2 211 | 2 11 16 5 5 7666 11 2 2 1　1 | 1　1　1 ⊙5 5 6　6 6 5 5

心　　情* tsiN——————————————aN　聽　　見

sim1　tsiaN5　　　　　　　　　　　　　thiaN1　kiN3

-33　　24　　　　　　　　　　　　　　-33　　-55

　3 3 6 5 5　5 33 3 2 1 1 2 2 | 5　5 5 3 3 2　2　⊙ 3　3　3 | 3 ⊙3

外 頭*　叫　磨　　鏡* kiN ——————————aN　不

gua7　thau5 kio3 bua7　kiaN3　　　　　　　　　　m

-22　　24　-55　-22　　41

3.2 1121 7666 11 | 2 22 2 1 3 2 2　3 22 2 3 2 2 1 1 | 2 11 1 6

女 聲　　　聲 叫　出　甚　於分　明* biN

l ɯ siaN1　　siaN1 kio3 tshut4 sim7　ɯ hun1　biaN5

　-33　　-33　-55　-55　-22　-33　　24

⊙1　1. 6　5 35 5　| 21 11 32321　1

5 5 7666 11 2 21　1　1 | 1　1 ⊙1　1. 6　5 5 5　| 1　11 2 2 1　1

————————————————aN　好　　一 位　風　　流

ho2　　zit8 ui7　hong1　liu5

-35　　-22 -22　33　　-22

1 176 66 5 6　| 53 3 36 5　⊙2#43 2 1 1#432　| 1 6 1 1 3 322　2　3 3

11 6 66 5 6　| 5　3 3 5　⊙2　3 2 1 1　3 2　| 1　1 1 3 3 2　2　3 3

於 人　　物*　　生 得 有 只　十　　分　　於

山 lin5　　but8　　siN1 tit4 u7 tsi2 tsap8　hun1　　山

-22　　　24　　-33 -55 -22 -35　-22　　33

2 211 1　| 2311 1 6 5 5 7665 1 1 23211 1　|　1　1 1　⊙1 21. 6 5 3 5 5

2 2 11　| 2 11 1 6 5 5 7666 11 2 2 1　1　|　1　1　⊙1　1. 6 5　5 5

端　　正*tsiN————————————————aN　嫺*即　認 是

tuaN1　tsiaN3　　　　　　　　　　　kan2 tsiah4 lin7 si6

-33　　41　　　　　　　　　　　　55　-55 -22 -22

2　25321 61　1　211 6 66 5 6　| 5 33 36 5　⊙3#43231 7665 1 1　| 2 22

| 2　2 3 1　1　1　1 1 6 66 5 6　| 5　3 3 5　⊙3 3 2 1 7666 1 1　| 2 22

馬　　上　　於 官　　人*　　想 伊 俩 肯 假

me2　ts iuN6　山 kuaN1　lang5　siuN6 i1 tsai6 khin2 ke2

-35　　-22　　　-33　　24　　-22 33 -35 -35 -35

落一二

321#433 2 2   3 3 2 23 1 | 1 1 7665 1 ⊙5 5 3 3 | 65 5655 3 5 3 3

2 1 3 3 2   2   3 3 2 2 1 | 1 1 7666 1 ⊙5 5 3 3 | 5   5 55 3 5 3 3

學   做 磨   鏡*   人* 有 相

oh8   tsɯe3 bua5   kiaN3   lang5 u7 siong1

-22   -55 -22   41   24 -22 -33

25321 1 2321 2 2 | 2   3 5 #43 2 3 1 | 3 231 22 33 231 |

| 2 2 1 1 2221 2 2 | 2   3 5   3 22 3 1 | 3 2 1 2 2 33 2 1 |

似*   不女益春汝著 仔 細* 於認

s ɯ6   m l ɯ iahtshun l ɯ2 ɯ2 s ɯe3 lin7

22   -55 33 tioh8-22

1 6 1   5 55 3 6 | 655 6665 3 5 3 3 | 25321 132321 2 2 | 2   3 5 3522

1 6 1   5 55 3 6 | 5 5 6665 3 5 3 3 | 2 3   1 1 2221 2 2 | 2   3 5 3 22

定* 夭人有只 相   似   不女益春

tiaN7iau2 tsi2

41   55 24 -35

還原三撩拍
3 1 | 3 231 2 2223 231 | 2311 17665 5 7665 1 132 23111 | 1

3 1 | 3 2 1 2 2223 2 1 | 2 11 1 6 5 5 7666 1 1 2 2 1 1 | 1

汝著 仔 細 仔 細認   定* tiN————————————aN

-35 41

分析：

1 韻腳：影情鏡明正鏡定。押iaN 韻。唱時皆以聲母與韻頭 i、鼻化韻N
結合，拖腔至末音，才與主要元音 a結合收音。

2本曲有二主腔：

1 「早起日上花弄影」爲長潮陽春之主腔，自「聽見」至「磨鏡」反復

主腔。自「好一位」至「端正」爲第一主腔之變奏，自「嫺即」自「磨鏡」，變奏反復一次。

2 自「人有」至「認定」爲第二主腔，自「夭人有」至「認定」反復第二主腔。

潮陽春之主腔皆如此，此應是潮調的特色。

3 此首爲益春唱，五娘接唱（自「人有相似」至最後），曲風輕快。

4 長潮陽春爲三撩拍——一拍三撩，每小節有八拍。中間「落一二」，變爲「一二拍」之潮陽春——一拍一撩，每小節有四拍。最後一小節又轉回三撩拍。

5 聲調分析：可自二方面觀察：琵琶譜、轉韻唱法。

1 「早」變調爲(35)，琵琶譜爲 5 5 6 6 ，轉韻唱 5 57 6 67 6 6 ，爲上行大三度與大二度之裝飾音。

2 「起」爲高調，「日」爲中升調，二字構成由高而低再升高的音勢，故唱 5 5　3　3 3　6 5　5

3 「花」爲(33)，較高，「弄」變調爲低調，音勢轉低，逐漸升高，下接高調之「影」字。

4 「提起針」：「提」變調爲低調(22)，由低漸高；「線」爲下降音，故爲 3 3 2 2 。

5 「情」字爲陽平(24)，由低而高，略上行後回頭，留連纏繞。

6 「聽見外頭」，「見」字變調爲高音，下接低音之「外」，「外」33加裝飾音2 ，合於自然語調。「頭」字由低而高，故加裝飾音i ，成爲6i 5。磨(22)鏡(41)，由低而高再下降。

7 「明」(24)先下降，再升高。

8 「好一位」，「一位」爲低音，再升高至「風」逐漸下降爲「流」。

9 「嫺即認是馬上」，「嫺即」「馬」皆高音，「認是」夾在中間呈低音音勢。

　　也有語言與音樂不協調之處，如「仔細」的「細」字應由高而低，卻是
　　3 2 1 2，所以要「先道字後還腔」，唱成 3 2 3 1 2。

仔　細

「想(22)伊(33)」應是由低而高，卻唱：

　　3 3 2 1

　　想　伊

但這到底是少見。

(二)<三更鼓> 長滾　越護引　四空管　一拍三撩　**8/4**

　　#4̂3̂ —2　　　　　　　5 3̲5̲ 5

⊙ 3　3　2　2̲2̲1̲1̲1̲ 1̲ 6̲ ｜ 5̣　5̲5̲6̲6̣6̲1̲ 6̣　6̣　6̲ 6̣　1̲ 1̲ ｜

三　更　　　　鼓*　　　　　阮* 今*

saN1　kiN1　　　kɔ2　　　　guan2 taN1

　-33　　-33　　　　55　　　　55　　55

　　　3̲6̲　　　　　　1 1̲1̲2̲7̲6̲　1̲2̲1̲6̲　　　1̲2̲1̲7̲ 6̣

3　3̲3̲5̲3̲3̲3̲2̲ 1　2̲2̲1̲1̲1̲ 1̲6̲ ｜ 1̲1̲ 5̣　5̣　1̲1̲ 6̣ ⊙ 6̣ 6̣ ｜

翻　身　　　於 一　　　返*

huan1　sin1　　tsit4　　tng2

　-33　　33　　　-55　　55

6̣ ⊙ 1̲1̲2̲2̲　3　3　3　3̲3̲ ｜ 2　3　3̲3̲3̲3̲2̲ 1　1　1　3̲2̲ ｜

不 如　鴛　鴦*　枕　　　上*　　　阮*

m　lɯ uan1　iuN1　tsim2　　tsiuN6　guan2

　　　-33　33　　-35　　　22　　　55

1　1 1 5 33 3 2 3 22 2 3 3　11 16｜1 1 5̣ 5̣ 1 1 6̣　⊙ 6̣ 6̣｜

泪(目)　淳*　　淚*　滴　千　行*

bak8　tsai2　lui7　tih4 tshuiN1　hng5

-22　　55　　41　-55 -33　　24

6̣　⊙ 1　1 1 2 2 1 1 6̣　3 2｜1　1　1　2 2 2 11 12 1 11 16̣｜

　　　誰*　思 疑*　阮 會 行　　到 只　於 機

tsui5　　s ɯ1 gi5 guan2 ɯe7 kiaN5　kau3 tsi2　ɯ ki1

24　　　-33　24　55 -22 -22　　-55 -35　　-33

5 3 5̣
· · ·
5̣　5̣　5̣　1 1 6̣　⊙ 6̣ 6̣｜6̣ 6̣ 6̣　⊙ 5 5 6665 3 3 5 5｜

頓*　　　　　　　　　　　　　一　　枝

tng3　　　　　　　　　　　ts.it⁸　　ki1

41　　　　　　　　　　　　　-22　　-33

1　1 1 3 2 3 2 1 1　　　　　6̣

1　1 1 2 1 1　1 66 6 5　3 3 5 5｜6̣ 6̣ 6̣　⊙ 2 2　3　3　5 5｜

燭　火*　暗*　　又　光*　　　　對　　只

tsiak4 h ɤ2　am3　iu7　kng1　　tui3　tsi2

-55 55　41　　-22　　33　　　-55　　-35

　　　　　5 56　　　　1 16 2 2　5 56
　　　　　· ·· 　　　　　· ·· 　· ··
3　3　3　5 5　5 33 3 2 1 1 2 2｜5　5 5　3 3　2　2　3　3｜

孤　燈*　阮*心　越　酸*

kɔ 1 ting1 guan2 sim1　uat8　sng1

-33 33　55　33　-22　　33

3　3　3　⊙　3　3　5 33 3 2｜1 1　6 6　1 1 2　2 2　1 11 16̣｜

　　　　　　更　深*　　寂　静*兼　冥*

　　　　　kiN1　cim1　tsip8　tsiN6 kiam1 mi5

　　　　　-33　　33　　-22　　22 -33　24

1 121　　2 23

1 1　5　5　1 1　6　⊙ 6　6　│　6　6　6　⊙ 1　1　1　2 2　│

長*　　　　　　　　　　　　聽　　　見

tng5　　　　　　　　　　　thiaN1　kiN3

24　　　　　　　　　　　　-33　　　-55

23261　　　　　　　　　　　　　　　　　　5 56

2 1 1　1 1　6　6　1 1 2221 6 6│　5　5　5　⊙　5 5 3　3　5 5│

孤　　　　　　　雁　　　忽聽　見

kɔ1　　　　　　gan7　　　hut4 thiaN1 kiN3

-33　　　　　　4 1　　　55　33　-55

5 33 3 2　1　1　1 1　2 2 1　2 2│5　5 5 3 3 2　1　3　3　3│

孤　　　雁*　長　冥*那障　悲*

kɔ1　gan7　tng5　mi5 na7 tsiuN3 pi1

-33　41　-22　-22　-22 -55　33

3　3　3　⊙　2　2　3 3　│2222 2 5　3　3　3 22 21 6 3 2│

不　見　我　　　君*　　　伊

m7　kiN3　gua2　　kun1　　i1

-22　-55　-35　　33　　33

1　1　1　1 1 2　2 2　1 1 1　1 6│1 1　5　5　1 1　6　⊙　6　6│

寄　有　封　書*　返*

kɯa3　u7 pang1　tsɯ1　tng2

-55　-22 -33　33　55

6　6　6　⊙　5 5 1　1　2 2│1　⊙　1 1　5　5　1 2　1　1 6│

記　得　當　原　　不女　初

ki3　tit4　tng1 guan5　m l ɯ tshɯe1

-55　-55 -33 -22　　　-33

1 1 5̲ 5̲ 3　3.̇2̲ 1 1　2̲ 1 6̲ 6　1 1 ｜5̲ 3̲3̲ 3̲2̲ 1　1　1　⊙ 1̲ 1̲ 2̲ 2̲ ｜

時* 　阮* 　共 伊 　人* 　恩 　愛* 　情

si5　　guan2 kang7 i1　lang5　ɯ ɤ n1　ai3　　tsing5

24　　　55　-　22　-33　　　24　-33　　41　　　-22

5　5̲ 5̲ 3̲3̲ 2　2　3　3　3　｜5　5̲ 5̲ 3̲ 5̲ 5　5　⊙ 3̲ 3̲ 2̲ 2̲ ｜

長*　　　　　　　　　　相 愛*　　相

tng5　　　　　　　　　siong1 ai3　　siong1

24　　　　　　　　　　　　-33　41　　-33

　　　　　　　1 0̲6̲ 1

1̲ 1̲ 2̲ 1 6̇　⊙ 1　1　1　3̲ 2̲ ｜1　1̲ 1̲ 2　2̲ 2̲ 2̲ 1̲1̲ 1̲2̲ 2̲ 1̲1̲ 1̲6̇ ｜

惜* 　　情　意* 如 　蜜* 調 　於 落

sioh4　　tsing5　i3 l ɯ5　bit8 tiau7　ɯ　loh8

55　　　-22　　41 -22　　24 22　　　　-22

1̲ 1̲ 5̇　5̇ 1̲ 1̲ 6̇　⊙ 　6̇ 6̇ ｜⊙ 6̇ 　6̇ ⊙ 5̇ 　5̇ 　5̇ 5̲5̲ ｜

糖*　　　　　　　　恨　　　著

thng5　　　　　　　h ɯn7　　tioh8

24　　　　　　　　　　-22　　-22

1 1̲ 1̲ 2̲ 2　1 1 1̲1̲ 6̲6̲ 6̲6̲ 5̲6̲ ｜5̇ 3̲ 3̲ 5̇ ⊙ 1 1̲ 6̇ 5̇ 5̲5̲ ｜

登 徒* 　許 林 　大* 　　深 惱 恨 著

ting1 tɔ 5　h ɯ2 lim5　tua7　　tshim1 nau²h ɯn7 tioh8

-33 24　　-35 -22　　41　　　-33 -35 -22 -22

　　　　　　　　　　1 2̲1̲

1 1̲ 1̲ 3̲ 2̲2̲ 2̲1̲ 1̲ 6̲6̲ 6̲1̲ 6̲ 6̲6̲ 5̲6̲ ｜5̇ 3̲ 3̲ 5̇ 3̲ 2̲ 1 1 1 3̲ 2̲ ｜

登 徒* 　賊 於 林 　大* 　汝* 掠 　阮

ting1 tɔ 5　tshat8 ɯ lim5　tua7　l ɯ2 liah8　　guan2

-33 24　　22　　-22　　41　　55 -22　　　-35

$\underline{1}\,1\,2$ $2.\,\widehat{\underline{1}\,\underline{6}}\,\underline{6}\,\underline{2}\,1$ 1 1 1 | 5 $\underline{5}\,\underline{5}\,\underline{3}\,\underline{3}\,5$ $\underline{5}\,\underline{3}\underline{3}\,\underline{3}\,\underline{2}\,\underline{1}\,\underline{1}\,\underline{2}\,\underline{2}$ |

情　　　人*　　　　阻　隔　去　外

tsiaN5　　　lang5　　　tsɔ2　keh4　khɯ3　gua7

-22　　　　24　　　　　-35　-55　-55　-22

5 $\underline{5}\,\underline{5}\,\underline{3}\,\underline{3}\,2$ 2 3　　　3 3 | 3 3 3 ⊙ 2 2 2 $\underline{3}\,\underline{3}$ |

方*　　　　　　　　　　　　　　誰　　人　*

hng1　　　　　　　　　　　　　tsui5　　lang5

33　　　　　　　　　　　　　　-22　　　24

2 2 2 $\underline{3}\,\underline{5}\,3$ 3 $\underline{3}\,\underline{33}\,\underline{3}\,2$ | $\underline{1}\,1$ $\underline{2}\,1$ 6̇ ⊙ 2 $\underline{2}\,2$ 3 $\underline{5}\,\underline{5}$ |

會 放 得阮三 哥*　　　返*　　　愿 辦 千 兩

ɯe7 pang3 tit4 saN1 ko1　　　tng2　　　guan7 pan7 liuN2(-35

-22 -55 -55 guan2(-35) 33　　　55　　　　-22 -22 tshuiN1(-33)

3 #$\underline{43}$

3　　3　　3　$\underline{3}\,\underline{3}\,\underline{3}\,\underline{22}\,\underline{2}\,1$ 6̇ $\underline{1}\,\underline{1}$ | $\underline{3}\,\underline{3}$ 1　1　$\underline{1}\,\underline{1}\,\underline{3}\,\underline{22}\,\underline{2}\,1$ 6̇ $\underline{6}\,\underline{6}$ |

黃　　金*　　就 來 答 謝　恁* 阮* 都 不

ng5　　kim1　　tsˑiu7 lai5 tap4 sia7　lin2 guan2 tɔ1 m7

-22　　33　　　-22 -22 -55 -22　55 55 -33 -22

5̣ $\underline{5}\,\underline{5}\,\underline{3}\,\underline{3}$ 5̣　5̣ 6̣ 6̣ $\underline{6}\,\underline{6}$ | 5̣ $\underline{5}\,\underline{5}\,\underline{2}\,\underline{2}$ 1 1 $\underline{1}\,\underline{1}\,\underline{6}\,\underline{6}$ $\underline{5}\,\underline{6}$ |

算*　　　　　　　　投　告　於 天

sng3　　　　　　　　tau5　ko3　ɯ thiN1

41　　　　　　　　　-22　-55　　-33

$\underline{1}\,2$　5̣ $\underline{3}$ 5̣　　　$\underline{1}\,6$ 1

5̣ $\underline{3}\,\underline{3}$ 5̣ ⊙ 1 $\underline{1}\,\underline{6}$ 5̣ $\underline{5}\,\underline{5}$ | $\underline{2\,2\,2\,2\,2}\,\underline{2}\,3$ 1　1　1　$\underline{1}\,\underline{1}\,\underline{6}\,\underline{66}\,\underline{5}\,\underline{6}$ |

地*　　　阮*今 著 來 再　拜　於 嫦

tɯe7　　guan2 taN1 tioh8 lai5 tsai3　pai3　ɯ siong5

41　　　55　33 -22 -22 -55　-55　　-22

落一二

5 3 3 5 ⊙ 5 33 3 5 | 1 1 1 1 33 3 2 | 1 1 6 1 22 2 1 |

娥* 保 庇 阮 膩 婿* 返 來 共伊 人*

gɔ N5 pɔ 2 pi3 guan2 li7 sai3 tng2 lai5 kang7 i1 lang5

24 -35 -55 -35 -22 41 -35 -22 -22 -33 24

6 6 6 1 6 1 | 1 3 3 2221 1 2 | 1 1 3 33 3 5 | 3 2 3 3 2 33 2 16

同 入 賞 花 園* 推遷乞我 三 哥*伊早返*來

tng5 lip8 siuN2 hue1 hng5 tshui1 gua2 saN1 ko1 i1 tng2

-22 -22 -35 -33 24 -33 -35 -33 33 55

tsian1(-33)khit4(-55)tsa2 lai5

還原三撩拍

1 3 2 1 33 2 1 6 6 6 1 6 1 1 | 1 3 5 3332 1 2 | 1 1 1 3 22 2 1

共 阮*共伊 人*同 入 遊賞花 園*

kang7 guan2 i1 lang5 tang5 lip8 iu5 siuN2 hue1 hng5

-22 55 -33 24 -22 -22 -22 -35 -33 24

1 5 5 6 6 | 6

分析

1 韻腳：返行頓光酸長糖方算園。押ng韻。ng韻爲聲化韻，乃閩南語之特色，以鼻音拖腔爲南管慣用手法，適合表現情意纏綿之曲。其內容爲陳三被發配崖州後，五娘在家相思的吐訴，故曲風曼長婉轉；最後期望陳三回來，轉入一二拍，速度變快，充滿想像中歡快的情緒。

2 本曲主腔：

⊙ 3 3 2 2 2 1 11 1 6 | 5 5 5 6 66 6 1 6 6 6 6 1 1 |

三 更 鼓* 阮* 今*

3 3 3 5 33 3 2 1 2 2 1 11 1 6 | 1 1 5 5 1 1 6 ⊙ 6 6 |

翻 身 於 一 返*

反復六次，其句尾拖韻爲本曲（越護引）的特色，即所謂「大韻」。此屬「低韻」，另有「高韻」四處：

$\underline{5}\ \underline{5}\ \underline{5}\ \underline{33}\ \underline{3}\ \underline{2}\ \underline{1}\ \underline{1}\ \underline{2}\ \underline{2}\ |\ 5\ \ \underline{5}\ \underline{5}\ \ \ \underline{33}\ \underline{2}\ \ \ 2\ \ \ 3\ \ \ 3\ \ \ 3\ |\ 3\ \ \ 3\ \ \ 3$

阮* 心　 越　　酸*

全曲即由主腔（低韻）、高韻、合句（合低韻與高韻）組成；佔樂曲的前三分之二部分。自「恨著登徒」到「嫦娥」，曲風與長潮陽春相似。其後則「落一二拍」速度變快而結束。長滾樂曲皆由三撩拍落一二拍結束。

3 滾門之牌名第一字為「長」者，拍法皆為長拍，屬三撩拍。（註十一）中間自「保庇」起轉為一二拍。亦有自「共伊人」起始轉入一二拍者。轉拍之位置不一，唱法即不同。大陸李白燕所唱，「保庇阮兒婿返來」一句極慢，「來」字婉轉纏綿，然後轉入一二拍。（註十二）

4 滾門曲牌與字調分析

　　分析字的聲調與音樂的關係，不能流為機械地、形式主義地讓音樂被動地隨著字調的高低升降而高低升降，成為內容空虛、毫無生氣的一串音符。南管某一滾門中的某一曲牌，已經有固定的音樂形式——旋律本身具有一定的美感，才能傳唱不絕；歌詞只是在此範圍內稍加變化而已。試以長滾（滾門）越護引（曲牌）為例，舉出二、三曲作比較：

1 <聽鐘鼓>全曲的旋律與<三更鼓>幾乎完全一樣，歌詞亦大同小異。即所謂「對曲」——韻（旋律）全同而曲詞不同，那是有人認為某曲韻佳，而另外造詞填入。這種使用「對曲」來創作的實例，可以用來研究南管音樂如何與語言聲調互相配合的情形（註十三）。茲擇其中較明顯之處作比較：

三更鼓　3　 3　 3　 33　 |2　 3　 $\underline{3}\ \underline{33}\ \underline{3}\ 2$　 1　 1　 1

　　　鴛　　　鴦(33)　　枕tsim2(-35)　　上tsiuN6(22)

聽鐘鼓　3　 $\underline{3}\ \underline{3}\ \underline{5}\ \underline{33}\ \underline{3}\ 2$|1　 $\underline{2}\ \underline{2}\ \underline{11}\ \underline{11}\ \underline{1}\ \underline{6}$　 $\underset{\text{.}}{5}$　 $\underset{\text{.}}{5}$　 $\underset{\text{.}}{5}$

　　　錦　　　被ph ɤ 7(41)於 青　　 清cin7(41)

在固定的旋律下，因歌詞的不同，容許小小的變化。「被」是高降調

故由高而下降；「凊」亦是高降調，故由「青」字逐漸下降，至「凊」字以最低收音；青、凊的音形相連接。「枕」字變調爲中升調，故由中而高，再逐漸下降而與低調的「上」字相連接。

三更鼓　　3 2 | 1　1　1　2 2 2 1 1 | 1 2 1 1 1 1 6 | 5̣　5̣　5̣
　　　　　　阮會　行　　　　到　只　於機　　　頓*

聽鐘鼓　　3 2 | 1　1　1　2 2 2 1 1 | 1 2　2 1 1 1 6 1 1 | 5̣　5̣　5̣
　　　　　　阮會　行　　　　入　只　於　寺　　門

<聽>曲「寺」字音si7，變調爲低調(22)，「門」音mng7(41)，寺先降低一音 6̣，再升高至門 1 1，然後下降。如照<三>曲之譜──直接下降，不能突顯寺的低調性質。

三更鼓　　5 3 3 3 2 1　1　1 1 2 2 1　2 2 | 5　5 5 3 3 2　2
　　　　　　孤　雁　長　冥那障　悲

聽鐘鼓　　5 3 3 3 2 3　3͡.2 1　2 2 1 1 2 2 | 5　5 5 3̇ 3 2　2
　　　　　　子　規　長　冥那障　啼

<三>曲「悲」字屬陰平(33)，音勢高拔而逐漸下降。<聽>曲「啼」屬陽平(24)，應由下而上，但琵琶譜卻由上而逐漸下降。補救之法，就是裝飾音上升，唱　5 6 5 6 5 4 3 3 2。

三更鼓　⊙　2　2　3　3 3　| 2 2 2 2　2 5　3　3　3 2 2 2 1 6̣ 3 2 |
　　　　　　　不　　見　　　我　　　　君*　　伊人
　　　　　　　1　1　1　1 1 2　2 2 1 1 1 1 6̣ | 1 1 5̣　5̣　1 1　6̣
　　　　　　　寄　　　有　封　書*　　　返*

聽鐘鼓　⊙　2　2　3 3　| 2　3 3 3 3 3 2 3 3 1　1 3 2 |
　　　　　　　不　見　情　　人*　　伊人
　　　　　　　1　1　1　1 1 2　2 2 1 1 1 1 6̣ | 1 1 5̣　5̣　1 1　6̣
　　　　　　　寄　　有　音　信*　　返
　　　　　　　　in1　　sin3(41)

<三>曲「我」字是中升調(35)故唱 2222 2 5 3 ；<聽>曲「情」字本調是低升調，變調是低調，故唱 2 3 33 32。「信」字是下降調，故唱 1 11 16 ，比<三>曲的「君」字更合自然語言的要求。

　三更鼓 3 3.2 11 21 66 11｜5 33 32 1 1 1 ⊙ 11 22｜
　　　　阮*　共伊　人*　恩　愛*　　情
　　　　5 55 33 2 23 3 3
　　　　長*

　聽鐘鼓 3 3.2 11 21 66 11｜5 33 32 1 1 1 ⊙ 11 22｜
　　　　阮*　共伊　人*　訴　出　　　情
　　　　5 55 33 2 23 3 3
　　　　衷

<聽>曲「訴」字變調後是高調(55)故唱 5 33 32 ，比<三>曲的「恩」字更合自然語言的要求。

　三更鼓 11 2 2.1 66 21 1 1 1｜5 55 33 5 5 33 32
　　　　情　　人*　　　阻　隔　去
　　　　11 22｜5 55 33 2 2 3 3 3｜3 3 3
　　　　外　方*
　　　　gua7

　聽鐘鼓 11 2 2.1 66 21 1 1 1｜3 33 65 5 5 33 32
　　　　潘　郎　　　迫　趕　去
　　　　　　lang5　　　pik4　kuaN2 kh ɯ3
　　　　　　　　　　　-55　　-35　　41
　　　　11 22｜5 55 33 2 2 3 3 3｜3 3 2
　　　　外　方*

「迫趕去」逐漸升高，升至最高再下降。「去」應該變調，變調後是(55)，不管變調 與否，總是由最高處下降至低調的「外」字(22)。

足以表現激動憤滿的情緒。

　　三更鼓　§ 1̲ 1̲ ｜3̲ 3̲ 1　1　1̲ 1̲ 3̲ 2̲2̲ 2̲ 1　§ 6̲ 6̲ ｜

　　　　　　就來　　答謝　　恁*　阮*　　都不　　　‧

　　　　　　　　　　　　lai5 tap4 sia7 lin2 guan2 tɔ 1 m7

　　聽鐘鼓　§ 1̲ 1̲6̲｜1　1　1̲ 1̲ 3̲ 2̲2̲ 2̲ 1　§ 6̲ 6̲ ｜

　　　　　　就來　　奉送　　恁*　阮*　　都不

　　　　　　　　　　　hong6 sang7

<三>曲「答謝」是由高而低，故唱 3̲ 3̲ 1　1 ；<聽>曲「奉送」都是
低調(22)，故唱　1　1　1 。

2 <紗窗外>的曲風又不太一樣，全曲多重複，不是旋律重複就是歌詞重
　複，如曲首：（為套曲<自來生長>第三出，旋律上接二出）

3　⊙3　3　　2　2̲ 2̲1̲ 1̲6̲ 6̲｜5̲　5̲ 5̲ 6̲ 6̲6̲ 6̲ 1̲ § 　§ 　⊙3̲ 3̲ 2̲ 1̲6̲

紗　　　窗　　　　外

1̲1̲ 6̲6̲ 1　1　1　2̲ 2̲3̲ 3̲5̲｜3　3̲͡．̲2̲ 1̲ 1̲ 2　2　3　⊙3　3

月　　　　於　正　　光

3　⊙3̲ 3̲ 2̲ 2̲3̲ 3̲5̲ 3̲ 2̲2̲｜3　3̲͡．̲2̲ 1̲ 1̲ 2̲3̲ 2̲ 2̲．̲ 1̲6̲ 6̲

　　　不女阮　今　思　　　君

「正光」與「阮今思君」旋律重複。首行除末三拍外，與<三更鼓>完
全一樣。以下歌詞重複部分：「記得當原初時」、「誰疑到今旦」、
「伊不是鐵打心腸」、「阮乞君恁割吊得阮腸肝做寸斷」。末句複唱
旋律亦同，是南管曲子的共通表現。複唱除照原來旋律外，也有變化
：

⊙　1　1̲ 1̲5̲ 5̲6̲ 5̲3̲ 5̲5̲｜1　1̲2̲ 1　1　1　2̲2̲1̲ 2̲ 1̲6̲｜

不女誰　　疑　到　　今

5̲ 1̲ 1̲1̲ 6̲1̲ 5̲ 5̲ 6̲ 6̲6̲ 6̲5̲ 3̲｜3　⊙1　1̲ 1̲2̲ 2̲3̲ 2̲1̲ 1̲2̲ 2̲

旦　　　　　　　不女誰　　知

3　3 5 3　3　3　5 5 3 5　3 2 ｜1　3　3 3 3 2 3 1 1 2 2 2 2 1 6̣
到　　今　　　　　　　　　　　　旦

6̣

後句與前句是五度（其後是三度、四度，又還原爲五度）音級的重複
。

3　《荔鏡記》48出「憶情自歎」，五娘想念陳三，連續唱了很多首纏綿
　　的長曲，中間內唱（幕後幫腔）調整氣氛後，五娘接唱<紗窗外>，再
　　唱<三更鼓>，二曲都是「長滾‧越護引」，如果音樂旋律都差不多，
　　便有漫長單調之失。因此，在唱法上，必須隨著歌詞的不同而有變化
　　。（荔書原曲歌詞雖未重複，但實際唱時也可能重複）<三更鼓>是越
　　護引的標準唱法——由與<聽鐘鼓>全曲的旋律幾乎完全一樣可得到證
　　明；<紗窗外>的變化較多。

4　本曲有部分樂句與長潮陽春的旋律相似。長潮陽春<年久月深>中間一
　　段：

　　　　　　　　　　　　　　　⊙5̣　5̣　5̣　5̣ 5̣ ｜
　　　　　　　　　　　　　　　恨　　　　　著

1　1 1 2 2　1　1　1 1 6 6 6 5 6 ｜5̣　3 3　5̣　⊙　1　1. 6　5̣　5̣ 5̣ ｜
登　徒*　　許 林　大*　　深惱　恨著

1　1 1 3 2 2 2 1 1 6 6 6 1 6 6 6 5 6 ｜5̣　3 3　5̣
登　徒*　賊 於 林　　大*　　（長滾<三更鼓>）

5̣　5 5 2 2 1　1　1 1 6 6 6 5 6 ｜5̣　3 3 5̣　⊙　1　1 6　5̣　5̣ 5̣ ｜
投　告　　於 天　地　　　　阮 今　著 來

2 2 2 2 2 2 3 1　1　1　1 1 6 6 6 5 6 ｜5̣　3 3　5̣
再　拜　　於 嫦　　娥　　（長滾<三更鼓>）

1　11 22 1　1　11 6 66 56 |5̣　33 5̣

艱　　苦　　於三　　　年　　　（長潮陽春<年久月深>）

張再興嘗謂：「長滾和長潮陽春之韻相通，只是前者用四空管，後者
用倍思管，所以四空管作倍思管亦可。」根據王櫻芬對「長滾」滾門
的分析，長滾[潮迓鼓]實爲[大迓鼓]及長潮陽春的混合體。故長滾中
常可見長潮陽春的部分旋律。（註十四）

5 聲調分析：

1「鼓」字爲高調，自低音5̣起，中間轉入高音 1 再下降爲6̣。

2「泪(目)淬淚滴千行」，「目(22)」爲低調，升高爲「淬(55)」再下
　降爲「淚(41)」。「千(33)行(24)」爲由高而低再逐漸升高。

3「阮心越酸」，阮字高起，轉韻唱 5 56 ；越字下降，轉韻唱
　1 16 2 2 。

4「更深」較高，「寂靜」低調，「兼」升高，故唱：
　　3　3　5 33 3 2 |1 1 6 6̣ 1 1 2　2 2
　　更　深　　寂　靜兼

5 初「時」爲低調，「阮」高調，「共」低調，「伊」再升高，故唱：
　1 1 5　5̣ 3̂ 3 2 1 1 2 1 6 6̣ 1 1
　時阮　共伊　　人

6 林「大」爲下降調，「汝」爲高調，「掠」低調，「阮」高調，故唱
　6 66 56 |5̣　33 5̣　3 2 1　1　1　3 2
　林　　大　　汝掠　　阮

7「阻隔去外方」的「外」是低調，其他是高調，故唱：
　5　55 33 5　5 33 3 2 1 1 2 2 |5　55 33 2
　阻　隔　去　外　　方

8「願辦千兩黃金」的「千兩」爲升高調，「金」字後接低調「就」，
　故唱：

2 2 2 3 5 5 | 3   3   3 3 3 3 2 2 2 1 6̇ 1 1

愿辦千兩　黃　　　金　　就來

9「投告天地」的「告」變調變爲高調，「地」爲降調，故唱：

5̇ 5 5 2 2 1 1 1 1 6 6 6 6 5 6 | 5̇ 3 3 5̇

投　　告　　　於天　　　地

10「保庇阮膩(兒)婿返來」，「兒婿」爲低調，「返」轉高，「來」

讀輕聲，微降，故唱：

5 3 3 5 | 1 1 1 1 1 3 3 3 2 | 1 1 6̇

保庇　阮膩婿返　　來

11 入聲字截斷音。目前在臺灣青少年，由於長期受學校教育「推行國語

」的影響，入聲字慢慢在消失中——國語沒有入聲字。字音該拉長或

截斷，必須特別注意。譬如：

<望明月>　四空管　F＝1

1 5 5 6 1 | 6 6 1 6 6 6 6 5 3 | 5 2 3

忽然聽見　叮　噹於聲　響

<三更鼓>

⊙　5 5 3　3　5 5 | 5 3 3 3 2 1　1

　　　忽聽　見　孤　雁

「忽」(hut4)是入聲字，應該截斷；否則，就影響樂曲感情的表達。

　　以上分析二曲，提示南管的琵琶指法譜（骨譜）如何與唱法（肉腔）

結合，在基本旋律的基礎上，將語音與音樂密切結合起來，應有助於南

管歌唱藝術的發揚。

三、結　語

　　音樂與語言的關係非常密切，尤其是地方音樂。《荔鏡記》與南管都是泉腔——泉州音與泉州音樂；潮腔較少。古泉州音的最大特色是 ɯ元音與 ɯ介音；其音樂則是用 ɯ介音做爲拖腔，迴氣做韻，婉轉入情。還有泉州話是很早就形成，遺留下來一些特殊音讀，這就與「叫字」的正確與否相關。唱南管者，必須在「叫字」正確的前提下，再在骨譜（基本旋律）加上裝飾音，運用上行、下行或截斷音（入聲字），將語音和音樂密切結合起來，表現出南管——也可以說是《荔鏡記》音樂——古雅優美的特色。

中國傳統工尺譜的特色是：

　　工尺譜雖然不及現代五線譜精確，但它在所流傳的歷史階段，對其音樂的傳承來說，卻具有不同於精確譜的精確妙用。它是中國傳統音樂的特定傳承方式——口領心受及心領神會——的產物。‧‧其譜式性質是只記音樂「輪廓」不記細節的框架譜。‧‧「口傳心受、心領神會」的傳承方式，決定了工尺譜只能以一種「流動」的框架譜面貌出現，而不能以一種「凍結」的面貌出現。‧‧在工尺譜基礎之上去理會所記樂曲的神韻之妙，並「得其精髓」，從而創造出與眾不同的新曲、新腔，發揮出跨時空的「一曲多變」和「一曲多用」的藝術功能，才是工尺譜饋贈給解讀者們的一把開啓中國傳統音樂奧妙之門的金鑰匙。‧‧這種記譜法哺育出的不是幾個作曲家，而是世代銜接的可以代表整個傳統音樂文化精神的浩大創作群體。（註十五）

由骨譜到潤腔，是基本旋律與裝飾音的關係，也是音樂藝術生命的再現。

附註

一：陳美娥<南管古典之美解析>，《千載之音—南管　學術研討會論文集》，彰化縣立文化中心編印。

二：同註一。

三：呂錘寬《泉州絃管研究》p37。學藝出版社，1982。呂氏分裝飾音為兩種：

  1　旋律式裝飾音，如本文所舉；

  2　倚音式裝飾音，由左手指法的彈奏如打線扌、剪指×，以及複合指法中的全跳斗等，所彈奏出主音外的音，時值極短，且不屬於旋律中的重要部分。

  本文主要在論述裝飾音與字音聲調的關係，故只列述旋律式裝飾音。

四：同上註，p141。

五：饒宗頤<三論□與‧兩記號之涵義及其演變>，見其所編《敦煌琵琶譜》p122。香港敦煌吐魯番研究中心叢刊，新文豐出版公司，1990。

六：鄭孟津、吳平山著《詞源解箋》P492。浙江古籍出版社，1990。

七：王耀華<閩劇唱腔風格的形成>，《福建師大學報》。哲學社會科學版1983，第二期。

八：蔡郁琳《南管曲唱唸法研究》p87.96，臺灣師範大學音樂研究所碩士論文，1996。

九：關於閩南語什麼情況應該變調，簡示如下：

(一)不變　1　句末不變。

  2　名詞不變，例：「夜」來風雨聲。透早開「車」來。

  3　句末虛詞變則其前一字不變，例：

    或置酒而「招」之。

    我佇花海中「行」咧「看」咧。

  4　輕聲調之前一字不變。

  5　不及物動詞不變，例：

　　　既「醉」而退。(陶淵明<五柳先生傳>)

　　　卡緊「走」才膾承sin5著玻璃phue3。

6 主語不變，例：「情」不自禁、「地」動、「狗」吠。

7 主要字眼不變，例：

　　　受恩「深」處宜先退，得意「濃」時便可休。

　　　「深」與「濃」是句中的主要字眼，必須強調，所以不變。

8 成語為詞結(2+2)時，第二字與第四字不變，例：

　　　既「往」不「咎」。鳥「語」花「香」。

9 凡詞組的最後一個音節(或字)，除非變為輕聲，否則都不變，
　 例：

　 (字後面有# 的讀本調)

名詞組	形容詞組	子	句

　　　gua2 thau5 khak4# sio1sio1#　，　bo5ai3 khi3khui1 hue7#。
　　　我　頭　殼　燒　燒，無　愛　去　開　會。

　　　上例中，「我」要變調；如果要加強語氣，就不變調。

(二)變

1 凡不在句中末字，無以上「不變」的情形，都要變。

2 不論詞性，作修飾詞用則變　例：夜來「風雨」聲。

3 及物動詞變，例：不「慕」榮利。我卜「去」學校。

4 虛詞變，例：因以為號「焉」。臺語是文雅「的」語言。

　　　輕聲變，例：入「來」。

5 少數語詞結構相當緊密，其前字不變　例：頭痛、地動。

總之，變調不變調的原則，在於使人聽得懂，了解意思。

(施炳華《台語入門教材》p49.50，台江出版社，1996年修訂版)

十　：此條爲鹿港雅正齋黃承祧老師所說。

十一：呂錘寬《泉州絃管指譜叢編》下編p178。

十二：張再興本自「保庇」入一二拍，呂書（同上註）所錄吳再全本自「
　　　共伊人」起入一二拍。

十三：對曲之名詞與詮釋，根據張再興所述。引自王櫻芬<從長滾看南管
　　　滾門曲牌的分類系統>，利用對曲的歌詞來研究語言與聲調的關係，
　　　是王氏對南管研究的一大啓示。同註一，《千載之音—南管　學術研
　　　討會論文集》。

十四：同上註所引。

十五：伍國棟<在傳承過程中新生——工尺譜存在意義和作用的思考>，
　　　《中國音樂》 1997 年第 1 期。

第七章 結 論

　《荔鏡記》的內容包括戲劇、音樂、語言、方言書面文學各方面，有極大的學術價值。一人不能兼擅諸藝，全部論述有失藏拙。本文是在前賢研究成果的基礎上，擷人之長、補己之短，略其所詳，究其所不及。故選擇音樂與語言之關係，詳細論述。

一、前賢研究《荔鏡記》成果概述

　前賢研究《荔鏡記》的情形，大多奠基於吳守禮教授的搜集、考訂，使「文本」昭然可讀，指引後輩登堂入室；但他專注的是「在於理出早期閩南方言語料——方言詞彙、語法特徵」（《光緒本荔枝記校理》緒說），自謙未遑跨出「語言」範圍之外，則《荔鏡記》的珠玉尚有待發掘。此外，有關此書的著作，戲劇方面是林豔枝的《嘉靖本荔鏡記研究》；故事流傳方面有：陳香的《陳三五娘研究》、劉美芳的《陳三五娘研究》、陳益源的《元明中篇傳奇小說研究·荔鏡傳研究》等專著及散篇論文龔書輝<陳三五娘故事的演化>（1936）、蔡鐵民<明傳奇《荔枝記》演變初探>等。本書第二章就是綜合前述諸家之說，簡述《荔鏡記》的版本、故事流傳情形、學術價值及對後世的影響。

二、《荔鏡記》的音樂形式

　對《荔鏡記》音樂的研究，是一個新的領域。唐宋古譜——敦煌曲譜與南宋姜夔自度曲《白石道人歌曲》，有古工尺字旁譜，使我們在今日還可以聽到古樂（前者見饒宗頤編《敦煌琵琶譜》，後者見邱燮友編採《唐宋詞吟唱》，楊蔭瀏譯譜）。但《荔鏡記》只留下曲牌名及曲詞，四百多年前的聲情已不可復聞。如何著手研究？在第三章裡，筆者先就其戲劇表演的音樂形式來考察。

　《荔鏡記》分為55出，每一出的音樂結構大多仍依南戲的結構，即有

引子、過曲、尾聲；但不一定俱全，也有過曲代替引子的。《荔鏡記》裡
粗曲（專供淨丑用）細曲（專供生旦訴情用）已無分別。在使用曲牌方面
，較短的戲出，往往使用單曲，類似鼓子詞體；聯套方面，都是短套，大
概還保持著早期戲文的面目。曲牌的名稱，有與北曲同名的，大多與南曲
同名。南曲的來源有共同的，如宋詞、唐宋大曲、鼓子詞、諸宮調等，但
也有地方小調及各地特有的音樂。曲牌同名，音樂不一定相同。泉腔是比
較特殊而爲論述中國音樂史者所忽視的，泉州自有它特殊的音樂——南管
，可能唐宋時就已產生。經由詞格的比較，可證《荔鏡記》的音樂與北曲
不同，比較接近南曲，但已泉腔化。

在歌唱方面，筆者依其人物出場的順序與台前、台後的不同，把它分
爲四種表現方式：獨唱、輪唱（不同角色相繼接唱同一支曲子）、合唱（
齊唱）、重唱（重複唱）。合唱分台上合唱與台後合唱，後者就是幕後幫
腔；或台上台後同時唱。書中標明[內唱]、[內調]的，明顯是幕後合唱，內
唱也就是內調，而且有它特殊的音樂，就是「嗹囉曲」。嗹囉曲是梨園戲
的標幟，在戲曲中有各種形式的唱法。它的作用在于起著加強各種不同感
情，如喜、怒、哀、樂、詼諧等。有時還配上鑼鼓點，或小打擊樂器，使
氣氛更加濃烈。重唱是重複唱前面一句或二句，用「ヒヒ」或ヒヒ　ヒヒ
」簡寫。滾唱是弋陽腔的特色，就是在一曲中或二曲中夾雜上下整齊的詩
句，泉腔不一定與弋陽腔一樣——吟誦或流水板；但《荔鏡記》的確有與
滾唱一樣的形式，如果只是詩句吟誦，也與一般道白不同——介於說、唱
之間。

《荔鏡記》還有「合前」的標記。「合前」是「合頭從前」的簡稱，
是南戲歌唱的特殊表現。即「戲文中的過曲，一般連用二支以上，而最後
幾句相同的，稱爲『合頭』。在上曲合頭上注一『合』字，下曲不再重出
曲文，僅注『合前』二字，意即謂『合頭同前』。合頭往往同唱時多，然
也有獨唱的。」故「合前」之前，必有一「合」字。《荔鏡記》共有五處
「合前」，但與南戲「連用二支不同曲子」不同，而是同一曲的重複，這

可能是由宋元南戲發展到明代的南戲，音樂表現形式的改變。

　　以上只論形式，如不能接觸《荔鏡記》音樂的實質，實是隔靴搔癢。筆者「大膽假設」它的音樂就是今日尚在傳唱的南管音樂，雖然戲劇音樂與南管清唱有些微差異——如前者較快、後者舒緩；前者夾雜對白、後者無對白；前者是前後劇情的連續，往往連唱數支曲牌，後者是用一支曲子表現完整的情思；前者是「動」的戲劇表演，後者是「靜」的（坐姿端莊）清唱——；但基本音樂形式是一樣的。以下就是「小心求證」的大要：

　　1 南管音樂起源、發展於泉州，可能自唐宋傳唱至今。

　　2《荔鏡記》的語言是以泉州話爲主，夾雜潮州話；音樂是泉腔（泉州聲腔），有九支曲牌註明潮腔。泉腔自然是以本地南管音樂爲主。

　　3 南管曲詞的故事內容很多，但大部分是陳三五娘的故事，和《荔鏡記》表現同一題材。其情節和曲詞內容，有的完全相同，有的大同小異。

　　4 龍彼得輯印的《明刊閩南戲曲絃管選本三種》，是約1604年出版的南管音樂資料，與《荔鏡記》年代相近。其中《新刻增補戲隊錦曲大全滿天春》的下欄是劇本，與《荔鏡記》同性質；上欄與後面的《精選時尙新錦曲摘隊一卷》、《新刊絃管時尙摘要集三卷》都是南管曲詞。筆者拿這些南管曲詞和 今日的南管做比較，滾門（如二調）、曲牌（如宜春令）相同的很多，只是未註明管門——四空管、五空管等。雖然我們看不到當時的管門、琵琶譜，但「看不到」並不等於「沒有」，只是所能看到的當時資料太少的緣故。沒有曲譜，如何唱？師徒如何傳授？今日很多的南管曲簿也是沒有工尺譜。

　　5 再拿明刊本曲簿與《荔鏡記》及稍後《荔鏡記》十五年出版的《荔枝記》曲牌的曲詞作比較，有些是完全一樣——只是錯字、俗字的不同，有些是大同小異，而三者出版的年代差不多，都是「重刊」、「新刻增補」，其底本的時期可以算是同一時代。南管與泉州南戲是相輔相成的，「先誕南管而後生南戲。」「泉腔戲文之傳唱，復納於南管而成爲名曲。」因此，由明刊本曲簿與南管曲詞相同，可證前者就是南管音樂；再由明刊

本曲簿與《荔鏡記》曲牌曲詞的相同或相近，可證二者關係密切；故可以明刊本為橋樑，用南管來研究《荔鏡記》的曲牌音樂。第六章即以此結論為基礎，分析南管的唱音、唱法，也就是在分析《荔鏡記》曲牌的實質與唱法。

三、《荔鏡記》的語言

其次談到語言。傳統語言學研究包括語音、詞匯、語法。本文研究語言與音樂的關係，語音的高低舒促與音樂旋律的關係最密切，所以只討論語音，詞匯語法暫時不討論。

《荔鏡記》屬於泉州南戲。地方戲曲的音樂決定於地方方言。所謂「泉腔」就是指有泉州方言特色的音樂。而南管唱音是以泉州話為正音，並有少數潮州話。因此，對泉州、潮州話的澈底了解是研究《荔鏡記》和唱好南管的基本要求。第三章介紹泉州話，就是分析1800年出版的泉州韻書《彙音妙悟》（簡稱《妙悟》）的音系，並用南管唱音修正學者對該書的擬音，以此為標準、為橋樑，分析《荔》書曲牌的韻腳字。

（一）泉州音

泉州音分今泉州音與古泉州音。今音以《泉州市方言志》（簡稱《泉志》）為準，古音假設是《妙悟》與《荔鏡記》時代的音——《妙悟》可再上推一百年而與《荔》書時代相近。泉音與南管最大的特色是 ɯ 音，它可以當元音，也可以當介音——作為拖腔之用，是南管藝術的最大特色。《妙悟》居韻收 ɯ 韻，學者向無爭議；以為介音，則有參差。檢閱諸家擬音，筆者認為黃典誠所擬比較接近古音；但筆者根據南管唱音，對黃氏的少數擬音有所修正。茲將古泉音的特色及修正之音說明於下：

1 有居 ɯ 韻，今漳州音 i，廈門音 u，潮州今古皆音 ə（古音或在 ɯ 與 ə 之間）。

2 有生 ɤng 韻，此音已漸消失，《泉志》無此韻，鹿港亦無此韻；但據泉州華僑大學王建設教授（泉州人）、廈門大學周長楫教授（廈門人，

曾調查閩南各主要方言點）認爲泉州此音尙存在；筆者與泉州劇校潘愛治（泉州人）老師晤談，其生韻音很明顯，如「學生」(sɤng1)、「可能」(lɤng5)；南管有此韻，如生、曾、爭等字。此韻的入聲音爲ɤk，但ɤk音不夠響亮，中間再加個過渡音a，成爲ɤak，如：刻唱khɤak4，黑唱hɤak4，今泉音變爲iak。的、畜、力、燭、叔、栗、色、刻、德、黑、默、則、激、逆、或、益、息、諸字，今泉音皆收iak韻。南管唱ɤak，如刻、德、黑等皆在生韻入聲；唱iak，如色、益、或等則在卿韻入聲。收iak音爲泉州的特殊音，其他次方言皆無此音。

　　3「雞」韻，黃氏擬作ɯe，今日某些泉音（腔）地區尙保存此音，南管唱音亦如此。其他方言韻書已不存此音。今日泉音多變爲ue，由ɯe→ue，乃由展唇變爲圓唇。

　　4「鉤」韻，黃氏擬作ɤu，是今音。據南管唱音，是ɯo。[ɯ]是高後展唇元音，前進一步就是[i]，把唇一圓就是[u]，[i—ɯ—u]同是高元音，彼此之間容易轉化，故鉤韻字現代泉音混入燒io韻。

　　5「恩」韻，黃氏擬作ɤn，南管唱音作ɯn。ɯ比ɤ稍緊，南管唱音要求做到ɯ的唇形，但說話時稍微放鬆，即成ɤ。

　　6今泉音白讀騎、寄、徛、舉等字，皆收a韻，南管則多一介音ɯ，唱kɯa，可能保存比《妙悟》、《切韻》音系更古的音。諸字在《妙悟》嗟韻，收ia韻。中古在止攝三等。

　　7籤ɤm韻如「斟」字。

　　筆者根據南管唱音，所擬與黃氏不同的有二音，即鉤、恩二韻。

（二）潮州音

　　《荔鏡記》及南管曲詞中有一些特殊的潮州音。以下介紹潮州音。筆者所能見到的兩本潮音韻書，年代比較晚：一是1924年汲約翰編的《潮正兩音正集》（以下簡稱《兩音》），二是《潮語十五音》（以下簡稱《潮語》），蔣儒林編，1948年訂正版。再參考吳守禮韻字篇的「潮泉韻目對

照表」，今潮音的特色如下：

1 無ɔ、o元音，但在ɔ、o 之間有 O元音，本書仍用o 表示。

泉州ɔ 韻，潮州、漳州皆讀爲ou。

2 泉音收-n音，潮音大多讀爲-ng；

入聲字泉音收-t音，潮音大多讀爲-k。

3 無泉音科 ɤ 韻，泉音此韻字，潮州音讀爲ue。故<當天下咒>「七月

十四」的「月」唱gueh8，可斷定爲潮州音。

4 泉音居韻字，潮音大多讀爲ə，少數地方讀爲 i。

5 聲調有八聲，平上去入各分清濁。（泉音陰陽去不分）

潮州雖然是在廣東省東部，但從閩南語形成的歷史來看，泉州話與潮州話都屬於閩南話，潮州在地理上接近漳州，語言與漳州比較接近；但至少在明朝當時，泉州話與潮州話有很多共通的地方，所以泉本與潮本《荔枝記》才可能合編湊成一本書；當然也有各自的語言特點。書中主要是以泉州話爲主，也夾雜一些明顯的潮州語音、語詞，如睇（《荔》書作「体」、呾、喏（與呾同義同音）、宿（潮音suah4）、屎肚（肚子）、石磗（石頭）等；也有可看出是潮本的痕跡，如「雲英」作「雲煙」、「相陣(泉音thin7、潮音thing7)」（9 出）作「相停(音thing5)」，「停、陣」聲韻同、調不同。（11出），是泉音-n，潮音讀-ng的例子。

筆者比較熟悉泉州音，泉州音有較古的韻書和南管唱音作佐證，同時，《荔》書主要是以泉州音爲主，故筆者寫作本文，發揮泉音比較多。我們可以依據各種代表泉音的憑藉，列出一個泉音演變表：

現　代　泉州韻書　　泉潮混合　古泉音　讀書音　泉州話形成

閩南語→《妙悟》→《荔鏡記》→ 南管唱音→ 唐初、唐末 → 東晉

　　　十七、八世紀　十五世紀　十一—十九世紀　七—十世紀　四世紀

我們可以依據上列的書面資料與現實的語言資料，由今及古，追溯其語言的演變過程。

　　第五章分析《荔鏡記》曲牌的韻腳字，以確定當時的語音。分析韻字，兼顧泉、潮音。吳守禮韻字篇詳列韻腳字及所屬韻母，已爲後學奠定良好基礎；但筆者對逗字（非韻腳字）的認定稍有出入，對於押韻的方式，亦根據實際情形詳爲分類；因此，對韻母的分類與吳氏偶有不同。韻腳字的音義分析，除以今音推求古音外，並以南管唱音做爲印證，如「中」字押於ng韻腳中，今泉州尙有「湖中」的地名，中音tng1。南管「中」的白讀亦唱tng1。從逐字分析中，將閩南方言書面文學的用字徹底解剖，應有助於閩南（台語）書面文學的發展。

　　總括韻母與押韻情形，可分爲32類：如i 單獨押韻爲一類，i 、iN（陰聲韻與鼻化韻）合押爲一類，i 、iN、ui、ai、aiN （韻尾相同）合押又爲一類；又如ua、uaN、a 、ia、iaN、aN（主要元音相同，韻頭不同）各爲一類；而 ia又可與iah（陰聲韻與入聲喉塞韻尾）合押，可看出閩南語押韻的靈活性。32類再合爲18韻部——幾個韻母可以合爲一個韻部。如ua、ia屬「嘉華韻」，可提示並印證民間文學的押韻原則。

　　在韻部總論中，檢討各韻字分合的情形。譬如吳氏用-ŋ 韻把一曲中包括三種韻尾：-n、-ng、-m （《潮語》圖、堅、金三韻）合爲一韻——收ng韻，用韻未免太寬。筆者則嘗試用多種押韻形式來檢驗這個韻部字：

　　　轉韻如46出由「錦深吟鬢心」金im韻，換爲「親腫盡塵應輕」圖ing
　　　　韻。

　　　遙韻如18出「心[深]神身恁吟憑」，「心深」與「吟」遙遙呼應。

　　　交錯韻如24出「深心 鬢而(面)引 心沈 冷 音 恁」二個不同
　　　　韻部（金、圖）字交錯出現。

　　　夾韻如41出「辛程面 金深 恁重」，中間夾「金深」韻。

　　如此處理，可以如實呈現其押韻情形，避免「想當然耳」的毛病。即依潮州音讀，可分爲-ng、-m二韻。

　　自《詩經》起，詩歌的押韻方式已多樣化，歸納《荔》書的押韻方式，筆者分之爲單一韻、轉韻、遙韻、交錯韻、夾韻、密韻、隔句韻、疏韻

等。不論是押韻方式，或韻母、韻部之分合，總以求得該字的正確音讀爲主，作爲歌唱時「叫字」正確、配合音樂旋律的依據。亦經由韻字的分析，可知《妙悟》有漏收之字；最後作韻字總表，可作爲重新整理《妙悟》的參考。

四、《荔鏡記》（南管）的音樂表現

　　第六章音樂與語音之關係，實爲寫作本文的主要目的。希望透過語言與音樂之結合，發揚古雅優美的南管藝術，將學術研究與社會脈動結合在一起。幾十年來，由於臺灣文化受忽視，臺灣民間藝術亦瀕臨滅絕與後繼乏人的困境。南管薪火的傳承，除了有志者的加入外，分析泉州唱音，了解語言與音樂的關係——因爲泉州音在臺灣已漸漸退隱消失了——才能保存南管藝術的特色。

　　本章特別強調的是襯音的作用和 ɯ 作爲韻頭（介音）拖腔的表現——南管術語叫做「行腔」、「做韻」。

　　襯音分爲三種——於（ɯ）、不女（m l ɯ）、吁（u）。它們各在歌曲中起著不同的作用：使叫字明晰、使唱詞的聲調配合旋律的高低、在大韻（代表某曲牌的特殊旋律）的樂段或詞韻轉折處，起著輔助字韻與樂韻的協調作用。「不女」事實上也是以 ɯ 收音，但音節比較短促，不像「於」可以無限制拉長。「吁」比較少用，除遇到 u 韻作爲韻尾時，以 u 拖腔，調節音樂的節奏外，也用在收音與 u 的唇形相近（如 o）末尾的拖腔。

　　當 ɯ 作韻頭時，它的拖腔作用把南管唱腔的特色充分表現出來，所謂「清雅細膩」「曲緩」，端在韻頭 ɯ 的婉轉盤旋。以下一樂句爲例：

⊙5 66 766 5 ｜2 2　3｜5 5 6 6　｜5 66 5 3｜5 2 3 3

　　　孤栖 s ɯ—e　悶　　懶怛　入繡　　房

「栖」字的唱音是 s ɯe1——既不是 se1，也不是 sue1——是鑑定會不會唱南管的最好例子。以下筆者舉雞 ɯ 韻、鉤 ɯo 韻、恩 ɯn 韻、生 ɤng 韻（

入聲 ɤ ak)、uiN韻（應唱 ɯiN），及特殊音 ɯa韻、iak韻各數句樂句爲例，演示其拖腔的特色。

　　其次談到「叫字」，就是指發音要正確，咬字要清晰。南管曲詞中，除了上述「以 ɯ爲韻頭」的特殊泉州音外，又因樂曲性質的不同，而有不同的讀音：文讀（讀書音）、白讀（說話音）、方音（除泉州音外的其他方言，如潮州音「宿」(suah4)，莆田音「一」(soh8)）、藍青官話（夾雜方言口音的不純粹的官話，夾雜官話見於「南北交」樂曲中，如< 鵝毛雪 >)、古音、外族音等。有時曲師爲求唱詞富變化，在同曲中的同一個詞，往往文讀、白讀交替出現，如:<懶繡停針>中的「人生」第一次唱文讀音lin5 s ɤ ng1 ；第二次唱白讀音lang5 siN1。茲扼要舉例說明各種音讀：

　　白讀音，往往保存古音而今日已很少聽到，如「強企」音kiuN5ni7、「長掛」的「長」音thiuN5。

　　俗讀音，就是不符合文白對應，只取其字義，其音則依各地方使用習慣而讀者，也就是借義訓讀字，曲師叫「偏音」。如「什靜」的「什」音tsip8或tsap8。字應作「寂」，「寂」的本音是tsik8 。「恨殺」的「殺」音suah4，本字是「煞」，有「多麼、眞是」之意；「殺」的本音是sat4。

　　方言音，就是借用漢字而讀閩南自己的音以表達意思，大多是白話音。如「愛卜相見」的「卜」文讀音pɔ k4，南管唱做bɔ h4，是「要、想要」之意。「夭」音iau2 ，當(1)「還....」(2)連接詞用，如(1)「穿紅裙，夭旬巧。」（「旬」也是方言音，「夭旬」，「還又」之意)(2)「人說雁會傳書，夭人常說叫鴻雁汝會傳書。」

　　方言字，就是隨自己地方的語音而造新字，以濟文字不足之窮。如「焄」音tshua7，有引導、娶、引得(使得)、尋找四種意思，南管通常做「使得」解，如「眞個焄人乜羞恥。」「乜」音mih4，「多麼、什麼」之意。如上例，爲「多麼」之意；「今卜有甚乜路會報答公主恩義。」是「什麼」之意。

　　一字多音，不能念錯。如「今」字：今旦(kin1 tuaN3)、今冥(kim1

mi5)、今卜(taN1 bɔ h4)。又如「何」字：何卜(hua5 bɔ h4)、何不(
hɔ 5 m7)、無奈何(bo5 ta7 ua5)。

以上諸字音，事實上是與《荔鏡記》的讀音互相印證的。我們只能根
據《荔鏡記》曲牌、下場詩的韻腳字確定其韻母，其他不出現於韻腳字的
，卻可以根據南管唱音確定其音讀。

由於社會環境變遷、地域不同，後生對泉州音已比較陌生。今日如欲
推廣南管，使後生易學，就必須將南管的曲詞整理成一套有系統的資料。
除上述不同音讀外，筆者特列一特殊讀音表，使學者一目了然。

本章最重要的部分，就是「骨譜潤腔」，討論琵琶譜與裝飾音（南管
界叫做「轉韻」）的問題。南管的樂譜是琵琶指法譜，其他樂器及人聲依
此而奏唱。但琵琶譜所演奏出來的僅是基本旋律（叫做「骨譜」），且由
於琵琶彈奏音的短促，因此需要藉管（洞簫）及絃（二絃）引吭絆字，加
裝飾音，主宰旋律之悠揚。綿長的旋律將琵琶明確的節奏交織成連續不斷
的音調，這就是所謂「潤譜」——在琵琶的基本旋律上加上裝飾音。唱者
與洞簫配合，在主旋律上下範圍內有限度的自由發揮，形成美妙的、有變
化的旋律。雖然旋律裝飾法數百年來已形成固定的方式，但在與語音結合
方面，仍有研究的必要。

南管唱音以泉州音爲正音，所以唱南管要先了解泉州音的聲調——本
調及變調的規律。聲調本身有高低起伏，已具有音樂性。美好的聲樂，就
是如何使語言與音樂配合，並能表現音樂的美感。關於轉韻的規則，通常
都是在主音的上下迴旋：不管上行、下行，多爲大二度、小三度、大三度
。如何決定上行下行，端看唱者對語言聲調的熟悉度。如<望明月>「嚴慈
」的琵琶譜是：：5 5 i 5 5 「慈」(tsɯ5)的本調是陽平(24)，由低而高
，故唱者必須在i 上加一高音，唱成5 5 i 2 5 5 才符合「慈」字自然語言
的聲調。　　　　　　　　　　　　　嚴　慈

讀泉州音或官話音，骨譜與唱譜也要適當調整，如<心頭悶憔憔>「相國寺中」的琵琶譜是2 2 5　6 22

相　國　寺中

要是唱泉州音si7 tiong1；寺爲陽去調，變調成爲(22)，則唱 6 22 。語言與音樂是相合的；但此處應唱官話，「寺中」讀做ㄙ、ㄓㄨㄥ（這就是藍青官話，沒有捲舌音ㄓ），聲音由高而低，故南聲社唱3 22。故官話與泉音的差別，影響到音樂旋律的進行。

接著，舉二首《荔鏡記》曲牌與南管完全相同的曲子，分析其音樂與語言的關係及轉韻的情形（附錄音帶）。我們可由第一首<早起日上>的旋律，體會「潮調」是怎樣的音樂。

第二首<三更鼓>則用「對曲」——韻（旋律）全同而曲詞不同——來比較<聽鐘鼓>與<三更鼓>如何將音樂與語言聲調互相配合的情形。

最後，總結南管的琵琶指法譜（骨譜）與唱法（肉腔），歸納原則如下：

1南管音樂前有所承，或是唐宋的大曲、諸宮調、唱賺等，或是宋詞，或是民間小調，或是北雜劇音樂。在發展的過程中，慢慢形成固定的音樂形式，即所謂滾門、曲牌。同一滾門、或同一曲牌的音樂都差不多，南管人一聽到某滾門或某曲牌，就知道它的音樂形式。

2每一滾門、曲牌有它特殊的主要旋律，叫做大韻或腔韻：「滾門性腔韻」（如中滾、倍工）是同一曲牌體系各曲牌之間所共有的貫穿性音調，並使曲牌與曲牌之間保持著緊密的聯繫；同一滾門中，或因唱詞內容的不同，或因唱詞格式差異，在總共同點基礎上，作不同的獨具特性的音樂處理，並且已經形成比較穩定的形式而有一定的曲牌名稱，這一曲牌所特有的典型性音調，便稱之爲「曲牌性腔韻」（如七娘子、鵲踏枝）。由琵琶譜的基本旋律加上裝飾音原則，大韻的旋律不能改動，有時必須以字的聲調牽就曲調——當然容許一、二音上、下行的增加或改動。

3南管是屬於地方音樂，語言與音樂緊密結合，固定的樂曲中，因歌

詞的不同，某些音進行的升降跟著不同，但只是稍微改變，不致影響整個固定音形。透過「對曲」的比較，可以證明此點。但有些地方，原譜與歌詞不盡相合——可能原譜已如此，亦有可能各人在師徒授受、抄寫之中有所出入。臺南南聲社或大陸錄音帶的唱法，與成書的譜或抄譜常有不同，就是因爲各人憑自己的經驗，認爲應該如此唱才好聽。

4 琵琶譜只記基本旋律，洞簫、二絃的吹奏與人聲的歌唱，必須自己加上裝飾音——所謂「轉韻」，在主旋律上下範圍內有限度的自由發揮，形成美妙的、有變化的旋律。如何轉韻？跟著曲師唱唸當然是最基本的，唱久了，自然體會個中三昧。但還有一個更重要的工夫，就是要「叫字」正確，了解字的聲調；尤其在泉州音已漸消失的臺灣，唱者如果不以嚴肅的態度面對這個問題，南管就失去它特殊的藝術韻味了。

5 骨譜加上肉腔，除了應注意歌詞聲調、變調外，歌詞與歌詞之間的連接是連續的、有機的組織，故字與字之間的高低有密切的關係。如< 三更鼓 >「去外方」：「去」字高降(41)，「外」字低調(22)，「方」(33)字稍高，三個字自然形成一種由高而低再升高的音勢，故唱成：

5 3̲3̲ 3̲ 2̲ 1̲ 1̲ 2̲ 2̲ │ 5　5̲5̲ 3̲ 3̲ 2　2

去　　外　　　方

6 重視唱詞的語言，使語言與音樂結合起來，固然是正確的。但要避免流爲機械地、形式主義地讓音樂被動地隨著字調的高低升降而高低升降，成爲內容空虛、毫無生氣的一串音符。誠如王耀華所說，要「先字後腔，字腔交融」，再「以腔入曲，以腔傳情」。

五、實際語言與南管唱音

本文研究的範圍，既是語音的分析，又是音樂與語音關係的研究。音樂是一種歌唱表演藝術，講究「美聲學」。因此，一方面音樂必須以語言爲基礎，另一方面音樂語言（唱音）又在某些特殊的語音上有所增添或改變。筆者把它區分爲語言的「體」（實際語言）與「用」（唱音）。南管

的歌唱藝術特別強調 ɯ音。泉州人有 ɯ是天生的，發 ɯ是很自然的，如「汝」(l ɯ2)、「思」(s ɯ1)等音；因此用於（ɯ）作襯音、用介音 ɯ作爲拖腔的作用。但 ɯ用作介音的實際情況又是如何呢？《妙悟》有雞 ɯe 韻，此韻字學者較少爭議。其他有 ɯ介音的韻，分析如下：

1 鈎 ɯo韻

　　南管此韻字唱收 ɯo之音，如：樓、扣、偶、咬、愁、鬥、後、偷等字。筆者擬 ɯo韻，與大陸王建設教授同。黃典誠擬作ə u，並說：「今存于永春、德化一帶。」應是今音；（但又說：「泉州梨園戲師承唱猶念此音。」則大有問題。）關鍵在 ɯo是實際語言還是音樂語言？我們要先認清下列事實：

　　(1)《妙悟》有雞韻，以 ɯ作介音，則其他韻也有以 ɯ作介音的可能。

　　(2)南管唱 ɯo是少數幾字的偶然現象？還是常見的現象？

筆者所知，至少有十七字（參見p477，挑窕二字不屬此韻）。因此，ɯo 的演變可能有下面兩種情形：

(1) ɯo→ ɤ(ə)u　　　永春、德化的現代音。　　ɯ稍鬆成爲 ɤ，o 高化成u

(2) ɯo→io　　　　大部分字混入燒韻。　　ɯ向前移成爲 i。

則 ɯo是曾經存在的實際語言。

2 uiN(ɯiN)與ue(ɯe)

　　《妙悟》有熋韻，語言學家多擬爲aiN（黃典誠說此音是同安土音），今泉州音此韻字多讀uiN音，而熟唱南管者將此韻字唱成 ɯiN，如先s ɯiN1、前ts ɯiN5、千tsh ɯiN1、荔l ɯiN7 (此字屬西韻)。據漢唐樂府王心心說：「南管清唱，必須坐姿端正，講究聲容。如唱uiN音，唇形圓而不雅觀；如稍展唇，即成微笑狀，如此唱出的音就是 ɯiN 。」經筆者仔細推敲，得出下面的結論：唱 ɯiN 固然爲了容態美觀，但由u → ɯ，也是爲了便於用 ɯ拖腔。凡介音是u 的，都有易唱成 ɯ的可能，如杯韻的衰、魁、話、畫、廢、回等字，及界kue3、怪kue3（二字皆白讀）等，故以上諸字唱 ɯiN或 ɯe之音，應該屬於音樂語言，而不是實際語言。

3 ue→ ɯe　e → ɯe

　　肌肉比較緊張的稱爲緊元音，肌肉比較鬆弛的稱爲鬆元音。一般說來，緊元音比較長，氣流也比較強；鬆元音比較短，氣流也比較弱，而且往往有央元音的傾向。 ɯ是緊元音， ɤ是鬆元音。

　　南管唱音本來就有雞 ɯe 韻，由於強調 ɯ介音的拖腔作用，其他易於傾向可作 ɯ介音的韻字——如杯韻、西韻——也容易形成 ɯ介音。上面說的杯韻衰、魁、話、畫、廢、回等字，及界kue3、怪kue3（二字皆白讀）等，及西韻栖、妻等字，南管唱 ɯe ，無非是爲了表現歌唱藝術的特點——銜(khaN5)音，銜是交銜，關聯之意，銜音有聲音互相連帶的意思。加個介音（韻頭）如栖字、或強調介音如回字，藉著 ɯ音「氣流長、強」的特性，把聲母和韻腹緊密地聯接起來，就達到了「做韻」的要求。因此，上述諸字可能都是音樂語言，而不是實際語言。

　　這是以《妙悟》的分韻標準來衡量；如不以《妙悟》爲準，則從《荔鏡記》到《妙悟》這段期間的語音，雞韻與杯韻某些字，如「魁」，或「界」的白讀音，到底是屬於雞韻、還是杯韻，可能不易釐清。

　　南管亦有以u 收音的（參見p429），並未變成 ɯ， 因爲它不是介音。

4 ɤak與iak

　　生 ɤng韻的入聲字，在南管唱 ɤak或iak二音。陽聲韻與入聲的對應是ng→ k，則 ɤng的入聲應是 ɤk，但南管卻唱成 ɤak，因k 是閉音節，無法發聲， ɤ是鬆元音，響度不大，筆者猜測 ɤak 的形成是爲了音樂的表現， ɤ與k 中間加個響度最大的a ，便於發出響亮的音。故刻kh ɤak4、德t ɤak 4等字是音樂語言，不是實際語言。（本韻記爲 ɤ，實際歌唱，是介於 ɯ、 ɤ之間）

　　由 ɤak→iak，口語比較自然，故泉州有獨特的-iak韻字，如色siak4、適siak4等字。黃典誠說：「iak 是《妙悟》以後的音」，可能是因爲《妙悟》無此韻；但iak 之爲實際的語言，恐怕不能以《妙悟》爲時間的斷限。

5 k ɯa

　　今泉音《妙悟》嗟韻騎kha5、寄ka3、徛（豎）kha7、舉（攑）kah8諸字，南管唱音皆有ɯ介音。古音是否如此，不得而知。但嘉韻的「假」ka2，「教」字的白讀音ka3，有些唱者也有介音ɯ，可能是一種類推現象——k 是舌根音，ɯ是後元音，二音位置相近，故聲母有k 者往往易於帶上ɯ音，如杯韻魁字、怪、界的白讀音kue3。南聲社張鴻明老師即認爲「假教」二字不應唱ɯ介音。故此二音應該不是實際語言。

六、曲師傳唱的古音與俗讀音

　　梨園戲與南管曲師的教唱，都是口口相傳，要求嚴格，而且遵守古法，不輕易改變古法。以語言、音樂來說，即保存古音、古樂。因此我們可以藉著梨園戲與南管音樂追溯古音、古樂。理論上是如此，但在實際授徒時，由於各人學養、資質、環境不同，授受之間，與古法有出入是難免的。當我們藉著南管唱音來研究古代語言時，必須把某些可能是俗讀或訛音仔細區分開來。

1 因俗寫而誤讀

　　民間文學向來不爲讀書人所重視，因此民間文學——尤其是方言書面文學的作者較少有飽讀詩書、精通文字聲韻的。就戲劇而言，演員的知識水準往往不高，劇本的產生與演員有關：演員根據劇本演出，知名演員口述、甚至撰寫劇本。梨園戲《陳三五娘》劇本是根據老藝人蔡尤本口述，而蔡尤本卻不識字。所以民間作者的劇本充斥俗字、簡字、借音字、借義字、方言字、錯字，《荔鏡記》就是如此。南管曲詞也有同樣的情形。早期「迌(thit4) 南管」者，多屬高雅人士，及至普及化以後，水準參差不齊，有些甚至不識字——本來不識字，學唱南管後才慢慢識字，卻夠格當曲師授徒。不管是根據劇本、曲本唱念或口授，少數字誤讀是難免的。

　　如「寂靜」一詞，《荔鏡記》中與「什靜」互見（參見p461），根

據南管唱音，寂音tsip8或tsap8，就是俗讀音（訛音），其本音是tsik8。

又如<秀才先行>中的「張掛」的「張」，臺灣大多唱tiuN1，是依字而唱，且對此詞的含義說不清楚；大陸曲師則唱thiuN5 ，這應是它的正音，其本字應寫做「長」或「悵」，「長掛」（可能是「長掛念」的省寫）「悵掛」意思較明確。（參見p476）

2 南管正音的標準

南管起源、盛行於泉州，應以泉州鯉城市區的音爲標準音。但後來流傳到漳州、廈門、臺灣、東南亞僑社區，多少會有一些質的變化，如唱法與器樂演奏法，就有泉州法與廈門法之分。就唱音而言，會牽就本地方言的些微差異。如-iak是泉州的特殊音，在臺灣已經少唱此音，而唱-ik。張鴻明老師明知此音應唱-iak，卻教唱-ik，如<感謝公主>「刻骨銘心」的刻khik4。

某些字應讀文讀或是白讀，也不一致。<懶繡停針>的「人生」二見，一讀文讀lin5 sɤng1，一讀白讀lang5 siN1 ，大多如此唱；廈門張在我先生卻說「都要讀白讀」。「高樓」二字，一定要唱kuiN5 (白) l ɯo5(文)（<高樓上>、<荔枝滿樹紅>），<非是阮>「綵樓」的「樓」，張鴻明說：「在臺灣，以前都唱l ɯo5，現在大多唱lau5(白)。」 揆其原因， l ɯo5有介音不好唱，避難趨易，唱lau5比較順口。

總之，當我們援引南管唱音做語言研究時，除了要區別音樂語言與實際語言外，也要注意誤讀及地方異音的現象。不管如何，以上現象到底是偶見，幾百年來一直傳唱不絕的南管唱音，的確保存很多的古音，可以作爲研究《荔鏡記》語言的參考，並互相印證。

七、餘　音

筆者寫作本文，除就《荔鏡記》本身資料在形式、內涵方面詳爲分析外，又用南管曲簿、表演形式、唱音來印證《荔鏡記》，這是一個大膽的嘗試。由於諸多前賢的豐碩研究成果已爲後學鋪了一條大道，又有豐富的明、淸及近代的曲簿、韻書、有聲資料做爲佐證，故筆者自信將音樂與語言結合起來做研究，應能擷發《荔鏡記》及南管的一些精髓。文中涉及音樂部分者，大多根據曲師口授，或引用南管人的資料，對於南管歌唱藝術的奧妙，尙未眞正觸及，亦是力有未逮處。

　　一生「迌」(thit4)南管的曲師或南管人，長則六、七十年（南聲社張鴻明老師六歲學習南管，今年已高壽七十八），少則二、三十年（王心心四歲唱南管，十七歲入泉州梨園劇校習藝五年，二十八歲來臺，加入漢唐樂府，今年三十三歲），對南管藝術的沈浸與悟入，個中三昧，非局外人所能體會。筆者將近知命之年才學習南管，僅得其門，未窺堂奧。寫作本文，是有見於研究南管者（譬如音樂研究所的學生）對於閩南語——尤其是閩南語中的泉州音——不太熟悉，只就音樂的角度著眼，很少就語言的角度來思考；對於南管藝術的闡述與發揚，尙隔一間。筆者則從語音的立場出發，希望對前述缺憾有所補足。

主要參考書目

一有關《荔鏡記》著作

(一)吳守禮專著

《荔鏡記戲文研究·校勘篇》　　國科會研究報告　1961

《荔鏡記戲文研究·韻字篇》　　國科會研究報告　1962

《萬曆本荔枝記、校勘篇》　　　油印本　1967

《順治刊本荔枝記研究·校勘篇》　油印本　1968

《清光緒間刊荔枝記校理》　　在美國出版　定靜堂叢書　1978

重補摘錦潮調《金花女》《蘇六娘》校理並標點　東方文化書局

　　1972　原本藏日本東京大學東洋文化研究所。

<查甫查某語源的試探>　中央日報「學人」第35期　1957.5

<查甫查某語源探索>　　中央日報「學人」第44期　1957.7

<釋「捸」>　　　　　　　　　　大陸雜誌16卷　4期

<事情(tai7 tsi3)本字考>　　　臺北文物6 卷4 期

<釋「翁、公、厶」>　　　　　　大陸雜誌18卷　1期

<閩南方言的「呾」字及其周邊>　大陸雜誌18卷　7期

<釋「彳亍——得桃」>　　　　　大陸雜誌19卷10、11期

<釋「焄」及擦、娶、引惹>　　　大陸雜誌23卷　3期

<釋覓>　　　　　　　　　　　　大陸雜誌25卷　3期

<順治本荔枝記校研>　　　　　　臺灣風物16卷　2期

<《荔鏡記戲文》之刊刻地點>　　臺灣風物16卷　3期

<荔鏡記戲文研究序說>　　　　　臺灣風物10卷2.3期

<荔鏡記戲文全集解題>　　　　　中央日報「學人」第50期

《明清閩南語戲曲四種》　吳守禮、林宗毅輯印　在日本出版　1976

(二)其他

《明本潮州戲文五種》　廣東人民出版社出版　1985

《嘉靖本荔鏡記研究》　林豔枝　中國文化大學中文研究所碩士論文
　1989

《陳三五娘研究》　陳香　臺灣商務印書館　1985

《陳三五娘研究》　劉美芳　東吳大學中文研究所碩士論文　1993.6

《元明中篇傳奇小說研究》　陳益源　文化大學中國文學研究所博士論文
　1994

<陳三五娘的演化>　龔書輝　廈門大學學報　1936年第七本
　轉載於1986年11月《泉州地方戲曲》第一期

<明傳奇《荔枝記》演變初探>　蔡鐵民　廈門大學學報第三期　1979

<《陳三五娘》文獻初探>　林頌　《福建戲劇》1960年8月號

<荔鏡記匯釋>　施炳華　國科會補助研究計劃報告　1997

<談荔鏡記與萬曆本荔枝記之潮州方言>　施炳華　成大中文學報第五期
　1997.6

二戲劇、戲曲

《南詞敘錄》　徐渭著　《歷代詩史長篇二輯》三　鼎文書局　1974

《中國戲曲劇種大辭典》　上海辭書出版社　1995

《中國大百科全書‧戲曲曲藝》　中國大百科全書出版社　1983

《明刊閩南戲曲絃管選本三種》　龍彼得輯　1992年影印　南天書局

《海外孤本晚明戲劇選集三種》　(俄)李福清(中)李平編　上海古籍
　出版社　1993

《南北戲曲源流考》　青木正兒著　江俠譯　臺灣商務印書館　1970

《戲文敘錄》　彭飛、朱建明編輯　民俗曲藝叢書　財團法人施合鄭民
　俗文化基金會　1993

《梨園戲藝術史論》　吳捷秋　民俗曲藝叢書，財團法人施合鄭民俗文
　化基金會　1994

《潮學研究》(一)　汕頭歷史文化研究中心、汕頭大學潮汕文化中心編

汕頭大學出版社　1994

《南戲論集》　　　　　　　　中國戲劇出版社　1988

《南戲研究變遷》　金寧芬　　天津教育出版社　1992

《中國戲曲及其音樂》　　　　常靜之學海出版社　1995

《戲文概論》　錢南揚　　木鐸出版社　1988

《中國戲曲通史》　郭漢城、張庚著　丹青圖書公司　1979

《中國戲曲史》　孟瑤

《元本琵琶記校注》　錢南揚　　上海古籍出版社　1985 二版

《論說戲曲》　曾永義　　聯經出版事業公司　1997

《王國維戲曲論文集》宋元戲曲考及其他　里仁書局　1993

《南戲新證》　劉念慈　　大陸中華書局　　　1983

<梨園戲探源>　　　含英　《泉州歷史文化中心》　泉州歷史文化中心

　　籌備委員會辦公室編印　1984

<國劇唱唸藝術探究·聲母篇>　謝一民　成大中文學報第五期　1997

<泉州南戲>　　　余承堯　臺北福建文獻 6 — 10 卷　1969

海峽兩岸梨園戲研討會論文　臺北　1997.8

　　<梨園戲之淵源與所蘊含之古樂古劇成分>　曾永義

　　<梨園戲與南曲戲文之關係>　　　　　劉念慈

<《明刊閩南戲曲絃管選本三種》評介> 王櫻芬 國立中央圖書館館刊 1992

三語言

《說文解字》　許慎著　段玉裁注　黎明文化事業公司

《廣韻》　陳彭年等重修　　　黎明文化事業公司

《文字學概要》　裘錫圭　　　萬卷樓圖書有限公司 1994

《閩南語經典辭書彙編》，泉州方言韻書三種（《彙音妙悟》　黃謙

　　　　　《拍掌知音》　廖綸璣）　漳州方言韻書三種

　　　　　　　　　洪惟仁編　武陵出版有限公司　1993

《潮正兩音正集》　汲約翰編　　上海長會出版　1924

《潮語十五音》　蔣儒林編　1948 年訂正版　汕頭文明商務書館出版

《泉州市方言志》　林連通主編　社會科學文獻出版社　1993

《潮州方言詞匯》　蔡俊明編　　香港中文大學中國文化研究所　1991

《彙集雅俗通十五音・擊木知音》　1915年刊　瑞成書局印行　1955

《普通話潮汕方言常用字典》　李新魁　廣東人民出版社　1977

《新編潮州音字典》　　林倫倫　廣東省汕頭大學出版社　1995

《普通話閩南方言辭典》　廈門大學中國語言文學研究所漢語方言研究
　　　　　　　　　　室主編　三聯書店、福建人民出版社出版

《國語閩南語對照常用辭典》　蔡培火　正中書局　1969

《綜合臺灣閩南語基本字典初稿》　吳守禮　文史哲出版社　1987

《臺灣漢語辭典》　許成章　　自立晚報文化出版部　1992

《中國語言學大辭典》　江西教育出版社　1992 2 版。

《方言調查字表》　中國科學院語言礪編輯　科學出版社出版　1955

《漢語語音史》　王了一　　中國社會科學出版社　1985

《漢語語音史》　黃典誠　　安徽教育出版社　1993

<泉州《彙音妙悟》述評>　黃典誠　大陸《泉州文史》2.3期　1981

《現代漢語方言》　詹伯慧　　臺北　新學識文敎出版中心

《歷史語言學》　徐通鏗　　大陸商務印書館　1996二版

《廈門音系》　羅常培　　古亭書屋　1975

<《洪武正韻》與明初官話音系>　葉寶奎　廈門大學學報1994年第 1期

《第二屆閩方言學術研討會論文集》　暨南大學出版社　1992

　　<泉州方言調值與簡譜唱名及其與南古樂律關係初探>　蔡湘江

　　<潮州話連讀變調的特點>　　　　　　　　　　張曉山

　　<閩語分區問題再探>　　　　　　　　　　　　丘學強

　　<閩方言分區的計量研究>　　　　　　　　楊鼎大、夏應存

　　<從潮汕方言古老的語言特點看其分化、發展的歷史過程>　李新魁

　　<明本潮州戲文所見潮州方言綴述>　　　　　　曾憲通

　　<從口語代詞系統的比較看《世說新語》與閩南話的一致性>王建設

<明本潮州戲文所見潮州方言述略>　曾憲通　《方言》1991年第 1期

<潮汕方言的代表語問題>　黃家教　《第二屆閩方言學術研討會論文集》

《泉州方言與文化》　　王建設　泉州歷史文化中心編　鷺江出版社
　1994

《閩南話考證》　　　黃敬安　文史哲出版社　1990

《切韻與方言》　　　張光宇　臺灣商務印書館　1990

《閩客方言史稿》　　張光宇　國立編譯館主編　南天書局 1996

<論客家話的形成>　　張光宇　教育部八十五年度獎助鄉土語言研究
　　　　　　　　　　　　　　　著作得獎作品論文集。

<吳語在歷史上的擴散運動>　張光宇　中國語文 1994 年第 6 期

《彙音妙悟與古代泉州音》　　洪惟仁　國立中央圖書館臺灣分館印行
　1996

《閩南話的形成發展及在臺灣的傳播》　周長楫　台笠出版社　1996

《詩詞閩南話讀音與押韻》　周長楫　敦理出版社　1996

<略談《彙音妙悟》>　周長楫　辭書研究 6 期　上海古籍出版社 1982

《潮汕方言與文化研究》　林倫倫　廣東高等教育出版社　1991

《潮州話口語》　林倫倫、黃章愷主編　廣東高等教育出版社
　　　　　　　　　　　　　　　　　　附錄音帶　1989

《閩語研究》　　　陳章太、李如龍　語文出版社　1991

《方言與中國文化》　周振鶴、游汝杰　上海人民出版社　1987　2 版

《漢語方音字匯》　北京大學中國語言文學系語言學教研室編
　　　　　　　　　語文出版社　1995 2 版

《漢語方言詞匯》　北京大學中國語言文學系語言學教研室編
　　　　　　　　　語文出版社　1995 2 版

<廈門方言的音韻>　董同龢 中央研究院歷史語言研究所集刊第 29 本上冊
　1957

<四個閩南方言>　董同龢 中央研究院歷史語言研究所集刊第 30 本　1959

《文字學概要》　裘錫圭　　萬卷樓圖書公司　1994

<臺灣閩南話幾個虛詞的來源>　梅祖麟 第一屆國際訓詁學學術研討會論文集
　1997

《古音概說》　　　　李新魁　　　崧高書社　1985

《中古音》　　　　　李新魁　　　大陸商務印書館　1991

<二百年前的潮州音>　李新魁　　《廣東社會科學》1993年第一期。

<彙音妙悟的音系及其鼻化韻母>　姚榮松　師大《國文學報》第17期

　　　　　　　　　　　　　　　　1988

<閩方言中蟹攝韻的讀音>　張琨　中央研究院歷史語言研究所集刊第64

　　　　　　　　　　　　　　　　本第4分　1993

<跳出漢字的魔方>　　李如龍　　《中國語文研究四十年紀念文集》北

　　　　　　　　　　　　　　　　京語言學院出版社　1993

<臺北市、臺南市、鹿港、宜蘭方言音系的整理和比較>

　　　　　　　　　　　　董忠司　　　新竹師院學報第五期

《潮汕方言詞考釋》　李新魁、林倫倫　廣東人民出版社　1992

《閩南語文白系統的研究》　楊秀芳　臺灣大學中文所博士論文

　　　　　　　　　　　　　　　　1981

《河洛方言詮詁》　　王廣慶　　　中州古籍出版社　1993

《臺灣省通志人民誌語言篇》　吳守禮臺灣省文獻委員會　1970

《臺灣閩南方言記略》　張振興　　文史哲出版社　1989

《語言與音樂》　　　楊蔭瀏、李殿魁等　丹青圖書有限公司　1986

《語音學教程》　　　林燾、王理嘉著　　北京大學出版社　1992

《漢字古今音表》　　李珍華、周長楫編撰　大陸中華書局　1993

《台語入門教材》　　施炳華　　　台江出版社　1994修訂

《臺灣鹿港話記略》　施炳華、周長楫　　未刊　　　　　1997

《暢所欲言》（泉州方言讀物）　楊介人　泉州郁文堂書局　1907

四音樂

《中國音樂詞典》，丹青圖書有限公司，1986，台一版。

《中國古代音樂史稿》共四冊　　楊蔭瀏　　丹青圖書世限公司　1986

《中國古劇樂曲之研究》　陳萬鼐　史學出版社　1974

《善本戲曲叢刊》　　王秋桂主編　學生書局　1984

明、徐子室編《九宮正始》

明·沈璟編《增定南九宮曲譜》

《詞源解箋》　　　　鄭孟津、吳平山著　浙江古籍出版社　1990

《南北曲小令譜》　　汪經昌　　臺灣中華書局　1965

《曲律易知》　　　　許守白　樂府叢書之三　台北郁氏印獎會印行 1979

《敦煌琵琶譜》　　　饒宗頤編　香港敦煌吐魯番研究中心叢刊之一

新文豐出版公司印行　1990台一版

《唐宋詞吟唱》附錄音帶　邱燮友編採　東大圖書公司強行　1979

<閩劇唱腔風格的形成>　王耀華　《福建師大學報》

哲學社會科學版1983　第 2期

<潮州二四譜探源>　　蘇巧箏　音樂研究　1994　第 3期

<由音樂結構試論諸宮調對南戲的影響>　楊振良　張高評主編《宋代文

學研究叢刊》2 期　麗文文化事業有限公司　1996

<泉州古樂>　　　　　余承堯　臺北福建文獻1.2.3卷　1968

<在傳承過程中新生——選尺譜存在意義和作用的思考>

伍國棟　中國音樂　1997　第 1期

《泉南指譜重編》　　林鴻　1911年成稿　1921年上海文瑞樓石印本

《南音指譜》　　　　林祥玉　1914年版　施合鄭民俗文化基金會出版

《閩南音樂指譜全集》　劉鴻溝　菲律賓金蘭郎君社印行　1953

1982增訂

《南樂曲集》　　　　張再興　1992年增訂五版　自印

《泉州絃管（南管）指譜叢編》上中下編

呂錘寬　行政院文化建設委員會出版　1986

《泉州絃管研究》　　呂錘寬　　學藝出版社　1982

《南管指譜全集》、《南音錦曲選集》、《南音錦曲續集》

吳明輝　　　　菲律賓國風社發行

《福建南音初探》　　劉春曙、王耀華　福建人民出版社　1989

《南管曲唱唸法研究》　　蔡郁琳　臺灣師範大學音樂研究所碩士論文
　　　　　　　　　　　　　　　　　　1996

《千載清音—南管　學術研討會論文集》　　83年全國文藝季彰化縣立文
　　　　　　　　　　　　　　　　　　化中心編印

　　李國俊<南管「南北交」樂曲研究>

　　陳美娥<南管古典之美解析>

　　王櫻芬<從長滾看南管滾門曲牌的分類系統>

《泉南文化》　泉州歷史文化中心出版　1992　第1 期

　　<南音演唱行腔吐字規律初探>　陳士奇

　　<論南音唱詞的歷史積澱>　蔡湘江

《南管唱音彙注》　　施炳華　　國科會補助研究報告　1997

<彙音與南曲>　　　黃典誠　　泉州南音術座談會論文　1984

<泉州方言與地方戲曲>　王建設　華僑大學學報第三期　1995

五有聲資料

南管散曲CD（六集）　南聲社蔡小月唱　上揚公司

《千年古樂》CD（三集）　　　臺北漢唐樂府
　　　　　　　　　　　　財團法人臺灣省音樂文化教育基金會發行

《南管賞析入門》CD（上下集）　　漢唐樂府音樂演奏
　　　　　　　　中華文化復興運動總會策劃，時廣企業公司出版發行

南音錦曲CD，陳美瑜專輯，新加坡傳統南音社伴奏發行。

南音錦曲CD，吳玲玲專輯，新加坡傳統南音社伴奏發行。

南音錦曲精英《陳三五娘系列》（九集），

　　　　　《蘇詩詠專輯》　　　　福建省泉州南音樂團、泉州
　　　　　　　　　　　　　　　市協盛貿易貨棧聯合製作。

福建南曲「買胭脂」　福建省音像出版社　香港興順公司聯合錄製

南曲精華（三）賞花　馬香緞主唱　劉春曙指導　福建省音像出版社

大陸南管錄音帶（有些是轉錄，不知唱者；知唱者，則見於本文註中）

南管表演錄影帶多種。

《台灣鄉土民謠　勸世歌》　呂柳仙唱　中華廣播製作社

《楊秀卿的唸歌藝術》　楊秀卿唱　嘉映傳播事業股份有限公司

　　　　　　　　　　　　　　　　王振義策劃

梨園戲錄影帶《李亞仙》　福建梨園戲劇團演出　福建省出版總社出版發行

高甲戲錄影帶《陳三五娘》廈門市高甲戲團演出　福建省出版總社出版發行

高甲戲錄影帶《春草闖堂》、《鳳冠夢》　廈門市高甲戲團演出

　　　　　　　　　　　　　　　臺灣河洛事業公司發行

六訪問　　南管曲師與語言學家

鹿港雅正齋：黃承祧

鹿港遏雲齋：陳材古

鹿港聚英社：陳天賞（已逝）

臺南南聲社：張鴻明、蔡小月、蘇榮發

台中清雅樂府：吳素霞

臺北漢唐樂府：王心心 (藝名阿心)

臺北閩南樂府：林新南、張再興

廈門：張在我——與張鴻明爲兄弟。

福建省藝術學校泉州戲曲班（梨園班）旦角老師潘愛治(泉州人)

廈門大學周長楫教授

泉州華僑大學王建設教授（泉州人）

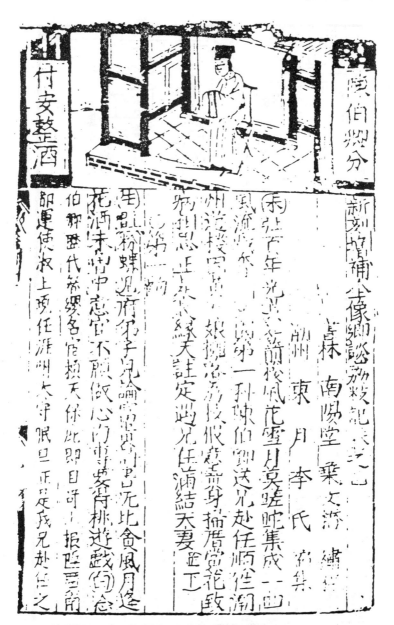

萬曆本《荔枝記》

順治本《荔枝記》

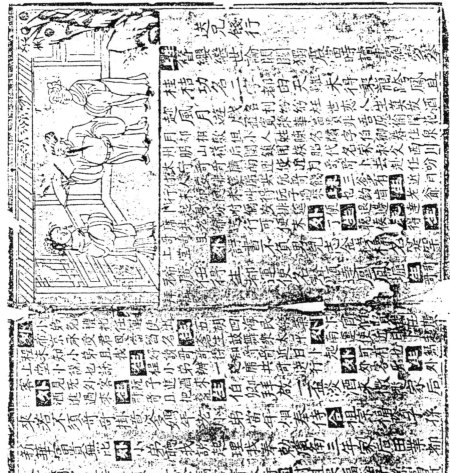

光緒本《荔枝記》

長滾越護引　四空管

「荔鏡記：陳伯卿覆罪發配崖州、黃五娘長夜思念盼望之情懷。」

三更鼓　院今翻身一返不

鴛鴦枕　上架院一回淚渾淚滴手行

誰思疑　院一會行到只機頓

一枝燭火暗慘又先對只孤一燈守院心

越釀　更深忽靜桑冥冥長冥

聽見孤鴈忽聽見孤鴈長

那障悲　不見我伊回寄有封

書返　記得當原於不女伊初時悰院守田

共伊人恩愛情長于相愛相相惜

南管〈三更鼓〉曲譜（一）
（錄自張再興《南樂曲集》）

情意，如蜜調，落糖，恨着登。

徒，許林大，深惱恨着登，徒賊

林大汝掠阮情人，阻隔去外

方，誰人會放得我三哥返，愿

辦千兩黃金就來謝恁，阮都不算

投告天地，阮今着來再拜

婦娥，保庇阮贅婿返來，共伊

人同入賞花園推遷乞我三哥

早返來共伊人同入遊賞花

園

南管〈三更鼓〉曲譜（二）
（錄自張再興《南樂曲集》）

（音高 工尺）

撩拍

琵琶彈法

長潮陽春　倍思管

『荔鏡記』：陳伯卿為了要進入黃府與五娘相會，假學磨鏡被益春識破。

早起日上花弄影聽見外頭叫起針

綠無於心情

磨鏡分女声声叫出甚於分明

好一下位風流於人物生得有

只十分於端正媚即認是馬上

官人下想伊俩肯假學做磨鏡

細於認定天人有只相似不女

益春汝看仔細認定

南管〈早起日上〉曲譜
（錄自張再興《南樂曲集》）

重列荔鏡記戲文計開

因前本荔枝記字多差

訛曲文減少今增潮泉

二部增入顏臣勾欄詩

詞北曲校正重別以便

覽人墨客閑中一覽名

曰荔鏡記置者須認本

堂余氏新安云耳

嘉靖丙寅年

增補類曲　泉潮全備插科增入詩詞北曲校正重別以便覽者雅意君子買急認本堂余氏新安主人謹白

彩色亡標致打閨解微上一家安樂自謝

僕燈蛾筵席安排起大家醉微亡

酒淋衫袖濕花插帽簷帝合家團圓飲酒

隋晉傳後世一家大小都在只兄弟知順值

万錢記　乙人編做一場戲合字有四字頭着分開尾重

一家富貴感上天丑衣錦田鄉丹團圓

圓乙人編做一場戲合字安樂拜謝天

外林大發配潭州夫占知州貪贓縣貶還

生資鏡重圓今日會曰荔枝為記兩意傳

于潮陽隔別于山外合關水會合舊姻緣

《荔鏡記》末葉書影

南管張曲師簡介

張鴻明（1919—）福建同安人，在廈門長大，其父叔皆絃管人，六歲學唱南管，數十年不中輟。1948年來台，後服役臺南空軍基地，人稱「空軍張」，1954年加入臺南南聲社，自1971年廣先仙逝後，成為南聲社的先生。年輕時噪音很好，樂器除洞蕭外皆精通；一生教習南管，熱誠、有耐心，是一位曲藝國寶級的敦厚長者。

著者簡介

施炳華，1946年生，臺灣省彰化縣鹿港鎮人。嘉義師範、成大中文系、政大中文研究所碩士班畢業，成功大學中文系教授。研究詩經、閩南語、南管。著有《毛傳釋例》、《毛詩興義研究》、《臺語入門教材》、《南管入門教材》、《南管曲詞匯釋》、《陳三五娘註釋》、《荔鏡記音樂與語言之研究》等書。